O que Finnegans Wake tem a ensinar aos psicanalistas?

Gustavo Capobianco Volaco

Amazon/Kindle

2019

Dados Internacionais da Catalogação na Publicação (CIP)
(Câmara Brasileira do Livro, SP, Brasil)

Volaco, Gustavo Capobianco

O que Finnegans Wake tem a ensinar aos psicanalistas? / Gustavo
Capobianco Volaco. – São Paulo: Amazon/Kindle, 2019.
385 p.

Inclui Bibliografia
Inclui Índice

ISBN 978-17-965-2865-7

1.   Finnegans Wake. 2.   Psicanálise. I. Título. II. Título.

CDD - 150 / 800
CDU - 150.9 / 82.09

918909

O que Finnegans Wake tem a ensinar aos psicanalistas?

SUMÁRIO

1 INTRODUÇÃO

“É preciso ter a coragem de reconhecer que a vida
não resiste a uma interrogação séria e que é difícil e
mesmo impossível, atribuir um sentido ao que
visivelmente não comporta um”.
Emil Cioran[1]

“Tudo em mim é a tendência para ser a seguir outra
coisa”.
Fernando Pessoa[2]

“Apenas depois de perder tudo é que você estará
livre para fazer qualquer coisa”
Chuck Palahniuk[3]

---

[1] CIORAN, Emil. *Silogismos da Amargura*. Rio de Janeiro: Rocco, 2011, p. 09.
[2] PESSOA, Fernando. *Livro do Desassossego: Composto por Bernardo Soares, Ajudante de Guarda-Livros na Cidade de Lisboa*. São Paulo: Companhia das Letras, 1999, p. 53
[3] PALAHNIUK, Chuck. *Clube da Luta*. São Paulo: Leya, 2012, p. 84.

Não é possível falar da psicanálise sem evocar a ação da letra (é o que etimologicamente quer dizer *littera*-tura) naquele que Lacan chamará, programaticamente e para soar com *trou* (furo), de *trumains*[4], pois é essa ação que faz dele um *hollow men* sempre em busca de um preenchimento mais valoroso do que a palha com que o dota o poeta[5]. Será assim, feito um espantalho que não quer mais seu sapé mas que para ficar de pé indeseja seu vão, que o recebermos numa análise, mas seria lhe oferecendo algum estofo mais valioso[6] do que o ratã que o faz ratear que o deixaríamos? Pois é essa a questão que organiza esse presente trabalho, já que se nos demandam, desde o início, a felicidade[7], a festa no lugar da fresta, nós só podemos, se somos coerentes com aquilo que de uma prática se depurou em nós mesmos, apontar sem pespontar para o que Lacan diz no seu terceiro discurso proferido em Roma, ou seja, o que não funciona nem, eis o ponto, nunca, funcionará[8]. Acontece que falar disso que exatamente e por essa razão não se

---

4 LACAN, Jacques. *O Momento de Concluir*, Seminário 25, aula de 17/01/1978, s/p in http://www.psicomundo.org/lacan/textos.htm

5 Na tradução de Ivan Junqueira: "Nós somos homens ocos/Os homens empalhados/Um nos outros amparados/O elmo cheio de nada. Ai de nós! "ELIOT, T. S. *Poesia*. Rio de Janeiro: Nova Fronteira, 2006, p. 133.

6 Para alguns famigerados, que, como brinca Rosa são antes "fasmigerado(s)... faz-me-gerado(s)... falmisgeraldo(s)... familhar-gerado(s)" – ROSA, João Guimarães. *Famigerado*, in *Primeiras Estórias*. Rio de Janeiro: Nova Fronteira, 1988, p. 15 – Lacan ironicamente distribuiu feno. Diz ele na aula de 12 de Março de 1974: "O que faço é lhes dar feno para comer (...) feno que faz cócegas na entrada da garganta". LACAN, Jacques. *Os Não-Tolos Erram/ Os Nomes do Pai, Seminário entre 1973 e 1974*. Porto Alegre: Editora Fi, 2018, p. 151 e 152.

7 LACAN, Jacques. *O Seminário, Livro 7, A Ética da Psicanálise*. Rio de Janeiro: Jorge Zahar Editor, 1991, p. 350. Controversamente Lacan, que sempre foi na direção contrária a pasmaceira da felicidade – "não há felicidade a não ser do falo", diz ele em 11/02/1970, LACAN, Jacques. *O Seminário, Livro 17, O Avesso da Psicanálise*. Rio de Janeiro: Jorge Zahar Editor, 1992, p. 69. – e freqüentemente procurava levar as análises a seus próprios limites e que nada deviam a esse sonho burguês declara, em 1975, o seguinte: "Uma análise não tem que ser levada muito longe. Quando o analisante pensa que é feliz em viver, já é suficiente". LACAN, Jacques. *Conferência de 24 de Novembro de 1975, Yale University (Seminário Kanzer)*, in *Lacan in North Armorica*. Porto Alegre: Editora Fi, 2016, p. 24. E em 1976 dispara algo do mesmo teor: "A psicanálise sobretudo não é um progresso. É um viés prático para se sentir melhor". LACAN, Jacques. *Seminaire L'Insu-que-Sait de L'Une-Bévue S'Aile a Mourre*, 1976-1977, aula de 14/12, s/p in http://www.valas.fr/Jacques-Lacan-l-insu-que-sait-de-l-une-bevue-s-aile-a-mourre-1976-1977 (minha tradução).

8 LACAN, Jacques. *A Terceira*, in *Cadernos Lacan*, Volume 2 (Publicação não comercial). Porto Alegre: APOA, 2002, p. 63.

nomeia, que é um *non nom*[9], como trocadilha Lacan em 1974, é um desafio gigantesco e é aqui que a literatura pode uma vez mais nos ajudar. Não falo de qualquer literatura, claro, mas de uma bastante específica, que demorou 17 anos para ser escrita[10] e que até hoje tem atormentado – Attridge a chama de assustadora[11] precisamente por isso – os mais diferentes discursos. Não será à toa, então, que a deixaremos atormentar, assustar, exasperar[12] esse que nos concerne para que, com ela, possamos interrogar seus alicerces e, sobretudo, encontrar seus limites que em ambos os seus sentidos chamo aqui de fim[13].

Assim, para falar desses fins recorrei ao que parece fazer *finn and again* e tentarei pensar um *wake* que não seja mais devedor daquilo que exatamente foi o que lhe colocou em movimento. Dito de uma outra maneira, se fazemos análise porque algo não funciona será sobre aquilo que *real*mente não funciona que uma finalidade e seu término poderão se inscrever e toda a falação que lhe fazia girar não cessará de não se escrever. É essa, em última instância, a razão da psicanálise, ou seja, monstrar, por suas operações, que não há razão a não ser a que inventamos e é com Isso, inclusive e sobretudo com todo o peso que Freud impõe a esse significante[14], que o falasser terá de se haver, se topar, desde o início, que esse blá-blá-blá, tantas vezes revigorante e revitalizante porque ruminante, precisará terminar.

E que obra literária produziu mais blá-blá-blá, mais mastigação e regurgitamento de palavras do que *Finnegans Wake*? Dessa maneira, será a partir desse falatório supostamente sem fim que procurarei um fim e se Lacan, mais ou menos na mesma época do *les troumains*, dos

---

[9] Lacan jogo com *nom*, nome, e *non*, não. Temos nas mãos, então, um não nome. LACAN, Jacques. *Os Não-Tolos Erram/ Os Nomes do Pai, Seminário entre 1973 e 1974*. Porto Alegre: Editora Fi, 2018, p. 180.

[10] No final do *Wake* consta: "Paris, 1922-1939". JOYCE, James. *Finnegans Wake*. Londres: Penguim Uk, 1999, p 628.

[11] "James Joyce's last book is perhaps the most daunting work of fiction ever written", numa tradução livre, O último livro de James Joyce é talvez o mais assustador trabalho de ficção já escrito. ATTRIDGE, Derek. *Finnegans Wake, Novel by Joyce*, in Encyclopedia Britannica, https://www.britannica.com/topic/Finnegans-Wake

[12] "*Finnegans Wake* exaspera o que freqüentamos habitualmente na página impressa". SCHÜLER, Donaldo. *Finnegans Wake/Finnicius Revém, Livro III e IV, Capítulos 13, 14, 15 16 e 17*. Cotia: Ateliê Editorial, 2003, p. 71.

[13] Finalidade e término.

[14] FREUD, Sigmund. *O Ego e o Id*, in *Edição Standard Brasileira das Obras Psicológicas Completas de Sigmund Freud*, Volume XIX. Rio de Janeiro: Imago, 1987.

nós passará as tranças, tentaremos trançar o que dessa litera-tura deixa de letra, caída e em desuso, para a própria psicanálise e para o próprio psicanalista[15]. Um resto, "um resíduo" [16], como escreveu Freud, é o que me interessa aqui.

Assim, este trabalho não é, definitivamente, um exercício de psicanálise aplicada como virou tradição em certos lugares país afora, principalmente depois das invectivas de Ernest Jones sobre *Hamlet*[17]. Não quero dizer ou mesmo tentar dizer o que *Finnegans Wake* é ou poderia ser – como escreve Prozor, "será verdadeiramente uma necessidade, para todos os espíritos, revestir de idéias concretas as disposições que uma obra de arte faz nascer em nós?" [18] – principalmente a partir de pretensos complexos que embalariam a obra joyceana. Não quero, de jeito nenhum, colocar Joyce no divã e respeito sua vontade de nunca o ter querido fazer[19]. Se afianço o que Freud atesta em *Delírios e Sonhos na Gradiva de Jensen*, ou seja, de que "os escritores criativos costumam conhecer uma vasta gama de coisas entre o céu e a terra com as quais nossa filosofia ainda não nos deixou sonhar" [20]o faço para ter acesso ao que não se acessa na própria psicanálise[21] e mais do que "fazê-la falar" [22], como quer Rafael Andrés Villari para a

---

[15] Como escreveu Vegh, "a literatura expõe a psicanálise". VEGH, Isidoro. *A Clínica Freudiana*. São Paulo: Escuta, 1989, p. 48. A expõe, acrescento eu e como se verá mais adiante, como um ritornelo escroque que precisa findar.

[16] FREUD, Sigmund. *Análise Terminável e Interminável*, in *Edição Standard Brasileira das Obras Psicológicas Completas de Sigmund Freud*, Volume XXIII. Rio de Janeiro: Imago, 1987, p. 249.

[17] JONES, Ernest. *Hamlet e o Complexo de Édipo*. Rio de Janeiro: Zahar Editores, 1949.

[18] PROZOR, Conde. *Prefácio a Solness, O Construtor*, in IBSEN, Henrik. *Solness, O Construtor*. Rio de Janeiro: Globo, 1984, p. 154.

[19] ELLMANN, Richard. *James Joyce*. Porto Alegre: Globo, 1982, p. 431.

[20]FREUD, Sigmund. *Delírios e Sonhos na Gradiva de Jensen*, in *Edição Standard Brasileira das Obras Psicológicas Completas de Sigmund Freud*, Volume XIV. Rio de Janeiro: Imago, 1987, p. 18.

[21] "Interpretar a arte é o que Freud sempre descartou, sempre repudiou, o que chamam psicanálise da arte é mais ainda descartável que a famosa psicologia da arte, é uma noção delirante. Da arte nós precisamos tomar a lição", diz Lacan em *Les Non-Dupes Errent*. LACAN, Jacques. *Os Não-Tolos Erram/ Os Nomes do Pai, Seminário entre 1973 e 1974*. Porto Alegre: Editora Fi, 2018, p. 192. *Tentarei demonstrar, contudo, que ao contrário do início dessa afirmação lacaniana, Freud, freqüentemente, robora e valida uma psicanálise da arte. Outra coisa, que é e será um dos fundamentos desse escrito, é, da arte, tomarmos a lição, do Wake* aprendermos o que não apreendemos.

[22] VILLARI, Rafael Andrés. *Literatura e Psicanálise: Ernesto Sábato e a*

literatura nas suas relações com a psicanálise, tentarei deixá-la falar até que deixe, também e por ela mesma, de verborragiar.

É claro que até chegar a esse ponto terei de mostrar o que alguns estudiosos ou "caçadores de símbolos" [23] puderam dizer sobre Joyce e sua obra e nem sempre ou até na maioria das vezes não estarei de acordo com eles. Também tratarei do que Lacan articula sobre Joyce e de como, ficando mesmerizado por sua *persona*, produz equívocos no meio de acertos. Procurarei traçar um caminho que vai do esvaziamento dos significados pelo *riverrun* significante até que toquemos a letra que casa tão bem com o *urverdrangt* proposto por Freud. Todo um espaço será dedicado a topologia e A Mulher, que como bem sabemos no dia-a-dia, não existe, terá um papel fundamental para deixarmos de lado qualquer cegueira. Tentarei deixar um espaço para problematizar a regra fundamental da psicanálise e consequentemente os discursos que a sustentam – são dois – até tocar no que aqui chamei de des-interpretação, necessária, me parece, para que o silêncio, principalmente do analista, mas não só dele, se verá, tome conta do processo e que a verdade se mostre como impegável. Em suma, o que eu quero aqui é o real! Mas será que ele me deixa querê-lo sem me deixar pegá-lo? É por isso que recorrerei ao *Finnegans Wake* que começo agora a desfolhar.

O *Wake*, que é como chamarei a última obra de Joyce[24] – por questões de economia e de familiaridade almejada, de familionaridade[25]

Melancolia. Florianópolis: Editora da UFSC, 2002, p. 28.

[23] VIZIOLI, Paulo. *James Joyce e sua Obra Literária*. São Paulo: EPU, 1991, p. 88.

1   [24] A ordem de seus escritos literários são: Música de Câmara (1907), Dublinenses (1914), Retrato do Artista Quando Jovem (1916), a peça de teatro Exilados (1918), Ulisses (1922), Pomas, um Tostão Cada (1927) e Finnegans Wake (1939). Postumamente foram publicados *Stephen Herói* (1944) mas que antecede e inspira o *Retrato*, Giacomo Joyce (1968), escrito em 1914, abandonado em Trieste e resgatado por Stanislaus, seu irmão, e Finn's Hotel (2013), recentemente publicado mas que foi originalmente escrito em torno de seis meses após a conclusão de *Ulysses*. Para todos esse livros temos traduções brasileiras, muitas vezes mais de uma, como é o caso de *Finnegans Wake* que, para o nosso português, conta com, parcial ou integralmente, seis versões – a dos irmão Campos, a de Paulo Leminski, a de Donaldo Schüler, as, são duas, de Dirce Waltrick do Amarante e a de Caetano W. Galindo – que utilizarei indiscriminadamente. Existe ainda, para dar ao leit@r um panorama mais completo das produções de James Joyce, uma reunião de seus ensaios sobre a Irlanda, a vida e a arte, intitulado *De Santos e Sábios* – versão brasileiríssima do *The Critical Writings* (1959) –escrito de forma dispersa entre 1896 e 1937.

[25] FREUD, Sigmund. *Os Chistes e sua Relação com o Inconsciente*, in *Edição Standard Brasileira das Obras Psicológicas Completas de Sigmund Freud*, Volume

querida – tem com a psicanálise alguns pontos de contato imediatos e que saltam aos olhos. O primeiro deles talvez seja mesmo o convite que ambos nos fazem para entrar, como escreve Drummond[26], no mundo das palavras que nos fazendo nos desfaz a cada instante e que, como diz Lacan, não quer, a priori, dizer nada que tenha sentido[27]. Assim, tanto o *Wake* com seus "lipsabuss" [28] e "aloofer's" [29]como a psicanálise e seu interesse por aquilo que Freud chamava de "refugo" [30] – bem representado, por exemplo, por essa frase contraditória de uma analisante:" – Minha mãe, que não gosta de sexo, só transou com o meu pai, para me ter (meter!?)." – levantam o manto que cobre a nudez dos significantes expulsando de seu campo tudo aquilo que se afirma univocante, dicionarizável ou enciclopedizável. Mas elas compartilham mais uma característica importante de destacar já nesta introdução e que está em íntima relação com esse levantamento puro e simples do véu, pois, ao fazerem isso, demonstram que freqüentemente nesse reino de palavras, nessa "floresta textual"[31] estamos num permanente estado de espera. Espera de quê? De um outro significante que diga o que o primeiro poderia querer dizer e dessa maneira sele, feche, colmate um sentido. Assim, queremos saber se os lábios tomaram um ônibus e de quem seriam esse lábios e para onde iam. Queremos saber se existe uma oferta para todos e que oferta seria essa. Queremos saber se me ter não é mesmo meter e de assexuada essa mãe não passa a uma devassidão incontada. E onde estariam essas respostas? Num outro lugar que não o mesmo em que aparecem? Ou nesse mesmo topos, só que mais adiante? Perguntas fundamentais que aos poucos irei respondendo, mas que por ora apenas indico que nesse processo, tanto o *Wake* como a psicanálise convocam um significante segundo que viria a explicar o rasgo feito pelo primeiro e nesse jogo de 1 e 2, de um *fort* e de um *da*[32] surge uma

---

VIII. Rio de Janeiro: Imago, 1987, p. 25.

[26] Mais especificamente, "Penetra surdamente no reino das palavras". ANDRADE, Carlos Drummond de. *Procura da Poesia*, in *Reunião: 10 Livros de Poesia*. Rio de Janeiro: José Olympio, 1976, p. 77.

[27] LACAN, Jacques. *O Aturdito*, in *Outros Escritos*. Rio de Janeiro: Jorge Zahar Editor, 2003, p. 486.

[28] JOYCE, James. *Finnegans Wake*. Londres: Penguim Uk, 1999, p 147.

[29] Idem, p. 395.

[30] FREUD, Sigmund. *Conferências Introdutórias Sobre a Psicanálise Conferência II, Parapraxias,* in *Edição Standard Brasileira das Obras Psicológicas Completas de Sigmund Freud*, Volume XV. Rio de Janeiro: Imago, 1987, p. 41.

[31] SCHÜLER, Donaldo. *Finnegans Wake/Finnicius Revém, Livro II, Capítulos 9, 10, 11 e 12*. Cotia: Ateliê Editorial, 2002, p. 96.

passagem de poder, uma transferência de saber necessária e ao que tudo indica incontornável já que o leitor, num caso, e o analista, no outro, ocuparão o lugar suposto desvelar, por sua leitura, o que aí se atualiza. Serão, para dizer em poucas palavras, leitor e analista, intérpretes das cifras que se organizam sob seus olhos ou seus ouvidos.Ou seria melhor dizer, já que estou a falar de transferência, *para* seus olhos e *para* seus ouvidos? Pois parece que há nessas articulações um pedido, uma demanda bastante clara, não é mesmo? Há nesse rébus, para utilizar uma expressão que já fez história na psicanálise[33], um rebú que pede interpretação, certo? Mas se há nesse rebuscado um ré-buscado, e como brinca Joyce, se "the Mod needs a rebus"[34] para se expressar, deveríamos pegar esse *bus*? E para onde isso, que sai da pena ou dos lábios, poderia nos levar? Nosso trabalho seria só e diante dIsso o de interpretadores? Quais as conseqüências de ficarmos apenas sob esse índice? Deixarei para mais tarde, já que falei a pouco de espera, as respostas a essas questões. Gostaria agora de me deter no que chamarei de anti-projeto de Joyce e, para isso, precisarei marcar o que ele entende por seu projeto.

É já famoso o encontro relâmpago entre Proust e Joyce em 18 de Maio de 1922 que desembocou na pilhéria joycena: "Fui capaz de corrigir a primeira metade do *Ulisses* para a terceira edição, e ler os dois primeiros volumes recomendados pelo Sr. Schiff" – que foi quem promoveu o encontro numa festa que ofereceu em sua casa – "de Em Busca das Sombrinhas perdidas por Várias Raparigas em Flor no Caminho de Swan e Gomorréia & Co por Marcelle Proyce e James Joust"[35]. Mas, esse é um ponto fundamental para pensarmos a intenção de Joyce com seu *Wake*, por mais que se una em nome com o escritor francês – o que faz, aliás, lembrar de um, em *Ítaca*, seu capítulo favorito[36] de *Ulisses*, duunvirato[37] entre Stephen e Bloom ao chamá-los

---

[32] FREUD, Sigmund. *Além do Princípio de Prazer*, in *Edição Standard Brasileira das Obras Psicológicas Completas de Sigmund Freud*, Volume XVIII. Rio de Janeiro: Imago, 1987, p. 25 e 26.

[33] FREUD, Sigmund. *Sobre os Sonhos*, in *Edição Standard Brasileira das Obras Psicológicas Completas de Sigmund Freud*, Volume V. Rio de Janeiro: Imago, 1987, p. 587.

[34] JOYCE, James. *Finnegans Wake*. Londres: Penguim Uk, 1999, p. 532.

[35] ELLMANN, Richard. *James Joyce*. Porto Alegre: Globo, 1982, p. 627.

[36] Idem, p. 617.

[37] JOYCE, James. *Ulisses*. Rio de Janeiro: Objetiva, 2007, p. 715. Joyce faz um outro jogo interessante com o nome de Leopold Bloom no capítulo *As Sereias*, ou seja, o declina em várias possibilidades compostas e decompostas como

de Stoom e Blephen[38] – o fato é que não lhe deu atenção, em grande parte porque aquilo que procuravam, com suas escritas, era diferente e estava em franca oposição. Como narra Richard Ellmann, "Joyce insistia em que a obra de Proust não tinha semelhança com a sua"[39] e num caderno, quase que de forma telegráfica, anotou: "Proust, natureza morta analítica. Leitor acaba a frase antes dele"[40]. Mas que diferenças são essas? São precisamente as diferenças de seus projetos. Enquanto um queria falar de duquesas cheias de jóias e adereços o outro estava "mais preocupado com as criadas delas"[41] com seus traseiros gordos, sujos e rebolantes. Enquanto um queria tudo, queria o todo e se "enfiava dentro do tempo para recuperá-lo"[42] narrando em detalhes cada mínima coisa para não deixar restos em parágrafos que por isso mesmo são quase intermináveis, o outro vai na direção desse resto, daquilo que sobra da captura e fundamentalmente daquilo que não é pragmático, pois, para evocar um outro livro seu, publicado postumamente, para que serviria algo como "Love me, love my umbrella"[43]? Assim, enquanto Proust discorre sobre candelabros de cristais e amores incontidos enfatizando que "todas as imagens, precisam, para não desaparecer e se apagar de todo, ser alimentadas"[44] o outro, entre estátuas sem cú[45] e queijos gorgonzola[46] distorce essas imagens criticando, inclusive, a inelutável e aristotélica modalidade do visível[47]. Mas o projeto de Joyce não é anti-

---

"Blooquem", "Bloocujos", "Bloomelequem", "Siopold", *"Blumenlied"* e "Lionelleopold", p. 305, 307, 312, 326, 329 e 340, respectivamente. Isso, por óbvio, faz pensar na afirmação de Lacan de fazer entrar, passar, reduzir o nome próprio – Jacques Lacan – à condição de nome comum – jaclque han. LACAN, Jacques. *O Seminário, Livro 23, O Sinthoma*. Rio de Janeiro: Jorge Zahar Editor, 2007, p. 86 e 87.

[38] JOYCE, James. *Ulisses*. Rio de Janeiro: Objetiva, 2007, p. 731. É interessante lembrar os dois *lapsus linguae*, cometido por alguém que Freud não revela, que une Breuer a ele, em duas ocasiões: "Freuder" e "o tratamento Freuer-Breudiano". FREUD, Sigmund. *Psicopatologia da Vida Cotidiana*, in *Edição Standard Brasileira das Obras Psicológicas Completas de Sigmund Freud*, Volume VI. Rio de Janeiro: Imago, 1987, p. 84.

[39] ELLMANN, Richard. *James Joyce*. Porto Alegre: Globo, 1982, p. 628.

[40] Idem, p. 628.

[41] Idem, p. 627.

[42] ALBARET, Céleste. *Senhor Proust, Lembranças Recolhidas por Georges Belmont*. São Paulo: Nove Século, 2008, p. 73.

[43] JOYCE, James. *Giacomo Joyce*. São Paulo: Iluminuras, 1999, p. 54.

[44] PROUST, Marcel. *À Sombra das Raparigas em Flor*, in *Em Busca do Tempo Perdido*, vol. I. Rio de Janeiro: Ediouro, 2004, p. 365.

[45] JOYCE, James. *Ulisses*. Rio de Janeiro: Objetiva, 2007, p 143.

[46] Idem, p. 517.

projeto porque Proust lhe é contemporâneo. Contei essa história toda apenas para enfatizar que ele segue na direção do imprestável e daquilo que não interessa e se um compõe, em filigrana, todas as minúcias daquilo que o segue e persegue, o outro destrói minuciosamente as égides que encobrem... que encobrem o quê? Nada mais, nada menos que a letra. Mas nessa desconstrução, nessa destruição sua invectiva seria voltada à língua-mater, a língua dita materna? Dito de uma outra maneira, Joyce, com seu *Wake*, visaria a destruição da língua inglesa e mesmo da gaélica – já que em suas obras sempre se trata da Irlanda[48] – para que dela apenas sobrem as migalhas do que antes as constituiu? Ou procuraria, ao desmembrá-la e reempossá-la com outras línguas, a criação de uma própria, só sua?

Isso é importante porque já fez muita tinta correr e se diz com muita freqüência que o *Wake* cria uma língua, uma língua joyceana, um *"joyceoleto"*[49], um "megaidioma"[50] e que se trataria, em consequência, de decifrar. Mas, cá entre nós, criar um idioma não é o que todo mundo faz[51] como demonstram os casais apaixonados com seus tatibitates e nhenhenhéns? E de que adiantaria saber que "mimi" ou "totoso" referem-se a mimos e gostosuras viáveis apenas por alguma distorção? Isso, contudo, não impede que se louve essa suposta criação como índice de uma genialidade. Mas Joyce quis isso? Seu gênio, epíteto que ele mesmo se dava, como nos lembra Medeiros[52], está na construção de uma tartamudice artística que faz "cruzamentos vocabulares"[53] próprios? Não exatamente com essas palavras o psicanalista Roberto Harari apregoa que sim ao tentar marcar que Joyce não se deixa apanhar pela língua que o embalava desde o berço e por isso cria a sua[54] o que pode, inclusive, ser sustentado por aquilo que ele mesmo afirma no

---

[47] JOYCE, James. *Ulisses*. Rio de Janeiro: Objetiva, 2007, p. 120.

[48] "Joyce, que se exilou, mas só escreveu sobre a cidade natal". MILAN, Betty. *A Dublin de Joyce*, in *Folha de S. Paulo*, 15/06/2002, s/p.

[49] SCHÜLER, Donaldo. *Joyce era Louco?* Cotia: Ateliê Editorial, 2017, p. 130.

[50] BRADBURY, Malcolm. *O Mundo Moderno*. São Paulo: Companhia das Letras, 1987, p. 34.

[51] LACAN, Jacques. *O Seminário, Livro 23, O Sinthoma*. Rio de Janeiro: Jorge Zahar Editor, 2007, p. 129.

[52] MEDEIROS, Sérgio. *A Voz de James Joyce*, in *Scientia Traductionis*, No 12, vol. 26, p. 419.

[53] PRADO, Célia Luiza Andrade. *A Criatividade Lexical em Finnegans Wake*, in São Paulo: TRADTERM, 15, 2009, p. 28.

[54] HARARI, Roberto. *Como se chama James Joyce? À partir do Seminário Le Sinthome de J. Lacan*. Salvador: Ágalma; Rio de Janeiro: Campo Matêmico, 2002, p. 78.

Wake: "eu a nutri, minha nutriz, minha balíngua"[55]. Mas o que são esse b + a na língua? É esse seu processo nutridor, ou seja, um acréscimo de letras na língua que ele habita ou seria o contrário, quer dizer, nessa ação com a letra, que foi como tentei definir a literatura, restaria alguma coisa que no dizer não se diz e nunca se dirá? Não estaria aí o resto que, estou afirmando, interessava a Joyce, o resto bem na dobradura da palavra? *Finnegans Wake* estaria escrito para dizer alguma coisa ou como afirma Caetano Galindo "não "quer dizer" coisas [mas apenas] *faz* coisas"[56]? E não seriam essas coisas feitas a partir do que se desfez que sobram de qualquer equação ou equalização que se pretenda? Não está aí o cerne do *Wake* que como um furacão traga tudo? E foi isso, enfim, que Joyce quis? Ou o *seu Wake* ultrapassa o que ele teoriza e preconiza? Me permita dar mais uma volta, pois, parafraseando o que diz Lacan em 10 de janeiro de 1978[57], é preciso dar ao menos duas delas para que seja possível sair do lugar.

Joyce dizia, em seu *work in progress*[58], que podia "fazer qualquer coisa com a linguagem"[59] o que é sem dúvida nenhuma um grito de liberdade já que a maioria de nós apenas segue os caminhos que a linguagem determina[60]. O *seu Wake* seria, dessa maneira, a rebeldia contra os cânones da vida, contra a linearidade e a ordem que nos é imposta, o que merece loas e mesmo algum tributo. Ao mesmo tempo esse "fazer qualquer coisa" destacado por Anderson implica uma pretensão de domínio dessa linguagem, uma espécie de adonamento dela

---

[55]SCHÜLER, Donaldo *Finnegans Wake/Finnicius Revém, Livro III e IV, Capítulos 13, 14, 15 16 e 17*. Cotia: Ateliê Editorial, 2003, p. 335.

[56] GALINDO, Caetano. *Sim, Eu Digo Sim: Uma Visita Guiada ao Ulysses de James Joyce*. São Paulo: Companhia das Letras, 2016, p. 17.

[57]LACAN, Jacques. *O Momento de Concluir*, Seminário 25, aula de 10/01/1978, s/p in http://www.psicomundo.org/lacan/textos.htm

[58] Ele usa essa expressão também dentro do *Wake*. JOYCE, James. *Finnegans Wake*. Londres: Penguim Uk, 1999, p. 625.
Décio Pignatari faz uma interessante transliteração para essa expressão que durante algum tempo – mais ou menos até 1938, quando os Jolas descobrem indutivamente que o último livro de Joyce se chamaria Finnegans Wake (ELLMANN, Richard. *James Joyce*. Porto Alegre: Globo, 1982, p. 873) – foi o título da obra de Joyce: "Obra em obras". PIGNATARI, Décio. *Informação. Linguagem. Comunicação*. São Paulo: Perspectiva, 2003, p. 168.

[59] ANDERSON, Chester G. *Vidas Literárias: James Joyce*. Rio de Janeiro: Jorge Zahar Editor, 1989, p. 123.

[60] "Achamos que dizemos o que queremos, mas é o que disseram os outros (...) que nos fala. "LACAN, Jacques. *Joyce, O Sintoma*, in *O Seminário, Livro 23, O Sinthoma*. Rio de Janeiro: Jorge Zahar Editor, 2007, p. 158.

testemunhado por Joyce ao chamar *seu Wake* de "seu brinquedo"[61] pois o faria ir, como uma criança diante de um tabuleiro de damas, na direção que deseja.

Ele chegou também a dizer que *seu Wake* visava a história do mundo[62] e que a realidade se reduzia à apenas o que ele escrevia[63] o que aponta, igualmente, para esse desejo de mestria. Com o *Oedipus Complex*, por exemplo - e que é um ordenamento antes de histórico, gramatical e que implica uma subserviência a regras – ele faz "eatupus complex"[64], quer dizer, o come todo (*eat up*) e por ele não se deixa chantagear[65]. Mas *seu Wake*, que é como o estou chamando até aqui, seria mesmo *seu*? Joyce dominaria a linguagem e a gramática e curvando-as[66] ao seu bel prazer faria com os significantes o que quer até a abolição de qualquer regramento a não ser o que ele cria, o que ele inventa?

---

[61] ELLMANN, Richard. *James Joyce*. Porto Alegre: Globo, 1982, p. 867.

[62] Idem, p.661. Sobre essa história de história lembro das comeventes palavras de Burgess: "This history is not what we learned at school - a chronological treadmill of kings and ministers and wars and revolutions. It is rather a special way of looking al history- less a parade of historical facts than a pattern which seeks to explain those facts", ou "Esta história não é o que aprendemos na escola - uma esteira cronológica de reis e ministros e guerras e revoluções. É, antes, uma maneira especial de olhar para todo a história – não é tanto um desfile de fatos históricos mas um estilo que procura explicar esses fatos" (minha tradução), que procura explicar esses fatos, escreve também Burgess ao considerar o *Wake* como um sonho, para o próprio sonhador.   BURGESS, Anthony *Finnegans Wake: What It' s All About, in* http://www.metaportal.com.br/jjoyce/burgess1.htm

[63] ELLMANN, Richard. *James Joyce*. Porto Alegre: Globo, 1982, p. 856.

[64] JOYCE, James. *Finnegans Wake*. Londres: Penguim Uk, 1999, p. 128. Amarante vê nesse *eatupus complex* um a mais e o traduz como "complexo de édiplus". AMARANTE, Dirce Waltrick do. *James Joyce, Finnegans Wake (Por um Fio)*. São Paulo: Iluminuras, 2018, p. 67.

[65] ELLMANN, Richard. *James Joyce*. Porto Alegre: Globo, 1982, p. 646. Amarante vê nesse *eatupus complex* um *plus* e o traduz como "complexo de édiplus". AMARANTE, Dirce Waltrick do. James Joyce, Finnegans Wake (Por um Fio). São Paulo: Iluminuras, 2018, p. 67.

[66] Essa é a opinião, por exemplo, de Donaldo Schüler que escreve: "Joyce apropria-se da língua do dominador, torce-a, castiga-a, reelabora-a, rebelde às normas de correção." SCHÜLER, Donaldo. *Finnegans Wake/Finnicius Revém, Livro I, Capítulos 2, 3 e 4*. Cotia: Ateliê Editorial, 2001, p. 19. E, mais adiante, reafirma: "Joyce, como é de seu costume, despedaça a frase inglesa, a língua do dominador". SCHÜLER, Donaldo. *Finnegans Wake/Finnicius Revém, Livro III e IV, Capítulos 13, 14, 15 16 e 17*. Cotia: Ateliê Editorial, 2003, p. 525.

É interessante, sobre isso, notar que uma das primeiras coisas que Lacan evoca sobre *Finnegans Wake* nos anos 70 – ele faz isso em três oportunidades diferentes – é sobre a sua gramaticalidade, no sentido chomskyano[67] para falar propriamente, ou seja, ao contrário do que seu amigo Philippe Sollers vinha afirmando[68], a última obra de Joyce tem, para Lacan, uma estrutura ou um conjunto de regras finitas que permitem engendrar um ou mais conjuntos infinitos de frases fazendo com que, também para o *Wake*, a interpretação não esteja "aberta a todos os sentidos"[69]. Sendo assim, é possível encontrar nela pontos de arrimo, pontos de *capitoné*[70], para usar uma formulação antiga, que norteiam o que aí se dissolve, não é? Mas Lacan, um pouco mais tarde, dirá que Joyce desarticulou a língua inglesa[71]. Por quê? Desarticulá-la não é abolir essa gramática que ele mesmo afirmou que é encontrável no *Wake*? A resposta vem nesse mesmo seminário dedicado ao *Sinthoma* pois o que Joyce faria, de acordo com Lacan, é dar a língua um outro uso que não o comum, que não o habitual, o que está em consonância com o que Joyce mesmo afirma algumas vezes. Por exemplo:

> Escrevendo sobre a noite[72] eu realmente não pude, senti que não podia, usar as palavras em suas ligações habituais. Usadas dessa maneira elas não expressam como são as coisas à noite. (...) Achei que isso não pode ser feito com palavras em suas ligações e relações comuns. Quando a manhã chegar naturalmente tudo ficará claro outra vez (...) Eu lhes devolverei sua língua inglesa. Não a estou destruindo em definitivo. [73]

---

[67] LACAN, Jacques. *Conferência de 24 de Novembro de 1976, Yale University (Seminário Kanzer)*, in *Lacan in North Armorica*. Porto Alegre: Editora Fi, 2016, p. 13.

[68] LACAN, Jacques. *O Seminário, Livro 23, O Sinthoma*. Rio de Janeiro: Jorge Zahar Editor, 2007, p. 12.

[69] LACAN, Jacques. *A Direção do Tratamento e os Princípios de seu Poder*, in *Escritos*. Rio de Janeiro: Jorge Zahar Editor, 1988, p. 599.

[70] LACAN, Jacques. *O Seminário, Livro 3, As Psicoses*. Rio de Janeiro: Jorge Zahar Editor, 1985, p. 293.

[71] LACAN, Jacques. *O Seminário, Livro 23, O Sinthoma*. Rio de Janeiro: Jorge Zahar Editor, 2007, p. 72.

[72] O *Wake* em determinado momento se descreve como "the lingerous longerous book of the dark". JOYCE, James. *Finnegans Wake*. Londres: Penguim Uk, 1999, p. 231.

[73] ELLMANN, Richard. *James Joyce*. Porto Alegre: Globo, 1982, p. 673.

Mas essas ligações e relações incomuns não são ainda ligações e relações? O que Joyce teria feito nesse seu oniromundo, então, seria, como afirma a dona da badalada livraria parisiense do entre-guerras, *Skakespeare and Co.,* uma revolução da língua inglesa[74], ou, como queria Jolas "a revolução da palavra"[75] que, como toda revolução, como toda "rève-olution"[76], volta sempre ao mesmo lugar[77]? Isso é o que Joyce faz, de forma brilhante, diga-se de passagem, em *O Gado do Sol,* por exemplo. Como bem demonstra Anthony Burgess, no décimo quarto capítulo de *Ulisses* Joyce faz "uma espécie de história da prosa inglesa do anglo saxão até o presente"[78] Mais que isso: fazendo paródia ele se estende "da fase embrionária da língua inglesa ainda marcada por uma sintaxe e um vocabulário latinos, passando pelo anglo-saxão, pelo Middle English (...) até chegar ao pidgin English"[79], como destaca Pinheiro. Mas o *Wake* não é o *Ulisses.* Joyce mesmo o afirma ao enfatizar que não há relação entre uma obra e outra[80]. Seria melhor então dizer que o *Wake* no lugar da evolução ou da revolução faz

---

[74] BEACH, Sylvia. *Shakespeare and Company: uma Livraria na Paris do Entre-Guerras.* Rio de Janeiro: Casa da Palavra, 2004, p. 175.

[75] AMARANTE, Dirce Waltrick do. *Para Ler Finnegans Wake de James Joyce.* São Paulo: Iluminuras, 2009, p. 25.

[76] Oniro-volução, em português, mas que no francês de Lacan, ao homofonizar com *révolution* (revolução) ridiculariza o sonho, nesses termos irrealizável, de sair do lugar. LACAN, Jacques. *Os Não-Tolos Erram/ Os Nomes do Pai, Seminário entre 1973 e 1974.* Porto Alegre: Editora Fi, 2018, p. 176.

2   [77] E como complemento à nota anterior, destaco que para Laca em seu *O Ato Psicanalítico* revolução remete ao termo latino medieval *revolutĭonis* ou seja, dar um giro e voltar ao mesmo lugar. Por isso ele preferirá e pelo menos desde 1960 – vide o escrito *Subversão do Sujeito e Dialética do Desejo no Inconsciente Freudiano* – o termo subversão que ele diz, em 67, significar refundar. (LACAN, Jacques. *O Ato Psicanalítico – Seminário 1967-1968,* lições de 22 e 29 de Novembro. Porto Alegre: Escola de Estudos Psicanalíticos, s/d). Contudo e sobre a *subversĭonis ou subversio,* se vamos mesmo a sua etimologia, também latina, para sermos mais precisos, notaremos que ela significa antes o ato de destruir ou derrubar alguma coisa ou, como se expressa Barthes, "significa vir por baixo e embaralhar as coisas, desviá-las, levá-las para outra parte que não aquela onde são esperadas". BARTHES, Roland. *Para que Serve um Intelectual,* in *O Grão da Voz.* São Paulo: Martins Fontes, 2004, p. 383.

[78] BURGESS, Anthony. *Homem Comum Enfim: Uma Introdução a James Joyce para o Leitor Comum.* São Paulo: Companhia das Letras, 1994, p. 163.

[79] PINHEIRO, Bernardina da Silveira. *Notas, in Ulisses.* Rio de Janeiro: Objetiva, 2007, p. 888.

[80] ELLMANN, Richard. *James Joyce.* Porto Alegre: Globo, 1982, p. 856

mesmo a subversão da linguagem? E seria aí que estaria o seu *savoir-faire,* a sua habilidade? E qual uso é esse? Se o texto de Joyce desconcerta[81] e descentra seria porque ele leva em conta o concerto e o centro e aponta, ao mesmo tempo, para Outro lado? E isso é intencional, projetivo, prospectado? O *Wake* seria, no final das contas, um projeto que busca uma linguagem para aquilo que da linguagem comum escapa? Se for assim, ele tem sentido, que num esforço, se desfaz, para ser retomado pelo leitor atento como afirma, por exemplo, Scandolara[82]. E o próprio Joyce escreve isso, ao menos para Sysley Huddleston ao evocar o capítulo dedicado a Anna Livia Plurabelle:

> Críticos que apreciaram muito Ulyssses estão se queixando do meu novo trabalho. Não o podem entender, por isso dizem que não tem sentido. Se fosse sem sentido poderia ser escrito depressa, sem pensamentos, dores, sem erudição; mas eu lhe asseguro que essas vinte páginas agora diante de nós me custaram mil e duzentas horas e um imenso gasto de espírito[83].

E se o nota na construção, por exemplo, desse mesmo capítulo que,

> "Tell me, tell me, how could she cam trought all her fellows, the dare-devil? Linking one and knocking the next and polling and petering out clyding by in the easyway" passa, dois anos depois para "Tell me, tell me, how could she cam trought all fellows, the neckar she was, the diveline? Linking one and knocking the next, tapping a flank and tipping a justy and palling in and petering out and cycling by the eastway".

---

[81] LACAN, Jacques. *O Seminário, Livro 23, O Sinthoma.* Rio de Janeiro: Jorge Zahar Editor, 2007, p 73.

[82] SCANDOLARA, Adriano. *O Finnegans Wake de James Joyce: Incompreensibilidade e Pluralidade de Sentidos e Proximidade com a Poesia.* Revista Signo Revista do Departamento de Letras e do Programa de Pós-Graduação em Letras - Mestrado e Doutorado da Universidade de Santa Cruz do Sul. v. 37, n. 62 (2012), p. 02.

[83] ELLMANN, Richard. *James Joyce.* Porto Alegre: Globo, 1982, p. 738.

um ano mais tarde, se complexiza em "Tell me, tell me, how cam camlin she trought all her fellows, the neckar she was the diveline? Linking one and koncking the next, tapting a flank and tipting a justy and palling in pietaring out and clyding by on her eastway " até chegar a versão final,

> Tell, me, tell me, how cam she camlin trought all her fellows, the neckar she was, the diveline? Casting her perfils before our swains from Fonte-in-Monte to Tidingtown and from Tidingtown tillhavet. Linking one and knocking the next, tapting a flank and tipting a jutty and palling in a pietaring out and clyding by on her esatway[84].

Ele é o controlador, o dono, o maestro, não parece?

Se isso está certo, Joyce pretenderia ser o "mestre das palavras"[85], um usineiro de palavras[86] como já lhe chamaram e faria, como o venho chamando, de um *wake seu Wake,* seu *earthwake* que ainda ribomba pelos quatro cantos do mundo. Mas, volto a balíngua, esse $b + a$ e tantos $c + x - e : y + o \, x \, u$ espalhados por essa obra que levou 17 anos para surgir na íntegra – como o autor faz questão de marcar na sua última página[87] – não apontam para o que excede qualquer intenção? Pois essa é a minha perspectiva! O que estou mesmo querendo dizer é que o *seu Wake* lhe escapa, escapa de seu "working programme"[88] e acaba por produzir uma obra sem mestria, sem dono. Como ele diz a Nano Frank, antecipando o que estou afirmando aqui, "de momento há pelo menos uma pessoa, eu mesmo, que pode entender o que estou escrevendo. Não garanto, porém, que em dois ou três anos serei capaz ainda de fazer isso"[89]. Dito de uma outra maneira: *Finnegans Wake* não é só o que Joyce quis dele. Não é também um *quiz* que tanto diverte e amedronta os universitários. Ele ultrapassa qualquer esforço de maestria e na

---

[84] As quatro versões estão em BURGESS, Anthony. *Homem Comum Enfim: Uma Introdução a James Joyce para o Leitor Comum.* São Paulo: Companhia das Letras, 1994, p. 204 e 205.

[85] BEACH, Sylvia. *Shakespeare and Company: uma Livraria na Paris do Entre-Guerras.* Rio de Janeiro: Casa da Palavra, 2004, p. 169.

[86] SCHÜLER, Donaldo *Finnegans Wake/Finnicius Revém, Livro III e IV, Capítulos 13, 14, 15 16 e 17.* Cotia: Ateliê Editorial, 2003, p. 528.

[87] JOYCE, James. *Finnegans Wake.* Londres: Penguim Uk, 1999, p. 628.

[88] Idem, p. 446.

[89] ELLMANN, Richard. *James Joyce.* Porto Alegre: Globo, 1982, p. 862.

tentativa de domesticar a linguagem nos mostra que ela escapa a qualquer adonamento ao apontar para um mais além dela própria.

Dessa maneira, ao contrário de seu projeto – aí está o anti-projeto – o *Wake* acaba por não se mostrar inclusive circular mas "asférico"[90] pois a linguagem não encerra uma esfera, não faz conjunto. E como escreve Derek Attridge, "Joyce desencadeou um processo sobre o qual ele não tem mais nenhum controle final"[91]. O *Wake* escorre de suas garras[92] e mostra que a liberdade não é ter mil sentidos à mão. A liberdade é poder dispensá-los porque eles não estão lá e que nos interstícios dos travestimentos encontramos a nudez do real que nada diz.

Assim, ao contrário do que Melchiori chama, em sua *Introduzione*, de "desintegração da linguagem"[93] ou o que Carpeaux chama em sua gigantesca *História da Literatura Ocidental* de "prosa desarticulada"[94] o *Wake* a reintegra à sua estrutura que já não mais sonha com o sentido nem com sua posse. Nas palavras de Beckett, "o Sr. Joyce desofisticou a linguagem"[95] ou seja, a fez perder sua pompa e, ao mesmo tempo, seu caráter sofístico, de engano. E é nisso que Joyce, com sua obra – mais do que ilustrar uma psicanálise[96], como quer Lacan – lhe dá aula, pois, num jogo com a gramática e com a semântica o *Wake* produz uma tagarelice[97] que desemboca num real que sem abolir as outras consistências lhe dá primazia e destaque.

---

[90] LACAN, Jacques. *O Aturdito*, in *Outros Escritos*. Rio de Janeiro: Jorge Zahar Editor, 2003, p. 474.

[91] ATTRIDGE, Derek. *Desfazendo as Palavras-Valise ou Quem tem Medo de Finnegans Wake, in Riverrun, Ensaios sobre James Joyce*. Rio de Janeiro: Imago, 1992, p. 357.

2.1.1   [92] Como escreve Valéry em seu Études Littéraires – que só encontrei, para ficar mais próximo do nosso bom português, numa tradução feita para o espanhol – "La obra dura en tanto que es capaz de parecer completamente distinta a como la habia hecho su autor". VALÉRY, Paul. *Estudios Literarios*. Madrid: Visor, 1995, p. 76.

[93] MELCHIORI, Giorgio. *Introduzione a James Joyce: Finnegans Wake – HCE*. Milano: Arnoldo Mondadore Editore, 1982, p. XIII.

[94] CARPEAUX, Otto Maria. *História da Literatura Ocidental*, vol. 4. São Paulo: Leya, 2011, p. 2577.

[95] BECKETT, Samuel. *Dante... Bruno. Vico... Joyce, in Riverrun, Ensaios sobre James Joyce*. Rio de Janeiro: Imago, 1992, p. 332.

[96] LACAN, Jacques *Prefácio à Edição Inglesa do Seminário 11*, in *Outros Escritos*. Rio de Janeiro: Jorge Zahar Editor, 2003, p. 569.

[97] Com essa tagarelice, e vou tentar demonstrar isso no decorrer dessas páginas, todo cuidado é pouco pois, como denuncia Barthes "uma forma de afasia é a tagarelice e

O *Wake* revela, assim, com seu "rS – rI – Il – iR – iS – sS – Si – SR – iR – rS "[98] e por fim R (Real), aquilo que Lacan persegue desde 1953 quando, pela primeira vez, situando seu retorno aos textos freudianos[99], desenha no quadro o que mais tarde se borromerizará:

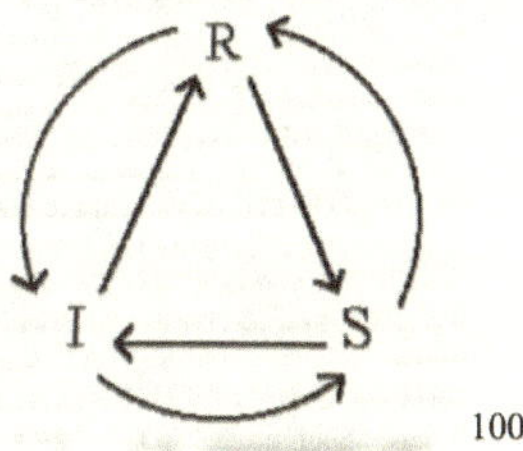

Dessa maneira, como diz Lacan em *O Sinthoma* "o texto de Joyce é todo feito como um nó borromeano"[101] e nos permitirá, porque ele assim se organiza, passar pelo imaginário, pelo simbólico e pelo real. É assim que pensamos também o processo analítico em todos os seus tempos e *Finnegans Wake* faz, portanto mostração dele, monstração

---

a verborréia", isto é, um enfraquecimento das funções de articulação exatamente pela prolixidade inofensiva e alienada que produz. BARTHES, Roland. *Roland Barthes se Explica*, in *O Grão da Voz*. São Paulo: Martins Fontes, 2004, p. 541.

[98] Lacan define, nesse ordem, "como uma análise poderia, muito esquematicamente, se inscrever desde seu início até o fim". As letrinhas aí descritas dizem: "realizar o símbolo", "realizar a imagem", "imaginarizar a imagem", "imaginirizar o símbolo", "simbolizar o símbolo", "simbolizar o real", "imaginarizar o real" e, uma vez mais, "realizar o símbolo", que nesta fase indica, procurarei demonstrar isso no decorrer deste trabalho, que "todas as realidades (...) são equivalentes, que todas as realidades são realidades", isto é, perdem seu valor por não poderem, enquanto tal, dar conta daquilo que se lhes escapa. LACAN, Jacques. *O Simbólico, o Imaginário e o Real*. (Publicação não comercial). Porto Alegre: APOA, s/d, p. 103 – 105.

[99] Segundo Roudinesco, assertivamente, é nessa *Conferência de 1953* que Lacan, pela primeira vez cria o seu programa de retornar aos textos freudianos para falar de psicanálise. ROUDINESCO, Elisabeth. *Jacques Lacan – Esboço de uma Vida, História de um Sistema de Pensamento*. São Paulo: Companhia das Letras, 1994, p. 222. Pode parecer curioso que isso tenha precisado se inscrever – há até um escrito de Lacan intitulado *A Coisa Freudiana ou o Sentido do Retorno a Freud em Psicanálise* onde ele reitera e esmiúça seu projeto – inclusive como lema, mas o fato é que na França, por essa época e para se fazer, teórica e praticamente psicanálise, não se lia ou se recorria àquilo que Freud havia produzido.

[100] LACAN, Jacques. *O Simbólico, o Imaginário e o Real*. (Publicação não comercial). Porto Alegre: APOA, s/d, p. 104.

[101] LACAN, Jacques. *O Seminário, Livro 23, O Sinthoma*. Rio de Janeiro: Jorge Zahar Editor, 2007, p. 149.

para ele. Com o *Wake* podemos passar pelo tempo que afirma o que ele é, tal qual quando se procura o sentido de um sintoma. Depois pelo tempo em que aquilo que é, por ser contínuo, se esfacela, como quando um analisante, de tanto narrar um sonho descobre que, de tanto dizê-lo, ele nunca diz uma última palavra, até chegar no tempo onde isso nada importa – inclusive no sentido de importação – e o comentário, o saber, o conhecimento, que só engana[102] abrem espaço para um *joysemmot*, um joysemnarrativa, um joysemchoice a não ser a de uma *choice* que implica um *joy* sem apelo. Pegando de empréstimo as definições que Lacan procura fazer em *O Aturdito,* o primeiro tempo de leitura desse *riverrun* aparece como dito, o segundo como um dizer e o terceiro como um *fun,* um "funferall"[103]. O *Wake,* mais do que qualquer obra, monstra que os esforços humanos não passam de representações, de um "play"[104] que pode nos atordoar ou nos divertir. O *Wake* definitivamente indica a via do *to play* e não passa assim de uma brincadeira, de um *play-ground* que aponta a vida como um real inextrincável onde o leitor, o analista e o analisante capitulam, como se expressa Julia Kristeva[105]. Não se trata de levá-los a sério e por isso mesmo fazer série, mas apenas de um *joie de vivre* sempre tão prejudicado pela mal-dita neurose. Assim, como escreve Miller,

> (...) na experiência analítica, há a dimensão de contar a própria vida, contar seus episódios e distinguir alguns deles como operando reviravoltas, reconhecer outros como opacos, voltar a esses fatos de história para dar-lhes significados diferentes, até que definhe o interesse por tais momentos com o eventual espanto por termos levado tanto tempo para liberar uma reles verdade"[106].

É para ela, essa verdade, que *o Wake* nos conduz. A verdade de que não há verdade ou, lacanianamente e mais inteligentemente falando,

---

[102] Idem, p. 62.

[103] JOYCE, James. *Finnegans Wake*. Londres: Penguim Uk, 1999, p. 120.

[104] ANDERSON, Chester G. *Vidas Literárias: James Joyce*. Rio de Janeiro: Jorge Zahar Editor, 1989, p. 114.

[105] KRISTEVA, Julia. *Joyce: The Gracehoper, ou o Retorno de Orfeu,in Riverrun, Ensaios sobre James Joyce*. Rio de Janeiro: Imago, 1992, p. 394.

[106] MILLER, Jacques-Alain. *Perspectivas do Seminário 23 de Lacan, O Sinthoma*. Rio de Janeiro: Jorge Zahar Editor, 2009, p. 40.

de que ela é sempre semi-dita[107]. Mas mais que isso: como o leitor já deve ter notado, é para esse campo que excede inclusive o dizer e consequentemente a verdade que o *Wake*, e a psicanálise, se lhe segue a "lesson"[108], pode nos levar. E é para lá que eu vou pois *the funny can wake*[109]! E fica aqui o convite para que você, que lê essas linhas, venha junto.

"For a walk and back again", said
the fox. "Will you come with me?
I'll take you on my back. For a
walk and back again"[110]

---

3   [107] Para dar mais ênfase a esse ponto e que retomarei mais adiante, vale lembrar, também, que Roland Barthes, numa entrevista a Michel Delahaye e Jacques Rivette declara, sem circunlóquios ou perífrases que "a verdade é impossível com a linguagem" e, portanto, se a queremos, teremos de ir buscar em outro lugar que não na *langage qui engage*. BARTHES, Roland. *Sobre o Cinema*, in *O Grão da Voz*. São Paulo: 2004, p. 20. A expressão francesa, originalmente do poeta Jean Tardieu – "Le langage l'engage". TARDIEU, Jean. *Oeuvres*. Paris: Galimard, 2003, p. 35 – diz que a linguagem engata, que ela é, inexoravelmente, linguata.

[108] JOYCE, James. *Finnegans Wake*. Londres: Penguim Uk, 1999, p. 579.

[109] Esse é, como @ leit@r terá notado, o subtítulo desse trabalho, que faz, ao dizer que o (*funny*) engraçado, o divertido, o risível pode, é capaz, tem o direito (*can*) de acordar, despertar, reviver (*wake*), trocadilho, claro, com *Finnegans Wake*.

[110] ROSA, João Guimarães. *Sagarana*. Rio de Janeiro: Nova Fronteira, 1984, p. 13. Numa tradução possível, pois Guimarães não a oferece, teríamos, mesmo que perdendo as ressonâncias equivocantes, algo como: "Para uma volta da qual voltaremos", disse a Raposa. "Você vem comigo? Eu te levo nas minhas costas. Para uma volta da qual voltaremos".

2   **O QUE NÃO FAREI MESMO QUE O FAÇA**

"Se o rosto da pessoa ficava diferente quando era Iluminado de cima ou de baixo – o que era um rosto? O que era qualquer coisa?"
William Golding[111]

"É impossível dizer alguma coisa exatamente da maneira como foi, porque o que você diz nunca pode ser exato, você sempre tem de deixar alguma coisa de fora, existem partes, lados, correntes contrárias e nuances demais; gestos demais, que poderiam significar isto ou aquilo, formas demais que nunca podem ser plenamente descritas, sabores demais, no ar ou na língua, semitonalidades, quase cores, demais".
Margaret Atwood[112]

"Pegadas na areia que não levam a ser algum."
 José Eduardo Agualusa[113]

---

[111] GOLDING, William. *Senhor das Moscas*. Rio de Janeiro: Objetiva, 2014, p. 87.
[112] ATWOOD, Margaret. *O Conto da Aia*. Rio de Janeiro: Rocco, 2017, p. 163.
[113] AGUALUSA, José Eduardo. *As Mulheres do Meu Pai*. Rio de Janeiro: Língua Geral, 2007, p. 184.

Se, como adiantei citando Lacan, *Finnegans Wake* é essencialmente borromeano teremos – já estou supondo que você topou dar essa volta comigo – de verificar o que cada fio desse cordel implica para a psicanálise, que é de onde, passando pelas matemáticas, eles brotam. Para evitarmos que deles façamos um nó górdio e fiquemos perdidos no, como diz Lacan – sobre o mesmo *Wake* e ao concluir o *9º Congresso da EFP* (Escola Freudiana de Paris) – "emaranhamento [que produz] confusão"[114] e desnorteamento é prudente, me parece, que os pincemos um a um e começarei por esse que aqui está tingido de cinza claro, ou seja, pelo Imaginário.

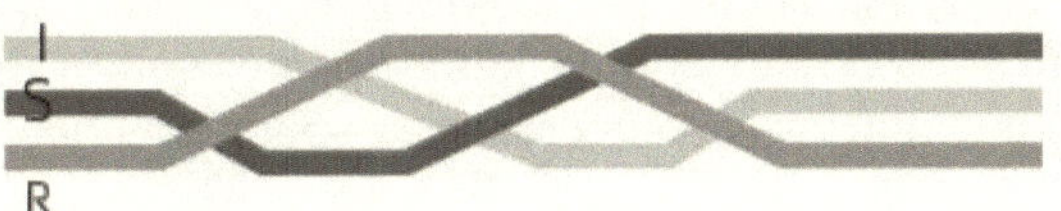

Mas, o que é, para a psicanálise, esse imaginário? Lacan oferece uma série de definições para ele, que passam pelo já clássico conceito de imago, cunhado por Jung em *Metamorfoses e Símbolos da Libido* e tantas vezes usado por Freud para designar "um clichê estático"[115] que fixa modelos imagéticos e depois antecipatórios para qualquer relação. Trata-se do clássico " – Vejo em você não aquilo que você é mas aquilo que para mim você é" que embala as relações amorosas ou, mais sucintamente, "– Você é aquilo que em mim você precisa ser" e entramos numa espécie de ortopedia que usa o outro como instrumento de conserto daquilo que Narciso sente falta.

---

[114] LACAN, Jacques. *Conclusion du 9º e Congrès de l'École Freudienne de Paris sur La Transmission*, 09/07/1978, s/p   in   http://ecole-lacanienne.net/wp-content/uploads/2016/04/1978-07-09.pdf (minha tradução).

[115] FREUD, Sigmund. *Sobre o Narcisismo: Uma Introdução*, in *Edição Standard Brasileira das Obras Psicológicas Completas de Sigmund Freud*, Volume XIV. Rio de Janeiro: Imago, 1987, p. 97.

No *Estadio do Espelho*, preocupado precisamente sobre essa fixação, Lacan o chama de *gestalt*[116] ou, em bom português, forma[117], que dá consistência ao que tenderia a um despedaçamento[118] sem fim do corpo, no horizonte, de qualquer *corpus*, assim produzindo, neste lugar, uma imagem mais ou menos coesa de si mesmo. Muito esquematicamente posso, inspirado nos esquemas óticos, situar essa perspectiva da seguinte maneira:

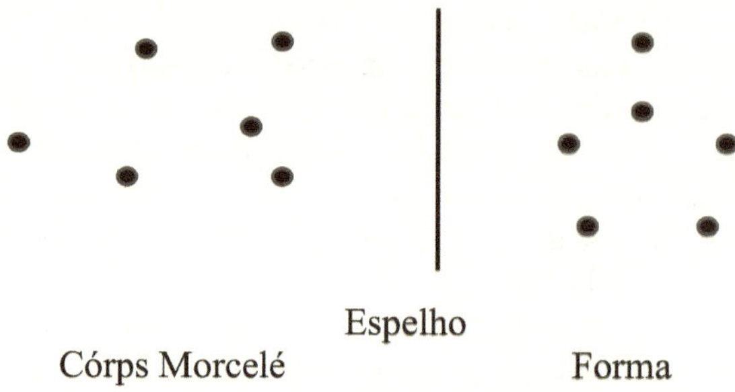

E, na senda aberta por Merleau Ponty dizer que, aqui, do lado direito, encontramo-nos com o delineamento, com a formatação, com a formação daquilo que à esquerda está solto, fragmentado, em francês, *morcelé*.

No seminário *Os Escritos Técnicos de Freud* Lacan associará o imaginário aos *patterns* ou modelos que moldam essa mesma "miragem de si mesmo"[119] que anda de mãos dadas com aquilo que Marco Aurélio chamava de "phantasia"[120], vale dizer, uma imagem, mas é em *O Aturdito* que ele nos oferece o seguinte: o imaginário é uma ficção,

---

[116] LACAN, Jacques. *O Estadio do Espelho como Formador da Função do Eu tal como nos é Revelada na Experiência Psicanalítica*, in *Escritos*. Rio de Janeiro: Jorge Zahar Editor, 1998, p. 98.

[117] MORAES, Marcia. *Considerações Sobre o Gestaltismo: Entre a Ciência e a Filosofia*, in *A Pluralidade do Campo Psicológico*. Rio de Janeiro: UERJ, 2010, p. 55.

[118] LACAN, Jacques. *O Estadio do Espelho como Formador da Função do Eu tal como nos é Revelada na Experiência Psicanalítica*, in *Escritos*. Rio de Janeiro: Jorge Zahar Editor, 1998, p. 100.

[119] LACAN, Jacques. *O Seminário, Livro 1, Os Escritos Técnicos de Freud*. Rio de Janeiro: Jorge Zahar Editor, 1986, p. 154.

[120] FOUCAULT, Michel. *A Hermenêutica do Sujeito*. São Paulo: Martins Fontes, 2014, p. 260.

ficção de superfície que reveste a estrutura hiante[121], o que, trocando em miúdos, coloca o imaginário na condição de um tampão feito de imagens que como uma folha de papel se oferece à inscrições que obturam o que dessa folha não faz escrita.

Porque Freud chamou o eu, em *Das Ich und das Es,* de superfície[122] podemos fazer-lhes a aproximação, corroborada inclusive por Lacan no seminário *L'Insu-que-Sait de L'Une-Bévue S'Aile a Mourre,* ao dizer que a consciência depende do imaginário[123] e que uma reclama a outra a ponto de serem idênticas. Mas o eu, em Freud não é também inconsciente, talvez você se pergunte? E estará certo! Pois seja em *O Eu e o Isso* ou em *A Divisão da Personalidade Psíquica,* sobretudo nesse, Freud marcará que uma parte do eu – ou do ego, como insiste a edição da Imago ao ainda se remeter a versão anglófila da obra freudiana – é inconsciente[124]. Mas é sempre importante de destacar que para Freud o que está ou é inconsciente nesse eu sempre pode e inclusive deve advir à consciência. Como ele escreve em *Esboço de Psicanálise* seu esforço – o de Freud e de sua psicanálise – é para "tornar consciente esse material inconsciente"[125] o que nos faz voltar a idéia da superfície que versando sobre algo carrega um anverso que é possível acessar por atravessamento ou por dobradura e, enfim, concluir aquilo que de outra forma resiste a estase. Vou propor, assim, uma imagem, inspirada em Saussure[126] – já que o imaginário é isso, uma imagem, um "reflexo"[127] – para ele:

---

[121] LACAN, Jacques. *O Aturdito,* in *Outros Escritos.* Rio de Janeiro: Jorge Zahàr Editor, 2003, p. 485.

[122] FREUD, Sigmund. *O Ego e o Id,* in *Edição Standard Brasileira das Obras Psicológicas Completas de Sigmund Freud,* Volume XIX. Rio de Janeiro: Imago, 1987, p. 43.

[123] LACAN, Jacques. *Semináire L'Insu-que-Sait de L'Une-Bévue S'Aile a Mourre,* 1976-1977, aula de 15/02, s/p in http://www.valas.fr/Jacques-Lacan-l-insu-que-sait-de-l-une-bevue-s-aile-a-mourre-1976-1977 (minha tradução)

[124] FREUD, Sigmund. *A Dissecção da Personalidade Psíquica,* Novas Conferências Introdutórias sobre Psicanálise, in *Edição Standard Brasileira das Obras Psicológicas Completas de Sigmund Freud,* Volume XXII. Rio de Janeiro: Imago, 1987, p. 89.

[125] FREUD, Sigmund. *Esboço de Psicanálise,* in *Edição Standard Brasileira das Obras Psicológicas Completas de Sigmund Freud,* Volume XXIII. Rio de Janeiro: Imago, 1987, p. 186.

[126] Saussure compara a língua, com seus dois lados (significado e significante), a uma folha de papel. SAUSSURE, Ferdinand. *Curso de Lingüística Geral.* São Paulo: Cultrix, 1972, p. 131.

[127] LACAN, Jacques. *A Topologia e o Tempo, Seminário de 1978 – 1979,* Aula 4

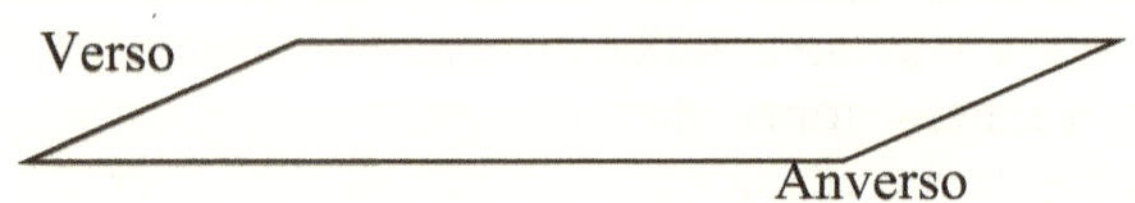

E insistirei uma vez mais nisso: o imaginário é uma ficção que produz "fixão"[128] e nos faz crer que haja um ponto final que limite aquilo que se define precisamente por ser não limitável. Ele encobre a hiância e sobre ela se estende como o que pode, por exaustão, ser explicável e nos incita a pensar que uma conclusão seja, sempre, possível. Daí Lacan defini-lo, também, como "o que cessa, de se escrever"[129], ou seja, o que da escrita se finaliza por criar, nem que seja mais além, uma totalização, bem representada pelo ditado popular de que uma imagem vale mais que mil palavras. Daí podermos dizer, em consonância com Lacan, que "o imaginário é grudento"[130], viscoso, pegajoso. Que ele enreda o que não se enreda. Que costura o que está à deriva. Tampona o que é buraco e nos faz orbitar sobre um com-texto que desemboca num familiar contexto.

E porque isso nos interessa agora? Porque para "as we there are where are we are we there from tomitittot to teetootomtotalitarin. Tea tea too oo"[131] ou para "It is of Noggens whilk dusts the bothsides of the seats of the bigslaps of the bogchaps of the porlarbaar of the marringaar of the Lochlunn gonlannludder of the feof of the foef of forfummed Ship-le-Zoyd."[132] alguns estudiosos encontraram explicações que cosem a hiância[133] que, se o nota facilmente, se insurge e, no lugar daquilo que escapa e produz questão, exclamam, recorrendo a uma historização, o que o *Wake* é. Dessa maneira, congelam o que está em movimento – o *progress* não estava só na fatura do *Wake*, vale sempre lembrar – e

---

09 de Janeiro de 1979, in Acheronta, Nº 30.

[128] LACAN, Jacques. *O Aturdito*, in *Outros Escritos*. Rio de Janeiro: Jorge Zahar Editor, 2003, p. 483.

[129] LACAN, Jacques. *O Seminário, Livro 23, O Sinthoma*. Rio de Janeiro: Jorge Zahar Editor, 2007, p. 14.

[130] LACAN, Jacques. *Séminaire R.S.I, 1974-1975, aula 08/04, s/p, in* http://staferla.free.fr/S22/S22%20R.S.I..pdf(minha tradução).

[131] JOYCE, James. *Finnegans Wake*. Londres: Penguim Uk, 1999, p. 260

[132] Idem p. 370.

[133] "Toda explicação é essencialmente imaginária", diz Roland Barthes a Jean-Jacques Brochier. BARTHES, Roland. *Vinte Palavras-Chave para Roland Barthes*, in *O Grão da Voz*. São Paulo: Martins Fontes, 2004, p. 306.

produzindo momentos estanques deixam de fora o que está de fora da cena e que chamamos propriamente de obscenidade[134]. E isso não é o mesmo que faz a neurose, ou seja, histerização pelas vias da historização? Como escreve Lacan em *O Aturdito*, "basta um analisante chegar todo animado à sessão para engatar prontamente em sua matéria edipiana"[135] que visa ligar os pontos desconectados formando uma narrativa linear que sobretudo produzirá, se não lhe cortamos, uma ontologia, um " – Eu sou". Algo como "sou assim porque quando eu era criança meu pai....". Ou "estou nesta condição porque minha mãe..."[136]. Definitivamente "o imaginário implica "uma debilidade mental"[137] mas teríamos acesso ao que no sujeito não é débil se não passássemos por ela? Seria possível "passar para outra coisa"[138], que é como define Allouch a saúde mental, se da história simplesmente prescindíssemos? Haveria análise se não houvesse narrativa?A mim parece que só podemos tocar o impossível se passamos pelo possível. Só conseguimos tocar aquilo que é "anistoricizante"[139] se enfrentamos o que é historicizante. Só podemos chegar a "hiscória"[140] se passarmos pela história.

3.1.1   [134] Existem versões discordantes para a etimologia do significante obsceno, em latim, *obscenus*. Para Eliane Robert Moraes, por exemplo, "o vocábulo latino *obscenus* significava originalmente "mau agouro"". MORAES, Eliane Robert. *O Efeito Obsceno*, in Cadernos Pagu, no.20 Campinas 2003, s/p. Outra, que é a que endosso aqui, pleiteia que *obscenus* vem de *ob* (confrontação ou oposição) e *scenus* (cena), o que daria algo como fora da cena, fora daquilo que podemos ver. CHILE. Diccionario Etimológico castellano en línea, in http://etimologias.dechile.net/?obsceno.

[135] LACAN, Jacques. *O Aturdito*, in *Outros Escritos*. Rio de Janeiro: Jorge Zahar Editor, 2003, p. 496.

[136] A escritora canadense Margaret Atwood – diante das filhas de Elisabeth que vislumbram seu exílio da casa materna em *A Vida Antes do Homem* – apresenta, genialmente, essa característica comuníssima e velha conhecida dos psicanalistas, assim: "Elas a (mãe) discutirão deitadas na cama de seus amantes, elas a usarão como explicação para tudo que acharem doloroso e idiossincrático neles mesmas". ATWOOD, Magareth. *A Vida Antes do Homem*. Rio de Janeiro: Rocco, 2005, p. 279.

[137]LACAN, Jacques. *Séminaire R.S.I, 1974-1975,* aula de 17/12, s/p, inhttp://staferla.free.fr/S22/S22%20R.S.I..pdf(minha tradução).

[138] ALLOUCH, Jean. *Letra a Letra: Transcrever, Traduzir, Transliterar*. Rio de Janeiro: Companhia de Freud, 1994, p. 12.

[139] JORGE, Marco Antonio Coutinho. *Sexo e Discurso em Freud e Lacan*. Rio de Janeiro: Jorge Zahar Editor, 1988, p. 77.

[140] SCHÜLER, Donaldo. *Finnegans Wake/Finnicius Revém, Livro II, Capítulos 9, 10, 11 e 12*. Cotia: Ateliê Editorial, 2002, p. 377.

Portanto, passar pelo imaginário me parece imprescindível. Mesmo que, quando o trazemos à baila, tenhamos "todas as chances de [nos] atolar"[141]e desse atoleiro não saiamos com facilidade só é possível ir adiante se pontuamos determinados elementos que conferem momentaneamente um panorama. Assim, para nos debruçarmos sobre *Finnegans Wake* até que ele possa dizer o que não se diz e para que ele possa articular o que não se articula se impõe uma necessidade de recorrer ao atolamento e ao *atoleimamento* imaginário que a mim, reitero, parece incontornável. E, claro, o mesmo vale para a clínica do dia-a-dia pois quem seria capaz, já de entrada ou mesmo depois de alguns anos, de prescindir do enredo? Dito de uma outra maneira: sem imaginário não há análise, seja a de um texto ou seja a de um analisante. Assim, que venha o imaginário de Clive Hart, de Joseph Campbell e Henry Morton Robinson e, principalmente, você irá notar o porquê, de Raphael Slepon. E que aos poucos consigamos construir uma narratividade mínima que nos salte aos olhos.

Clive Hart propõe, tomando como modelo os quadros que Joyce ofereceu para o *Ulisses* a Carlos Linat e a Stuart Gilbert e que estão em praticamente todas as edições do "livro de capa azul"[142], um esquema assim:

---

141 LACAN, Jacques. *Séminaire R.S.I, 1974-1975,* aula de 17/12, s/p, inhttp://staferla.free.fr/S22/S22%20R.S.I..pdf(minha tradução).
142 BURGESS, Anthony. *Homem Comum Enfim: Uma Introdução a James Joyce para o Leitor Comum.* São Paulo: Companhia das Letras, 1994, p. 83.

TABLE I

A PLAN OF *FINNEGANS WAKE*

Chapter	Pages	Time	Place		Major Symbols	'Art'	Technique
			Naturalistic level	Main narrative and symbolic levels			
I.1	3–29	Begins at 11. 32 a.m.	Bar-room	Dublin and Environs	Giant; Mountain	Archeology; Architecture	Myth; Legend; Annals
I.2	30–47	Indeterminate	"	"	Grail; Ballad	Epistemology	Gossip; Chain of Anecdotes
I.3	48–74	"	"	"	Viking; Coffin	Politics	Journalism; Rhetoric
I.4	75–103	"	"	Court-house	Fox; Lion	Law	Law-report
I.5	104–125	"	"	Lecture-room	Letter; Hen	Paleography	Lecture
I.6	126–168	"	"	Quiz-show Platform	Family	Sociology	Catechism
I.7	169–195	"	"	Dublin–Trieste–Zürich–Paris	Beetle; Pen; *via crucis*	Literature	Monologue (male)
I.8	196–216	Ends at 6 p.m.	"	River-banks	Delta; Tree; Stone	Geography	Dialogue (female)
II.1	219–259	8.30–9 p.m.	Street in Chapelizod	Playhouse	Devils and Angels	Drama	Drama
II.2	260–308	9–10 p.m.	Nursery	Cosmos	Quincunx	Pedagogy; Cosmology	Text-book
II.3	309–382	10–11 p.m.	Bar-room	Sevastopol	TV-screen	Public Communications	Radio Broadcast
II.4	383–399	11–11.32 p.m.	"	King Mark's Ship	Ship; Gulls	History	Memoirs
III.1	403–428	Midnight–1 + a.m.	Bedroom	Streets of Dublin	Donkey; Spectre	Music	Dialogue (male)
III.2	429–473	1 + –2.30 a.m. approx.	"	Church; Riverside	Eucharist	Theology	Homiletics
III.3	474–554	2.30–3.30 a.m. approx.	"	Stone of Divisions	Navel; Phallus	Spiritualism	Séance-report
III.4	555–590	3.30–4.32 a.m.	"	Phoenix Park	Buttocks; Barrel; Roads	Photography; Cinematography	Naturalism; Fantasy
IV	593–628	6 a.m.	Bathroom; Breakfast-room	Church; Riverside	Sun	Eschatology	Synthesis; Letter; Monologue (female)

Como o título diz, trata-se de um plano, geral, que procura indicar desde a hora em que cada capítulo ocorre até a técnica narrativa – sempre mutante e que já não é novidade para os leitores de *Ulisses* – empregada. Passando pela localidade física onde as coisas acontecem – se e quando acontecem – como a taverna, a rua, a enfermaria ou o quarto e com um destaque todo especial para os principais níveis narrativos e simbólicos da obra, também, capítulo à capítulo, Hart oferece neste mesmo plano, uma lista dos principais símbolos que ele encontrou *em Finnegans Wake* e até o tipo de arte que lhes é predominante tem aí lugar.

Por exemplo: no capítulo I, do livro I, até a página 29, Hart diz, com certa razão, que estamos de manhã, perto das 11:32, no bar e muitas vezes ao mesmo tempo na sala do bordel de Humphrey Chimpden Earwicker, que fica em Dublin, "setor ocidental"[143] da cidade e arredores. O primeiro símbolo predominante é, aí, o do gigante Finn MacColl ou, dependendo da pronúncia, Finn MacCumhal[144] que tinha "quinze cúbitos de altura"[145], foi abandonado por sua esposa Grania e,

---

[143] VIZIOLI, Paulo. *James Joyce e sua Obra Literária*. São Paulo: EPU, 1991, p. 102.

[144] ELLMANN, Richard. *James Joyce*. Porto Alegre: Globo, 1982, p. 670.

[145] BURGESS, Anthony. *Homem Comum Enfim: Uma Introdução a James Joyce para o Leitor Comum*. São Paulo: Companhia das Letras, 1994, p. 214.

conta a lenda, forma, deitado e à morte, a topografia da Irlanda. O segundo, tautologicamente, é a montanha ou, mais especificamente, a colina de Howth que, literalmente encabeça o gigante no norte da ilha. Hart propõe como a arte – lembrando que Joyce ofereceu para *Ulisses* não só uma arte predominante para cada capítulo mas, entre outros elementos, a cor e até um órgão, no sentido biológico, que neles se destacam[146] – usada nessas vinte e nove páginas e que ele chama de arqueologia e arquitetura. E não se pode negar que nelas existem coisas para serem desenterradas no meio de algumas ruínas, ao menos a nível, como se expressam alguns joyceanos, "naturalista"[147] da obra.

Como técnica Hart nos diz, sinteticamente, que se trata nesse trecho de um recurso ao mito, ao que é legendário e histórico, isca que, lançada, será mordida, por exemplo, por Burgess ao afirmar que nesse início são apresentados ao leitor e da mesma maneira que em *Sereias*, do *Ulisses*, os temas e assuntos centrais do *Wake*[148]. Será[149]? Não importa, ao menos por ora, pois que estou tentando fazer é apenas e como disse a pouco, delinear o que do e pelo imaginário se pode fixar.

E Hart, nessa via, prossegue, passando pelos livros II e III até chega ao quarto que, segundo ele, acontece perto das seis horas da manhã, entre o banheiro e a copa, enquanto o sol começa a raiar e um monólogo, feminino – que se lembre que é Molly Bloom, também uma mulher, que encerra, com seus "Yes"[150], monologicamente, o *Ulisses* – começa a se estruturar. Mas insatisfeito com essa coordenadas, Hart continua seu projeto de clarificação em *Structure and Motif in Finnegan's Wake* e lança mão de mais dois outros quadros explicativos que apresento abaixo.

---

[146] Por exemplo, para o quarto capítulo, *Calipso*, o rim como órgão; a arte, economia; a cor, laranja. Ou, para *Hades*, e nessa ordem, coração, religião e branco/preto. JOYCE, James. *Ulisses*. Rio de Janeiro: Objetiva, 2007, p. 19.

[147] VIZIOLI, Paulo. *James Joyce e sua Obra Literária*. São Paulo: EPU, 1991, p. 100.

[148] BURGESS, Anthony. *Homem Comum Enfim: Uma Introdução a James Joyce para o Leitor Comum*. São Paulo: Companhia das Letras, 1994, p. 212.

[149] Me permita a brincadeira: será que, como afirma Polônio, "usando a isca da mentira, vós pegastes a carpa da verdade", Hart e Burgess? SHAKESPEARE, William. *Hamlet*. São Paulo: Abril Cultural, 1976, p. 66.

[150] O capítulo 18, *Penélope*, se inicia e termina com "Yes". JOYCE, James. *Ulysses*. Londres: Penguim Uk, 2015, p. 789 e 839.

TABLE II

FURTHER CORRESPONDENCES IN THE THREE-PLUS-ONE CYCLE

Book I	Birth	Past	Gold	North	Matthew
Book II	Marriage	Present	Silver	South	Mark
Book III	Death	Future	Copper	East	Luke
Book IV	Reconstitution	Timeless	Iron	West	John

TABLE III

FURTHER CORRESPONDENCES IN THE FOUR-PLUS-ONE CYCLE

Book I.1–4	Earth	Melancholic	Earth	Gold	Spring	North	Matthew
Book I.5–8	Water	Phlegmatic	Moon	Silver	Summer	South	Mark
Book II	Fire	Sanguine	Venus	Copper	Autumn	East	Luke
Book III	Air	Choleric	Saturn	Lead	Winter	West	John
Book IV	Quint-essence	Perfect blend of humours	Sun	Iron-Gold	Equinox	Centre	Ass

Dos dois *Outras Correspondências*, contudo, apenas o *three-plus-one* deterá minha atenção por apresentar uma das teorias mais difundidas e mais defendidas sobre o *Wake*, ou seja, as correlações entre seus livros – lembremos, I, II, III e IV – e as eras viconianas chamadas, por alguns estudiosos e bem calcados em *Giambattista Vico* de "age[151] of gods, age of heroes, age of humans and age of providence"[152]. De fato, se diz por aí que Vico é "a mais importante influência na estruturação do livro"[153] e o próprio Joyce afirmava que sua imaginação crescia quando lia Vico[154]. Mas o mais importante nessa perspectiva talvez seja aquilo que o *Wake* chancela como possibilidade, por

---

[151] Para essas *ages* vale lembrar que o Wake se inscreve como "litterage", como eralixo, como lixoera. JOYCE, James. *Finnegans Wake*. Londres: Penguim Uk, 1999, p. 292.

[152] BERTLAND, Alexander. *Vico, in Internet Encyclopedia of Philosophy, a Peer-Reviewed Academic Resource*. http: //www.iep.utm.ed/ s//p.

[153] VIZIOLI, Paulo. *James Joyce e sua Obra Literária*. São Paulo: EPU, 1991, p. 101.

[154] AMARANTE, Dirce Waltrick do. *Para Ler Finnegans Wake de James Joyce*. São Paulo: Iluminuras, 2009, p. 52.

exemplo, ao dizer que seus movimentos seguem os ciclos de Vico ou "moves in vicous cicles"[155] e por isso merece nossa atenção. O *four-plus-one*, contudo, que procura as correspondências entre os elementos empedoclinianos da natureza, o sistema solar e as estações do ano me parece esotérico em excesso e apenas confundem com seus enxertos imprecisos e cheios de referências que só posso chamar de externas e, como tal, ficarão onde deveriam estar.

Assim, ao livro I e segundo Hart, corresponde a era Teocrática ou, como a descreve Samuel Beckett a era, "por abstração", do Nascimento[156] e de onde teria surgido a sociedade que no *Wake* soa como o passado de Eva e Adão. Ao livro II Hart faz corresponder a era do Casamento, a também chamada fase Heróica que é caracterizada pelo conflito entre os heróis e os plebeus que lutam por seus privilégios. No *Wake* é o tempo, portanto, dos filhos e Shem e Shaun entram em cena em margens e com opiniões opostas de um "fluxo verbal"[157] constante. A fase seguinte é a era da corrupção, do enterro ou como quer Hart, a era da morte. A ela corresponde o livro III e vemos nele a deterioração das leis e, como diz Donaldo Schüller, "a morte atravessa o homem"[158] e o texto, de um extremo a outro. Enfim chega o tempo da Geração ou da providencial reconstituição e *Finnegans Wake* começa, aos poucos, a *to wake* e tudo ou grande parte de tudo re-vive no mar que ama Anna.

Pois, isso é, em linhas gerais, o que Hart nos oferece.

Passo a Campbell e Robinson agora que, também inspirados pela perspectiva viconiana, produzem ao longo de seu a *Skeleton Key to Finnegnas Wake*[159] o que Assis Brasil chama de "tábua interpretativa"[160] que esquematizamos assim:

Book I: The Book of the Parents (Livro I: O livro dos Pais)

---

[155] JOYCE, James. *Finnegans Wake*. Londres: Penguim Uk, 1999, p. 134.

[156] BECKETT, Samuel. *Dante... Bruno. Vico... Joyce, in Riverrun, Ensaios sobre James Joyce*. Rio de Janeiro: Imago, 1992, p. 326.

[157] SCHÜLER, Donaldo. *Finnegans Wake/Finnicius Revém, Livro II, Capítulos 9, 10, 11 e 12*. Cotia: Ateliê Editorial, 2002, p. 115.

[158] SCHÜLER, Donaldo *Finnegans Wake/Finnicius Revém, Livro III e IV, Capítulos 13, 14, 15 16 e 17*. Cotia: Ateliê Editorial, 2003, p. 75.

[159] CAMPBELL, Joseph & ROBINSON, Henry Morton. *A Skeleton Key to Finnegans Wake: Unloking James Joyce's Masterwork*. California: New World Library, 2005.

[160] BRASIL, Assis. *Joyce e Faulkner, O Romance da Vanguarda*. Rio de Janeiro: Imago, 1992, p. 100.

Chapter I: Finnegans Fall (Capítulo I: A Queda de Finnegan)

Chapter II: HCE - His Agnomem and Reputation (Capítulo II: HCE – Seu Apelido e Reputação)

Chapter III: HCE - His Trial and Incarceration (Capítulo III: HCE – Seu Julgamento e Encarceramento)

Chapter IV: HCE - His Demise and Ressurection (Capítulo IV: Sua Libertação e sua Ressureição)

Chapter V: The Manifesto of ALP (Capítulo V: O Manifesto de ALP)

Chapter VI: Ridless – The Personages of the Manifesto (Capítulo VI: Enigmas – Os Personagens do Manifesto)

Chapter VII: Shem the Penman (Capítulo VII: Shem, o Escritor)

Book II: The Book os the Sons (Livro II: O Livro dos Filhos)

Chapter I: The Cildren's Hour (Capítulo I: A Hora das Crianças)

Chapter II: The Study Period – Triv and Quad (Capítulo II: O Período do Estudo – Triv e Quad)

Chapter III: Tavernry in Feast (Capítulo III: Taverna em Festa)

Chapter IV: Bride-Ship and Gulls (Capítulo IV: Navio-Noiva e Gaivotas)

Chapter VIII: The Washers at the Ford (Capítulo VIII: As Lavadeiras no Vau)

Book III: The Book of the People (Livro III: O Livro do Povo)

Chapter I: Shaun Before the People (Capítulo I: Shaun Diante do Povo)

Chapter II: Jaun Before St. Bride's (Capítulo II: Jaun Diante de St. Bride)

Chapter III: Yawn under Inquest (Capítulo III: Yawn sobre Inquérito)

Book IV: Ricorso[161]

Os norte-americanos, portanto, separam os livros e os capítulos estabelecendo uma certa ordem[162], sobretudo nominal, já que no original esses títulos faltam categoricamente e a passagem de um livro a outro ou de um capítulo ao próximo só são indicados por números – romanos e arábicos, respectivamente. Assim, no Livro I, chamado por eles de *Livro dos Pais* temos o primeiro capítulo que discorre sobre a queda de Finnegan em consonância direta e indireta à folclórica balada intitulada *Finnegan's* – com apóstrofo – W*ake* ou o Velório de Tim Finnegan que, morto, ressuscita após lhe derramarem, sem querer, um bocado de uísque. Apresento aqui apenas um trecho dela, já que mais para frente a trarei na íntegra:

> Mickey Maloney a cabeça mostrou.
> No que um galão de uísque por ele fez zim;
> E, não acertando, na cama pousou.
> Entornando o líquido sobre Tim.
> "Oi, que ele revive! Oi, que vem do eterno!"
> Timothy pula da cama, meio torto.
> Diz: "Jogam álcool como chamas do inferno –
> Almas danadas! Pensam questou morto?[163].

---

[161] Os quadros não existem originalmente no livro de Campbell e Robinson.

[162] E não podemos esquecer, pois isso nos servirá mais de uma vez nesse trabalho, que, como escreve Foucault, "a ordem é aquilo que só existe através de um crivo, de um olhar, de uma atenção". FOUCAULT, Michel. *As Palavras e as Coisas*. São Paulo: Martins Fontes, 2007, p. XVI.

[163] BURGESS, Anthony. *Homem Comum Enfim: Uma Introdução a James Joyce para o Leitor Comum*. São Paulo: Companhia das Letras, 1994, p. 211.

Ela é importante porque ajuda a situar uma das perspectivas do título do livro de Joyce e, junto, os temas da queda e do retorno que trabalharei um pouco mais adiante.

O II, fala de HCE, de seu(s) apelido(s), "Harold or Humphrey Chimpdens occupational agnomem"[164] e sua (má) reputação marcada por ao menos uma "vile desease"[165], uma doença vil e, sobretudo social e sexual, que percorre todo o texto do *Wake* sugerindo e concretizando ataques e defesas sincrônicas[166] dos mais variados personagens. Como escreve Dirce Waltrik do Amarante, aqui "surgem boatos acerca de H.C.E. , sobre a origem de seu nome e do possível delito que cometeu no Parque Phoenix (gerando, inclusive) uma canção com perguntas e respostas a respeito da vida de H.C.E."[167].

O III, que trata de seu julgamento pelo suposto crime cometido numa espécie de também vale das lágrimas ou "teargarten"[168] e seu conseqüente encarceramento inicia contraditoriamente com o que Schüler traduziu como "Chessus!"[169] que não salvará ninguém, nem o leitor. Como a mesma Amarante resume, aqui:

> as suposições acerca da vida de H.C.E. são distorcidas e tornam-se mentirosas. H.C.E é preso. Durante seu julgamento aparecem diferentes versões sobre sua vida e aos poucos sua identidade funde-se com a de outras pessoas, inclusive seus inimigos.[170]

O IV, onde a(s) história(s) do(s) pecado(s) começa(m) a se aclarar – aclarar? Onde haveria clareza? Em "Pughglasspanelfitted"[171]? Ou em "wouldmanspare!"[172] ? – trata de sua libertação e sua

---

[164] JOYCE, James. *Finnegans Wake*. Londres: Penguim Uk, 1999, p. 30.

[165] Idem, p. 33.

[166] Por exemplo: "A defesa de A.L.P limpa o nome dele (de H.C.E) e ao mesmo tempo o incrimina". DEANE, Seamus. *James Joyce e sua História da Irlanda, in Finn's Hotel, de James Joyce*. São Paulo: Companhia das Letras, 2014, p. 48.

[167] AMARANTE, Dirce Waltrick do. *Para Ler Finnegans Wake de James Joyce*. São Paulo: Iluminuras, 2009, p. 63.

[168] JOYCE, James. *Finnegans Wake*. Londres: Penguim Uk, 1999, p. 75.

[169] SCHÜLER, Donaldo. *Finnegans Wake/Finnicius Revém, Livro I, Capítulos 2, 3 e 4*. Cotia: Ateliê Editorial, 2001, p. 48.

[170] AMARANTE, Dirce Waltrick do. *Para Ler Finnegans Wake de James Joyce*. São Paulo: Iluminuras, 2009, p. 63.

[171] JOYCE, James. *Finnegans Wake*. Londres: Penguim Uk, 1999, p. 76.

[172] Idem, p. 77.

ressurreição tal como a lendária Fênix que dá nome ao *sinpark*, ao parque do pecado para, no V, deixar espaço para o Manifesto de ALP que procura "honrar HCE"[173] entoando "louvores a seu marido perante a Corte"[174]. Ainda no *Livro dos Pais*, o capítulo VI tratará de enigmas – como os apóstolos, são 12 ao todo – com ênfase na apresentação dos personagens que apareceram no festivo manifesto ou "mamafesta"[175] que a pouco foi produzido por "Annah"[176] – agora com h – e no VII seremos apresentados a Shem, o escritor, o "homem pena"[177] para, no VIII encontrarmos as lavadeiras fofoqueiras no rio tentando contar tudo sobre Anna.

O Livro II ou *Livro dos Filhos*, tem como capítulo primeiro – o nono, na sequência natural do *Wake* – o que Campbell e Robinson chamam de a Hora das Crianças que até então eram mais espectadoras ou ouvintes do que protagonistas. Como são crianças (Clugg no lugar de Shem, Chuff, no de Shaun e Issy em sua atopia própria) uma série de questões pipocam pelo texto coordenadas pela recorrente e originária pergunta: de onde viemos?, sobrepujada pela fundamental e onipresente, quem sou eu para o Outro? O segundo chamado de *O Período do Estudo* que seguiria a lógica das artes liberais da Idade Média, ou seja, o *trivium* (lógica, gramática e retórica) e o *quadrivium*, subdividido em aritmética, música, geometria e astronomia os ultrapassa até o escárnio em notas de rodapé que, "rabiscadas por Isolda"[178] inexplicam o que não se explica mesmo que se o desenhe. O capítulo é uma vez mais de Shem e Shaun, irmãos que são sempre rivais mas por serem gêmeos, por estarem em espelho tal como as letras "F ⸮"[179] jamais se desgrudam. O terceiro é dedicado a uma festa na taverna que saberemos logo em seguida abriga o Porter e algumas irlandesas *porters* que embalam um casamento que às vezes é celebrado perto de nossos olhos e outras tão distante deles que mal enxergamos que ali está. Como diz Schüller em suas notas ao *Wake* "a sobreposição de muitos estratos complica a conversa"[180] e a

---

[173]SCHÜLER, Donaldo. *Finnegans Wake/Finnicius Revém, Livro I, Capítulos 5, 6, 7 e 8*. Cotia: Ateliê Editorial, 2004, p. 57.

[174] AMARANTE, Dirce Waltrick do. *Para Ler Finnegans Wake de James Joyce*. São Paulo: Iluminuras, 2009, p. 64.

[175] JOYCE, James. *Finnegans Wake*. Londres: Penguim Uk, 1999, p. 104.

[176] Idem, Ibidem.

[177] LEMINSKI, Paulo. *Joyce Finnegans Wake*, in *Scientia Traductionis*, n.8, 2010, p. 283.

[178] SCHÜLER, Donaldo. *Joyce era Louco?* Cotia: Ateliê Editorial, 2017, p. 130.

[179] JOYCE, James. *Finnegans Wake*. Londres: Penguim Uk, 1999, p. 266.

[180]SCHÜLER, Donaldo. *Finnegans Wake/Finnicius Revém, Livro II, Capítulos 9,*

possibilidade de um entendimento linear fica prejudicada já que são pedaços que não compõe um todo que no *Wake* se presentificam.

No quarto e último capítulo do livro II o barco que o leitor toma já anunciado no final do anterior quando a taberna se transforma num navio, será agora capitaneada por Isolda, the "wife's lairdship"[181] que ao lado de Tristão e o "lovasteamadorion"[182] os une enquanto as gaivotas e outros pássaros marinhos "cantam o triunfo da conjunção"[183].

Entramos no Livro III ou o *Livro do Povo* e na sequência Shaun, filho de HCE ou Hek[184] se vê diante do povo e sua *vox* feroz que é combatida por seu discurso que faz, mesmo que não faça, "more freudfull mistake"[185] nesse que é um "dreambookpage"[186] por excelência. Shaun, o postalista, "o divulgador"[187], transmutado em Jaun, no capítulo II – 14 no riocorrente – estaca na frente da Academia de St. Bride e de 28 + Issy mulheres. No capítulo III Yawn (bocejo) que é outra metamorfose de Shaun se pronuncia sobre Inquérito que está, entre outras coisas, cortando todo do *Wake* em palavras precárias que transmitem visões e versões deformadas[188], reformadas, reformuladas e reformatadas, para, no IV termos acesso ao leito de julgamento do casal multifacetado que parece acordar e desacordar de tempos em tempos. Este capítulo oferece uma singela e rara descrição do ambiente em que estão, tal como as descrições para peças de teatro:

> Groove two. Chamber scene. Boxed. Ordinary bedroom set. Salmonpapered walls. Back, empty Irish grate, Adam's mantel, with wilting elopment fan, codemmed. North, wall with window practicable. Argentine in casement. Vamo. Pelmit above. No curtains. Blind draw. South, party wall. Bed for two with strawberry bedspread (...)[189]

10, 11 e 12..Cotia: Ateliê Editorial, 2002, p. 392.

[181] JOYCE, James. *Finnegans Wake*. Londres: Penguim Uk, 1999, p. 312.

[182] Idem, p. 398.

[183] SCHÜLER, Donaldo. *Finnegans Wake/Finnicius Revém, Livro II, Capítulos 9, 10, 11 e 12.*.Cotia: Ateliê Editorial, 2002, p. 441.

[184] JOYCE, James. *Finnegans Wake*. Londres: Penguim Uk, 1999, p. 420.

[185] Idem, p. 411.

[186] Idem, p. 428.

[187] SCHÜLER, Donaldo. *Joyce era Louco?* Cotia: Ateliê Editorial, 2017, p. 154.

[188] SCHÜLER, Donaldo. *Finnegans Wake/Finnicius Revém, Livro III e IV, Capítulos 13, 14, 15 16 e 17.* Cotia: Ateliê Editorial, 2003, p. 353.

[189] JOYCE, James. *Finnegans Wake*. Londres: Penguim Uk, 1999, p. 559.

E continua assim até o fim do parágrafo onde recomeçam "proliferantes pontos de vista"[190] que turvarão a nossa, enquanto o casal cochila.

E, enfim, o Livro IV, o *Livro do Ricorso*, o livro das "regenerations of the encarnations of the emanations of the apparentations"[191] que funde as identidades e, unindo-as, as fissiona. É o livro literalmente que revém, que tratado de "Finnegan's Wake"[192] promete que a carta/letra que o leitor está esperando desde o início e que diria o que aqui se passou, virá: "a letter you're wanting be comming.may be"[193]. Mas virá mesmo? Será o tempo de um "Revelamento de Finnegan"[194] ou de mais um re-velamento? *May be*!? Ou *maybe*!?

Como Lacan brinca em *L'Insu-que-Sait de L'Une-Bévue S'Aile a Mourre* do estado de espera (*en souffrance*) passamos para o estado de sofrimento (*en souffrance*)[195]. Mas seria dele que os leitores se alimentariam? Não parece e, por isso, abro espaço para o maior – e melhor e mais completo – esforço para realizar aquilo que Lacan nota, em 11 de maio de 1976, como o afazer típico e ao que tudo indica incontornável dos joyceanos, ou seja "a resolução de enigmas"[196]. Que venha agora *Finnegans Wake Extensible Elucidation Tresury*, ou FWEET, para os íntimos, de Raphael Slepon. Um site totalmente dedicado ao *Wake* e onde se encontra de tudo e, recheando-o, nos oferece uma sinopse linha a linha[197], que vale à pena reproduzir aqui por uma razão muito simples: diante de...

---

[190] SCHÜLER, Donaldo *Finnegans Wake/Finnicius Revém, Livro III e IV, Capítulos 13, 14, 15 16 e 17*. Cotia: Ateliê Editorial, 2003, p. 439.

[191] JOYCE, James. *Finnegans Wake*. Londres: Penguim Uk, 1999, p. 600.

[192] Idem, p. 607.

[193] Idem, p. 623.

[194] AMARANTE, Dirce Waltrick do. *James Joyce, Finnegans Wake (Por um Fio)*. São Paulo: Iluminuras, 2018, p. 157.

[195] LACAN, Jacques. *Seminaire L'Insu-que-Sait de L'Une-Bévue S'Aile a Mourre*, 1976-1977, aula de 15/02, s/p in http://www.valas.fr/Jacques-Lacan-l-insu-que-sait-de-l-une-bevue-s-aile-a-mourre-1976-1977 (minha tradução)

[196] LACAN, Jacques. *O Seminário, Livro 23, O Sinthoma*. Rio de Janeiro: Jorge Zahar Editor, 2007, p. 149.

[197] E mesmo não sendo essa a via que escolhi percorrer nesse trabalho vale destacar que existe também uma espécie de sumário do *Wake*, produzido por John Gordon, que visa entramar o que nele se destrama freqüentemente, dizendo-nos, por exemplo, que, diante da dificuldade em saber quem são efetivamente os homens que circulam pelo livro seria possível concluir que "Every male character in the book may to some extent be derived from (HCE)". Gordon, John. *Finnegans Wake: A*

riverrun, past Eve and Adam's, from swerve of
shore to bend of bay, brings us by a commodius
vicus of recirculation back to Howth Castle and
Environs. Sir Tristram, violer d'amores, fr'over the
short sea, had passen- core rearrived from North
Armorica on this side the scraggy isthmus of
Europe Minor to wielderfight his penisolate war:
nor had topsawyer's rocks by the stream Oconee
exaggerated themselse to Laurens County's
gorgios while they went doublin their mumper all
the time: nor avoice from afire bellowsed mishe
mishe to tauftauf thuartpeatrick: not yet, though
venissoon after, had a kidscad buttended a bland
old isaac: not yet, though all's fair in vanessy,
were sosie sesthers wroth with twone nathandjoe.
Rot a peck of pa's malt had Jhem or Shen brewed
by arclight and rory end to the regginbrow was to
be seen ringsome on the aquaface.[198]

... ou de...

Everything's going on the same or so it appeals to
all of us,
in the old holmsted here. Coughings all over
the sanctuary, bad
scrant to me aunt Florenza. The horn for
breakfast, one o'gong
for lunch and dinnerchime. As popular as
when Belly the First

Plot Summary. New York: Syracuse, 1986, p. 44.
E, ainda nessa linha de (in)utilidade e que segundo Paul Fagan tartar-se-ia do " work
to best marry the close textual readings favoured here with a summary of the
'events' that constitute the Wake's 'plot'" – FARGAN, Paul. *"Nat language at any
sinse of the world": The Processes of Signification in James Joyce's Finnegans
Wake*. Wien: Universität Wien, 2010, p. 02. – é interessante consultar o grandioso
How Joyce Wrote Finnegans Wake, organizado por Luca Crispi e Sam Slote, que
procura, com seus convidados "especializados", capítulo a capítulo, nos oferecer
uma espécie de guia genético do *Wake*. CRISPI, Luca; SLOTE, Sam. *How Joyce
Wrote Finnegans Wake –A Chapter-by-Chapter Genetic Guide*. Madison: University
of Wisconsin Press, 2007.
[198] JOYCE, James. *Finnegans Wake*. Londres: Penguim Uk, 1999, p. 03. O *Word*
não respeita as linhas e as sentenças do *Wake* e mesmo justificando-as elas acabam
por ter essa formatação irregular, que é preferível a qualquer distorção da cadência
textual de Joyce.

was keng and his members met in the Diet of Man. The same
shop slop in the window. Jacob's lettercrackers and Dr Tipple's
Vi-Cocoa and the Eswuards' desippated soup beside Mother Sea-
gull's syrup. Meat took a drop when Reilly-Parsons failed. Coal's
short but we've plenty of bog in the yard. And barley's up again,
begrained to it. The lads is attending school nessans regular, sir,
spelling beesknees with hathatansy and turning out tables by
mudapplication. Allfor the books and never pegging smashers
after Tom Bowe Glassarse or Timmy the Tosser. 'Tisraely the
truth! No isn't it, roman pathoricks? You were the doublejoynted
janitor the morning they were delivered and you'll be a grandfer
yet entirely when the ritehand seizes what the lovearm knows.
Kevin's just a doat with his cherub cheek, chalking oghres on
walls, and his little lamp and schoolbelt and bag of knicks, playing
postman's knock round the diggings and if the seep were milk
you could lieve his olde by his ide but, laus sake, the devil does
be in that knirps of a Jerry sometimes, the tarandtan plaidboy,
making encostive inkum out of the last of his lavings and writing
a blue streak over his bourseday shirt. Hetty Jane's a child of
Mary. She'll be coming (for they're sure to choose her) in her
white of gold with a tourch of ivy to rekindle the flame on Felix
Day. But Essie Shanahan has let down her skirts. You remember

Essie in our Luna's Convent? They called her
Holly Merry her
lips   were   so ruddyberry and Pia de   Purebelle
when the redminers
riots was on about her[199].

    ... orientar-se não é o pior do negócios. Como disse antes, o imaginário é imprescindível ao menos num primeiro momento. Assim, eis *the synopsys* – a lista é extensa – oferecidas por Slepon:

200

Livro/Capítulo	Página/Linha/ Página/Linha	Sub-Títulos
I.1.1A.B	003.04-003.14	Começo do tempo - nada ainda aconteceu.
I.1.1A.C	003.15-003.24	A queda - o trovão.
I.1.1A.D	004.01-004.17	Tempestades de guerra - queda e ascensão.
I.1.1A.E	004.18-005.04	*Tim Finnegan*, o mestre construtor - sua torre.
I.1.1A.F	005.05-005.12	Sua crista de heráldica - seu destino.
I.1.1A.G	005.13-006.12	As causas de sua queda - ele morre.
I.1.1A.H	006.13-006.28	Seu despertar - colocando-o para descansar.
I.1.1A.I	006.29-007.19	Ele está enterrado na paisagem - prestes a ser comido como um peixe, ele desaparece.
I.1.1A.J	007.20-008.08	Ele dorme sob *Dublin* - entrada para o museu.
I.1.1A.K	008.09-010.23	O *museyroom* - A batalha de *Willingdone* contra os *Lipoleums* e *Jinnies*.
I.1.1B.A	010.24-011.28	A batalha terminou - um *gnarlybird* recolhe os espólios.
I.1.1B.B	011.29-012.17	Seus presentes roubados - seu papel na vida.
I.1.1B.C	012.18-013.05	Um panorama da cidade e suas colinas - portanto, esta é *Dublin*.
I.1.1B.D	013.06-013.19	A gravura na parede – olhe e escute.

---

[199] JOYCE, James. *Finnegans Wake*. Londres: Penguim Uk, 1999, p. 26 e 27.

    [200] Esse quadro e os próximos foram retirados e reorganizados de SLEPON, Raphael. *Finnegans Wake Extensible Elucidation Tresury*, in http://www.fweet.org/ E foram traduzidos, com autorização do próprio Raphael, por Matheus Córdova de Souza e por mim.

I.1.1B.E	013.20-013.28	O livro de história - os personagens principais.
I.1.1C.A	013.29-014.15	Folhas do tempo - quatro entradas dos anais.
I.1.1C.B	014.16-014.27	O escriba fugitivo – tempos de mudança.
I.1.1D.A	014.28-015.11	Cenário pastoral - flores e campos de batalha.
I.1.1D.B	015.12-015.28	A mutabilidade dos homens - a estabilidade das flores.
I.1.1E.A	015.29-016.09	*Mutt* encontra *Jute* - *Mutt* tenta falar com ele.
I.1.1E.B	016.10-017.16	O diálogo de *Mutt* e *Jute* começa - memórias da batalha de *Clontarf.*
I.1.1E.C	017.17-018.16	*Mutt* fala dos caídos - o diálogo de *Mutt* e *Jute* termina.
I.1.2A.A	018.17-019.19	O livro em si - um tesouro de alfabetos, cobras, etc.
I.1.2A.B	019.20-019.30	Do número 111 - filhos e filhas.
I.1.2A.C	019.31-020.18	Tempos antigos - escritas e leituras.
I.1.2A.D	020.19-021.04	O livro em suas mãos - seus contos e danças.
I.1.2B.A	021.05-023.15	O conto do *Prankquean* e *Jarl van Hoother* - *why do I am alook alike three a poss of porter-pease?*[201]
I.1.2B.B	023.16-024.02	Ele, a montanha silenciosa - ela, o fluxo balbuciante.
I.1.2B.C	024.03-024.15	Os escrituratos[202] do libertador poderoso - ele revive.
I.1.2B.D	024.16-026.24	Convencendo-o a permanecer morto - realizando ritos para mantê-lo morto..

---

[201] Trecho do próprio *Finnegans Wake*. Donaldo Schüller o traduziu da seguinte maneira: "porque eu, alooka alice, peço três poções e semelho cervilhas Porter em vagem?". SCHÜLLER, Donaldo. *Finnegans Wake - Finnícius Revém, Livro I, Capítulo 1*. Cotia: Ateliê Editorial, 2004, p. 69.

[202] No original, "*deeds*", que especialmente usado na forma plural, pode significar escritura de um bem, como também e wakeanamente, remete a ato. Optamos, assim, por escrituratos que une escritura + ato/ação, mas nada impediria que o traduzíssemos como escritor, tomando a diferença barthesiana entre este – para quem "a linguagem é um lugar dialético onde as coisas se fazem e se desfazem" – e escrevente, que "é aquele que acredita que a linguagem é um mero instrumento do pensamento (...) uma ferramenta". BARTHES, Roland. *"L 'Express" vai mais Longe... com Roland Barthes*, in *O Grão da Voz*. São Paulo: Martins Fontes, 2004, p. 147 e 148.

I.1.2B.E	026.25-027.21	Tudo é o mesmo sem ele - as crianças estão bem.
I.1.2B.F	027.22-027.30	Ele tenta se levantar - os quatro o restringem.
I.1.2B.G	027.31-028.34	Toda a casa está bem – a esposa também.
I.1.2B.H	028.35-029.36	Ele não vai voltar - substituição já está aqui.
I.2.1.A	030.01-033.13	A origem do nome de *Earwicker*, o resultado de um encontro com o rei - *Here Comes Everybody*, com sua figura imponente.
I.2.1.B	033.14-034.29	Baixas e absurdas alegações contra ele - o pecado no parque.
I.2.2.A	034.30-036.34	Seu encontro com o peralta em *Phoenix Park* - sua auto-defesa.
I.2.2.B	036.35-038.08	O peralta se despede - ele conta a história para sua esposa durante a ceia.

Aí temos o *finnícius* do *Wake*. É o tempo das apresentações e re-apresentações. HCE, que foi *Howth Castle and Environs* na terceira linha, numa espécie de convite, virará *Here Comes Everybody* acusado – e auto-acusado – por um "peralta de cachimbo (a cad with a pipe)" numa frase musical (CAD) de um pecado que não cometeu apesar de ter co-metido. A bisbilhotice começa e continua, informando, agora, o que a esposa, de muitos nomes, diz a um tal de reverendo Browne:

I.2.2.C	038.09-039.13	A esposa fala ao *Reverendo Browne* - ele, como Nolan, comta a *Philly Thurnston*.
I.2.2.D	039.14-039.27	*Treacle Tom* e *Frisky Shorty* - eles ouvem por acaso a história nas pistas de corrida.
I.2.2.E	039.28-042.16	*Tom* murmura a história enquanto dorme - ele é ouvido por acaso por um trio de vagabundos que transformam o contado em uma balada.
I.2.2.F	042.17-044.06	A primeira performance da balada - sua ampla disseminação.
I.2.2.G	044.07-044.21	Introduzindo a balada - aplausos.
I.2.3.A	044.22-	A balada de *Persse O'Reilly*[203] em quatorze estrofes -

---

[203] Contrariando aquilo que desenvolverei no capítulo 9, há quem ofereça, para essa balada, um mapa interpretativo que não é sem interesse, principalmente nesse trecho

E uma pausa, bem pequena, se interpõe nas intersecções textuais e interseções acusatórias. Um filme, indefinido e indefinível passa. Uma carta surge e parece nunca chegar a seu destinatário. Aqui pela primeira

---

desse trabalho organizado sobre o imaginário. Remeto, assim, @ leit@r ao apêndice deste texto onde se *verá The Ballad of Persse Oreilly*, by Stephen Crowe. Ah!, lá no apêndice, mais duas outras imagens interpretativas – não mais sobre essa balada – serão encontradas, oferecidas por Walter Rudolf Mumprecht e László Moholy-Nagy.

e única vez, segundo Burgess[204] e contrariando o esforço de Hart, temos um vislumbre de um período temporal, "from eleven thirty to two in the afternoon"[205] mas que não servirá de marca-passo nem de bússola para o que virá.

I.3.2.D	064.22- 064.29	Uma pausa - passa um filme.
I.3.2.E	064.30- 065.33	Um filme sobre um homem-velho-e-jovens-moças - precedido por alguns anúncios.
I.3.2.F	065.34- 066.09	A moral de tudo isso - continua.
I.3.2.G	066.10- 066.27	Será que uma enorme carta-corrente algum dia será entregue? - pode ser.
I.3.2.H	066.28- 067.06	O caixão - sua utilidade.
I.3.2.I	067.07- 067.27	Prosseguindo com o assalto no portão - a evidência do agente especial.
I.3.3.A	067.28- 069.04	O destino das duas empregadas domésticas - sua reação àquele, ou a falta desta.
I.3.3.B	069.05- 069.29	De volta ao portão - e à cabana atrás dele.
I.3.3.C	069.30- 073.22	Outro assalto, desta vez por seu inquilino austríaco - 111 nomes insultantes pelos quais ele foi chamado.
I.3.3.D	073.23- 073.27	A partida do assaltante - acabando com o último estágio das detenções.
I.3.3.E	073.28- 074.05	Ele se foi - até que ele acorde novamente.
I.3.3.F	074.06- 074.12	Porque Deus o chamará - o seu retorno dissipará o silêncio.
I.3.3.G	074.13- 074.19	Seu corpo hiberna – ele dorme.

O leitor é assaltado por uma enxurrada de 111[206]deselogios que começam em "Firstnighter"[207], terminam em "Deposed"[208] e que não

---

[204] BURGESS, Anthony. *Homem Comum Enfim: Uma Introdução a James Joyce para o Leitor Comum*. São Paulo: Companhia das Letras, 1994, p. 209. Mas há controvérsias nessa unicidade já que, usando esse número constante, 111, e no capítulo onde se fala, num Pub, das supostas origens de HCE, surge um "one and eleven" bem indicativo de horário. JOYCE, James. *Finnegans Wake*. Londres: Penguim Uk, 1999, p. 325.

[205] JOYCE, James. *Finnegans Wake*. Londres: Penguim Uk, 1999, p. 70.

[206] Lembremos que esse número, "hundreadfilled unleavenweight" já surgiu camuflado, para falar de filhos e filhas. JOYCE, James. *Finnegans Wake*. Londres: Penguim Uk, 1999, p. 19. Segundo Burgess esse 111 é "o símbolo da plenitude". BURGESS, Anthony. *Homem Comum Enfim: Uma Introdução a James Joyce para*

parecem fazer efeito a não ser o soporífero. Um incomensurável *he, sleeps,* surge. Mas Raphael, idealmente insone, *don't sle(e)p on* e continua com seu trabalho de anotação entre evidências nada evidentes. *The letter* que evoquei no trecho dedicado ao texto de Campbell e Robinson aparece. Mas ela nos é roubada, rasurada, reescrita e recomposta. E qual é o seu conteúdo ou "conteútero"[209]? O que contêm suas linhas? Qual é seu derradeiro sentido? Por enquanto só temos, sobre isso, um silêncio ensurdecedor.

I.4.1A.A	075.01-076.09	Possivelmente seus sonhos estejam sitiados - talvez, suas orações e esperanças agonizem.
I.4.1A.B	076.10-076.32	O caixão de teca – a cova.
I.4.1A.C	076.33-077.27	A explosão e a cobertura da cova - ele é enterrado ali.
I.4.1A.D	077.28-078.06	Numerosos bricabraques se seguem - para facilitar sua estada.
I.4.1A.E	078.07-078.14	Ele cavou seu próprio caminho para fora - todo o caminho para a superfície.
I.4.1A.F	078.15-079.13	Algum tempo passou - ele é avistado em uma planície escura.
I.4.1A.G	079.14-079.26	De senhoras - de tentadoras.
I.4.1A.H	079.27-080.19	A declaração de *Kate Strong* - o local do encontro no *Parque Phoenix*.
I.4.1A.I	080.20-080.36	Depois ele falou - e as garotas fugiram.
I.4.1A.J	081.01-081.11	Nossa posição - no parque.
I.4.1A.K	081.12-084.27	Mais um ataque hostil (sobre ou por *HCE*) - culminando em uma trégua e um relatório policial.
I.4.1A.L	084.28-085.19	Dos perigos da identidade equivocada - como ele quase foi morto ao passear tranquilamente no parque.
I.4.1A.M	085.20-086.31	O*Rei Festy* é levado ao tribunal - as alegações da coroa contra ele.

o Leitor Comum. São Paulo: Companhia das Letras, 1994, p. 217. Na nota acima chamei-o de número constante mas, me parece interessante destacar, como numeral ele só aparece uma única vez, na página 169 . E, sem camuflamentos metafóricos-metonímicos, se meus cálculos estão certos – tratando-se do *Wake* o certo sempre carrega um quê de incerteza – aparece seis vezes, nas páginas 38, 73, 201, 325, 425 e 617.

[207] JOYCE, James. *Finnegans Wake*. Londres: Penguim Uk, 1999, p. 71.

[208] Idem, p. 72.

[209] AMARANTE, Dirce Waltrick do. *James Joyce, Finnegans Wake (Por um Fio)*. São Paulo: Iluminuras, 2018, p. 59.

I.4.1A.N	086.32-090.33	Evidência de *W.P.* - evidência de *Hyacinth O'Donnell*.
I.4.1A.O	090.34-092.05	*Festy* clama inocência sob juramento - muito para a diversão do tribunal.
I.4.1B.A	092.06-092.32	Igualdade de opostos, como exemplificado por *Festy* e *W.P.* - as garotas do ano bissexto definitivamente gravitam em torno deste último.
I.4.1B.B	092.33-093.21	Os quatro juízes passam seu veredito - *Festy* fica totalmente livre, para a desaprovação das garotas do ano bissexto.
I.4.1B.C	093.22-094.22	Então tudo terminou - a carta, o que era ?
I.4.1B.D	094.23-095.26	Os quatro juízes relembram - especialmente sobre seu cheiro avassalador.
I.4.1B.E	095.27-096.25	E assim eles continuam tagarelando - bem em desacordo.
I.4.2.A	096.26-097.28	Sobre falsa evidência e verdade - ele é caçado como uma raposa.
I.4.2.B	097.29-100.04	Rumores sobre o que aconteceu com ele - ele é presumido morto.
I.4.2.C	100.05-100.08	Atenção! - notícia!
I.4.2.D	100.09-100.23	Mas a fumaça sobe de sua torre - e as luzes brilham internamente.
I.4.2.E	100.24-100.36	Ele é tudo menos etéreo - sua existência é indubitável.
I.4.2.F	101.01-102.17	Difamação e zombarias abundam - até que ela aparece, para protegê-lo.

E no meio das acusações, nesse espaço entre a morte e a vida surge uma defensora, provavelmente a única em todo o texto. ALP, musicalmente, com "materialidade fônica"[210], entra em cena:

> *Sold him lease of nineninenienetee,*
> *Treses undresses so dyedyedaintee,*
> *Goo, the groot gudgeon, gulped it all.*
> *Hoo was the C.O.D?*
> *Bum!*
> *At Island Bridge she met her tide.*
> *Attabom, attabom, attabombomboom!*

[210] GALINDO, Caetano Waldrigues. *The Finnecies of Music Wed Poetry: A Música e o Finnegans Wake*, in *Scientia Traductionis*, n. 8 (2010), p. 06.

The Fin had a flux and his Ebba a ride.
Attabom, attabom, attabombombomboom!
We're all up to the years in hues and cribies.
That's what she's done for we!
Woe![211]

E, como o próprio *Wake* diz, daqui em diante "Anna was, Livia is, Plurabelle's to be"[212] pelos rios babélicos que cortam o mundo.

I.4.2.G:	102.18- 102.30	Seu lugar de repouso e seu nome são protegidos - por uma pequena senhora com o nome de *ALP*.
I.4.2.H	102.31- 103.11	Canção de *ALP* - pelos rios de Babilônia.
I.5.1.A	104.01- 104.03	Em nome de Anna - uma oração à *ALP*.
I.5.1.B	104.04- 107.07	Seu *mamafesta* com título - seus numerosos nomes.
I.5.1.C	107.08- 107.35	Inspeção inicial da carta e de sua autoria - uma inspeção mais detalhada revela mais.
I.5.1.D	107.36- 108.07	Quem escreveu isso? –sob quais circunstâncias?
I.5.1.E	108.08- 108.28	Paciência - se a própria existência de *Earwicker* é questionável, o que poderia ser dito sobre a carta ?
I.5.1.F	108.29- 108.36	Cuidado com conclusões precipitadas - especialmente em relação a características ausentes.
I.5.1.G	109.01- 109.36	A importância do envelope - em comparação com a roupa de uma mulher.
I.5.1.H	110.01- 110.21	Alguns fatos - estamos em possibilidades improváveis.
I.5.1.I	110.22- 111.04	A descoberta da galinha sob escórias - observado por *Kevin*, que afirmou ser o próprio descobridor.
I.5.1.J	111.05- 111.24	O texto da carta - o *teastain*[213].
I.5.1.K	111.25- 112.02	A deterioração das letras (das cartas) no montículo - semelhante à sobreexposição negativa.
I.5.1.L	112.03- 112.08	Confuso? - anime-se!

---

[211] JOYCE, James. *Finnegans Wake*. Londres: Penguim Uk, 1999, p. 102-103. Em itálico, no original.

[212] Idem, p. 215.

[213] Significante extraído do próprio *Finnegans Wake*. Donaldo Schüller o traduziu da seguinte maneira: "mancha de chá". SCHÜLLER, Donaldo. *Finnegans Wake = Finnícius Revém, Livro I, Capítulos 5, 6, 7 e 8*. Cotia: Ateliê Editorial, 2001, p. 111.

Perguntar se há confusão na algaravia que ele mesmo promove é ótimo e uma das características marcantes do *Wake*[214]. É um dos recursos contantes de Joyce e para

> You is feeling like you was lost in this bush, boy? You says: It is puling sample jungle of woods. You most shouts out: Bethicket me for a stump of a beech if I have the poultriest notions what the farest he all means. Gee up, girly![215]

Slepon, em consonância com o *Wake* declara: Anime-se!

I.5.1.M	112.09-112.27	A importância histórica das aves - uma era de ouro proclamada.
I.5.1.N	112.28-113.22	O papel de carta - as intenções da autora.
I.5.4.A	113.23-113.33	Vamos falar direto - vamos ver o que resta.
I.5.4.B	113.34-114.20	As direções do texto - a sua escrita.
I.5.4.C	114.21-116.35	O papel, a mancha de cháe a assinatura perdida - psicanálise amadora do texto.
I.5.4.D	116.36-117.09	Ciclos viconanos - uma e outra vez.

Os ciclos viconianos, como queriam Hart, Campbell e Robinson ressurgem. Mas seriam mesmo viconianos ou, como enfatiza Anthony Burgess, estariam mais para algo como "pseudoviconianos"[216]?

I.5.4.E	117.10-117.32	A velha história de repetição - padrões universais recorrentes.

---

[214] Um exemplo mais tardio disso é *"Wisha, won't you agree now to take me from the middle, say, of next week on, for the balance of my days, for nothing (what?) as your own nursetender?"*. E outro: "You is feeling like you was lost in the bush, boy?". JOYCE, James. *Finnegans Wake*. Londres: Penguim Uk, 1999, p. 399 e 111.

[215] Idem, p. 112.

[216] BURGESS, Anthony. *Homem Comum Enfim: Uma Introdução a James Joyce para o Leitor Comum*. São Paulo: Companhia das Letras, 1994, p. 207.

I.5.4.F	117.33- 118.17	Sobre a autoria da carta - alguém obviamente a escreveu.
I.5.4.G	118.18- 119.09	A natureza de eterna mudança de qualquer coisa ligada a ela - devemos ser gratos por termos mesmo isso.
I.5.4.H	119.10- 123.10	Análise detalhada de sua caligrafia - suas siglas e letras.
I.5.4.I	123.11- 123.29	Citando um crítico sobre seu estilo - baseando suas observações em um caso semelhante.
I.5.4.J	123.30- 124.34	Seu sistema de perfurações - professor-provocado ou picado por galinha[217].
I.5.4.K	124.35- 125.23	Sem necessidade de mais perguntas - o escriba é revelado como *Shem o Escriba*.

Aqui a sinopse entra no jogo de perguntas – feitas por "Shem, the Penman"[218] – e respostas, dadas por seu irmão Shaun, "the Postman"[219], até o capítulo descrito por Joyce como "um diálogo coloquial por sobre o rio de duas lavadeiras que, quando a noite cai, se transformam em árvore e pedra"[220]. Também entra em cena a parábola que "combina a "Raposa e as uvas"[221], de Esopo, e o "Mock Turtle and Griffon", de Lewis Carroll"[222]

I.6.1A.A	126.01- 126.09	Introdução ao questionário - definido por *Shem*, respondido por *Shaun*.
I.6.1A.B	126.10- 139.14	Pergunta e resposta #1 (*E*) - seus numerosos feitos.
I.6.1A.C	139.15- 139.28	Pergunta e resposta #2 (A) - seu deslumbramento.
I.6.1A.D	139.29- 140.07	Pergunta e resposta #3 (*F*) - seu nome.
I.6.1A.E	140.08- 141.07	Pergunta e resposta #4 (*X*) - suas cidades.
I.6.1A.F	141.08- 141.27	Pergunta e resposta #5 (*S*) - sua descrição do trabalho.

---

[217] *"Hen-pecked"*, no original, que pode significar também "oprimido" e/ou "intimidado.

[218] JOYCE, James. *Finnegans Wake*. Londres: Penguim Uk, 1999, p. 125.

[219] Idem, p. 176.

[220] AMARANTE, Dirce Waltrick do. *Para Ler Finnegans Wake de James Joyce*. São Paulo: Iluminuras, 2009, p. 85.

[221] BURGESS, Anthony. *Homem Comum Enfim: Uma Introdução a James Joyce para o Leitor Comum*. São Paulo: Companhia das Letras, 1994, p. 233.

[222] Idem, Ibidem.

I.6.1A.G	141.28-142.07	Pergunta e resposta #6 (*K*) - suas queixas.
I.6.1A.H	142.08-142.29	Pergunta e resposta #7 (*O*) - suas identidades.
I.6.1A.I	142.30-143.02	Pergunta e resposta #8 (*Q*) –suas atividades.
I.6.1A.J	143.03-143.28	Pergunta e resposta #9 (*W*) - seu sonho.
I.6.1A.K	143.29-148.32	Pergunta e resposta #10 (*I*) - sua conversa com seu espelho.
I.6.1A.L	148.33-149.10	Pergunta #11 (*V*) - ele salvaria a alma de um poeta exilado?
I.6.1B.A	149.11-149.33	Resposta #11 Começa - ele se recusa e se oferece para explicar.
I.6.1B.B	149.34-150.14	Da palavra *Talis* - muitas vezes mal utilizada.
I.6.2.A	150.15-152.03	Apologética teórica sofisticada - do espaço e do tempo.
I.6.3.A	152.04-152.14	Como se estivesse falando para um pelotão de ouriços - ele vai contar uma fábula.
I.6.3.B	152.15-153.08	A fábula do *Mookse e do Gripes* começa - o *Mookse* vai andar e vem em cima de um córrego.
I.6.3.C	153.09-153.34	Ele vê o*Gripes* na margem oposta - ele se senta sobre uma pedra.
I.6.3.D	153.35-155.22	Um diálogo entre os dois - sobre que horas são.
I.6.3.E	155.23-156.18	O *Mookse* prova seu ponto - enquanto o *Gripes* tenta combinar dogmas da igreja.
I.6.3.F	156.19-157.07	Outro diálogo entre os dois - recorrer ao chamado nominal.
I.6.3.G	157.08-158.05	*Nuvoletta* está sozinha sobre eles - ela é incapaz de chamar sua atenção.

Nuvoletta que já foi também "noveletta"[223] surge, como "uma nuvenzinha sedutora que se movimenta dengosa na abóbada celeste"[224] e a escuridão se adensa ...

| I.6.3.H | 158.06-158.24 | O crepúsculo desce - o *Mookse* e o *Gripes* cessam. |
| I.6.3.I | 158.25-159.05 | Lavadeiras vêm trabalhar nas margens do rio - apenas uma árvore e uma pedra permanecem, e *Nuvoletta*. |

[223] JOYCE, James. *Finnegans Wake*. Londres: Penguim Uk, 1999, p. 87.
[224] SCHÜLER, Donaldo. *Finnegans Wake/Finnicius Revém, Livro I, Capítulos 5, 6, 7 e 8*. Cotia: Ateliê Editorial, 2001, p. 177.

| I.6.3.J | 159.06-
159.18 | *Nuvoletta* se transforma em uma lágrima - a fábula do *Mookse* e do *Gripes* termina. |

... e a fábula, talvez escrita em javanês[225], termina, para não recomeçar, contradizendo, portanto, um dos supostos motes do *Wake*. E aqui, como escreve Schüller "o sentido gradativamente empalidece"[226], em palas desce até empali de *ser*.

I.6.3.K	159.19- 159.23	Nenhum aplauso, por favor - de volta à sala de aula.
I.6.4.A	159.24- 160.24	Ele o ama - mas quer que ele se escafeda.
I.6.4.B	160.25- 160.34	Murmuremos - porque os quatro estão ouvindo.
I.6.4.C	160.35- 161.14	Mais algumas provas - o que faz lembrar de *Burrus* e *Caseous*.
I.6.4.D	161.15- 161.36	A história de *Burrus* e *Caseous* - o bem conhecido *dramatis personae*[227] em forma de alimento.
I.6.4.E	162.01- 163.11	O velho *César* está para ser substituído - assim, *Burrus* e *Caseous* são introduzidos.
I.6.4.F	163.12- 164.14	Algumas teorias sobre polaridades descartadas – introduzindo *Margareen*.
I.6.4.G	164.15- 166.02	Da música e do canto - da pintura e do retrato.
I.6.4.H	166.03- 167.17	De volta a *Marge* - ela prefere *Antonius*.
I.6.4.I	167.18- 168.12	Repetindo que não! - a resposta # 11 termina.
I.6.4.J	168.13- 168.14	Pergunta e resposta # 12 (* C *) - sua maldição.
I.7.1.A	169.01- 169.10	O nome de *Shem* - suas origens..
I.7.1.B	169.11- 170.24	A aparência de *Shem* - o primeiro enigma do universo.
I.7.1.C	170.25- 171.28	A comida de *Shem* - sua bebida.
I.7.1.D	171.29- 172.04	Sua baixeza - ele é fotografado.

---

[225] Idem, 2001, p. 175.

[226] SCHÜLER, Donaldo. *Finnegans Wake/Finnicius Revém, Livro I, Capítulos 2, 3 e 4*. Cotia: Ateliê Editorial, 2004, p. 154.

[227] Em latim, na sinopse de Slepon. Literalmente refere-se aos personagens do drama apresentados no início de uma peça de teatro.

I.7.1.E	172.05- 172.10	Um comercial - para um açougueiro diferente.
I.7.1.F	172.11- 172.26	A impopularidade de *Shem* - sua sobrevivência improvável.
I.7.1.G	172.27- 174.04	Seu caráter desprezível - sua história enganosa.

E mais Shem, com um pouco de *shame on you* ou, como escreve Burgess, com um pouco de "Shame's voice"[228] já que várias das características dele ecoam nele, e em nós, claro, pois Shem é nosso "shemblable"[229], nosso semelhante, nosso shemelhante, na ótica joyceana.

I.7.1.H	174.05- 174.21	Sua aversão pela contenção - sua natureza obsequiosa.
I.7.1.I	174.22- 175.04	Seu tratamento violento - sua absoluta baixeza.
I.7.1.J	175.05- 175.18	Uma balada - de recapitulação.
I.7.1.K	175.19- 176.18	*Shem* evita jogos - como os listados.
I.7.1.L	176.19- 177.12	Sua covardia - ele escapa e se embarrica em sua casa de tinteiros.
I.7.1.M	177.13- 178.07	Sua vaidade - sua alta opinião de si mesmo.
I.7.1.N	178.08- 179.08	Ele olha pelo buraco da fechadura - para ver o revólver de um assaltante.
I.7.1.O	179.09- 179.16	Este desgraçado - em que ele realmente estava?
I.7.1.P	179.17- 180.33	Sua deterioração - seu livro inútil.
I.7.1.Q	180.34- 181.26	Seu cheiro pútrido - suas falsificações.
I.7.1.R	181.27- 181.33	Um anúncio - de natureza pessoal.
I.7.1.S	181.34- 182.29	Sua escrita em sua cela - seus retratos.
I.7.1.T	182.30- 184.10	O covil imundo de *Shem* - sua composição.

---

[228] BURGESS, Anthony. *Homem Comum Enfim: Uma Introdução a James Joyce para o Leitor Comum*. São Paulo: Companhia das Letras, 1994, p. 234.
[229] JOYCE, James. *Finnegans Wake*. Londres: Penguim Uk, 1999, p. 489.

I.7.1.U	184.11- 185.13	Sua dieta, principalmente ovos - sua fabricação de tinta e papel.
I.7.1.V	185.14- 185.26	Da destilação de tinta excrementícia - na linguagem dos cardeais.
I.7.1.W	185.27- 186.18	Usando sua pele como pergaminho - desdobrando a história.
I.7.1.X	186.19- 187.23	O policial encontra *Shem* fora - trazendo para casa alguma bebida improvável.
I.7.2.A	187.24- 188.07	*Justius* começa a se endereçar a *Mercius* - está olhando negramente para *Shem*.
I.7.2.B	188.08- 189.27	Ele é acusado de heresia e agnosticismo - ele é acusado de falta de progênie e de não se casar.
I.7.2.C	189.28- 190.09	Ele é acusado de profecias pagãs - sobre a morte e o desastre.
I.7.2.D	190.10- 191.04	Ele é acusado de fugir do trabalho - em vez disso, emigra.
I.7.2.E	191.05- 191.33	Ele é acusado de fratricídio - matando seu irmão puro e perfeito.
I.7.2.F	191.34- 193.08	Ele é acusado de fingimento - ele é acusado de desperdício.
I.7.2.G	193.09- 193.30	Ele é instado a olhar para si mesmo e ver que ele está louco - *Justius* termina seu endereçamento a *Mercius*.
I.7.2.H	193.31- 195.06	*Mercius* acusa-se de renegar sua mãe - ela está vindo.

A velha problemática de não se curvar diante da mãe, de renegá-la em seus credos, de não seriá-la – "non serviam"[230] como se expressa Dedalus no *Retrato* e em *Ulisses* – se re-inscreve. Mas ela, cantada em outros carnavais, não se importa e vem vindo! Vem mesmo, introduzida pelo belíssimo e divertido, "a-divertido"[231] ou "redivertido"[232]:

O
tell me all about
Anna Livia! I want to hear all
about Anna Livia. Well, you know Anna Livia? Yes, of course,
we all know Anna Livia. Tell me all. Tell me now. You'll die

---

[230] JOYCE, James. *Um Retrato do artista Quando Jovem*. São Paulo: Penguin e Companhia das Letras, 2016, p. 204 e JOYCE, James. *Ulisses*. Rio de Janeiro: Objetiva, 2007, p. 645.

[231] LACAN, Jacques. *Os Não-Tolos Erram/ Os Nomes do Pai, Seminário entre 1973 e 1974*. Porto Alegre: Editora Fi, 2018, p. 91.

[232] LEMINSKI, Paulo. *Joyce Finnegans Wake*, in *Scientia Traductionis*, n.8, 2010, p. 287.

when you hear."[233]

do capítulo 8, do capítulo só dela, só sobre ela!

Só? No *Wake* ninguém parece estar só! Não há solitude, nem recife, sob as estrelas.[234]

I.8.1A.A	196.01-200.32	Um diálogo de duas lavadeiras - fofocando sobre *HCE* e *ALP*.
I.8.1A.B	200.33-201.20	A letra-canção de *ALP* - sonhando com uma nova vida e um novo companheiro.
I.8.1A.C	201.21-204.20	Seus 111[235] filhos - suas primeiras façanhas sexuais.
I.8.1A.D	204.21-205.15	Seu cabelo - um par de calcinhas para lavar.
I.8.1A.E	205.16-206.28	A desgraça de *HCE* - plano de *ALP* para a vingança.
I.8.1A.F	206.29-207.20	Seus preparativos cosméticos - ela sai.
I.8.1A.G	207.21-208.26	Descrevendo-a - seu traje.
I.8.1B.A	208.27-209.09	Sua aparência mudada - como é vista por outros.
I.8.1B.B	209.10-212.19	O conteúdo de sua sacola - um presente vingativo para todos.
I.8.1B.C	212.20-213.10	Discutindo sobre a lavagem - e sobre os livros.
I.8.1B.D	213.11-215.11	Espalhando a roupa nos bancos para secar - vendo coisas indistintas no crescente crepúsculo.
I.8.1B.E	215.12-216.05	De volta a *ALP* e *HCE* - transformação em árvore e pedra ao anoitecer.

Depois disso tudo, e ainda de acordo com Slepon, começa uma pantomima que, com o cair da noite, aumenta a complexidade textual do

---

[233] JOYCE, James. *Finnegans Wake*. Londres: Penguim Uk, 1999, p. 196. A formatação do texto original é, nesse trecho, exatamente assim.

[234] Referência ao trecho do poema de Mallarmé, *Salut*, que na quarta estrofe diz: "Solitude, récif, étoile". MALLARMÉ, Stephanie. *Salut,, in Mallarmé*. São Paulo: Perspectiva, 1974, p. 32.

[235] "a hundred eleven", agora sem disfarce, surge novamente. JOYCE, James. *Finnegans Wake*. Londres: Penguim Uk, 1999, p. 201.

59

Wake até uma das perguntas – peemptoriamente irrespondível – mais emblemáticas do livro: quem é, no meio de tantas possibilidades, HCE?

II.1.1.A	219.01- 219.21	Programa para a próxima pantomima - o mimo de *Mick, Nick* e as *Maggies*.
II.1.1.B	219.22- 221.16	*Dramatis personae*- as partes atuantes descritas.
II.1.1.C	221.17- 222.21	Créditos de produção - quem forneceu o quê.
II.1.2.A	222.22- 222.31	Os antagonistas - *Chuffo Anjo* e *Gluggo Diabo*.
II.1.2.B	222.32- 223.11	A noite cai com estrelas e garotas- a cor de *Izod*.
II.1.2.C	223.12- 223.24	Os antagonistas se encontram - como *Patrick* se encontrando com *Ossian*.
II.1.2.D	223.25- 224.07	*Glugg* procura em vão encontrar a cor - provocado pelas garotas, sem ajuda dos quatro.
II.1.2.E	224.08- 224.21	O pobre *Glugg* - provocado por *Izod*.
II.1.2.F	224.22- 225.08	Ele aparece diante das garotas florais - exposto ao riso e ao ridículo.
II.1.2.G	225.09- 225.21	Ele foge com uma dor de barriga - *Izod* o encoraja a falar.
II.1.2.H	225.22- 225.28	A primeira suposição de *Glugg* sobre a cor - vermelho / pedra / germânico.
II.1.2.I	225.29- 226.03	As garotas se regozijam com seu fracasso - mas *Izod* é sombria.
II.1.2.J	226.04- 226.20	Pobre *Isa* - procurando seu homem.
II.1.2.K	226.21- 227.18	A dança arco-irística das garotas em duplas - para frente e para trás com o tempo.
II.1.2.L	227.19- 228.02	Sua desgraça, tormento e raiva - ele se enfurece e ataca.
II.1.2.M	228.03- 229.06	Suas intenções - ele vai informar, ele vai escrever, ele vai fugir.
II.1.2.N	229.07- 230.25	Ele publicará a verdade sobre seus pais - e sobre seus sofrimentos.
II.1.2.O	230.26- 231.08	Ele relembra sobre toda a família - e sobre sua poesia inicial.
II.1.2.P	231.09- 231.22	Ele sofre de dor de dente - dor insuportável.
II.1.2.Q	231.23- 232.26	Ele se recupera por meio de um exorcismo doloroso - como *Izod* lhe envia uma mensagem[236] esperançosa.

---

[236] Será mesmo que podemos falar em mensagem tratando do *Wake*? Ou ele é, por

II.1.2.R	232.27-233.15	Ele está de volta num piscar de olhos - de volta para o jogo de adivinhação.
II.1.2.S	233.16-233.28	O segundo palpite de *Glugg* sobre a cor - amarelo / mês / francês.
II.1.2.T	233.29-234.05	Ele foge novamente - das garotas zombadeiras.
II.1.2.U	234.06-234.33	*Celestial Chuff* é deixado para trás - com as garotas dançando ao seu redor.
II.1.2.V	234.34-236.18	As garotas cantam um hino para *Chuff* - sua felicidade doméstica futura.
II.1.2.W	236.19-236.32	A mutabilidade dos homens - a estabilidade das danças.

Os homens, que tendem a não mudar, mudam. E a dança, que tende a plasticidade, se gessifica[237]. Mas ao menos um aí fica teso! Há sedução com alguma sedição.

II.1.3.A	236.33-237.09	As garotas floridas continuam sua dança - expondo-se diante de *Chuff*.
II.1.3.B	237.10-239.15	Elas cantam em seu louvor - elas o seduzem..
II.1.3.C	239.16-240.04	Elas esperam por sua libertação sexual – elas se disdanciam[238].
II.1.4.A	240.05-242.24	Os planos de *Glugg* para a penitência - ele fala de seu notável velho *Hump*.
II.1.4.B	242.25-243.36	Ele fala de sua velha *Ann* - e de sua vida juntos.
II.1.4.C	244.01-244.12	Uma luz aparece - os pais chamam as crianças de volta para casa.
II.1.5.A	244.13-246.02	A noite, escura e fria e silêncioa, cai - a taverna está aberta.
II.1.5.B	246.03-246.20	O pai os chama - mas o jogo não acabou.
II.1.5.C	246.21-	Preparando-se para a batalha dos irmãos - senão *Izod*

---

excelência não alocutório, isto é, nele "ninguém se dirige a ninguém, e nunca se sabe de onde parte e aonde vai a mensagem" (BARTHES, Roland. *A Crise da Verdade*, in *O Grão da Voz*. São Paulo: Martins Fontes, 2004, p. 351) e que, por isso mesmo, anula qualquer possibilidade de o pensarmos como um texto comunicante, mensageiro, noticioso? Vou debater essa questão quando tratar do sintoma e do sinthoma em Lacan e, também, no último capítulo desse texto, inspirado, entre outros elementos, pela idéia de "incomunicação", de Blanchot. BLANCHOT, Maurice. *A Conversa Infinita I*. São Paulo: Escuta, 2001, p. 21.

[237] Antes, e como lembra Slepon – referindo-se ao Livro I, página 15, linha 12 a 28 – diante dos homens mutáveis, eram as flores estáveis.

[238] No original, "*dance away*".

	246.35	será deixada sozinha.
II.1.6.A	246.36-	De volta para *Glugg* - ele quer ir para casa.
	247.16	
II.1.6.B	247.17-	Sua atração por *Izod* - seu desgosto pelas outras garotas.
	248.02	

E chegamos a um ponto crítico do *Wake* pois HCE mostra sua atração, sexual, pela filha, Isabel, Issy, Izod, que ao mesmo tempo, escreve Burgess "encarna toda moça que seja toda sexo"[239]. Será? Pois para 24 cores diferentes de fêmeas diferentes – "apple, bacchante, dove, eskimo, feldgrau, hematite, isingglas, jet, kipper, lucile, mimosa, nut, oysterett, prune, quasimodo, royal, sago, tango, umber, vanilla, wistéria, xray, yesplease, zaza, philomel, theerose"[240] – o texto pergunta: "What are they all by?"[241]. E responde, como se suspirasse de prazer: "Shee"[242], *only she*! Seria esse o conteúdo irrevelável da carta? Para esta pergunta e para outras tantas só se encontram falhas respostas.

II.1.6.C	248.03-	*Izod* tenta ajudá-lo - dando-lhe pistas criptografadas sobre sua cor.
	249.20	
II.1.6.D	249.21-	O jogo continua - as garotas provocam *Glugg*.
	250.10	
II.1.6.E	250.11-	O fim está se aproximando - ele está entupido de pensamentos poluídos.
	251.32	
II.1.6.F	251.33-	Os garotos se enfrentam[243] - difícil de distinguí-los.
	252.32	
II.1.6.G	252.33-	A terceira suposição de *Glugg* sobre a cor - violeta.
	253.18	
II.1.6.H	253.19-	Ele falhou - as garotas celebram.
	253.32	
II.1.6.I	253.33-	O pai aparece - ele é analisado.
	255.26	
II.1.6.J	255.27-	A mãe aparece - arrastando as crianças para casa.
	256.16	
II.1.6.K	256.17-	A lição de casa está esperando - *Izzy* é infeliz.
	257.02	

---

[239] BURGESS, Anthony. *Homem Comum Enfim: Uma Introdução a James Joyce para o Leitor Comum*. São Paulo: Companhia das Letras, 1994, p. 259.
[240] JOYCE, James. *Finnegans Wake*. Londres: Penguim Uk, 1999, p. 247-248.
[241] Idem, p. 248.
[242] Idem, p. 248.
[243] No original, *"face-off"*, que também descreve um embate cara-a-cara ou face-a-face, intimamente relacionado com a descrição que Joyce faz, no Livro II, dos gêmeos pluri-nominados:"F ☐", in JOYCE, James. *Finnegans Wake*. Londres: Penguim Uk, 1999, p. 266.

II.1.7.A	257.03-257.28	O jogo e a brincadeira[244] terminam - a porta se fecha.
II.1.7.B	257.29-258.19	Queda da cortina - aplausos.
II.1.7.C	258.20-259.10	As crianças estão em casa - uma oração.
II.2.1.A	260.01-261.22	A rota de volta para a taverna - ele e seu mausoléu.
II.2.1.B	261.23-262.02	Quem é ele? - aproximando-se da taverna.

E quem é HCE, então? A quem mesmo correspondem "essas iniciais que nunca estão fora do texto por muito tempo"[245] e que por vezes em definidas maiúsculas e por outras em dissimuladas minúsculas compõe um nome que não se diz? O *Wake* não oferece respostas concêntricas sobre sua identidade, hesita, e no jogo dessa existência faz *hesitancy*, "hecitency"[246] e "HeCitEncy"[247] – como o próprio livro sentencia.

Chegamos a uma taverna em *Chapelizod,* subúrbio de Dublin. É sábado[248] e uma família, aparentemente mais palpável ou com contornos ligeiramente mais nítidos, pára na porta por um instante, curiosamente bate nela, oferece uma contra senha, e entra:

| II.2.1.C | 262.03-262.19 | *Chapelizod* - na porta da taverna. |
| II.2.1.D | 262.20-263.30 | Dentro da taverna - o dono do pub[249]. |

---

[244] *"Play"*, no original, que também remete a uma peça de teatro, endossada nas linhas seguintes pelas cortinas e aplausos.

[245] BURGESS, Anthony. *Homem Comum Enfim: Uma Introdução a James Joyce para o Leitor Comum*. São Paulo: Companhia das Letras, 1994, p. 45.

[246] JOYCE, James. *Finnegans Wake*. Londres: Penguim Uk, 1999, p. 119.

[247] Idem, p. 421.

[248] BURGESS, Anthony. *Homem Comum Enfim: Uma Introdução a James Joyce para o Leitor Comum*. São Paulo: Companhia das Letras, 1994, p. 239.

[249] O significante *"publican"* pode, como optamos nesta tradução, significar *"the owner of a pub"*, ou seja, o dono ou gerente de um bar. Fora desse contexto mais usual, há também o significado de publicano, aquele que arrecada impostos, sendo encontrado na *Bíblia* em língua inglesa, no Novo Testamento, com essa significação.

As crianças – já as evoquei mais acima – começam a estudar. Não apenas o *trivium* e o *quadrivium*, como destacavam Campbell e Robinson já que, entre cantorias e redondilhas, outras coisas, inclusive as que estão "debaixo das saias de nossa mãe"[250] serão objeto de ocupação.

II.2.2.A	264.01-266.19	Os arredores da taverna, *Chapelizod* - até a sala de estudo das crianças.
II.2.3.A	266.20-267.11	Na sala - os dois garotos e a garota.
II.2.3.B	267.12-270.28	A garota - pensando na gramática e no conselho da avó sobre feminilidade.
II.2.3.C	270.29-272.08	Os estudos de história dos dois garotos - a indiferença da garota.
II.2.3.D	272.09-275.02	Endereçando os garotos - lições aprendidas com a história.
II.2.4+5.A	275.03-276.10	Uma história secundária - a história da família.
II.2.4+5.B	276.11-278.06	Anoitecer rural – segue um funeral e uma vigília.
II.2.4+5.C	278.07-278.24	*Fanciulla* - de cartas.
II.2.6+7.A	278.25-281.03	Memorizando uma música líquida - carta de *Issy*.
II.2.6+7.B	281.04-281.13	Uma citação de *Quinet* - flores e história.
II.2.6+7.C	281.14-282.04	Os gêmeos não conseguem ver seu ponto - de volta às aulas.
II.2.8.A	282.05-286.02	Da contagem - para a aritmética e a álgebra.
II.2.8.B	286.03-286.18	Finalmente - por favor, lamba um e vire-se.
II.2.8.C	286.19-287.17	Um problema de geometria sobre um triângulo - para *Dolph* resolver para *Kev*.
II.2.8.D	287.18-292.32	Um interlúdio - descrevendo *Dolph* em detalhes.
II.2.8.E	293.01-300.08	*Dolph* ensina *Kev* sobre o problema de geometria e outros tópicos matemáticos - a fig.[251], ou a genitália da mãe.
II.2.8.F	300.09-302.10	*Kev* embaraçado - *Kev* devastado.

---

[250] BURGESS, Anthony. *Homem Comum Enfim: Uma Introdução a James Joyce para o Leitor Comum*. São Paulo: Companhia das Letras, 1994, p. 249.
[251] Fig. aqui é a abreviação de *"figure"* e remete diretamente ao diagrama círculo-losangular da página 293 do *Wake*. Tratarei dele no capítulo 7.

II.2.8.G	302.11- 303.10	Assinando ao longe - ensinando *Kev* a escrever.
II.2.8.H	303.11- 304.04	*Kev* está furioso - *Kev* ataca *Dolph*.
II.2.9.A	304.05- 305.02	Os agradecimentos insinceros de *Kev* a *Dolph* - *Kev* endereça-se à garota.
II.2.9.B	305.03- 306.07	Reconciliação - uma conspiração é incubada.
II.2.9.C	306.08- 308.04	As aulas terminaram - uma lista de cinqüenta e dois tópicos ensaísticos.

As aulas terminam. Mas quem foi mesmo o professor? E o que foi ensinado? Alguém aprendeu alguma coisa? O que havia sob as saias maternas?

| II.2.9.D | 308.05-
308.25 | Contagem regressiva para o jantar na cama - um mensagem noturna aos pais. |
| II.3.1A.A | 309.01-
309.10 | Talvez, mas - um ciclo viconiano. |

O ciclo viconiano re-torna pela "língua-sonho"[252] que sonha em ficar solta. Pelo visto até de Vico?

Um rádio, pelo jeito à pilha e sem dúvida verborrágico, dispara informações díspares.

II.3.1B.A	309.11- 310.21	O rádio sem fio da taverna - suas ondas atingindo todo o caminho até o ouvido.
II.3.1C.A	310.22- 311.04	A taverna - onde o dono do pub serve bebidas a seus clientes.
II.3.1C.B	311.05- 311.20	O conto de *Kersse o Alfaiate* e o *Capitão Norueguês* começa - mas primeiro, um brinde.
II.3.1C.C	311.21- 312.16	O *Capitão Norueguês* ordena um terno do alfaiate – então sai a navegar.
II.3.1C.D	312.17-	As repercussões são discutidas - por *Kersse* e outros.

3.1.2   [252] BURGESS, Anthony. *Homem Comum Enfim: Uma Introdução a James Joyce para o Leitor Comum*. São Paulo: Companhia das Letras, 1994, p. 279. É interessante notar que nem para todo mundo essa língua-sonho é interessante e/ou frutífera. Borges, por exemplo, é enfático em dizer que "Finnegans Wake é uma concatenação de trocadilhos elaborados em um inglês onírico que é difícil não classificar como frustrado e incompetente". BORGES, Jorge Luis. *O último Romance de Joyce*, in *Discussão*. São Paulo: Companhia das Letras, 2008, p. 295.

	313.13	
II.3.1C.E	313.14-	O dono do pub coleta o dinheiro para as bebidas -
	315.08	tem então uma queda.

"Bump!   Borthallchoractorschumminnaroundgansumuminarrumdrum-
strumtruminhumpttadumpwaultopoofoolderamaunsturnup"[253],
escutamos. Mais uma queda que, como indica Richard Ellmann, recheia
a obra de Joyce[254] que é, nesse trecho em especial, uma "sleepytalking"[255].

II.3.1C.F	315.09- 317.25	O capitão está de volta - para a surpresa do marido em seu navio.
II.3.1C.G	317.26- 319.36	Os três alfaiates queixam-se da corcunda do capitão - ele reclama em troca do casaco e das calças desajeitadas.
II.3.1C.H	320.01- 320.31	O capitão ataca verbalmente o alfaiate - então navega de novo.
II.3.1C.I	320.32- 321.33	O tempo passa enquanto ele viaja - a bebida continua na taverna.
II.3.1C.J	321.34- 323.24	O alfaiate retorna das corridas em seu chapéu branco e mau temperamento - ele afirma que o capitão é impossível de ajeitar.
II.3.1C.K	323.25- 324.17	O capitão retorna novamente - mais bebedeiras.
II.3.1C.L	324.18- 325.12	Uma transmissão de rádio - mensagem pessoal, previsão do tempo, notícias de hoje, anúncios.
II.3.1C.M	325.13- 326.20	O marido do navio se organiza e arranja um terno de casamento para o capitão - ele tem que ser batizado e convertido ao cristianismo.
II.3.1C.N	326.21- 326.25	*Nonsense* - por que ele deveria ser batizado?
II.3.1C.O	326.26- 329.12	O marido do navio exalta as virtudes do alfaiate e de sua filha - depois as do capitão.
II.3.1C.P	329.13- 331.36	O casamento ocorre com muita celebração - o conto de *Kersse o Alfaiate* e do *Capitão Norueguês* termina.
II.3.2.A	332.01- 332.35	A história terminou - ele foi domesticado.

---

[253] JOYCE, James. *Finnegans Wake*. Londres: Penguim Uk, 1999, p. 314.

[254] ELLMANN, Richard. *Ao Longo do Riocorrente*. São Paulo: Companhia das Letras, 1991, p. 25.

[255] JOYCE, James. *Finnegans Wake*. Londres: Penguim Uk, 1999, p. 327.

Mas qual história termina? E encontra mesmo seu *finn* ou seria melhor dizer seu *again*[256] ou, ainda, como escreve Donaldo Schüler unindo duas línguas, *revém*, com as crianças dos Porter pegando no sono?

Surge o diálogo entre Butt e Taff, "apresentado na forma de drama, com indicações de cena e tudo"[257].

II.3.2.B	332.36-334.05	*Kate* traz uma mensagem para o dono do pub de sua esposa - pedindo-lhe para ir para a cama, agora as crianças estão dormindo.
II.3.2.C	334.06-334.31	*Kate* fala três vezes - depois sai.
II.3.2.D	334.32-337.03	Recontando histórias passadas ao redor do bar - discutindo sobre o grande homem velho.
II.3.3.A	337.04-338.03	Re-imaginando o pecado no parque - os clientes pedem para *Butt*[258]e *Taff*[259], ou *How Buckley Shot*, para atirarem no *General Russo*.
II.3.4.A	338.04-340.03	O diálogo de *Butt* e *Taff* começa - Butt descreve o *General Russo*.
II.3.4.B	340.04-341.17	*Butt* descreve o fundo da cena - os espíritos levantam-se com enigmas, jogos, música e canção.
II.3.4.C	341.18-342.32	Primeiro interlúdio - um relatório de uma corrida de cavalos com obstáculos.
II.3.4.D	342.33-343.36	A *Batalha da Criméia* está furiosa - *Butt* descreve seu ponto de vista do *General*.
II.3.4.E	344.01-345.33	*Butt* explica por que ele não podia atirar no *General* defecando - outra rodada de bebidas.
II.3.4.F	345.34-346.13	Segundo interlúdio - quatro patronos na televisão.
II.3.4.G	346.14-349.05	*Butt* relembra sobre seus dias de soldado - um brinde sentimental.

---

[256] Nesse sentido O'Neil nos faz lembrar que em *negans*, de Finnegans, há o termo latino "que significa negando (e) o que pode parecer um fim pode na verdade ser um novo recomeço". O'NEIL, Patrick. *Introdução a James Joyce, Finnegans Wake (Por um Fio)*. São Paulo: Iluminuras, 2018, p. 13.

[257] BURGESS, Anthony. *Homem Comum Enfim: Uma Introdução a James Joyce para o Leitor Comum*. São Paulo: Companhia das Letras, 1994, p. 255.

[258] *"Butt"* é um nome próprio mas ao se pensar nas escatologias joyceanas pode também ser o substantivo para "bunda".

[259] *"Taff"*, além de ser um nome próprio é uma gíria, britânica, para "morador de Cardiff", cidade localizada no País de Gales. *Taff* também é usada, pouco freqüentemente mas joyceanamente coerente, significando "masturbar-se" e também "seduzir".

II.3.4.H	349.06- 350.09	Terceiro interlúdio - um serviço confessionário televisionado religioso.
II.3.4.I	350.10- 352.15	*Butt* continua relembrando até o momento em que conheceu o *General* - como ele atirou nele.
II.3.4.J	352.16- 353.21	*Butt* e *Taff* estão furiosos com o *General* - um insulto à Irlanda.
II.3.4.K	353.22- 353.32	Quarto interlúdio - um boletim de notícias sobre a divisão do átomo.
II.3.4.L	353.33- 354.06	Depois da matança - uma última bebida.
II.3.5.A	354.07- 354.36	*Butt* e *Taff* se fundem em um - o diálogo de *Butt* e *Taff* termina.
II.3.5.B	355.01- 355.07	Quinto interlúdio - a tela fica em branco.

E entramos no quinto interlúdio para, em seguida, retornamos à taverna e acusações de heresia voltadas ao "heterotropic"[260] "hereticalist"[261] H.C.E . Mas ser herege não é, como dizem Kramer e Sprenger[262] citando São Jerônimo, fazer uma escolha? E qual é ou pode ser ela?

II.3.6.A	355.08- 356.15	De volta para a taverna - o anfitrião começa sua apologia.
II.3.6.B	356.16- 358.16	Ele fala de um livro que leu - há quinze dias no lavatório.
II.3.6.C	358.17- 359.20	Os clientes se levantam contra ele - acusando-o de heresia.
II.3.6.D	359.21- 360.22	Um anúncio de rádio - um interlúdio musical está prestes a começar.
II.3.6.E	360.23- 361.34	No rádio, a canção dos rouxinóis ou garotas travessas - com as folhas caindo ao seu redor.

As fofocas recomeçam. Como diz Margot Norris "os interlocutores wakianos estão sempre procurando algo, fazendo

---

[260] JOYCE, James. *Finnegans Wake*. Londres: Penguim Uk, 1999, p. 252.

[261] Idem, p. 192.

[262] KRAMER, Heinrich; SPRENGER, James. *O Martelo das Feiticeiras, Malleus Malleficarum*. Rio de Janeiro: Rosa dos Tempos, 2011, p. 392. Lacan também recorre a etimologia para dar conta da "*haeresis*" joyceana. LACAN, Jacques. *Joyce, O Sintoma*, in *O Seminário, Livro 23, O Sinthoma*. Rio de Janeiro: Jorge Zahar Editor, 2007, p. 161. E Schüler destaca que "herético deriva do verbo grego haireo - escolher". SCHÜLER, Donaldo. *Joyce era Louco*? Cotia: Ateliê Editorial, 2017, p. 132.

perguntas, investigando um mistério, fofocando[263] ou especulando sobre isto ou aquilo"[264]. Há no *Wake* uma "gossipocracy"[265].

II.3.6.F	361.35-363.16	De volta ao *pub* - as fofocas dos clientes sobre o senhorio e sua esposa.
II.3.6.G	363.17-367.07	A apologia do anfitrião - principalmente sobre as duas empregadas domésticas.
II.3.6.H	367.08-369.05	Os quatro anciãos na arca - mandamentos.
II.3.6.I	369.06-370.14	Os quatro e o resto dos clientes estão bastante bêbados - um relatório de fatos supostamente conhecidos é compilado.
II.3.6.J	370.15-370.29	Os doze clientes no barco - o criado aparece.
II.3.7A.A	370.30-373.12	O criado anuncia a hora de fechamento - os clientes deixam relutantemente a pousada ou navio, cantando.
II.3.7A.B	373.12-380.06	A explusa multidão afronta, ameaça e vitupera o taverneiro longamente - desejando-o morto.
II.3.7B.A	380.07-382.30	O dono do pub limpa a sala do bar, bebe restos e desmaia - O *Rei Roderick O'Connor*, último grande rei[266] da *Irlanda*.
II.4.1+2.A	383.01-383.17	O canto dos pássaros marinhos - zombando do *Rei Mark*.

Os Evangelistas São Marcos, São Mateus, São Lucas e São João (o ou os Ma/ma/lu/jo) improvavelmente ou não programaticamente estão no *pub*. Será que eles ali bebem à moda irlandesa, são "Guinnesses"[267] ou apenas bebericam o sangue de Cristo? O que se sabe é que mexericam e servem, inclusive, de pontos cardeais para uma rosa despetalada pelos ventos. Apontam para HCE, mas não estariam eles, para usar uma expressão de Forbes, também "desbussolados"[268]?

---

[263] Lembrando que, como destaca Barthes, a fofoca é "uma vontade de falar (com) três quilômetros de comprimento". BARTHES, Roland. *Fragmentos de um discurso amoroso*. São Paulo: Martins Fontes, 2003, p. 44.

[264] NORRIS, Margot. *A Estrutura Narrativa, in Riverrun, Ensaios sobre James Joyce*. Rio de Janeiro: Imago, 1992, p. 372.

[265] JOYCE, James. *Finnegans Wake*. Londres: Penguim Uk, 1999, p. 476.

[266] Os "grandes reis" são os que detém poder maior sobre os demais reis de uma determinada região. Não chegam a ser considerados imperadores.

[267] JOYCE, James. *Finnegans Wake*. Londres: Penguim Uk, 1999, p. 309.

[268] FORBES, Jorge. *A Invenção do Futuro – Um Debate sobre a Pós-Modernidade e*

II.4.1+2.B	383.18-386.11	A história de *Mamalujo* começa - assistindo a cena de amor de *Tristão* e *Isolda*.
II.4.1+2.C	386.12-388.09	A história associada com *Johnny MacDougall* – lembranças desconexas.
II.4.1+2.D	388.10-390.33	A história associada com *Marcus Lyons* – lembranças desconexas.
II.4.1+2.E	390.34-392.13	A história associada com *Lucas Tarpey* - lembranças desconexas.
II.4.1+2.F	392.14-393.06	A história associada com *Matt Gregory* - lembranças desconexas.
II.4.1+2.G	393.07-395.25	Os quatro juntos – e mais lembranças desconexas.
II.4.1+2.H	395.26-396.33	O beijo solícito e apaixonado - gol marcado.
II.4.1+2.I	396.34-398.28	Preparando-se para cantar uma canção final - a história de *Mamalujo* termina.
II.4.3A.A	398.29-398.30	Ouvir, ou ouvir - música para *Tristão* e *Isolda*.
II.4.3B.A	398.31-399.18	Uma canção para *Tristão* e *Isolda* - cantada pelos quatro, cada um com sua própria estrofe.

Entramos no livro III, aquele que, como vimos, Campbell e Robinson chamam de *O Livro do Povo* e que começa com um apelo: "Hark!"[269], "Ouça!". O som é mesmo importante no *Wake* e com "a palavra tosse em vários idiomas"[270] escutamos "husstenhasstencaffincoffintussemtossemdamandamnacosaghcusaghhob ixhatouxpeswchbechoscashlcarcarcaract"[271] ecoar.

III.1.1A.A	403.01-403.17	Os quatro velhos homens contam o dobrar dos sinos da meia-noite - sobre um par do sono.
III.1.1A.B	403.18-405.03	*Shaun* se aproxima através da névoa sonhadora - seu traje esplêndido.
III.1.1A.C	405.04-407.09	A imensa dieta de *Shaun* - não que ele fosse culpado de gula.
III.1.1A.D	407.10-	Sua voz é ouvida - ele fala.

---

a Hipermodernidade. São Paulo: Manole, 2006, p. 18. Expressão de Forbes e também de Reinaldo Moraes que em seu *Pornopopéia*, pela voz de Zé Carlos, dispara: "Desbucetado e desbussolado o mundo está, e eu com ele". MORAES, Reinaldo. *Pornopopéia*. Rio de Janeiro: Objetiva, 2009, p. 277.

[269] JOYCE, James. Finnegans Wake. Londres: Penguim Uk, 1999, p. 403.

[270] BURGESS, Anthony. *Homem Comum Enfim: Uma Introdução a James Joyce para o Leitor Comum*. São Paulo: Companhia das Letras, 1994, p. 263.

[271] JOYCE, James. *Finnegans Wake*. Londres: Penguim Uk, 1999, p. 414.

                    407.26
III.1.1A.E   407.27-   Discurso de abertura de *Shaun* - ele está cansado (e
              409.07   indignado) de carregar a carta.

        Um jogo de perguntas e respostas que acossam o leitor desde o
início – como se pode pronunciar a palavratrovão é uma delas –
adquirem voz, perpassando por uma espécie de fábula chamada
trocadilhadamente de *Ondt and the Gracehoper*, "A Fornica e a
Ciagraça"[272] na versão de Schüller, "A follmiga e a sealgarra"[273], como
prefere Amarante.

III.1.1A.F   409.08-   Pergunta #1 - Quem lhe deu a permissão para ser um
              409.10   carteiro?
III.1.1A.G   409.11-   Resposta #1 – Ele a obteve por profecia e, de fato, é
              409.30   muito difícil e cansativo.
III.1.1A.H   409.31-   Pergunta #2 - Foi-lhe ordenado ser carteiro?
              409.32
III.1.1A.I   409.33-   Resposta #2 – Foi-lhe hereditariamente condenado e
              410.19   ele está farto com isso até a morte.
III.1.1A.J   410.20-   Pergunta #3 - É para ele levar a carta?
              410.23
III.1.1A.K   410.24-   Resposta #3 - Ele tem o poder para tanto.
              410.27
III.1.1A.L   410.28-   Pergunta #4 - Onde ele é capaz de trabalhar?
              410.30
III.1.1A.M   410.31-   Resposta #4 - Aqui, e sua vocação é ser um
              411.21   pregador.
III.1.1A.N   411.22-   Pergunta #5 - Ele pintou a cidade de verde?
              411.25
III.1.1A.O   411.25-   Resposta #5 - Orgulhosamente, sim.
              412.06
III.1.1A.P   412.07-   Pergunta #6 - O verde desaparecerá?
              412.12
III.1.1A.Q   412.13-   Resposta #6 - Irritado, não, e ele pretende escrever
              413.26   um relatório sobre um incidente postal.
III.1.1A.R   413.27-   Pergunta #7 - Qual é a história de seu uniforme?
              413.31
III.1.1A.S   413.32-   Resposta #7 - Nenhuma, já que ele está em um barril.
              414.13

---

[272]SCHÜLER, Donaldo *Finnegans Wake/Finnicius Revém, Livro III e IV, Capítulos
13, 14, 15 16 e 17*. Cotia: Ateliê Editorial, 2003, p. 35.
[273] AMARANTE, Dirce Waltrick do. *James Joyce, Finnegans Wake (Por um Fio)*.
São Paulo: Iluminuras, 2018, p. 127.

E "Shaun, em quem se concentra a ação, se transforma em um barril levado pela correnteza"[274] que transporta em seu interior *the Ondt and the Gracehoper* e pelo tom das perguntas e respostas, Diógenes de Sinope.

III.1.1B.A	414.14- 414.15	Pergunta #8 - Ele cantaria?
III.1.1B.B	414.16- 414.21	Resposta #8 - Pedindo desculpas, ele preferiria contar uma fábula.
III.1.1C.A	414.22- 415.24	A fábula do *Ondt e do Gracehoper* começa - o felizardo *Gracehoper*.
III.1.1C.B	415.25- 416.02	O *Ondt* expressa seu desgosto - ele ora por sua própria prosperidade.
III.1.1C.C	416.03- 416.20	O solene frugal *Ondt* - o tolo e faminto *Gracehoper*.
III.1.1C.D	416.21- 417.02	O *Gracehoper* tinha comido todos os seus móveis e desperdiçado todo o seu tempo - o inverno chegou.
III.1.1C.E	417.03- 417.23	O *Gracehoper* se joga no desespero - enquanto o *Ondt* se regenera com todos os prazeres da vida.
III.1.1C.F	417.24- 418.08	O *Ondt* fica satisfeitíssimo com a desgraça do *Gracehoper* - a visão é demais para ele.
III.1.1C.G	418.09- 419.10	A canção de reconciliação e complementaridade do *Gracehoper* - a fábula do *Ondt e do Gracehoper* termina.

A fábula termina para as questões se reiniciarem. Mas ele (quem?), e nós junto com ele (quem?), poderíamos ler a carta volante ou ela ficará, ainda, detida no ar, *en souffrance*[275]?

III.1.1D.A	419.11- 419.19	Pergunta #9 - Ele poderia ler a carta?
III.1.1D.B	419.20- 421.14	Resposta #9 - Com certeza ele pode ler o lixo, então ele lê endereços e razões de não-entrega na parte externa do envelope selado.
III.1.1D.C	421.15- 421.20	Pergunta #10 - Ele próprio não usou uma linguagem pior do que seu célebre irmão?

---

[274] SCHÜLER, Donaldo. *Finnegans Wake/Finnícius Revém, Livro III e IV, Capítulos 13, 14, 15, 16 e 17*. Cotia: Atelie, 2003, p. 11.

[275] LACAN, Jacques. *O Seminário sobre "A Carta Roubada"*, in *Escritos*. Rio de Janeiro: Jorge Zahar Editor, 1998, p. 45 e LACAN, Jacques. *Lituraterra*, in *Outros Escritos*. Rio de Janeiro: Jorge Zahar Editor, 2003, p. 17.

III.1.1D.D	421.21- 422.18	Resposta #10 - Ele realmente duvida e descreve seu notório irmão em vez disso.
III.1.1D.E	422.19- 422.22	Pergunta #11 - Como foi criada a carta?
III.1.1D.F	422.23- 424.13	Resposta #11 - Embora seja bem conhecida, *Shem* é inteiramente culpado.
III.1.1D.G	424.14- 424.16	Pergunta #12 - Por que a carta foi criada?
III.1.1D.H	424.17- 424.22	Resposta #12 - Para a linguagem de *Shem*, como as palavras-trovão.
III.1.1D.I	424.23- 424.25	Pergunta #13 - Como ele poderia pronunciar a palavra-trovão?
III.1.1D.J	424.26- 425.03	Resposta #13 - Que *nonsense*, ninguém poderia.
III.1.1D.K	425.04- 425.08	Pergunta #14 - Não poderia usar a si mesmo piormente?
III.1.1D.L	425.09- 426.04	Resposta #14 - Claro que ele poderia, facilmente, mas por que se incomodar?

Fim das perguntas e respostas. Ao menos dessas! E as promessas de que Jaun/Shaun escreverá uma carta, outra, mas sempre roubada de nossos olhos, melhor que a de Shem[276]. E Slepon continua sua anotação.

III.1.1D.M	426.05- 427.16	Ele se decompõe, dominado pela emoção - ele olha para cima, cai de costas e rola rio abaixo (ou acima) em seu barril.
III.1.1D.N	427.17- 428.27	Sua partida é lamentada - seu retorno, aguardado.
III.2.2A.A	429.01- 429.24	*Jaun* descansa na margem do rio - dando repouso aos seus pés doloridos.
III.2.2A.B	430.01- 430.16	Vinte e nove alunas próximas - aprendendo e brincando.
III.2.2A.C	430.17- 431.20	A atração é mútua - ele espia *Izzy* entre elas.
III.2.2A.D	431.21- 432.03	*Jaun* começa a despedir-se, endereçando-se a *Izzy* - ele sabe que ela vai sentir falta dele, mas ele deve ir, como ela muitas vezes tinha dito a ele.
III.2.2A.E	432.04- 433.09	*Jaun* prega para as garotas - dando conselhos obtidos do *Padre Mike*.
III.2.2A.F	433.10-	Os mandamentos de *Jaun* – a maioria sobre sexo.

---

[276] SCHÜLER, Donaldo. *Finnegans Wake/Finnicius Revém, Livro III e IV, Capítulos 13, 14, 15 16 e 17*. Cotia: Ateliê Editorial, 2003, p. 73.

	439.14	
III.2.2A.G	439.15- 441.23	Mais conselhos - seus pontos de vista sobre livros adequados para garotas.
III.2.2A.H	441.24- 444.05	Seu sermão continua - suas crenças sobre a manipulação física adequada diante de estranhos e molestadores.
III.2.2A.I	444.06- 445.25	*Jaun* admoesta *Izzy* - ela deve se manter na retidão, ou então.
III.2.2A.J	445.26- 446.26	Ele perde as forças para ela - ele vai voltar e então eles vão se beijar.
III.2.2A.K	446.27- 448.33	Ele fala de seus planos para limpar a possivelmente querida, mas certamente suja, *Dublin* - ele vai parar em breve a sua escalada.
III.2.2A.L	448.34- 452.07	Ele não tem pressa para mudar o seu *status*, a noite é linda - ele vai ter montes de dinheiro, mimá-la e fodê-la tolamente.
III.2.2A.M	452.08- 452.33	Ele deve partir em uma missão gloriosa - para encontrar um rei.
III.2.2A.N	452.34- 454.07	A vida é curta, então, sem cenas, por favor - ele fala da morte e do pós-vida.
III.2.2A.O	454.08- 454.25	Ele ri - então, de repente, se vira e sua atitude muda.
III.2.2A.P	454.26- 455.29	Despedida - ele fala do Céu celestial.
III.2.2A.Q	455.30- 457.04	Ele passa a falar de seu assunto favorito, comida - ele deve cair fora em suas rodadas, depois ele coleta o que lhe é devido.
III.2.2A.R	457.05- 457.24	Ele realmente deve cair fora - independentemente dos perigos.
III.2.2A.S	457.25- 461.32	*Izzy* lhe dá de presente um lenço de papel - ela fala sobre ele, ela e sua imagem no espelho, prometendo a típica fidelidade.
III.2.2B.A	461.33- 462.14	*Jaun* bebe à sua bondade - também prometendo fidelidade.
III.2.2B.B	462.15- 468.19	Ele está deixando um procurador para trás, *Dave o Dancekerl* - que está de volta de suas viagens a tempo para apresentações.

O fim está próximo. E como não poderia deixar de ser ao pensarmos naquilo que lhe aponta a crítica literária e que já pontuei aqui, seu começo ou re-começo, também.

| III.2.2C.A | 468.20-
468.22 | O fim está próximo - e um novo começo. |

III.2.2C.B	468.23- 469.28	A última despedida de *Jaun* - ele deve ir embora.
III.2.2C.C	469.29- 470.10	As garotas se apressam para lhe dar assitência - elas explodiram em lágrimas por sua partida.
III.2.2C.D	470.11- 470.21	O lamento das garotas - depois da partida de *Jaun*.
III.2.2C.E	470.22- 471.34	*Jaun* carimba a si mesmo - e ele está fora, depois de seu chapéu.
III.2.2C.F	471.35- 473.11	Que ele, *Haun*, vá bem - seu retorno será aguardado.
III.2.2C.G	473.12- 473.25	Como uma fênix - ele ressuscitará.

HCE, que nunca esteve morto apesar de ter estado, ressuscita, revive.

III.3.3A.A	474.01- 474.15	*Yawn*[277] dorme na paisagem - ele suspira, ele lamenta.
III.3.3A.B	474.16- 475.17	Quatro viajantes vêm a ele - no centro da Irlanda.
III.3.3A.C	475.18- 477.02	Os quatro vieram interrogá-lo - eles agacham pela sua forma, espantados.
III.3.3A.D	477.03- 477.30	O exame começa - eles o cobriram com redes ao passo que ele surgia.
III.3.3A.E	477.31- 479.16	Ele é questionado sobre sua localização, letras, linguagem, identidade, medos - *Yawn* responde enigmaticamente nas vozes de * V Y C *.
III.3.3A.F	479.17- 482.06	O diálogo se volta para o montículo ou barco - e daí para o seu pai, *Persse O'Reilly*.
III.3.3A.G	482.07- 485.07	O diálogo se volta para a carta - e daí para os gêmeos.
III.3.3A.H	485.08- 486.31	Os quatro tentam inutilmente dar sentido às suas respostas - eles o submetem a uma visão tripartida.
III.3.3A.I	486.32- 491.16	O diálogo se volta para os gêmeos e à identidade de *Yawn* - cada um representando o outro.
III.3.3A.J	491.17- 496.21	O diálogo se volta para *Persse O'Reilly* - *Yawn* o defende através da voz de * A *.
III.3.3A.K	496.22- 499.03	O despertar - como descrito por *Yawn* através das vozes de * O *.
III.3.3A.L	499.04- 499.12	As vinte e nove garotas de luto - *requiem*.
III.3.3A.M	499.13- 499.29	O renascimento - um monte de mentiras.

---

[277] "*Yawn*", na forma substantiva e já dicionarizada, designa um bocejo.

III.3.3A.N   499.30-   Pedacinhos de uma conversa telefônica confusa -
                 501.06   terminando em silêncio.

     E, como a Fênix renasceu, temos em seguida uma espécie de resumo do que aconteceu ou teria acontecido no *Phoenix Park*. E os quatro que, para serem seis já se diluíram em cem até voltarem a quatro recomendam, jocosamente para Shaun que agora se chama Yawn, psicanálise – "Get yourself psychoanolised"[278], na versão de Schuller, "Trate de psicu anal izar-se"[279]. E ele diz que pode se "psoakoonaloose"[280] por si mesmo na hora que lhe convier, mas o melhor, agora, é ficar *loose*, solto, sem nada a dever aos "psychomorers"[281], aos psi-cômoros que se enraízam pela terra e lhe fazem sombra.

III.3.3A.O	501.07- 503.03	O questionamento recomeça, concentrando-se no encontro no parque - o clima inclemente daquela noite.
III.3.3A.P	503.04- 506.23	O local lamentável do encontro - a pilha de lixo, o sinal de alerta, a árvore.
III.3.3A.Q	506.24- 510.02	Os participantes do encontro - *Toucher 'Thom'*, as irmãs *P.* e *Q.*, *Yawn*.
III.3.3A.R	510.03- 515.26	As festividades turbulentas daquela noite - uma festa de casamento, um velório.
III.3.3A.S	515.27- 519.15	Finalmente um tempo para o famoso encontro[282] - ainda uma outra versão confusa do assalto.
III.3.3A.T	519.16- 522.03	*Matthew*, não convencido, interroga *Yawn* sobre suas declarações contraditórias - acrescentando confusão ao assunto.
III.3.3A.U	522.04- 526.10	Os quatro sugerem psicanálise para *Yawn* - ele replica tendo várias pessoas falando através dele, principalmente sobre peixes.

     Personagens designados apenas por letras, I, S, E, K, falam. E, segundo Burgess, "finalmente escutamos a autêntica voz de HCE"[283] no

---

[278] JOYCE, James. *Finnegans Wake*. Londres: Penguim Uk, 1999, p.522.

[279] SCHÜLER, Donaldo. *Finnegans Wake/Finnícius Revém, Livro III e IV, Capítulos 13, 14, 15, 16 e 17*. Cotia: Atelie, 2003, p. 279.

[280] JOYCE, James. *Finnegans Wake*. Londres: Penguim Uk, 1999, p.522.

[281] JOYCE, James. *Finnegans Wake*. Londres: Penguim Uk, 1999, p. 476.

[282]"*Get around to*", no original, expressa "fazer algo depois de planejá-lo por um bom tempo". Entretanto, a forma "*get around*", também pode significar "ter muitos parceiros sexuais; ser promíscuo".

[283] BURGESS, Anthony. *Homem Comum Enfim: Uma Introdução a James Joyce*

parágrafo dialógico "— Amtsadam, sir, to you! Eternest cittas, heil! Here we are again!"[284]. Será?

III.3.3A.V	526.11- 528.13	Movendo-se para os três soldados e as duas empregadas domésticas - a voz de * *I* * emerge através de *Yawn*, conversando com seu reflexo.
III.3.3A.W	528.14- 530.22	Isso dá origem a inúmeras perguntas sem resposta sobre o encontro - terminando em uma demanda para ouvir * *S* *.
III.3.3A.X	530.23- 532.05	* *S* * e * *K* * falam através de *Yawn* - os quatro ouviram o suficiente sobre e estão prontos para ouvir de.
III.3.3B.A	532.06- 534.06	* *E* * começa seu longo discurso de auto-defesa através de *Yawn* - negando qualquer má conduta sexual, porque ele tem uma esposa.
III.3.3B.B	534.07- 535.25	Ele protesta, chocado com as alegações contra ele - a baixeza de seu acusador, o absurdo de tudo.

O ubíquo HCE se torna "Haveth Childers Every-where"[285] que para Schuller é o mesmo que dizer que "Há Chorões Entodaparte"[286]. Ele, sem chorar contudo, fica tentando se defender das acusações, usa a agora enloirada "Fulvia Fluvia"[287] como álibi, incrimina Shem e "Deuterônimo, a repetição da lei, (vira) obrigatoriamente deuterogamia"[288] até que uma outra peça começa. A peça dentro da peça que não é peça. E não lhe peça que seja peça senão você peca.

III.3.3B.C	535.26- 540.12	Ele se identifica, pobre *Haveth Childers Everywhere* - continuando sua auto-defesa, ele usa todos os argumentos possíveis.
III.3.3B.D	540.13- 546.28	Suas façanhas[289] famosas - como ele fundou e governou uma grande cidade e império.
III.3.3B.E	546.29- 547.13	Ele passa a falar sobre sua esposa - a fiel *Fulvia Fluvia*.

---

para o Leitor Comum. São Paulo: Companhia das Letras, 1994, p. 274.

[284] JOYCE, James. *Finnegans Wake*. Londres: Penguim Uk, 1999, p. 532.

[285] Idem, p. 535.

[286] SCHÜLER, Donaldo. *Finnegans Wake/Finnícius Revém, Livro III e IV, Capítulos 13, 14, 15, 16 e 17*. Cotia: Atelie, 2003, p. 305.

[287] JOYCE, James. *Finnegans Wake*. Londres: Penguim Uk, 1999, p. 547.

[288] SCHÜLER, Donaldo. *Finnegans Wake/Finnícius Revém, Livro III e IV, Capítulos 13, 14, 15, 16 e 17*. Cotia: Atelie, 2003, p. 309.

[289] "*Exploit*", no original, pode também se articular como "*to use someone or something unfairly for your own advantage*", ou seja, usar alguém ou algo de maneira injusta para vantagem própria.

III.3.3B.F	547.14- 550.07	Como ele a conquistou e casou com ela - *ALP*, sua esposa e seu rio.
III.3.3B.G	550.08- 552.34	Como ele cuidou e a proveu - e construiu uma cidade em torno dela.
III.3.3B.H	552.35- 554.10	Mais proezas que ele fez por ela - tudo pelo prazer dela.
III.4.4A.A	555.01- 555.24	Noite após noite - enquanto os quatro em seus cantos vigiam os dois gémeos dormindo, *Kevin* e *Jerry*.
III.4.4A.B	556.01- 556.22	Noite após noite - enquanto *Isobel* dorme tranqüilamente em seu berço.
III.4.4B.A	556.23- 556.30	Noite após noite - enquanto o policial faz suas rondas no horário, coletando itens perdidos.
III.4.4C.A	556.31- 557.12	Noite após noite - enquanto *Kothereen* recita em seu travesseiro como ela encontrou o dono do pub rastejando nu no andar de baixo.
III.4.4D.A	557.13- 558.20	Noite após noite - enquanto os doze tentam o dono do pub, achando-o culpado.
III.4.4E.A	558.21- 558.25	Noite após noite - Enquanto as vinte e nove estão duplamente felizes e miseráveis.
III.4.4E.B	558.26- 558.31	Na cama deles - os pais mentem.
III.4.4F.A	558.32- 559.19	A peça[290] começa - a cena é um quarto de casal.

Pontos de vista do que teria acontecido no *Phoenix Park* pipocam pelo texto enquanto os Porters estão na cama ou, como pergunta Slepon, para o enigmático trecho "I am not sighing, I assure, but only I am soso sorry about all im my saarasplace. Listen listen! I am doing it. Hear more those voices! Always I am hearing them. Horsehem coughs enough. Annshee lispes privilly."[291], na ida ao banheiro, estariam, todos, dando um passeio pelo parque? É possível ir ao banheiro ao mesmo tempo que se vai ao parque? No *Wake*, sim.

III.4.4F.B	559.20- 559.29	Um homem e uma mulher na cama - como percebido do ponto de vista de *Matthew*.
III.4.4F.C	559.30- 560.06	A ação começa, as cenas se deslocam - ela pula para fora da cama em resposta a um grito, e ele a segue.
III.4.4F.D	560.07- 560.36	Os quatro discutem a cena que acabaram de ver - a casa-taverna dos *Porter*.

---

[290] Como o tom é nesse trecho do *Wake* de diversão, "*the play*", no texto de Slepon refere-se também a "brincadeira, recreação" e sobretudo "jogo".
[291] JOYCE, James. *Finnegans Wake*. Londres: Penguim Uk, 1999, p. 571.

III.4.4F.E	561.01-562.15	A pequena garota, *Buttercup* - dormindo em seu próprio quarto.
III.4.4F.F	562.16-562.36	O primeiro gêmeo, o adorável garoto *Kevin* - adormecido feliz no lado direito de sua cama compartilhada.
III.4.4F.G	563.01-563.37	O segundo gêmeo, o miserável garoto *Jerry* - chorando em seu sono no lado esquerdo de sua cama compartilhada.
III.4.4F.H	564.01-565.05	A bunda nua do homem, ou o *Parque Phoenix* - como percebido desde o ponto de vista de *Mark*.
III.4.4F.I	565.06-565.16	Um dos quatro treme, para o grande aborrecimento de *Mark* - a voz de uma mulher é ouvida.
III.4.4G.A	565.17-566.06	A mãe acalma o gêmeo chorão - é tudo um sonho, não há nenhum grande pai mau.
III.4.4H.A	566.07-566.25	Contabilidade de todos os participantes - cada um com seu próprio papel.
III.4.4H.B	566.26-570.13	Os quatro estão perdidos no parque - conversando sobre a próxima visita para caçar do rei e sua reunião com o prefeito.
III.4.4H.C	570.14-570.25	Os quatro estão de volta para discutir o *Sr. Porter* - sua saúde e figura, seu casamento e família.
III.4.4H.D	570.26-571.26	Alguém precisa ir ao banheiro - ou é um passeio pelo parque?
III.4.4J.A	571.27-571.34	De volta ao quarto dos gêmeos - o chorão está mais calmo agora.
III.4.4K.A	571.35-572.06	Os jovens ainda são uma ameaça - ameaçando enterrar seus antepassados.
III.4.4L.A	572.07-572.17	Uma porta se abre - o quê? quem?
III.4.4L.B	572.18-573.32	Um complexo estudo de caso matrimonial - de natureza intensamente sexual.
III.4.4L.C	573.33-576.09	Uma análise jurídica e religiosa do caso matrimonial - principalmente de natureza financeira.
III.4.4M.A	576.10-576.17	Vamos voltar para a cama - do quarto dos gêmeos para o dos pais.
III.4.4M.B	576.18-577.35	Uma prece para uma divindade pavimentadora - para a viagem segura dos pais entre os quartos, de volta para a cama conjugal.
III.4.4N.A	577.36-578.02	Uma agitação - é só o vento.

Se no livro II, a pergunta era *who is he?* agora, no III, o gênero – mas não o tom – muda, num verbalismo inclemente que aos poucos, com os raios de sol tingindo as paredes, deixam entrever alguma claridade – não muita – até o rio-romance fluir, já no livro IV para o mar e riocorrentar, riocorrentear – será? – com "depois de Eva e Adão, do desvio da praia à dobra da baía"[292].

III.4.4P.A	578.03-578.15	Quem é ele? - o grande taverneiro em sua camisola, seu gorro e meias.
III.4.4P.B	578.16-578.28	Quem é ela? - a pequena senhorita segurando a luminária.
III.4.4P.C	578.29-579.26	Eles estão voltando escada abaixo para o seu quarto - no meio do caminho eles sobem.
III.4.4P.D	579.27-580.22	Eles passaram por muita coisa juntos - mas eles perseveram.
III.4.4P.E	580.23-580.36	Eles se aproximam da base da escadaria - recapitulando a seqüência de eventos desde o encontro com o peralta e a *Balada de Hosty*.
III.4.4P.F	581.01-581.36	Ele não foi verbalmente agredido, abominado, tornado responsável? - por seus clientes bêbados em seu caminho para casa.
III.4.4P.G	582.01-582.27	Deixe-nos oferecer-lhes algumas palavras gentis- estamos todos juntos nisso.

Mateus e Marcos já apresentaram seus pontos de vista. Agora será a vez de Lucas e João, apóstolos de uma mensagem sempre cifrada.

III.4.4P.H	582.28-584.25	Um homem e uma mulher fazem sexo, ou jogam *cricket* - como percebido desde o ponto de vista de *Luke*.
III.4.4P.I	584.26-585.21	O canto[293] do galo[294] - muitos agradecimentos são oferecidos.
III.4.4Q.A	585.22-585.33	O par encontra-se acoplado - eles se separam, membro retirado.
III.4.4Q.B	585.34-586.18	Vamos descansar - e permitir que outros descansem também.
III.4.4Q.C	586.19-587.02	Tudo está de volta ao normal, a casa está escura e silenciosa - como seria notado pelo patrulheiro, ele estava lá.
III.4.4R.A	587.03-588.34	O relato dos três soldados sobre seu encontro com o dono do pub - de credibilidade duvidosa.

---

[292]CAMPOS, Augusto; CAMPOS, Haroldo. *Panaroma do Finnegans Wake*. São Paulo: Perspectiva, 1971, p. 35.

[293] "*crow*" pode significar também e em consonância com o *Wake*, regozijo.

[294] De fato, um galo canta neste trecho do *Wake*, mas esse "*the cock*", metonímica e *a posteriorimente*, remete, também a "pênis".

III.4.4S.A	588.35- 589.11	O pecado sexual no parque - levando ao sucesso comercial no negócio da cervejaria.
III.4.4T.A	589.12- 590.12	As sete falhas que lhe deram sua riqueza - cobrando o seguro.
III.4.4T.B	590.13- 590.30	Um homem e uma mulher dormindo na cama, ou amanhecer - como percebido do ponto de vista de *John*.

O Livro IV começa. O livro do Ricorso. O sol começa a despontar no horizonte e, "como Ulysses,"[295] este livro terminará "com um longo monólogo interior. Também mentalizado por uma mulher"[296]. Um galo canta "cococorico!"[297] ao longe e em suas primeiras páginas este livro se apresenta "carregado de jogos de palavras em sânscrito"[298] que desnorteiam mais ainda o norte que já se furtava:

> Sandhyas! Sandhyas! Sandhyas!
> Calling all downs. Calling all downs to dayne.
> Array! Surrection! Eireweeker to the wohld
> bludyn world. O rally, O rally, O rally! Phlenxty,
> O rally! To what lifelike thyne of the bird can be.
> Seek you somany matters. Haze sea east to
> Osseania. Here! Here! Tass, Patt, Staff, Woff,
> Havv, Bluvv and Rutter[299].

Tempo do crepúsculo[300] para o livro que no *Wake* é um opúsculo[301].

---

[295] BRASIL, Assis. *Joyce e Faulkner, O Romance da Vanguarda*. Rio de Janeiro: Imago, 1992, p. 104.

[296] Idem, Ibidem. Já apontei isso antes de inserir o segundo quadro explicativo de Hart, mas nunca é demais salientar essa ao menos aparente concordância pois Joyce dirá que com o *Wake* ele esqueceu o *Ulysses*. Numa conversa onde seu título é mencionado dispara para Maria Jolas: "Quem o escreveu? Eu o esqueci.". ELLMANN, Richard. *James Joyce*. Porto Alegre: Globo, 1982, p. 729.

[297] JOYCE, James. *Finnegans Wake*. Londres: Penguim Uk, 1999, p. 584

[298] BURGESS, Anthony. *Homem Comum Enfim: Uma Introdução a James Joyce para o Leitor Comum*. São Paulo: Companhia das Letras, 1994, p. 282.

[299] JOYCE, James. *Finnegans Wake*. Londres: Penguim Uk, 1999, p. 593.

[300] *Sandhya*, na mitologia hindu é a personificação do crepúsculo, do momento onde a noite e o dia se sobrepõem.

[301] O livro IV é o menor de todos contendo, de texto, apenas 35 páginas.

IV.1.1.A	593.01- 593.24	Amanhecer - tempo para um novo dia e uma nova geração.
IV.1.1.B	594.01- 595.29	O sol está nascendo ao longo das gerações da velha *Irlanda* - a casa acorda, o café da manhã está a caminho.
IV.1.1.C	595.30- 595.33	O galo canta - deixe-o dormir.
IV.1.1.D	595.34- 596.33	O filho pródigo retorna, renasce, reencarna - um jovem paladino.
IV.1.1.E	596.34- 597.22	O dorminhoco está prestes a rolar de um lado para o outro - por quê?
IV.1.1.F	597.23- 597.29	Upa-lá-lá, ele rola - seu traseiro está frio.
IV.1.1.G	597.30- 598.16	Uma previsão meteorológica no rádio, com um agradável dia à frente - adeus noite de ontem, bem-vinda manhã de hoje.

Uma topologia temporal dá as caras e feito uma banda de Moebius[302] revela num lado o passado e no outro o presente. Mas como uma banda desse tipo é unilátera, até o casal, na fímbria entre acordar e dormir, se esfrega e colide. E se o dia iria ser ensolarado será assolado por ventos inclementes. Previsão não é precisão!

IV.1.1.H	598.17- 598.26	O mistério da transubstanciação - os efeitos do tempo.
IV.1.1.I	598.27- 599.03	A progressão do tempo – só horas cheias para todo mundo.
IV.1.1.J	599.04-	A recirculação dos tempos - passado e presente.

---

[302] Uma banda de Moebius é, como destaca Lacan em *Problemas Cruciais para a Psicanálise*, "uma superfície cujo ponto mais notável é que ela só tem uma face, a saber, de que de qualquer ponto que se parta, pode-se chegar, pelo caminho que resta, á face de onde se partiu, em qualquer ponto que seja do que poderia fazer crer ser uma face e outra, Não há senão uma. É igualmente verdade que ela só tem uma borda". LACAN, Jacques. *Problemas Cruciais para a Psicanálise, Seminário 1964-1965*. Recife: CEF, 2006, p. 26. Eis uma forma de apresentá-la no espaço:

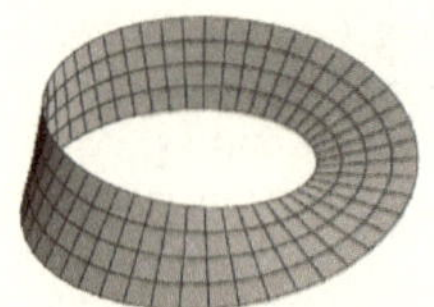

	599.24	
IV.1.1.K	599.25- 600.04	A recirculação das águas - pouco se sabe da localidade.
IV.1.1.L	600.05- 601.07	A cena se descortina - piscina, rio, cidade, árvore, pedra tornan-se visívíeis.
IV.1.1.M	601.08- 602.05	As vinte e nove garotas cantam pela ascenção de *Kevin* - repicam os sinos da igreja.
IV.1.1.N	602.06- 603.33	Um carteiro carregando correspondência, um filho carregando uma refeição - um confronto entre pai e filho.
IV.1.1.O	603.34- 604.21	O sol da manhã brilha através das janelas da igreja da vila e sobre as planícies da *Irlanda* - estrelas ainda são visíveis.
IV.1.1.P	604.22- 604.26	Um anúncio de rádio - um aviso de vendaval.
IV.1.2.A	604.27- 606.12	O conto de *São Kevin* em *Glendalough* - concentrando-se concentricamente na regeneração do homem pela água.
IV.1.2.B	606.13- 607.16	Imagens múltiplas se misturam - reprises do sonho.
IV.1.2.C	607.17- 607.22	Na fronteira entre a vigília e o sono - o casal dormindo esfrega-se desculpando-se e choca-se um com o outro.

A luz do dia continua a cortar a escuridão enquanto Muta e Juva dialogam e São Patrício e o Arquidruída de Berkeley debatem. Sobre o quê? Difícil saber!

IV.1.3.A	607.23- 607.36	A luz do dia continua a cobrir *Dublin* - olhando para a frente, ou para trás, para uma reunião do rei com um prefeito.
IV.1.3.B	608.01- 608.11	Olhar pode ser enganador - outro lembrete do incidente no parque.
IV.1.3.C	608.12- 608.36	Como estamos passando do sono para vigília, o sonho começa a desaparecer - apenas a sigla simbólica permanece.
IV.1.3.D	609.01- 609.23	Regressando agradavelmente ao mundo dos sonhos - lembrando-se dos quatro velhos, suas bundas, das garotas, dos doze, etc.
IV.1.3.E	609.24- 610.02	O diálogo de *Muta* e *Juva* começa - assistindo ao fogo de *Pascal* e a chegada de *São Patrício* e do *Arquiduída Berkeley*.
IV.1.3.F	610.03- 610.32	Do *Rei Leary*, seu sorriso, suas apostas, sua água - o diálogo de *Muta* e *Juva* termina.
IV.1.3.G	610.33- 611.03	Manchetes para a seguinte notícia sobre corrida de cavalos - aqui estão os detalhes.

IV.1.3.H	611.04- 612.15	O debate de *São Patrício* e o *Arquidruída Berkeley* começa - o druida expõe sua teoria das cores.
IV.1.3.I	612.16- 612.30	*Patrício* replica para mostrar a falsa lógica do druida - ele enxuga-se com o lenço e ajoelha-se diante do arco-íris.
IV.1.3.J	612.31- 612.36	O druida explode com o insulto - ele ataca *Patrício* e tenta desbrilhar o sol.
IV.1.3.K	613.01- 613.16	O povo, convertido, aplaude *Patrício*, ao nascer do sol - o debate de *São Patrrício* e o *Archdruída Berkeley* termina.
IV.1.3.L	613.17- 613.26	Flores abertas à crescente luz solar - a manhã, com café da manhã e defecações, chegou.

Anna vira Alma e se aluvia em Luvia[303] e, "em alusão à franga que descobriu a carta"[304] arrancada de um monte de lama dourada com cascas de laranja de que tanto se falou e se falará ainda um tanto mais, chamar-se-á também de Pollabela[305]. Seu monólogo, "the final monologue"[306], como escrevem teatralmente Campbell e Robinson começa em "Soft morning, city! Lsp! I am leafy speafing. Lpf!"[307] e passando por mais uma renomeação "all-niuvia pulchrabelled"[308] terminará em "Lps! The keys to. Given! A way a lone a last a loved a long the"[309] sem ponto, sem vírgula, sem nada.

IV.1.3.M	613.27- 614.18	O tempo da mudança, ominoso, estrondoso, chegou - todos os eventos anteriores devem reaparecer, a história se repetindo.
IV.1.4.A	614.19- 614.26	O sonho começa a ser esquecido, a ser apenas subliminarmente lembrado - deixando para trás muitas perguntas.
IV.1.4.B	614.27- 615.11	Um engenho maravilhoso - para o consumo matinal de ovos e letras.

---

[303] Lembra-se que ela já foi "Fulvia Fluvia"? JOYCE, James. *Finnegans Wake*. Londres: Penguim Uk, 1999, p. 547. Pois ela, agora, perdeu seu F.

[304] SCHÜLER, Donaldo. *Finnegans Wake/Finnícius Revém, Livro III e IV, Capítulos 13, 14, 15, 16 e 17*. Cotia: Atelie, 2003, p. 529.

[305] JOYCE, James. *Finnegans Wake*. Londres: Penguim Uk, 1999, p 619.

[306] CAMPBELL, Joseph & ROBINSON, Henry Morton. *A Skeleton Key to Finnegans Wake: Unloking James Joyce's Masterwork*. California: New World Library, 2005, p 351.

[307] JOYCE, James. *Finnegans Wake*. Londres: Penguim Uk, 1999, p. 619.

[308] Idem, p. 627

[309] Idem, p. 628.

IV.1.4.C	615.12- 616.19	A reverenciada carta começa - condenando as calúnias contra seu homem em geral e de *Magrath* em particular.
IV.1.4.D	616.20- 617.29	Fornecendo detalhes biográficos confusos e contando sobre um próximo funeral e um velório - um final fictício para a carta.
IV.1.4.E	617.30- 619.15	A carta continua - respondendo a mais alegações, desta vez principalmente dirigidas a ela.
IV.1.4.F	619.16- 619.19	A assinatura e um pós-escrito de *ALP* - a reverenciada carta termina.
IV.1.5.A	619.20- 628.18	O monólogo matinal da mãe para seu companheiro que dorme, como um rio que flui para o mar - continua na primeira frase do livro.

Pronto, temos aqui, a apresentação daquilo que o *Wake* é... ou, pelo menos, poderia ser.

Há, nele e portanto, uma história. Há enredo, mesmo que camuflado e se o pode ler com certas chaves esquemáticas que fazem dele uma espécie de palimpsesto. Mas, não é demais lembrar que aquilo que estamos propondo desde o início é ir além dessas camadas que sideram, por exemplo, só para ficar no círculo próximo de Joyce, Silvia Beach[310] a cada encontro que tinha com o exilado[311]. Além disso, como assevera Lacan, "Eu garanto que, numa frase, se possa fazer com que qualquer palavra venha a dizer qualquer sentido"[312] o que põe em cheque, claro, tudo o que delineamos até esse ponto já que, no campo do imaginário é sempre possível contruir o sentido até que ele se inverta e afirme o contrário daquilo que outrora se insurgia como verdade. Teremos oportunidade de voltar a isso! Por ora fiquemos com a ideia de que com o imaginário seguimos a via da mitologia, do mito que, como bem define Levi-Strauss, existe para "fornecer um modelo lógico para resolver contradições"[313] e eu quero, aqui, as contradições e por isso

---

[310] BEACH, Sylvia. *Shakespeare and Company: uma Livraria na Paris do Entre-Guerras*. Rio de Janeiro: Casa da Palavra, 2004, p. 221.

[311] Joyce, que sempre se considerou um exilado, escreveu uma peça de teatro intitulada *Exiles* que tanto remete a exilados quanto a exílios.

[312] LACAN, Jacques. *A Terceira*, in *Cadernos Lacan*, Volume 2 (Publicação não comercial). Porto Alegre: APOA, 2002, p.

[313] LÉVI-STRAUSS, Claude. *Antropologia Estrutural*. São Paulo: Cosac Naif, 2012, p. 329. Lacan também dá uma interessante definição para o mito e que está de acordo com aquilo que estou desenvolvendo aqui: "O mito é isso, a tentativa de dar forma épica ao que se opera da estrutura.". LACAN, Jacques. *Televisão*, in *Outros Escritos*. Rio de Janeiro: Jorge Zahar Editor, 2003, p. 518.

posso afirmar que ninguém está mais longe do que *realiza* o *Wake* do que Anderson ao chama-lo de "monomito"[314].

Vou agora na direção do imaginário mas com uma pergunta atrás de minha *earwiker*: quando Joyce conclama para seu livro um "ideal reader suffering from na ideal insomnia"[315] ele no fim não lhe nega um *wake*?

3   PARA ALÉM DA NARRATIVA QUE NÃO VEM

"Se conta para fazer de conta"
Mia Couto[316]

"Nem algo nem nada"
Isaac Asimov[317]

---

[314] ANDERSON, Chester G. *Vidas Literárias: James Joyce*. Rio de Janeiro: Jorge Zahar Editor, 1989, p. 46.
[315] JOYCE, James. *Finnegans Wake*. Londres: Penguim Uk, 1999, p. 120.
[316] COUTO, Mia. *Terra Sonâmbula*. São Paulo: Companhia das Letras, 2016, p. 120.
[317] ASIMOV, Isaac. *Fundação*. São Paulo: Aleph, 2009, p. 13.

"É na harmonia dessa totalidade que se encontra o sentido, e alcançá-lo é tocar o divino"
Léonora Miano[318]

Nesse capítulo ainda será do I, de Imaginário, que tratarei. De um I que em sua pretensão de suficiência acaba por se mostrar insuficiente, particularmente pela intromissão, pelo menos em um ponto, como nessa trança[319] borromeana, do Simbólico.

Toda narrativa tem um fim que no a posteiori descortina seu início. Trata-se do famoso *nachträglichkeit*[320] freudiano que, retomado por Lacan[321] indicará o trânsito, na contramão, entre o presente e o que passou, oferecendo, "para se fechar, uma última palavra"[322]. Mas o que dizer de uma que não se encerra e que quando, já sob o sol da manhã, parece o fazer, sugere um reinício sem dar tempo para uma

---

[318] MIANO, Léonora. *Contornos do Dia que Vem Vindo*. Rio de Janeiro: Palas, 2009, p. 136.

[319] Para dar mais ênfase a esse idéia de trançado entre consistências que existem, precisamente, porque se enodam se afastando ao mesmo tempo em que se aproximam, relembro Barthes ao dizer que "o texto (qualquer texto) só pode ser uma trança" (BARTHES, Roland. *Os Surrealistas não Atingiram o Corpo*, in *O Grão da Voz*. São Paulo: Marins Fontes, 2004, p. 346) e, complemento, enquanto tal, apresenta seu viés imaginário, pois apela à imagem, seu viés simbólico, que "remete de um significante a outro significante sem jamais se fechar" (Idem, *Literatura/Ensino*, in *O Grão da Voz*. São Paulo: Marins Fontes, 2004, p. 343), e seu viés real, que excede essas duas perspectivas por insistir, pela própria organização e desorganização da textualidade, em não se inscrever.

[320] HANNS, Luiz. *Dicionário Comentado do Alemão de Freud*. Rio de Janeiro: Imago, 1996, p. 80.

[321] LACAN, Jacques. *Função e Campo da Fala e da Linguagem em Psicanálise*, in *Escritos*. Rio de Janeiro; Jorge Zahar Editor, 1998, p. 257 e 258.

[322] LACAN, Jacques. *Posição do Inconsciente*, in *Escritos*. Rio de Janeiro; Jorge Zahar Editor, 1998, p. 853.

ressignificação e em abismo, *en abyme*, como dizem os franceses, deixa o leitor com um precário e impontuado "the"[323]? Seria mesmo uma narrativa, uma "proarética"[324] pela e na qual apenas precisaríamos encontrar, para usar uma expressão de O'Neil, "um fio de Ariadne"[325], um fio condutor que estaria escondido, dissimulado, cuidadosamente olvidado? Estas são as questões que iremos perseguir partindo do seguinte preceito ou premissa: uma narrativa, qualquer narrativa, produz e mesmo se alimenta – ou se retro-alimenta – do campo do sentido. Como tal, ela não é capaz de nos levar muito longe já que, feito de máscaras, de más-caras, no máximo, evoca mais-caras que se equivalem em valor pois apenas visam... pois o que visa a narrativa, a narratividade? E porque será que Joyce, depois de ter produzido obras primas da narração escreve seu *Wake*? Será que ele visava o sentido, o fecho, a cerzidura? E onde podemos situá-lo, seja no *Wake*, seja na teoria psicanalítica? O sentido, por exemplo, seria da ordem do imaginário? Ou seria do campo do simbólico? Será que haveria sentido no real? Pois será sobre esse ponto que tentarei fazer girar esse capítulo e noto, agora, que ainda não ofereci uma definição razoável desse tríptico que acompanha Lacan desde 1953[326].

Terei, claro, que voltar a isso muitas vezes mas por hora me servirá uma metáfora que Lacan toma emprestado de Heidegger e que preconiza o seguinte: pensemos num artesão, mais especificamente em um oleiro, que deslizando suas mãos sobre uma massa de barro a faz, aos poucos e com cuidado, adquirir a forma de um vaso com um buraco, que, mesmo de forma etérea, é preenchido no mínimo pelo ar que o circunda. Em 1960, que é a época dessa metáfora, Lacan dá a entender que essa modelagem realizada pelo artesão se equivale ao trabalho do significante que esculpe o seu próprio espaço, a forma da sua hiância ou, para retomar o que diz o próprio Heidegger, "A coisidade do vaso não reside, de modo nenhum, na matéria de que ele consiste, mas no vazio que contém"[327].

---

[323] JOYCE, James. *Finnegans Wake*. Londres: Penguim Uk, 1999, p. 628.

[324] Proarética, um termos que Barthes diz ter tirado da retórica de Aristóteles, é o que faz com que se leia um texto como uma sucessão de ações, como uma história. BARTHES, Roland. *S/Z*. São Paulo: Edições 70, 1980, p. 112.

[325] O'NEIL, Patrick. *Introdução a James Joyce, Finnegans Wake (Por um Fio)*. São Paulo: Iluminuras, 2018, p. 15.

[326] LACAN, Jacques. *O Simbólico, o Imaginário e o Real*, in *Cadernos Lacan*, 1º parte. Porto Alegre: APOA, s/d.

[327] HEIDEGGER, Martin. *A Coisa*. In DE SOUZA, E. *Mitologia*. Lisboa:

Pois bem, esse vazio ou buraco, essa hiância, para usar uma palavra que nos fará trabalhar mais para frente, fundada portanto pela operação do simbólico, implica um derrame obturador que Lacan emparelha com as funções do imaginário[328] já que suas invectivas são as do estabelecimento de uma consistência obnubilidora de qualquer corte. E o real? O real, propriamente dito, e para produzir um deslocamento na forma de tradicionalmente pensamos as coisas, particularmente pela pregnância que há, no ocidente, da história em que do adamah sai Adam[329] e de que aí estaria nossa essência, não está nessa matéria primeva pois seu lugar é um fora, um não lhe fazer parte e portando não ser seu partidário. Isso é importante porque se temos com o simbólico a possibilidade de um devir e com o imaginário um ser, com o real, lacaniano, bem entendido, temos a inscrição daquilo que não é nem nunca virá a ser. Portanto, o imaginário consiste, o simbólico insiste e o real ex-siste.

Sendo assim, e para voltarmos ao tema, a narrativa é o recorte simbólico que apelando para o imaginário produz sentido. É uma tentativa de domínio, de apropriação e como tal, não implica nada de real, nada do real. E, lembrando, como meu objetivo é, aqui, exatamente, tocar esse real, será preciso dar um passo além do que se narra e, com brinca Lacan no seminário dedicado as formações do inconsciente, dar um *pas-de-sens* e do passo de sentido chegar ao nenhum sentido ou o sem sentido[330]. E , se como diz Lacan em *L'Insu-que-Sait,* "o sentido tampona"[331] deveríamos, topologicamente falando, arregaçá-lo e encarar que, no final das contas e como, declara Joyce para o seu *Wake,* "o sentido não interessa"[332] nem deve interessar. Mas para

---

Guimarães Editores, 1984, p. 123.

[328] LACAN, Jacques. *O Seminário, Livro 7, A Ética da Psicanálise.* Rio de Janeiro: Jorge Zahar Editor, 1989, p. 152 e 153.

[329] "O homem, *'adam,* vem do solo, *'adamah".* BÍBLIA DE JERUSALÉM, 2010, p. 35.

[330] LACAN, Jacques. *O Seminário, Livro 5, As Formações do Inconsciente.* Rio de Janeiro: Jorge Zahar Editor, 1999, p. 87. Para ficar mais claro: *pas-de sens,* como destaca Vera Ribeiro em nota de rodapé, tem "a acepção de passagem de sentido, mas também de nenhum sentido ou sem-sentido". RIBEIRO, Vera. *Nota à O Seminário, Livro 5, As Formações do Inconsciente.* Rio de Janeiro: Jorge Zahar Editor, 1999, p. 87.

[331] LACAN, Jacques. *Seminárie L'Insu-que-Sait de L'Une-Bévue S'Aile a Mourre,* 1976-1977, aula de 19/04, s/p in http://www.valas.fr/Jacques-Lacan-l-insu-que-sait-de-l-une-bevue-s-aile-a-mourre-1976-1977 (minha tradução)

[332] ELLMANN, Richard. *James Joyce.* Porto Alegre: Globo, 1982, p. 862.

desdobrá-lo, revirá-lo e arregaçá-lo é preciso, como num toro[333] e antes de mais nada, tomá-lo! Que o leitor, por favor, me permita fazê-lo!

Uma das coisas que se tenta com *Finnegans Wake* é tratá-lo como um imenso quebra-cabeças[334], uma imensa *puzzling novel* cheia de símbolos à espera de seus derradeiros encaixes. Vimos isso quando recorremos, por exemplo, ao livro de Campbell e Robinson ou, com menos ênfase, no livro de Clive Hart. Mas a obra de Joyce, mesmo que em certos trechos referende essa leitura, como ao afirma-se um "crossroads puzzler"[335] acaba por soletrar, em outros e muitos trechos, o que diz Lacan, pensando ainda sobre outros temas mas que sempre evocam a ação da letra – que foi como defini a literatura na introdução desse trabalho, lembra-se? – sobre o símbolo já que "o símbolo é uma peça quebrada"[336] e como tal resiste ao encaixe que se lhe propõe. Essa é mesmo, se olharmos bem, a sua característica principal e por isso o *Wake* é, como diz Seamus Deane em sua *Introduction*, "ilegível"[337] já que extrapola o campo das representações e ao tentarmos, desse encaixe,

---

[333] LACAN, Jacques. *A Identificação, Seminário 1961-1962*. Recife: CEF, 2003, p. 270 e 271. "Um toro é também (como a banda de Moebius a que recorri no capítulo anterior) uma figura topológica onde o interior está no mesmo espaço que o exterior.

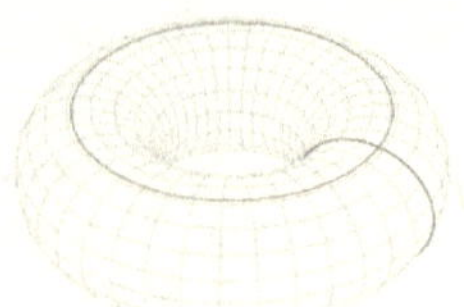

Quando operamos em sua superfície um corte há a possibilidade de reviramento e por isso ele encapsula aquilo que o circundava". VOLACO, Gustavo Capobianco. *A Clínica Psicanalítica, Palimpsestos*. Curitiba: CRV, 2016, p. 29.

[334] Sobre essa idéia de quebra-cabeça é importante destacar o que diz o escritor argentino Ernesto Sabato, ainda sobre o *Ulisses*: "fragmentos de um complicado e ambíguo quebra-cabeça, mas de um quebra-cabeça que nunca será completamente esclarecido, pois muitas de suas partes faltarão, outras permanecerão nas sombras ou serão apenas entrevistas. (Isso) é o que acontece na própria vida". SABATO, Ernesto. *O Escritor e seus Fantasmas*. São Paulo: Companhia das Letras, 2003, p. 105.

[335] JOYCE, James. *Finnegans Wake*. Londres: Penguim Uk, 1999, p. 475.

[336] LACAN, Jacques. *O Seminário, Livro 23, O Sinthoma*. Rio de Janeiro: Jorge Zahar Editor, 2007, p. 20.

[337] DEANE, Seamus. *Introduction*, in *Finnegans Wake*. *Great Britain: Penguin UK, 2015, p. 21.*

verificar um panorama, acabamos vendo, na mesa em que depositamos essas mesmas peças, um quebradiço "panaroma"[338].

Nessa via para além da narrativa é importante destacar que o *Wake* também abandona a linearidade temporal, a seqüencialidade de tempo ou, como diz Umberto Eco, ele faz a "elisão da estrutura linear e da unidade temporística"[339] e que tanto marcam *O Retrato do Artista Quando Jovem* e *Ulisses*. O primeiro, escrito como uma espécie de diário e o segundo como um tipo de diária, não mais rechearão o que Joyce tem a dizer fazendo com que nada no *Wake* esteja morto, que nada aí esteja acabado. Se podemos, com generosas doses de certeza, afirmar quantos anos tem, prioritariamente, Stephen Dedalus – 16[340] – no primeiro romance de Joyce e o que ele fará, não importa quantas vezes abramos o livro, no dia 26 de abril – ele sai da Irlanda[341]– e que a odisséia moderna, ou a "paródia moderna da Odisséia"[342], como prefere Pinheiro, ocorre numa quinta-feira, dia 16 de junho de 1904[343], e quer abramos o livro em 1921[344] ou em 2018, Molly, esposa de Bloom, sempre desejará "ter um homem novo a cada ano"[345], no *Wake*, onde parece – o tom aqui já fica na condicional – "todos os personagens sonham e que cada um também narra "o seu sonho""[346] ficamos sem "resposta definitiva"[347] para as perguntas mais elementares e inerentes a um romance[348], e ficará cada vez mais difícil fazer compasso do que ali

---

[338] JOYCE, James. *Finnegans Wake*. Londres: Penguim Uk, 1999, p. 143.

[339] ECO, Umberto. *Lector in Fabula; a Cooperação Interpretativa nos Textos Narrativos*. São Paulo: Perspectiva, 1986, p. 328.

[340] JOYCE, James. *Um Retrato do artista Quando Jovem*. São Paulo: Penguin e Companhia das Letras, 2016, p. 135

[341] Idem, p. 320

[342] PINHEIRO, Bernardina da Silveira. *Introdução*, in *Ulisses*. Rio de Janeiro: Objetiva, 2007, p. 09.

[343] JOYCE, James. *Ulisses*. Rio de Janeiro: Objetiva, 2007, p. 457.

[344] Data que Joyce faz constar como a do término de seu *Ulisses*.

[345] JOYCE, James. *Ulisses*. Rio de Janeiro: Objetiva, 2007, p. 813

[346] AMARANTE, Dirce Waltrick do. *Para Ler Finnegans Wake de James Joyce*. São Paulo: Iluminuras, 2009, p. 42

[347] Idem, p. 43.

[348] Para um romance caracterizado, como escreverá Barthes, de maneira "aristotélica" (BARTHES, Roland. *Pequena Sociologia do Romance Francês Contemporâneo*, in *Inéditos, Vol. 1 – Teoria*. São Paulo: Martins Fontes, 2004, p. 18), isto é, que pelas (κατηγορίας) estabelecidas por Aristóteles – são 10: Substância (οὐσία), Quantidade (ποσόν), Qualidade categorias (ποιόν), Relatividade (πρόςτι), Lugar (ποῦ), Temporalidade (πότε), Situação (κεῖσθαι), Posse ou Estado ou Condição (ἔχειν), Ação (ποιεῖν) e Paixão (πάσχειν) (ARISTÓTELES. *As Categorias*. Florianópolis: UFSC, 2014) – fixam relações entre

se emaranha. Mas por falar em emaranhado ou emaranhamento, é claro que existe, como num tecido que é feito de costuras e buracos – já voltarei a isso – no *Wake* certas lugares de remanso, de descanso, de repouso.

Eis um deles onde "a sintaxe não "desliza""[349], tanto: ao menos em duas páginas do capítulo 17 algo aparece com certa clareza. Trata-se das relações lúbricas de um tal de Honuphrius:

> Honuphrius is a concupiscent exservicemajor who makes dishonest propositions to all. He is considered to have committed, invoking droit d'oireller, simple infidelities with Felicia, a virgin, and to be practising for unnatural coits with Eugenius and Jeremias, two or three philadelphians. Honophrius, Felicia, Eugenius and Jeremias are consanguine-ous to the lowest degree. Anita the wife of Honophrius, has been told by her tirewoman, Fortissa, that Honuphrius has blasphemously confessed under voluntary chastisement that he has instructed his slave, Mauritius, to urge Magravius, a commercial, emulous of Honuphrius, to solicit the chastity of Anita. Anita is informed by some illegitimate children of Fortissa with Mauritius (the supposition is Ware's) that Gillia, the schismatical wife of Magravius, is visited clandestinely by Barnabas, the advocate of Honuphrius, an immoral person who has been corrupted by Jeremias. Gillia (a cooler bland, D'Alton insists) ex equo with Poppea, Arancita, Clara, Marinuzza, Indra and Iodina, has been tenderly debauched (in Halliday's view) by Honuphrius, and Magravius knows from spies that Anita has formerly committed double sacrilege with Michael, vulgo Cerularius, a perpetual curate, who wishes to seduce Eugenius[350].

E que na versão de Donaldo Schüler ficaram assim:

---

ideias ou fatos até que se chegue a uma conclusão, perdoe-me a ironia, satisfatória.
[349] ESTEVES, Lenita Rimole. *O que significa traduzir Finnegans Wake?*, in Scientia Traductionis, n.8, UFSC, 2010, p. 213.
[350]JOYCE, James. *Finnegans Wake*. Londres: Penguim Uk, 1999, p. 572.

Honophrius é um concupiscente ex-militar, major, que faz propostas desonestas a todos. É acusado de ter cometido, invocando *droit d'oreiller*, infelicidades naturais com Felicia, uma virgem, de ter praticado coitos contra naturam com Eugenius e Jeremias, dois ou três filadelfos. Honophrius, Felicia, Eugenius e Jeremias são consaguineos de baixíssimo nível. Anita, mulher de Honophrius, foi informada por sua empregada, Fortissa, que Honophrius confessou blasfematoriamente sob tortura voluntária que ele tinha instruído seu escravo, Mauritius, a obrigar Magravius, um comerciante, êmulo de Honophrius, a solicitar a castidade de Anita. Anita é informada por certos filhos ilegítimos de Fortissa com Mauritius (a suposição é de Ware) que Gillia, mulher cismática de Magravius, foi visitada clandestinamente por Barnabás, advogado de Honophrius, sujeito imoral, que tinha sido corrompido por Jeremias. Gillia (uma mistura de cores, insiste D'Alton) *ex equo* Poppea, Arancita, Clara, Marinuza, Indra e Iondina, foi melindrosamente depravada (na opinião de Halliday) por Honophrius, Margavius sabe, através de seus espias, que Anita cometera anteriormente sacrilégio duplo com Miguel, vulgo Cerularius, cura permanente, que deseja seduzir Eugenius.[351]

E nesse "riverrun"[352], nesse "correorrio"[353], há também, por exemplo e como escreve Norris, uma certa "repetição temática"[354] onde presenciamos "eventos retornando sem cessar"[355], como diz Burgess, revelados inclusive pelo próprio texto ao inscrever "there extand by now

---

[351]SCHÜLER, Donaldo. *Finnegans Wake/Finnicius Revém, Livro III e IV, Capítulos 13, 14, 15 16 e 17*. Cotia: Ateliê Editorial, 2003, p. 572 e 573.

[352] JOYCE, James. *Finnegans Wake*. Londres: Penguim Uk, 1999, p. 05.

[353] AMARANTE, Dirce Waltrick do. *Finnegans Wake (Por um Fio)*. São Paulo: Iluminuras, 2018, p. 19.

[354] NORRIS, Margot. *A Estrutura Narrativa, in Riverrun, Ensaios sobre James Joyce*. Rio de Janeiro: Imago, 1992, p. 374.

[355] BURGESS, Anthony. *Homem Comum Enfim: Uma Introdução a James Joyce para o Leitor Comum*. São Paulo: Companhia das Letras, 1994, p. 206.

one thousand and one stories, all told, of the same"[356], na versão de Schüller, "temos porora somadas mil e umestórias, mui-recontadas, do mesmo"[357]. Mas atermo-nos a isso não seria atermo-nos a história que o próprio romance-rio desencoraja com seu "E Conte Dom Cabeço estava cos calcanhos seus bartolobrutos afagados no barril desmalte, apertando com si sóssio suas mãos acalentadas e o geminho Hilário e a bonica na primeira infância estavam embaixo no lerçol, tolcendo e toussindo, comirmão e comirmã"[358]?

Qual "mesmo" se contaria nessa mil e uma histórias? Seria algo como mais, do mesmo? Ou algo como um a mais que não se soma e não se reduz? Dito ainda de outra maneira, o que no *Wake* se repete? Seriam histórias ou mesmo estórias? Para deslindar esse ponto chamarei Julia Kristeva que num texto dedicado a *Finnegans Wake* afirma que não existe, nele, "qualquer tipo de repressão"[359] ou, traduzindo melhor seu francês de inspiração lacaniana, "qualquer tipo de recalque". Será? O que é o recalque? Não é exatamente o que funda esse retorno ao mesmo ponto da história? Essa espécie de empuxo ao mesmo lugar que calcado, bem calcado, implica um re? Mas se não há re-calque, re-fixação, re-torno, como afirma com certa razão Kristeva, essa repetição antes de ser caracterizada pelo *autômaton*, para retomar uma diferenciação que Lacan faz em seu décimo primeiro seminário, se mostraria como *tíquica*, ou seja, como o desencontro por excelência ou como o "encontro faltoso"[360]. E teríamos, então e como diz Lacan bem mais tarde em *O Aturdito*, algo da ordem do transfinito – que é uma categoria matemática levantada por Cantor para caracterizar "um infinito atual"[361], ou seja, um infinito que se atualiza sem cessar – a "mostra(r) que aí se trata de um inacessível"[362], de um impegável, de um intangível. Se repete, portanto,

---

[356] JOYCE, James. *Finnegans Wake*. Londres: Penguim Uk, 1999, p. 05.

[357] SCHÜLER, Donaldo. *Finnegans Wake/Finnicius Revém, Livro I, Capítulos 2, 3 e 4*. Cotia: Ateliê Editorial, 2004, p. 05. Na recentíssima versão de Amarante temos: "Isso se eistende por horas por mil e uma histórias todas contadas, da mesma". AMARANTE, Dirce Waltrick do. *Finnegans Wake (Por um Fio)*. São Paulo: Iluminuras, 2018, p. 23.

[358] GALINDO, Caetano W. *Um Fragmento de Finnegans Wake*, in http://www1.folha.uol.com.br/ilustrissima/2013/11/1374886-um-fragmento-de-finnegans-wake.shtml, acesso em 26 de setembro de 2017.

[359] KRISTEVA, Julia. *Joyce: The Gracehoper, ou o Retorno de Orfeu,in Riverrun, Ensaios sobre James Joyce*. Rio de Janeiro: Imago, 1992, p. 393.

[360] LACAN, Jacques. *Os Quatro Conceitos Fundamentais da Psicanálise, Livro 11*. Rio de Janeiro: Jorge Zahar Editor, 1988, p. 57.

[361] BELNA, Jean-Pierre. *Cantor*. São Paulo: Estação Liberdade, 2011, p. 200.

[362] LACAN, Jacques. *O Aturdito*, in *Outros Escritos*. Rio de Janeiro: Jorge Zahar

essa *tiquê*, o não encontro, o não achado e as mil e uma histórias apenas circundam esse buraco – lembra-se dele? –fazendo-lhe a borda. E o leitor já terá notado que é esse buraco que me interessa. A análise, a minha, é como a psicanálise, "orientada para (...) o núcleo do real"[363].

E para deixar-me inspirar por algumas palavras de Roland Barthes, esparsas em alguns de seus textos, diria que o imaginário, pois é com ele que ainda estamos, não passa de nada além de uma falha na linguagem, falha, bem entendido, que ele, o imaginário, inventa de suturar. Essa é uma boa maneira de colocar as coisas pois desde que Freud abandona seu *Projeto*[364] ele envereda entusiasticamente sobre aquilo que, escapando ao sentido, àquilo que carece à priori de sentido, se pode ofertar ou formular um. Freud, desde muito cedo e diante de um enigma procura, sempre, encontrar-lhe a solução e não será a toa que almejará para si uma placa comemorativa que diga, depois de um achado que vira o século, "aqui, em 24 de julho de 1985, revelou-se ao Dr. Sigmund Freud o segredo dos sonhos"[365]. Mas ele dessegredou os sonhos, mesmo? Ou será que sua ânsia por sentido o fez cair em tentação para o livrar do mal... entendido? Será que quando ele escreve, por exemplo, no capítulo VI de seu *A Interpretação dos Sonhos*, que "sonhos de cair são mais amiúde caracterizados pela angústia. Sua interpretação não oferece nenhuma dificuldade no caso das mulheres, que quase sempre aceitam o uso simbólico da queda como um modo de descrever a rendição a uma tentação erótica"[366]. Freud realmente os decifra ou cose imaginariamente um buraco? Ou, quando no mesmo texto, afirma

> (...)as ocorrências de *deja vu* nos sonhos tem um significado especial. Esses lugares (os lugares que foram já vistos, no sonho) são, invariavelmente, os órgão genitais da mãe de quem sonha; não

---

Editor, 2003, p. 468 e 478.

[363] LACAN, Jacques. *Os Quatro Conceitos Fundamentais da Psicanálise, Livro 11*. Rio de Janeiro: Jorge Zahar Editor, 1988, p. 55.

[364] FREUD, Sigmund. *Projeto para uma Psicologia Científica*, in *Edição Standard Brasileira das Obras Psicológicas Completas de Sigmund Freud*, Volume I. Rio de Janeiro: Imago, 1987.

[365] RODRIGUÉ, Emilio. *Sigmund Freud, O Século da Psicanálise, 1895-1995*, vol. 1. São Paulo: Escuta, 1995, p. 39.

[366] FREUD, Sigmund. *A Interpretação dos Sonhos*, in *Edição Standard Brasileira das Obras Psicológicas Completas de Sigmund Freud*, Volume V. Rio de Janeiro: Imago, 1987, p . 371

existe, de fato, nenhum outro lugar sobre o qual se possa asseverar com tal convicção que já se esteve lá antes[367].

não está, mais que interpretando, inventando um sentido que parece real mas na realidade se afasta dele como o diabo foge da cruz?

Não será que temos aí aquilo que afirmamos junto com Lacan a pouco, que, numa frase e por extensão, num sonho, "se possa fazer com que qualquer palavra venha a dizer qualquer sentido"[368]? Procurar o sentido não seria dar uma ênfase excessiva a "dramatização"[369] e a sua correlata imaginarização, a colocação em drama e em imagem daquilo que antes seria a tragédia, no sentido nietzscheniano[370], da inconciliação? Não deveríamos, antes, nos ater aquilo que Freud diz logo após sua interpretação detalhada do famoso sonho de *Injeção de Irma*, ou seja, "as considerações que surgem no caso de cada um dos meus sonhos me impedem de prosseguir em meu trabalho interpretativo"[371]? O que seria custoso nesse prosseguimento? Acercar-se de conteúdos embaraçosos ou vexaminosos ou, mais especifica e importantemente, da falta cabal de uma conteudística e de uma psicogênese?

O fato é que Freud exagera nessa sua exegese. E na sua ânsia pelo sentido acaba por produzir certas interpretações que sucumbem ao próprio peso. Me deixe dar mais um exemplo, talvez dos mais eloqüentes na obra freudiana, vale dizer, o do sintoma que impedia de dormir uma jovem de 19 anos a não ser que cumprisse ao menos dois rituais prévios: precisava arrumar os travesseiros de sua cama até formarem uma espécie de diamante[372] isolado da cabeceira e, junto a

---

[367] Idem, p. 375.

[368] LACAN, Jacques. *A Terceira*, in *Cadernos Lacan*, Volume 2 (Publicação não comercial). Porto Alegre: APOA, 2002, p.

[369] FREUD, Sigmund. *Sobre os Sonhos*, in *Edição Standard Brasileira das Obras Psicológicas Completas de Sigmund Freud*, Volume V. Rio de Janeiro: Imago, 1987, p. 610.

[370] NIETZSCHE, Friedrich. *O Nascimento da Tragédia*. São Paulo: Companhia das Letras, 2007, p. 48.

[371] FREUD, Sigmund. *A Interpretação dos Sonhos*, in *Edição Standard Brasileira das Obras Psicológicas Completas de Sigmund Freud*, Volume IV. Rio de Janeiro: Imago, 1987, p. 140

[372] FREUD, Sigmund. *Conferências Introdutórias Sobre a Psicanálise – O Sentido dos Sintomas*, in *Edição Standard Brasileira das Obras Psicológicas Completas de Sigmund Freud*, Volume XVI. Rio de Janeiro: Imago, 1987, p. 314.

isso, abolir os ruídos do quarto, principalmente os produzidos por relógios[373]. Depois de um tempo de inquietação, Freud chega a seguinte conclusão: os travesseiros representavam, pelo formato que adquiriam e pela distância que impetravam, o sexo feminino[374] e os relógios, parados, guardados, expurgados, tinham também uma significação sexual a ponto de o tique-taque ser comparado com a "pulsação ou o latejamento do clitóris durante a excitação sexual"[375]. Que tipo de conclusão é essa? Não parece, mesmo, que Freud, no afã de achar sentido, se torna seu fã, e a qualquer custo? E não é dessa maneira, com afã, que os fãs do *Wake* procedem ao achar nas mínimos elementos o máximo de eloqüência?

Isso me permite abrir mais outra questão: se o imaginário faz sutura à linguagem lhe tentando dizer o que é deveríamos, nós, analistas, incentivá-la? Deveríamos nos voltar para a imagem que tudo diz – mesmo que diga besteira e que possa descambar para esse tipo de exagero que vale menos que nada pois evoca o Todo? Mas e quando, por exemplo, lemos em *Introdução à Edição Alemã de um Primeiro Volume dos Escritos* a seguinte declaração de Lacan: "A experiência de uma psicanálise revela ao analisante (...) o sentido de seus sintomas"[376]? Tão em consonância com o texto que acabamos de evocar de Freud que afirma, já no seu início que "os sintomas tem um sentido"[377] seríamos, nós, analistas, por isso essa espécie de escavadores, arqueólogos da alma que dos fragmentos confusos e dispersos construímos uma realidade no mínimo questionável? Incidindo sobre o que escapa e forçando-o a dizer não acabamos por inventar um sentido que vale tanto quanto qualquer outro?

Eis um desses forçamentos a respeito do *Wake*. Se diz sem parar – ou quase – e como vimos, que um de seus pilares são as eras que Vico fixou em seu *Scienza Nuova*[378] – da Teocracia à Anarquia, do Nascimento à Decadência – mas não é demais apontar que, não apenas o próprio Joyce, dizendo que a idéia do livro partiu dai para virar depois de iniciado "mera estrutura"[379] irrelevante mas como chama a atenção

---

[373] Idem, p. 313.
[374] Idem, p. 318
[375] Idem, p. 317.
[376] LACAN, Jacques *Introdução à Edição Alemã de um Primeiro Volume dos Escritos*, in *Outros Escritos*. Rio de Janeiro: Jorge Zahar Editor, 2003, p. 553.
[377] FREUD, Sigmund. Conferências Introdutórias sobre Psicanálise, in *Edição Standard Brasileira das Obras Psicológicas Completas de Sigmund Freud*, Volume XVI. Rio de Janeiro: Imago, 1987, p. 305.
[378] VICO, Giambattista. *Ciência Nova*. São Paulo: Icone Editora, 2008.

Margot Norris, no início do livro de Joyce e perto de seu final onde, seguramente, as esperaríamos, elas simplesmente não são encontradas[380]. Nem tampouco, continua Norris em *A Estrutura Narrativa*, "encontramos a esperada correspondência estilística com as eras de Vico"[381] o que quer dizer que se ficarmos na circularidade que impera nesse escopo camuflamos o que dele escapa e ficamos com a impressão, pelo crivo que se apregoa, de que o fim pode, por exaustão, ser alcançado. Se passa e se repassa pelo mesmo item, pelo mesmo trecho, pelo mesmo episódio e se cava a idéia de que em algum momento se poderá achar aquilo que ainda não apareceu em sua total nitidez e esse sonho não por nada anda de mãos dadas com o que embala a análise pois qual analisante não almeja encontrar a razão, plena e incontornável, disso que nele flutua como incerteza? Mas o *Wake*, assim como a análise, se estou certo nisso, se caracterizam por "impossibilitar a escolha entre significados e deixar o leitor [ou o analisante, dependendo do caso] oscilando indefinidamente no espaço semântico"[382] porque, é o que pretendo demonstrar, o campo das significações lhes é externo. E pensar que é possível dizer mais, nem que seja mais um pouco, é do que *Finnegans Wake* escarnece.

Mais um exemplo de que nesse jogo rumo ao sentido tudo é possível, tudo é inventável e tudo é inventividade! Quando lemos, no *Wake*, "shame-bred music"[383] ou música criada na vergonha, logo lembramos do primeiro livro publicado de Joyce, *Chamber Music*[384] e sua recepção pela viúva Jenny que, cheia de *Guinness* precisou, enquanto escutava a declamação de "I hear na army charging upon the land, And the thunder of horses plunging, foam about their knees" – " Escuto um exército em carga pela terra, E estrondo de cavalos se arrojando, a espuma nos joelhos"[385], na versão de Alípio Correia de Franca Neto – usar seu *chamber-pot* (pinico, comadre) para se aliviar atrás de um biombo. Mas isso não são inferências, ou seja, afirmações

---

[379] O'BRIEN, Edna. *James Joyce*. Rio de Janeiro: Objetiva, 1999, p. 154.

[380] NORRIS, Margot. *A Estrutura Narrativa, in Riverrun, Ensaios sobre James Joyce*. Rio de Janeiro: Imago, 1992, p. 366.

[381] Idem, p. 367.

[382] ATTRIDGE, Derek. *Desfazendo as Palavras-Valise ou Quem tem Medo de Finnegans Wake, in Riverrun, Ensaios sobre James Joyce*. Rio de Janeiro: Imago, 1992, p. 341.

[383] JOYCE, James. *Finnegans Wake*. Londres: Penguim Uk, 1999, p. 164.

[384] JOYCE, James. *Chamber Music*. Londres: Penguim Uk, 2017.

[385] NETO, Alípio de Franca. *Introdução, Música de Câmara*. São Paulo: Iluminuras, 1998, p. 120 e 121.

decorrentes de outras afirmações pretensamente verdadeiras e em série? E a que nos levam e não ser a um exercício de intelectualidade?

Por isso, se seguimos um pouco mais a letra lacaniana encontraremos na *Introdução* a que acabei de me referir uma espécie de complemento ou até de suplemento: se vamos na direção do sentido que fundamentalmente fecha e encerra o sujeito a um modo de ser é lícito dizer que ele "deve ser sempre reaberto"[386]. Reaberto de que forma? E por qual via? Pois, se como diz Lacan em *O Sinhtoma*, o sentido é a conjunção do imaginário e do simbólico[387] essa operação se daria pelo descolamento dessas duas instâncias, pelo descolabamento dessas duas consistências que feito as esculturas de Brennand[388] intituladas *O Beijo,* unem o que no real está eminentemente separado. Se estou certo em minhas colocações seria esse real mesmo a via de reabertura, de rompimento, de dissolução.

Ao real, contudo e por enquanto, guardarei certa reserva para insistir um pouco mais nesse para além da narratividade: se "o sentido nos afeta enquanto sintoma"[389], como pronuncia Lacan em *R.S.I*, encontrar mais um ou mesmo o Um não seria insistir na sua construção, ou seja, formular um imenso sintoma agora chancelado pela escuta de um analista? Ou, se "é a partir do semblante"[390], do simulacro, do engano, "que um dizer adquire seu sentido"[391] seriamos nós os seus arautos e artífices? Ou deveríamos nós saber que o sentido é, no final das contas, o "sem-tido"[392], o não havido e por isso mesmo criado? É o "que se fabrica e que se inventa"[393] ou, para usar uma expressão tomada de empréstimo de Joyce, o incriado que se molda na forja da alma[394] e

---

[386] LACAN, Jacques *Introdução à Edição Alemã de um Primeiro Volume dos Escritos*, in *Outros Escritos*. Rio de Janeiro: Jorge Zahar Editor, 2003, p. 554.

[387] LACAN, Jacques. *O Seminário, Livro 23, O Sinthoma*. Rio de Janeiro: Jorge Zahar Editor, 2007, p. 70.

3.2   [388] Para se ter acesso a essas esculturas do artista plástico recifense Francisco Brennand vale a pena consultar BUENO, Alexei. *O Universo de Francisco Brennand.* São Paulo: G. Ermankoff, 2012, p. 47 e 49.

[389] LACAN, Jacques. *Séminaire R.S.I, 1974-1975, aula 18/03, s/p, in* http://staferla.free.fr/S22/S22%20R.S.I..pdf(minha tradução)

[390] LACAN, Jacques. *O Aturdito*, in *Outros Escritos*. Rio de Janeiro: Jorge Zahar Editor, 2003, p. 450.

[391] Idem, Ibidem.

[392] LACAN, Jacques. *O Seminário, Livro 20, Mais Ainda*. Rio de Janeiro: Jorge Zahar Editor, 1985, p. 164.

[393] LACAN, Jacques. *Séminaire R.S.I, 1974-1975, aula 11/02, s/p, in* http://staferla.free.fr/S22/S22%20R.S.I..pdf(minha tradução)

[394] JOYCE, James. *Retrato do Artista Quando Jovem*. São Paulo: Abril Cultural,

que não passa de ficção. Joyce então pode uma vez mais nos abrir certas portas. Mais uma vez será no *Wake* ou pelo *Wake* que podemos fazer balançar essa interseção gozoza pois é, como acabei de dizer, nesse entre Imaginário e Simbólico que um certo gozo habita. Qual? Vejamos!

Todo sentido depende de uma só coisa, do falo. Lembremos que o falo é o que se decanta da metáfora paterna fixando uma direção e arrematando a variabilidade contraditória de posições possíveis em um ponto só. Lacan, em *De Uma Questão Preliminar a todo Tratamento Possível da Psicose*, a escreve assim:

$$\frac{\text{Nome-do-Pai}}{\text{Desejo da Mãe}} \cdot \frac{\text{Desejo da Mãe}}{\text{Significado para o sujeito}} \rightarrow \text{Nome-do-Pai} \left(\frac{A}{\text{Falo}} \right) \text{[395]}$$

Ela pode ser lida da seguinte maneira: a princípio temos o desejo da Mãe, que, em consonância com um Lacan mais tardio[396], desentifico chamando-a pelo impessoal Outro. Esse Outro, portanto, que é caótico como o primeiro deus de Hesíodo[397], não sabe o que quer e se expressa, para quem o escuta, tal como aquilo que lemos no terceiro livro, capítulo I, do *Wake*: "Ulhodturdenweirmudgaardgringnirurdrmolnirfenrirlukkilokkibaugimandodrreinsurtkrinmgernarackinarockar"[398].

As duas perguntas crucias que se insurgem aqui são: primeiro, o que isso quer dizer e, segundo, o que eu, que não porto em mim o que se convencionou chamar à partir do século XIX[399] de instinto – e que seria uma resposta em si mesmo para a existência, um conhecimento que estaria inserido na natureza humana à priori[400] – sou, ou posso ser, aí? É um problema pois, suponho que esteja claro, que

1971, p. 238.

[395] LACAN, Jacques. *De uma Questão Preliminar a todo Tratamento Possível da Psicose*, in *Escritos*. Rio de Janeiro: Jorge Zahar Editor, 1998, p. 563.

[396] LACAN, Jacques. *A Lógica do Fantasma, Seminário 1966-1967*. Recife: CEF, 2008, p. 204.

[397] HESÍODO. *Teogonia, A Origem dos Deuses*. São Paulo: Iluminuras, 1995, p. 111.

[398] JOYCE, James. *Finnegans Wake*. Londres: Penguim Uk, 1999, p. 431.

[399] FOUCAULT, Michel. *Os Anormais*. São Paulo: WMF Martins Fontes, 2010, p. 119.

[400] FOUCAULT, Michel. *Aulas sobre a Vontade de Saber*. São Paulo: WMF Martins Fontes, 2014, p. 183.

"Ulhodturdenweirmudgaardgringnirurdrmolnirfenrirlukkilokkibaugiman
dodrreinsurtkrinmgernarackinarockar"[401], mesmo sem os hífens, pode
dizer muitas coisas – já retorno a isso – e consequentemente, para elas, o
sujeito possa também se identificar a muitas mas, eis a terceira pergunta
crucial: dentre tantas qual delas seria aquela que melhor convém? E
quarta: se eu, até por esforço próprio, encontrar nessa algaravia a justeza
de meu ser não corro o risco de, sendo, não ser nada além do que o
Outro deseja, ou seja, não me aniquilaria alienando-me ao que desse
Outro surge como um lugar vazio? Então, de duas uma: se ficamos
apenas no binômio Outro–significação-do-sujeito a resposta definitória
pode nunca vir e frente ao enigma esfíngico tão bem apresentado por
Sófocles – quem é *tetrapous*, *dipous* e *tripous*?[402] – a resposta *oedipous*
(é o de dois pés) nunca advém. Ou pior, ela vem e vindo sela o meu
desaparecimento no exato instante que me faz aparecer. Em termos bem
lacanianos, se sou, no lugar precisamente do meu Eu[403], o que o Outro
deseja, meu destino não poderá ser senão o da angústia. Se ao *Che
Vuoi?*, ao Que Queres? freud-cazotteano[404], a resposta for o que o Outro
diz de mim ao querer a mim, a saída é o aterramento eclipsante mais
retumbante. Pois será com advento do nome-do-pai que esse desejo do
Outro se vetorializa para além do sujeito e de um mar significante sem
fim, uma significação aparece: o que organiza o Outro é o falo, diz o
Pai, e não precisas mais se preocupar pois quem o porta sou eu e dessa
maneira e como a Margarida de *Fausto*, você está salvo[405]!

E daí em diante, razoavelmente salvo, será essa a *bedeutung*[406],
que organizará as trocas humanas. O "falo será o suporte da função do
significante que criará todo significado"[407], diz Lacan em *O Sinhtoma*. E
se não se sabia o que se era mas se podia ser o que o Outro desejava até

---

[401] JOYCE, James. *Finnegans Wake*. Londres: Penguim Uk, 1999, p. 431.

[402] SÓFOCLES. *A Trilogia Tebana*. Rio de Janeiro: Jorge Zahar Editor, 1998, p. 23
e FARJANI, Antônio Carlos. *Édipo Claudicante, do Mito ao Complexo*. São Paulo:
Edicon, 1987, p. 18.

[403] LACAN, Jacques. *A Angústia, Seminário 1962-1963*. Recife: CEF, 2002, p. 14.

[404] A referência aqui é a pequena novela de Jacques Cazotte e seu diabo com cabeça
de camelo que abrindo uma janela no alto de uma abóbada diz ao protagonista
Álvaro: "Che Voui?". CAZOTTE, Jacques. *O Diabo Enamorado*. Rio de Janeiro:
Imago, 1992, p. 26.

[405] GOETHE, *Johann Wolfgang. Fausto. São Paulo: Abril, 1976*, p. 243.

[406] LACAN, Jacques. *A Significação do Falo*, in *Escritos*. Rio de Janeiro: Jorge
Zahar Editor, 1998, p. 696.

[407] LACAN, Jacques. *O Seminário, Livro 23, O Sinthoma*. Rio de Janeiro: Jorge
Zahar Editor, 2007, p. 114.

não mais ser, o falo, que Lacan em *O Aturdito*, diz ser o significante-mor[408], porá os pingos nos iis delimitando espaços que não há porque não chamar de ontológicos[409]. O falo, que é aquilo que se depura da função dita do pai nomeará – por isso nome-do-pai – o que não tinha nome e por isso fará que as existências sejam possíveis.

Assim, e de agora em diante, o falo – ou o que resulta da operação do nome do pai, dá na mesma – vira um radical. Um radical que propicia que outros elementos se encaixem nele, surjam dele, como em um radical lingüístico e, por isso, é possível dizer, com Lacan, que "o simbólico é feito pelo nome do pai"[410]. E de agora para a frente o falo será a clave da partitura da existência e, por tanto congregar o que outrora estava mais para uma algaravia sem senso, fará acúmulo. Como diz Lacan, "o falo é um congestionamento"[411] e por extensão o Édipo, que é o que se matematiza nessa metáfora é um sintoma[412] – e nos livra da historieta cantada por Freud desde 1910[413]– pois oferece uma versão para a expressão dessas notas antes dissonantes. O falo é como uma constante nas matemáticas, isto é, uma invenção, um artifício que serve e servirá para calcular[414] e supostamente encontrar a boa medida existencial.

Pois bem, todo esse desvio para poder articular que entre o Imaginário e o Simbólico habita um gozo que, para se divertir, Lacan chamará de *jouis-sense* ou gozo-sentido[415]. Todas as vezes que o

---

[408] LACAN, Jacques. *O Aturdito*, in *Outros Escritos*. Rio de Janeiro: Jorge Zahar Editor, 2003, p. 495.

[409] E pensando numa desontologização cito Schüller ao escrever que "pingo algum está seguro no i". SCHÜLER, Donaldo. *Finnegans Wake / Finnicius Revém*, Livro II, Capítulos 9, 10, 11 e 12. Cotia: Ateliê, 2002, p. 108.

[410] LACAN, Jacques. *Séminaire R.S.I, 1974-1975, aula 15/04, s/p*, *in* http://staferla.free.fr/S22/S22%20R.S.I..pdf(minha tradução)

[411] LACAN, Jacques. *Entrevista com os Estudantes na Yale University em 24 de Novembro de 1976*, in *Lacan in North Armorica*. Porto Alegre: Editora Fi, 2016, p. 55.

[412] LACAN, Jacques. *O Seminário, Livro 23, O Sinthoma*. Rio de Janeiro: Jorge Zahar Editor, 2007, p. 20.

[413] FREUD, Sigmund. *Um tipo Especial de Escolha de Objeto feita pelos Homens – Contribuições à Psicologia do Amor*, in *Edição Standard Brasileira das Obras Psicológicas Completas de Sigmund Freud*, Volume XI. Rio de Janeiro: Imago, 1987, p. 213.

[414] RUSSELL, Bertrand. *Introdução à Filosofia Matemática*. Rio de Janeiro: Zahar Editores, 1974, p. 39.

[415] LACAN, Jacques. *A Terceira*, in *Cadernos Lacan*, Vol. 2. Porto Alegre: APOA, 2002, p. 53.

Simbólico e o Imaginário se unem o que se produz é sentido que por sua vez só pode se inscrever por haver um outro gozo mais forte, mais primevo e que atende pelo nome de nada mais nada menos de gozo fálico. Onde ele faz a sua morada? Sua casa, sua *dit-mansion*, sua mansão do dito[416]? Não é senão na interseção do Simbólico e do Real que ditará que para cada coisa há um lugar à partir desse lugar privilegiado que damos ao falo numa cultura, diz Melman, que adora o Um[417]. E porque esse dois gozos nos interessam? Porque seja um ou seja outro suas expressões tem conseqüências importantes para o falasser e para o que estou a discutir nessa capítulo. Quais são? Eis o que Lacan elabora na sua terceira passagem por Roma:

> O sintoma é a irrupção dessa anomalia em que consiste o gozo fálico, na medida em que ali se mostra, se desabrocha essa falta fundamental que qualifico de não-relação sexual. É como na interpretação, é unicamente sobre o significante que porta a intervenção analítica que alguma coisa pode recuar do campo do sintoma. É aqui no simbólico, o simbólico, na medida em que é alíngua que o suporta, que o saber inscrito d'alíngua que constitui propriamente falando o inconsciente, se elabora, ganha sobre o sintoma, isso não impedindo que o círculo marcado aí com S não corresponda a algo que desse saber, não será nunca reduzido, é a saber, o Urverdrangt de Freud, o que do inconsciente jamais será interpretado.[418]

Que círculo marcado aí com S é esse? Lacan, nesse *Discurso de Roma* e um pouco antes do que acabei de evocar sobre o sintoma escreve numa espécie de *flipchart* o seguinte:

---

[416] LACAN, Jacques. *Lituraterra*, in *Outros Escritos*. Rio de Janeiro: Jorge Zahar Editor, 2003, p. 24.

[417] MELMAN, Charles. *Estrutura Lacaniana das Psicoses*. Porto Alegre: Artes Médicas, 1991, p. 19.

[418] LACAN, Jacques. *A Terceira*, in *Cadernos Lacan*, Vol. 2. Porto Alegre: APOA, 2002, p. 67.

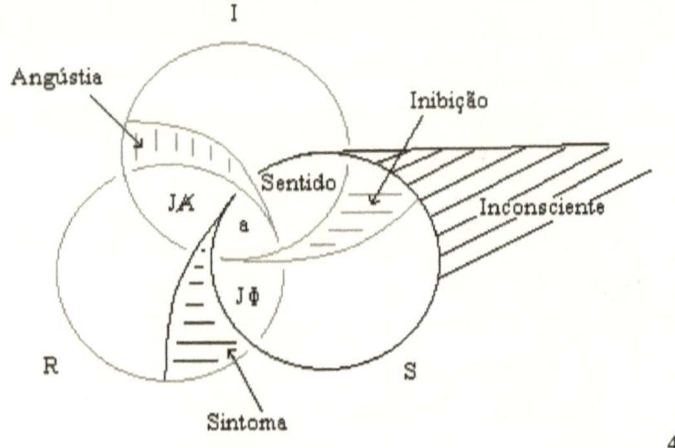

O S é então o S de Simbólico e nos interessa especialmente porque seu avanço na direção de R, do Real e a conseqüente ampliação do gozo fálico produz sintoma. E a imisção – é o termo topológico preciso para esse adentramento[420] – do I, do Imaginário sobre o Simbólico e o correlato aumento do gozo-sentido gerará inibição que, como diz Lacan contemporaneamente em *R.S.I*, é o resultado embaraçante, embaraçado e embaraçoso do sujeito com um sentido que o amarra[421]. Agora se note aquilo que Lacan elabora em *A Terceira* pois há aí uma direção de cura muito precisa contida aí: se trata de fazer recuar, pela articulação da interpretação irmanada com o saber inconsciente tanto o gozo fálico quanto o gozo de sentido. Esquematicamente, teríamos algo mais ou menos assim:

---

[419] Idem, p. 67.

[420] DARMON, Marc. *Ensaios sobre a Topologia Lacaniana*. Porto Alegre: Artes Médicas, 1994, p. 271.

[421] LACAN, Jacques. LACAN, Jacques. *Séminaire R.S.I, 1974-1975, aula 21/01, s/p, in http://staferla.free.fr/S22/S22%20R.S.I..pdf*

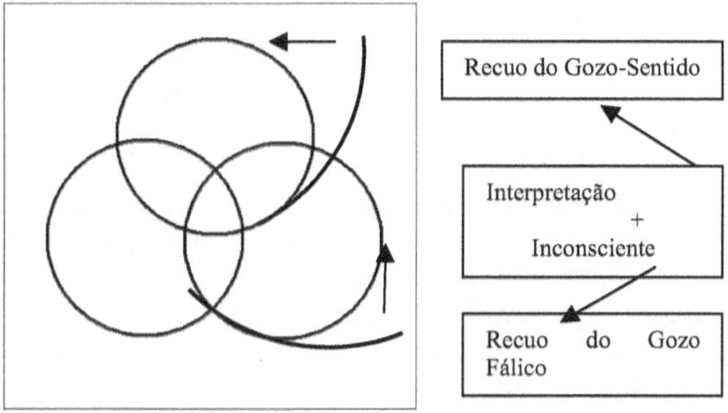

Uma psicanálise, portanto, vai na contramão dessas imisções e de jeito algum as inflama ou as preconiza. A psicanálise, se vale alguma coisa, é a a-versão da historieta – edípica, por excelência – e uma resistência, embalada pela própria estruturação do inconsciente, à significação, a qualquer significação. E Lacan vai ainda mais longe nessa sua empreitada pois, mesmo a esse inconsciente estruturado como uma linguagem, há uma limitação, uma impossibilidade lógica, um recalcamento original ou originário que não é possível acessar, um "núcleo irredutível"[422], como ele dirá em Strasburgo. O mesmo valendo para esse gozo entre R e S e que trabalharei com mais cuidado no capítulo que fará uma "womanage"[423] À Mulher.

Assim, para voltarmos ao *Wake*, a ênfase deveria ser dada antes a essa espécie de declaração contra o sentido já bem em seu início: "A baser meaning has been read into these characters the literal sense of wich decency can safety hint"[424] que na tradução de Schüller torna-se, "Leu-se significado ordinário para dentro desses caracteres o sentido literal do qual a decência dificilmente poderá alcançar"[425]. Se Joyce está certo teríamos de tomar seu *Wake* de forma indecente, o que etimologicamente seria tomá-lo por aquilo que não se adéqua, que não

---

[422] LACAN, Jacques. *Meu Ensino*. Rio de Janeiro: Jorge Zahar Editor, 2006, p. 122.
[423] JOYCE, James. *Finnegans Wake*. Londres: Penguim Uk, 1999, p. 270.
[424] Idem, p. 33.
[425] SCHÜLER, Donaldo. *Finnegans Wake/Finnicius Revém, Livro I, Capítulos 2, 3 e 4*. Cotia: Ateliê Editorial, 2004, p. 29. Na de Amarante virou: "Um significado mais adulterado foi extraído dessas personagens o literal sentido de que a decência pode ser escassa e seguramente sugerida". AMARANTE, Dirce Waltrick do. *James Joyce, Finnegans Wake (Por um Fio). São Paulo: Iluminuras*, 2018, p. 31.

faz propriedade, que não é apropriado ou apropriável. Sem decoro, diria Lacan[426]. E o mesmo valeria para uma psicanálise. O sentido literal seria antes a *litera* sem sentido e seu deslizamento de *letter* para *litter*, de letra para lixo que é, como escreve Lacan em 1971, o "melhor que se pode esperar da psicanálise em seu término"[427]. O *Wake*, dessa maneira e também, cumpriria seu destino: seria "lixeratura"[428], seria "publixação"[429].

No caso, portanto, de "Ulhodturdenweirmudgaardgringni-rurdrmolnirfenrirlukkilokkibaugimandodrreinsurtkrinmgernaracki-narockar"[430] onde Burgess, por exemplo, encontra "nomes mitológicos universais"[431], autorizado por aquilo que antecede essa palavra gigantesca – "For his root language"[432], "por sua linguagem raiz"[433] – apenas se secreta – como segredo descortinado e secreção expelida – um sentido que se organiza pelo 1 de Φ. O mesmo faz Campbell, só que mais de olho no que a encerra – "Thor's for you."[434], Thor para você – ao afirmar que "the thunder noise is here ascribed directly to the tunder-god Thor"[435], "o barulho do trovão é aqui atribuído diretamente a Thor deus do trovão"[436]. Para a indefinição se apõe, se impõe e se supõe 1 de Φ, Um de-*fi*-nição e uma série, harmônica, como anunciou Dirichlet[437] surge. Foi o que à pouco, para não ficar nas complicações matemáticas do tipo $\sum a(n)\,e^{-\lambda(n)z}$, ou $L_k(s, \chi) = \sum_{n=1}^{\infty} \chi_k(n)\,n^{-s}$[438], chamei de radical.

---

[426] LACAN, Jacques. *Meu Ensino*. Rio de Janeiro: Jorge Zahar Editor, 2006, p. 74.

[427] LACAN, Jacques. *Lituraterra*, in *Outros Escritos*. Rio de Janeiro: Jorge Zahar Editor, 2003, p. 15.

[428] SCHÜLER, Donaldo. *Finnegans Wake/Finnicius Revém, Livro I, Capítulos 1*. Cotia: Ateliê Editorial, 2000, p. 173.

[429] LACAN, Jacques. *A Psicanálise. Razão de um Fracasso*, in *Outros Escritos*. Rio de Janeiro: Jorge Zahar Editor, 2003, p. 344 e LACAN, Jacques. *Posfácio ao Seminário 11*, in *Outros Escritos*. Rio de Janeiro: Jorge Zahar Editor, 2003, p. 504.

[430] JOYCE, James. *Finnegans Wake*. Londres: Penguim Uk, 1999, p. 431.

[431] BURGESS, Anthony. *Homem Comum Enfim: Uma Introdução a James Joyce para o Leitor Comum*. São Paulo: Companhia das Letras, 1994, p. 264.

[432] JOYCE, James. *Finnegans Wake*. Londres: Penguim Uk, 1999, p. 431.

[433] Minha tradução.

[434] JOYCE, James. *Finnegans Wake*. Londres: Penguim Uk, 1999, p. 264.

[435] CAMPBELL, Joseph & ROBINSON, Henry Morton. *A Skeleton Key to Finnegans Wake: Unloking James Joyce's Masterwork*. California: New World Library, 2005, p. 267.

[436] Minha tradução.

[437] FRIEDBERG, Solomon. *Multiple Dirichlet Series, L-functions and Automorphic Forms*. EUA: Birkhauser Publisher, 2012, p. 83.

[438] Idem, p. 35 e 37.

Se o significante, por si mesmo, nada diz, "somos nós que o fazemos dizer"[439] e o fazemos por forçamento[440], por imposição, por suposição. Dito de uma outra maneira: ao enigma do som *ab-sens* do significante de 100 caracteres – 98 letras e dois espaços – se recorre a um S_2 , definido por Lacan no seminário *O Sinthoma* como "S suposto ser 2"[441] para que o explique e o 3, já estamos na série, que é nada mais nada menos que a sua imaginarização, será o responsável por dizer que algo aí ocorre e ocorreu, que algo aí é capaz de síntese e paridade. O 3, o imaginário, portanto, impõe que S_2 moleste o S_1[442] até que o desfaça como enigma. Molesta o S_1 e disso faz moléstia, sintoma, como articulei à pouco com o uso do nó borromeu.

Nessa medida podemos afirmar com Lacan que "todo par, tudo que há enquanto par se reduz ao imaginário"[443] e o processo analítico é, então, num primeiro momento, largar essa solda e fazer entrar a solta. E o *Wake* é emblemático nesse processo pois faz síncope dessa paridade a cada instante e, sobretudo, faz isso contando uma história, procurando uma narratividade possível e afirmando, a cada linha, que é preciso transcender o sentido[444].

Por exemplo: Joyce pega frases banais como *Newlly billed for each weekday performance. Sunday matinees. By arrangement, childrens hours, expurgated* – apresentação reprogramada para cada dia da semana. Matinês dominicais. Por acordo prévio, horários infantis, expurgados[445] – e as traumatiza em: "Newlly billed each wickday perfumance. Somndoze massineess. By arraigment, childream's hours, expercatered"[446] para, dizendo tanto –apresentação reprogramada para perfumar dias ruins. Fazer cochilar as massas. Por denúncia os sonhos infantis são maliciosamente aliciados – nada dizer. A língua é banalizada em seus enunciados e é tentando dizer que Joyce não diz. É

---

[439] LACAN, Jacques. *Séminaire R.S.I, 1974-1975, aula 18/03, s/p, in http://staferla.free.fr/S22/S22%20R.S.I..pdf(minha tradução)*

[440] LACAN, Jacques. *O Seminário, Livro 23, O Sinthoma*. Rio de Janeiro: Jorge Zahar Editor, 2007, p. 2º.

[441] Idem, p. 127.

[442] LACAN, Jacques. *O Seminário, Livro 23, O Sinthoma*. Rio de Janeiro: Jorge Zahar Editor, 2007, p. 127.

[443] LACAN, Jacques. *Séminaire R.S.I, 1974-1975, aula 18/03, s/p, in* http://staferla.free.fr/S22/S22%20R.S.I..pdf(minha tradução)

[444] LACAN, Jacques *Introdução à Edição Alemã de um Primeiro Volume dos Escritos*, in *Outros Escritos*. Rio de Janeiro: Jorge Zahar Editor, 2003, p. 555.

[445] VIZIOLI, Paulo. *James Joyce e sua Obra Literária*. São Paulo: EPU, 1991, p. 95.

[446] JOYCE, James. *Finnegans Wake*. Londres: Penguim Uk, 1999, p. 219.

tentando epifanear que o observado e circundado se perde. Joyce nos joga para dentro do momento, do instante, sem passado narrável e sem futuro articulável. Só o ponto, ahistórico conta. *Finnegans Wake* é o tempo do chiste que só existe no instante de sua aparição e não é, portanto, resgatável. Como diz Galindo, Joyce "se preocupa com o inacessível"[447] e suas histórias, viram, como escreve Schüller trocadilhadescamente, escórias[448].

Por isso gostaria de chamar a atenção para aquilo que Anderson pleiteia pois ele é daqueles que pensam que Joyce é um criador de palavras, um inventor delas que, nesse processo criativo ou criacionista dão nome ao que ele lê, de forma tal que outros possam também ler[449]. Anderson pensa que Joyce é então um intérprete do mundo e que ele, Joyce, revela essa mundo para o leitor. E mais, ainda, já que nesse processo nominatório Joyce seria um criador do mundo. Mas o que estou dizendo é que não se trata de uma leitura do mundo mas de uma desleitura dele já que "o real não tem nada a ver com o mundo"[450] e é para o Real que o *Wake* – então não seria só eu – aponta. Como escreve Lacan em *O Aturdito*, "o mundo é apenas um decaído derrisório do real"[451] e nessa medida o *Wake* não faz uma *weltanschauung,* uma *wakeweltanschauung* mesmo que Joyce, projetivamente, prospectorativamente, o declare assim[452]. Seu mundo, sua obra sobre a história do mundo, como ele chegou a dizer a senhora Weaver, sua fiel "mecenas"[453], apenas mostra "o mundo como ele é: imaginário"[454] e nos convida a dar um passo a mais, um passo além.

---

[447]GALINDO, Caetano. *O Finnegans Wake e as Coisas como São (Paulo: per speculum in aenigmate),* in http://www.abralic.org.br/eventos/cong2008/AnaisOnline/simposios/pdf/056/CAET ANO_GALINDO.pdf , 2008, p. 02.

[448]SCHÜLER, Donaldo. Finnegans Wake / Finnicius Revém, Livro II, Capítulos 9, 10, 11 e 12. Cotia: Ateliê, 2002, p. 147.

[449] ANDERSON, Chester G. *Vidas Literárias: James Joyce.* Rio de Janeiro: Jorge Zahar Editor, 1989, p. 18.

[450] LACAN, Jacques. *O Seminário, Livro 23, O Sinthoma.* Rio de Janeiro: Jorge Zahar Editor, 2007, p. 150.

[451] LACAN, Jacques. *O Aturdito,* in *Outros Escritos.* Rio de Janeiro: Jorge Zahar Editor, 2003, p. 483.

[452] ELLMANN, Richard. *James Joyce.* São Paulo: Globo, 1982, p. 661.

[453] AMARANTE, Dirce Waltrick do; MEDEIROS, Sérgio. *A Mecenas de James Joyce,* in *Celeuma,* Nº 4, maio de 2014, p. 107.

[454] LACAN, Jacques. *A Terceira,* in *Cadernos Lacan,* Volume 2 (Publicação não comercial). Porto Alegre: APOA, 2002, p. 46.

E esse é um ponto importante porque mostra que a criatura se rebela contra o criador, o excede, o extrapola. Como assim? Deixe-me explicar isso da seguinte maneira: tomando de empréstimo o interessante conceito cunhado por Bakhtin para pensar a obra de Dostoiévski, Vizioli chama o *Wake* de "prosa polifônica"[455]. E de fato isso se encaixa como uma luva pois Joyce "não cria escravos mudos mas pessoas livres, capazes de colocar-se lado a lado com seu criador, de discordar dele e até rebelar-se contra ele"[456] e, nisso, seu mundo, rui, pois o *Wake*, para além de seu autor, para além de sua autor-idade, mostra que a "linguagem come o real"[457] e depois o caga como aquilo que não pôde e não se pode assimilar. Como diz Lacan no seminário dado entre 1974 e 1975, é a ex-sistência do imundo que nos descortina o real[458] como o descontínuo. Eis mais uma definição para o tríptico lacaniano: o real é a descontinuidade, o imaginário é o perpétuo e o simbólico o contínuo. Pois o *Wake*, acaba, plasmando num texto, um imaginário que se desfaz de sua perpetuidade pelo contínuo que evoca até que se descontinuando se insurge como obra do acaso – "o acaso me dá o que preciso"[459] – , do a-caso – e não do há-caso – ou seja, do real.

    Finnegans Wake não carrega, portanto, significado por cima de significados que seriam desencavados pelo bom leitor. E como escreve Harari, depois do *Wake* "toda metáfora é potencialmente instável, mantida na posição devida pela ação de hierarquias que estabelecemos."[460]. Dessa maneira ele é a ópera do significante que descamba para o real. Ele apresenta a "a absoluta ausência do Absoluto"[461], como escreve Beckett. E dizer o que dizem do *Wake* não passa de cantilena, de cantiga para boi dormir. E se trata, como já dissemos aqui, de despertar. De despertar, parafraseando Kant[462], do sonho dogmático de um mundo

---

[455] VIZIOLI, Paulo. *James Joyce e sua Obra Literária*. São Paulo: EPU, 1991, p. 93.

[456] BAKHTIN, Mikhail. *Problemas da Poética de Dostoiévski*. Rio de Janeiro: Forense Universitária, 2005, p. 04.

[457] LACAN, Jacques. *O Seminário, Livro 23, O Sinthoma*. Rio de Janeiro: Jorge Zahar Editor, 2007, p. 31.

[458] LACAN, Jacques. *Séminaire R.S.I, 1974-1975, aula 11/03, s/p, in* http://staferla.free.fr/S22/S22%20R.S.I..pdf(minha tradução)

[459] ELLMANN, Richard. *James Joyce*. São Paulo: Globo, 1982, p. 814.

[460] HARARI, Roberto. *Como se chama James Joyce? À partir do Seminário Le Sinthome de J. Lacan*. Salvador: Ágalma; Rio de Janeiro: Campo Matêmico, 2002, p. 87.

[461] BECKETT, Samuel. *Dante... Bruno. Vico... Joyce, in Riverrun, Ensaios sobre James Joyce*. Rio de Janeiro: Imago, 1992, p. 338.

[462] KANT, Immanuel. *Prolegómenos a Toda Metafísica Futura*. Lisboa: Edições 70 – Brasil, 2008, p. 45.

decifrável, de um mundo que "precisa ser preenchido de significados"[463]. Sendo assim, a incompreensibilidade[464] do *Wake*, como dizia Carpeaux no monumental *História da Literatura Ocidental* é a mostração dessa burla, da burla da decifração que enganou até Freud e o sentido, para usar uma expressão barthesiana, transladado[465], terminaria quando o Isso, quando *das Es*, começa.

E, se como diz Amarante, o personagem principal do *Wake* é a linguagem, ela escapa do domínio, insisto um pouco mais nisso, da autor-idade de seu pretenso mestre. Não se é dono do que se escreve como não somos senhores de nossa própria casa[466]! Eis um bom exemplo disso:

> Uma ou duas vezes [Joyce] ditou um pedaço do *Finnegans Wake* para Beckett, embora o ditado não saísse bem para ele; no meio de uma dessas sessões bateram à porta e Beckett não ouviu, Joyce disse "entre" e Beckett escreveu isso. Depois leu o que escrevera e Joyce disse: "O que é esse 'entre'". "Sim, você disse isso", disse Beckett. Joyce refletiu um momento e disse: "Deixe ficar"[467].

Deixar ficar o que não estava previsto, o que não era para ter entrada não é enfatizar, como o faz Lacan, que "a linguagem é isso mesmo, essa deriva"[468]? Não é isso o que nos so-letra Joyce? Assim, se estou certo nessa empreitada *Finnegans Wake* não para de corroborar com a famosa declaração lacaniana de que "não há metalinguagem"[469],

---

[463] AMARANTE, Dirce Waltrick do. *Posfácio*, in *James Joyce, Finnegans Wake (Por um Fio)*. São Paulo: Iluminuras, 2018, p. 174.

[464] CARPEAUX, Otto Maria. *História da Literatura Ocidental*, vol. 4. São Paulo: Leya, 2011, p. 2579.

[465] Barthes chama a metonímia corrente e expressa em *História do Olho*, de Georges Bataille, de "translação de sentido". BARTHES, Roland. *A Metáfora do Olho*, in *História do Olho*. São Paulo: Cosac & Naif, 2003, p. 126.

[466] FREUD, Sigmund. *Conferências Introdutórias Sobre a Psicanálise, Conferência I, Parapraxias,*, in *Edição Standard Brasileira das Obras Psicológicas Completas de Sigmund Freud*, Volume XV. Rio de Janeiro: Imago, 1987, p. 295.

[467] ELLMANN, Richard. *James Joyce*. São Paulo: Globo, 1982, p. 799.

[468] LACAN, Jacques. *O Aturdito*, in *Outros Escritos*. Rio de Janeiro: Jorge Zahar Editor, 2003, p. 491.

[469] LACAN, Jacques. *O Seminário, Livro 20, Mais Ainda*. Rio de Janeiro: Jorge

pois nele não se encontraria nenhum elemento além do próprio texto, da própria tessitura textual e, como qualquer tecido, ele é feito de nós e de buracos. Os nós não passam do acasalamento entre o simbólico e o imaginário. E os buracos, os furos, são para onde estou apontando minha leitura. E se ficamos tentando dizer o que diz o *Wake* "perdemos o latim"[470], como diz Lacan. E como escreveu Galindo, "leitor nenhum em momento algum terá entendido, finalizado, compreendido um trecho qualquer do Wake"[471]. É preciso, portanto, mesmo, apontar para outro lado!

E uma das portas para Isso é mesmo o inconsciente. Vou trabalhar com ele num dos próximos capítulos mas por enquanto basta dizer que o inconsciente é o campo do inexato, o campo do mal-entendido. Como expressa Lacan em Bruxelas, "no inconsciente se está desorientado"[472] e por isso se deve desconfiar de uma perspectiva aonde, por ele, se explicaria tudo[473] como queria Jung, por exemplo. O inconsciente não explica nada. É até o contrário: produz algaravia e confusão e é por isso que ele pode fazer recuar o gozo-sentido e o gozo fálico. Mas só operarmos com ele, com o inconsciente propriamente dito, ainda é pouco pois o real é o que se funda por exclusão do simbólico. Ele é a ausência de índice, de qualquer índice.

E se as palavras do *Wake* são, como diz Joyce, "palavras fermentadas"[474] corremos sempre o risco de embriagarmo-nos com suas possibilidades semânticas quando é o assemântico que conta quando o real surge. Surge como distinto do dizer mas ao mesmo tempo promovido por ele. Para uma certa inteligibilidade prévia eu posso dizer que com o real lacaniano é Platão que desaparece! São suas idéias e seu mundo que deixam definitivamente de existir. A metafísica encontra sua abolição no real. E mesmo que Hegel, para ficarmos no campo da Φlosofia, afirme que aquilo que "é racional é real, e o que é real é

Zahar Editor, 1985, p. 160.

[470] LACAN, Jacques. *O Seminário, Livro 23, O Sinthoma*. Rio de Janeiro: Jorge Zahar Editor, 2007, p. 149.

[471] GALINDO, Caetano Waldrigues. *Finnegans Wake/Finnícius Revém*, in *Cult – Revista Brasileira de Cultura*, São Paulo, ano 16, N. 176, Fevereiro de 2013, p. 29.

[472] LACAN, Jacques. *Propos sur L'Hysterie, Intervention de Jacques Lacan à Bruxelles*, 26/02/1977, s/p, in http://ecole-lacanienne.net/wp-content/uploads/2016/04/1977-02-26.pdf (minha tradução).

[473] LACAN, Jacques. *Conclusion du 9º e Congrès de l'École Freudienne de Paris sur La Transmission*, 09/07/1978, s/p in http://ecole-lacanienne.net/wp-content/uploads/2016/04/1978-07-09.pdf (minha tradução).

[474] BUTOR, Michel. *Repertório*. São Paulo: Perspectiva, 1974, p. 155.

racional"[475] o que se verifica é que o real resiste a razão[476] . É esse, inclusive, o sentido do *non rapport sexuel que trabalharei mais adiante pois rapport indica tanto relação como razão. E m*esmo que Freud tenha procurado salvar o racional[477], como já vimos, dando-lhe acessibilidade, o que encontramos é sempre seu caráter ficcional.

O que Freud percebeu rapidamente é que, na procura do real, na procura de um real, o que se encontra não passa de uma lembrança encobridora. Que encobre o quê? Exatamente esse real que não pode ser dito. A lembrança encobridora é a fantasia que visa dar sentido, um sentido, ao real. Por isso ela dever ser lida como Φantasia"[478]. O que se diz dele, portanto, não passa de teorização e sobretudo teorização infantil. Estou completamente de acordo com Pommier neste quesito: qualquer teoria é sempre devedora das chamadas teorias sexuais infantis[479] e é ontologizante.

Lacan foca, então, na idéia de "explendor do ser"[480] cara a São Tomas de Aquino e a quem Joyce não era alheio, para dizer que essa exaltação, essa glorificação é o contrário de uma psicanálise. Pensar no ser é fazer teologia[481], é um ato teologal, no final das contas. E é isto que *Finnegans Wake* acaba por revelar de uma forma paradoxal. Prestando homenagem a Aquino e seu *claritas* faz decair esse ser, inclusive o ser das epifanias ou "revelações da onticidade"[482] joyceanas que é onde ele mais escreve esse momento de esplendor. O ser, por exemplo, que se encontra como em estado fagulhante em *Os Mortos*: "Perguntou a si mesmo o que simbolizaria uma mulher imóvel na penumbra de uma

---

[475] HEGEL, Georg Wilhelm Friedrich. *Filosofia do Direito*. São Paulo: Loyola, 2012, p. 203.

[476] LACAN, Jacques. *Conférence: De James Joyce Comme Symptôme, prononcée au Centre Universitaire Méditerranéen de Nice*, 24/01/1976, s/p, in http://ecole-lacanienne.net/wp-content/uploads/2016/04/1976-01-24.pdf(minha tradução).

[477] LACAN, Jacques. *Conférence: De James Joyce Comme Symptôme, prononcée au Centre Universitaire Méditerranéen de Nice*, 24/01/1976, s/p, in http://ecole-lacanienne.net/wp-content/uploads/2016/04/1976-01-24.pdf(minha tradução).

[478] LACAN, Jacques. *O Seminário, Livro 23, O Sinthoma*. Rio de Janeiro: Jorge Zahar Editor, 2007, p. 123.

[479] POMMIER, Gérard. *A Neurose Infantil da Psicanálise. Rio de Janeiro: Jorge Zahar Editor, 1992, p. 57.*

[480] LACAN, Jacques. *O Seminário, Livro 23, O Sinthoma*. Rio de Janeiro: Jorge Zahar Editor, 2007, p. 15.

[481] LACAN, Jacques. *O Aturdito*, in *Outros Escritos*. Rio de Janeiro: Jorge Zahar Editor, 2003, p. 479.

[482] ANDERSON, Chester G. *Vidas Literárias: James Joyce*. Rio de Janeiro: Jorge Zahar Editor, 1989, p. 36

escada, ouvindo uma distante melodia. Se fosse pintor, retratá-la-ia naquela postura"[483] em *Finnegans Wake* escapa até não mais existir. O *Wake*, então e como a psicanálise é inontológico pois demonstra que "o ser, por si mesmo, não tem nenhuma espécie de sentido" e que para tê-lo é necessário um suporte imaginário e simbólico. Se estou certo em minha proposta, o ser, no final das contas, habita o real como nem ser nem não-ser. E *Finnegans Wake* seria a ruína do ser ao apontar que o simbólico não consegue encontrar no Outro qualquer sustentáculo e que o imaginário até o faz a partir do espelho, mas nisso descamba para um aprisionamento que não pode nos interessar por razões mais que óbvias.

Mas, é bom que se diga, apontar o real como impossível quer dizer que não há outro lugar para estarmos enquanto possibilidade senão no simbólico e no imaginário. Se Deus, céu, éden ou a Ciência só existem no mundo palavreiro, não passam de promessas, de tentativas de inscrição para o que está excluído, para o que é estrangeiro, para o que é ex-terno, eles são ainda, e ao que tudo indica para sempre, imprescindíveis, seja com o nome que for. E como o jogo fálico indica que da linguagem não podemos sair e que o gozo-sentido demonstra que sem sentido não podemos viver, um problema surge mas que é rapidamente eliminável pois na direção de cura pleiteada por Lacan em *A Terceira* não está a eliminação desses dois pontos de sutura, de fixação, de estabelecimento. O que Lacan articula é que a interpretação analítica deve fazê-los recuar, fazê-los não se alastrar a ponto de abduzirem o campo que lhe é vizinho e que, quando fazem e como vimos, têm efeitos. E vale sempre lembrar que a característica fundamental desse nó borromeu é exatamente a sua constituição mínima pelo trio RSI onde, faltando um, os outros se liberam[484]. Mas o problema vai um pouco mais longe pois como Lacan enfatiza no seminário sobre *O Sinthoma*, não há gozo do Outro[485] o que, vale dizer, não torna possível tomá-lo um habitat para o ser, redobrando a pergunta: só nos restaria os outros dois gozos?

Evoco isso porque dar tanta ênfase assim ao Real pode levar a pensar que os dois processos, digamos, anteriores, perderiam sua importância o que, na prática, não se verifica. A psicanálise é a

---

[483] JOYCE, James. *Os Mortos, in Dublinenses.* Rio de Janeiro: Civilização Brasileira, 2003, p. 205.

[484] LACAN, Jacques. *O seminário, Livro 20, Mais, Ainda.* Rio de Janeiro: Jorge Zahar Editor, 1985, p. 173.

[485] LACAN, Jacques. *O Seminário, Livro 23, O Sinthoma.* Rio de Janeiro: Jorge Zahar Editor, 2007, p. 54.

experiência de um dizer mal, de dizer sempre o pior pois na tentativa de dizer bem, de ajustar o que se diz ao que se é, o analisante se depara com um *encore* irredutível que nunca diz tudo e que é, segundo Badiou, "impiorável"[486]. Logo, é na busca da verdade, toda, que o analisante se deparará com a não-toda verdade. A verdade tem a ver com o real pelo impossível de dizer tudo. E será pelos caminhos do inconsciente que se chegará "a chaga da linguagem"[487], ao que faz limite ao todo dizer. Portanto, para chegar e checar que o dizer não é tudo na vida humana se passará inevitavelmente pela ilusão de que é possível encontrar a chave – "the keys"[488], como procura Bloom – para a existência. Será falando que se descobrirá que a fala não serve para nada, que "falaciosa é a fala"[489].

Não se trata, assim, de procurar se desvencilhar do simbólico e mesmo do imaginário, de abolí-los. Isso seria por si mesmo impossível. Trata-se de perceber "que a única definição do possível é"[490], como diz Lacan no *Prefácio a O Despertar da Primavera*, "que ele possa não "ter lugar""[491]. É fundamental, portanto, que passemos pelo imaginário e pelo abalo que lhe causa o simbólico. E essa via simbólica, se lhe cortamos a pregnância imaginária, descambará inevitavelmente em paradoxos. E o que é um paradoxo? É, substancialmente, o que está aquém e além da doxa e, se levamos em conta o real, é o que o bordeja ao mostrar que para além e aquém da doxa há um impossível. Assim, se "a linguagem comporta uma inércia considerável"[492] uma fossilização[493], uma cristalização, se ela faz lastro quando se tem em conta a idéia de

---

[486] BADIOU, Alain. *Pequeno Manual da Inestética*. São Paulo: Estação Liberdade, 2002, p. 145.

[487] LACAN, Jacques. *Conferência de 24 de Novembro de 1976, Yale University (Seminário Kanzer)*, in *Lacan in North Armorica*. Porto Alegre: Editora Fi, 2016, p. 34.

[488] JOYCE, James. *Ulysses*. Londres: Penguim Uk, 2015, p. 155.

[489] SCHÜLER, Donaldo. *Finnegans Wake/Finnicius Revém, Livro I, Capítulos 2, 3 e 4*. Cotia: Ateliê Editorial, 2004, p. 62.

[490] LACAN, Jacques. *Joyce, O Sintoma*, in *Outros Escritos*. Rio de Janeiro: Jorge Zahar Editor, 2003, p. 562.

[491] Idem, Ibidem.

[492] LACAN, Jacques. *O Seminário, Livro 20, Mais Ainda*. Rio de Janeiro: Jorge Zahar Editor, 1985, p. 150. Freud também descreve essa inércia em seu texto de 1937. FREUD, Sigmund. *Análise Terminável e Interminável*, in *Edição Standard Brasileira das Obras Psicológicas Completas de Sigmund Freud*, Volume XXIII. Rio de Janeiro: Imago, 1987, p. 264.

[493] LACAN, Jacques. *Séminaire R.S.I, 1974-1975, aula 15/04, s/p, in* http://staferla.free.fr/S22/S22%20R.S.I..pdf(minha tradução)

que ela é passível de produzir sentido, será dessa âncora que será preciso se separar e vê-la, ao abrir-se em "Anc/fora"[494], balançar esta prerrogativa até que, o Real, possa advir. E se Lacan vai a cada vez mais bombardeando as categorias de simbólico e imaginário, como na aula de 15 de Fevereiro de 1977, que numa tacada só ele diz: "O simbólico, suportado pelo significante, só diz mentira quando fala, e ele fala muito"[495] e o imaginário é a falsidade, a categoria do que é falso[496] não é possível prescindir deles para encontrar o desencontro do Real.

Em outras palavras ou "polavras"[497], o *Wake* só é capaz de nos descortinar o Real porque ele passa pelos campos do Imaginário e do Simbólico, pelos campos da falsidade e da mentira, da equivocação e do equívoco. Aliás, exatamente como acontece ou deve acontecer com uma psicanálise.

4   LACAN COM JOYCE

---

[494] FILHO, Raul Arruda. *Referências*. Florianópolis: Paralelo 27, 1993, s/p.

[495] LACAN, Jacques. *SeminDáire L'Insu-que-Sait de L'Une-Bévue S'Aile a Mourre*, 1976-1977, aula de 15/02, s/p in http://www.valas.fr/Jacques-Lacan-l-insu-que-sait-de-l-une-bevue-s-aile-a-mourre-1976-1977 (minha tradução)

[496] Idem.

[497] SCHÜLER, Donaldo. *Finnegans Wake / Finnicius Revém*, Livro I, Capítulos 5, 6, 7 e 8. Cotia: Ateliê, 2004, p. 41

"É um cantarolar sem palavras,
sem melodia, impenetrável."
Margaret Atwood[498]

"Palavras são rochas talhadas
para a construção ficcional"
Donaldo Schûler[499]

"Mesmo para falar, direito, direito não se compreenderá"
João Guimarães Rosa[500]

Nesse capítulo será o conjunto SIR que dará o tom. Nessa ordem, SIR, porque dando mais ênfase ao simbólico vou tentar apontar, passando pelo imaginário, para o Real.

---

[498] ATWOOD, Margaret. *O Conto da Aia*. Rio de Janeiro: Rocco, 2017, p. 69.
[499] SCHÜLER, Donaldo. *Finnegans Wake/Finnicius Revém, Livro III e IV, Capítulos 13, 14, 15 16 e 17*. Cotia: Ateliê Editorial, 2003, p. 177.
[500] ROSA, João Guimarães. *Campo Geral*, in *Manuelzão e Miguilim*. Rio de Janeiro: José Olympio, 1977, p. 20.

Não faz muito, brincando um pouco com Leopold Bloom – que, procurando para o senhor Shawes Keyes, as *keys* que são a imagem represantacional "do parlamento da ilha de Man"[501] e que lhe caberia perfeitamente, como nos explica Galindo – disse que a chave desse processo de interpretação – do texto, do sujeito ou do texto do sujeito – não estava no imaginário ou numa imaginarização possível, não estava em "a guarded figure of speech"[502]. Ao contrário disso e seguindo o que Lacan produziu em *A Terceira*, enfatizei que é pelo advento do simbólico ou mais explicitamente por aquilo que desde Freud chamamos por inconsciente que poderíamos avançar. E eis que agora, numa entrevista que Lacan dá na Itália, lemos algo que está em absoluta concordância com aquilo que encontramos no *Wake* a cada instante: é e será pela articulação significante que equivoca e não produz paralisia que a obstrução, causada pelo sentido, pode deixar de ter valor. Dessa maneira, portanto, são "os jogos de palavras a chave da psicanálise"[503] e por nos perdermos diante de algo como "Denti Alligator"[504] que o sintoma[505], que será o objeto deste capítulo, poderá deixar de morder a nossa existência, já que, como profere Lacan em *O Insabido que Sabe de Um Equívoco é o Amor*, "o significado é um sintoma"[506] que abocanha tudo. Retomando o nó de *A Terceira* será então na direção dextrógira, da esquerda para a direita, portanto, que uma análise se inscreve e esse campo rachurado[507] que puxa os dois gozos para seus devidos lugares, toma espaço deixando de sonhar com a "last word of perfect language"[508], com a "última palavra da linguagem perfeita"[509], na tradução de Schuler. Assim, como reenfatiza Lacan em 10 de

---

[501] GALINDO, Caetano W. *Sim, Eu Digo Sim, Uma Visita Guiada ao Ulysses de James Joyce*. São Paulo: Companhia das Letras, 2016, p. 133.

[502] JOYCE, James. *Finnegans Wake*. Londres: Penguim Uk, 1999, 237

[503] LACAN, Jacques. *Entrevista do Dr. Lacan à Imprensa*, in *Cadernos Lacan*, Volume 2 (Publicação não comercial). Porto Alegre: APOA, 2002, p. 33.

[504] JOYCE, James. *Finnegans Wake*. Londres: Penguim Uk, 1999, p. 440.

[505] A já clássica distinção, escrita, entre sintoma e sinthoma, não é tão límpida quanto se almejaria, já que Lacan, mesmo lhes dando status diferentes, as usa de forma indiscriminada uma séria de vezes, como se notará neste capítulo.

[506] LACAN, Jacques. *Semináire L'Insu-que-Sait de L'Une-Bévue S'Aile a Mourre*, 1976-1977, aula de 18/01, s/p in http://www.valas.fr/Jacques-Lacan-l-insu-que-sait-de-l-une-bevue-s-aile-a-mourre-1976-1977 (minha tradução)

[507] Remeto @ leit@or ao nó borromeu que utilizei no capítulo precedente, particularmente para o trecho que, rachurado, Lacan situa o inconsciente.

[508] JOYCE, James. *Finnegans Wake*. Londres: Penguim Uk, 1999, p. 424.

[509] SCHÜLER, Donaldo. *Finnegans Wake/Finnicius Revém, Livro III e IV, Capítulos 13, 14, 15, 16 e 17*. Cotia: Ateliê Editorial, 2003, p. 55.

dezembro de 1974, se "o sintoma é efeito do simbólico no real"[510] ou seja, é a entrada da linguagem nesse campo que prescinde dela e, por isso, "o inconsciente pode ser responsável" por sua redução, "pela redução do sintoma"[511] na medida em que, equivocando, abala o sentido e O Sentido.

O inconsciente, portanto, como "um saber que não se sabe"[512], como pura articulação significante que faz um sujeito e não um ser será a arma contra a perspectiva sígnica que é também como Lacan situa o sintoma em 1977[513] ou seja, seguindo a já clássica definição lacaniana, o sintoma diz algo para alguém e que por retroação me diz. Será nessa empreitada pretensamente dialógica que pleiteia entendimento, que apregoa intersubjetividades, que procura alicerçar um eu e um Outro consistentes que o equívoco intervirá. Mas intervirá para fundar alguma outra coisa em seu lugar, vale dizer, para organizar uma outra realidade que não seja mais partidária do sintoma e consequentemente desse gozo que o habita?

Como já tentei demonstrar, usando outras palavras e outros conceitos, sem sintoma não é possível viver e se o jogo de palavras intervém aí, nesse sintoma, não o desfaz, já que, não apenas "o significante opera por intermédio do sinthoma"[514] ou seja, é por que ele que se decanta sentido e, sem sentido, não há sequer vida humana mas, muito mais substancialmente, mais importantemente, é o sintoma o que dá estruturação a realidade psíquica. Assim, a realidade psíquica, a famosa *wirkheit*[515] *freudiana, é o que existe, o que faz nó, cadeia*[516]

[510]LACAN, Jacques. *Séminaire R.S.I, 1974-1975, aula 10/12, s/p, in* http://staferla.free.fr/S22/S22%20R.S.I..pdf(minha tradução)

[511] Idem.

[512] LACAN, Jacques. *Saber do Psicanalista, Seminário 1971-1972* (Publicação não comercial). Recife: CEF, 1997, p. 76 e LACAN, Jacques. *Os Não-Tolos Erram / Os Nomes-do-Pai, Seminário 1973-1974.* Porto Alegre: Editora Fi, 2018, p. 141.

[513] LACAN, Jacques. *Seminàire L'Insu-que-Sait de L'Une-Bévue S'Aile a Mourre,* 1976-1977, aula de 10/05, s/p in http://www.valas.fr/Jacques-Lacan-l-insu-que-sait-de-l-une-bevue-s-aile-a-mourre-1976-1977 (minha tradução)

[514] LACAN, Jacques. *Conclusion du 9° e Congrès de l'École Freudienne de Paris sur La Transmission,* 09/07/1978, s/p in http://ecole-lacanienne.net/wp-content/uploads/2016/04/1978-07-09.pdf (minha tradução).

[515] FREUD, Sigmund. *O Inconsciente, in Escritos sobre a Psicologia do Inconsciente, Obras Psicológicas de Sigmund Freud, vol. 2.* Rio de Janeiro: Imago, 2006, p. 32.

[516] LACAN, Jacques. *Conclusion du 9° e Congrès de l'École Freudienne de Paris sur La Transmission,* 09/07/1978, s/p in http://ecole-lacanienne.net/wp-content/uploads/2016/04/1978-07-09.pdf (minha tradução).

sobre o real e ela, como diz Lacan numa conferência proferida em 16 de junho de 1975 " é um sintoma"[517].

Que o leitor me permita, uma vez mais, insistir nisso relembrando Freud. Já vimos que o mestre vienense sonhava com a liquidação sistemática do sintoma pela interpretação que despejava sobre o que se insurgia como enigma. Se não bastasse os exemplos a que recorri para demonstrar que ele ia sempre nessa direção, evoco rapidamente o caso da análise-relâmpago de Katherine Kronich, onde, para a falta de ar, pressão nos olhos, zumbidos nos ouvidos e um aperto no peito aparentemente inconectados se figura um rosto medonho que a olha até se revelar num tio desejante que historicamente serve como gatilho inconfessável de outros desejos[518] que expostos, reproduzidos e resolvidos, como pleteia Nasio[519] permitirão a Katharina – seu cognome em *Estudos Sobre a Histeria* – aquilo que Freud, numa resposta a Erik Fromm denomina de *lieben und arbeiten*, ou seja, amar e trabalhar[520] ou, como propõe Harari pensando nas *Conferências Introdutórias,* g*enuss und Leistungsfähigkeit,* "gozar e produzir"[521].

Pois o que descobrimos na prática mostra que, como diz Lacan, "não há nenhuma redução radical do sinthoma"[522] e por isso será preciso, voltarei a isso em breve, saber fazer com ele, inclusive lhe dando – não deve ter passado despercebido a você – uma outra escrita e, consequentemente, uma outra leitura.

Por enquanto, se o sintoma é, em Freud, um impedimento para o viver[523]– e por isso deveria ser liquidado – aqui, nessa outra perspectiva, ele se torna exatamente o que o propicia. Para nos divertirmos um

---

[517] LACAN, Jacques. *Joyce, O Sintoma,* in *O Seminário, Livro 23, O Sinthoma.* Rio de Janeiro: Jorge Zahar Editor, 2007, p. 163.

[518] FREUD, Sigmund. *Sobre o Mecanismo Psíquico dos fenômenos Histéricos: Comunicação Preliminar, Casos Clínicos, Katharina,* in *Edição Standard Brasileira das Obras Psicológicas Completas de Sigmund Freud,* Volume II. Rio de Janeiro: Imago, 1987, p. 143 e 148.

[519] NASIO, Juan David. *A Histeria, Teoria e Clínica Psicanalítica.* Rio de Janeiro: Jorge Zahar Editor, 1991, p. 89.

[520]FROMM, Erik. *A Arte de Amar.* Belo Horizonte; Itatiaia, 1991, p. 98.

[521] HARARI, Roberto. *Como se chama James Joyce? À partir do Seminário Le Sinthome de J. Lacan.* Salvador: Ágalma; Rio de Janeiro: Campo Matêmico, 2002, p. 116.

[522] LACAN, Jacques. *O Seminário, Livro 23, O Sinthoma.* Rio de Janeiro: Jorge Zahar Editor, 2007, p. 41.

[523] FREUD, Sigmund. *Inibições, Sintoma e Ansiedade,* in *Edição Standard Brasileira das Obras Psicológicas Completas de Sigmund Freud,* Volume XX. Rio de Janeiro: Imago, 1987, p. 211.

pouco, se passa da sobrevivência que caracteriza a neurose mais cotidiana para a arte de viver, uma arte de viver singular. Por quê? Porque o enigma, que Lacan define como uma "enunciação da qual não se acha o significado"[524] nunca se designimatiza, ou seja, a enunciação nunca encontra seu significado a não ser[525] no que podemos chamar de derrisão, lindamente fornecida por Stephen Dedalus no segundo capítulo de *Ulisses*:

> "O galo cacarejou,
> O céu azulou;
> Sinos de bronze
> Soaram onze.
> A hora da pobre alma
> Ir pro céu chegou.
> O que é isso?"[526]

Qual é a resposta que o "escritor por excelência do enigma"[527] oferece? Algo que só pode fazer rir pela incoerência que oferece: "A raposa enterrando a avó embaixo do azevinho"[528]. Que se tente encaixar a enunciação com esse enunciado final para se verificar que não há junção possível. E o mesmo serve para os sopros lúbricos da Srta. Kronich que, se encontram uma aparente resolução, não fazem solvência na estruturação do sintoma a não ser aparentemente, ou seja, imaginariamente pois, do que adianta saber que seu tio, ao se aproximar dela, queria, com ela, fazer o mesmo que fizera com Franziska[529]? Ou

---

[524] LACAN, Jacques. *O Seminário, Livro 23, O Sinthoma*. Rio de Janeiro: Jorge Zahar Editor, 2007, p. 65. Antes disso ele diz: "O enigma é a enunciação – e virem-se com o enunciado", LACAN, Jacques. *O Seminário, Livro 17, O Avesso da Psicanálise*. Rio de Janeiro: Jorge Zahar Editor, 1992, p. 34.

[525] Se não for pela via derrisória um enigma vira, para utilizar uma palavra forjada por Amarante, "eunigma". AMARANTE, Dirce Waltrick do. *James Joyce, Finnegans Wake (Por um Fio)*. São Paulo: Iluminuras, 2018, p. 115.

[526] JOYCE, James. *Ulisses*. Rio de Janeiro: Objetiva, 2007, p. 54. Essa charada é retomada por inversões, supressões e acréscimos em Circe, p. 608 e 609 da tradução da Bernardina. "A Raposa cantou/O galo cacarejou./ Sinos de bronze/ Soaram Onze. A hora da pobre alma/ Sair do céu chegou".

[527] LACAN, Jacques. *O Seminário, Livro 23, O Sinthoma*. Rio de Janeiro: Jorge Zahar Editor, 2007, p. 150.

[528] JOYCE, James. *Ulisses*. Rio de Janeiro: Objetiva, 2007, p. 54.

[529] FREUD, Sigmund. *Sobre o Mecanismo Psíquico dos fenômenos Histéricos: Comunicação Preliminar, Casos Clínicos, Katharina*, in *Edição Standard*

que ela era desejável em segundo ou até em terceiro plano e por isso mesmo se deixa afetar? Ou que ela, que sente o peso do tio e vê seu rosto para onde quer que olhe e na sua ausência[530], o deseja? Não parece impossível chegar a uma conclusão a não ser por forçamento, por uma vontade de saber[531] que exclui as mutáveis possibilidades ex-cêntricas? Como disse Foucault para outras coisas mas que me servem agora, "não existe ponto absoluto"[532] e dessa maneira, antes de partirmos, como analistas, na procura desembestada por um sentido oculto e concêntrico devemos ter bem claro que, se recorremos ao simbólico, ao campo daquilo que é, não há porque não chamá-lo assim, contínuo, chegaremos a mesma conclusão que Lacan evoca sobre esse trecho do *Ulisses* pois a análise é "é a resposta a um enigma e uma resposta completamente besta"[533] até que, complemento, vira chiste pois um *joy se* inscreve. Como o próprio Joyce dirá para Weaver, quem escreveu o *Wake* foi antes "Jeems Jokes"[534], ou, numa tradução possível, Jamesinho Brincadeira, Jamesinho Pilhéria. E a bestagem da brincadeira, da pilhéria besta se dá porque não se trata mais de saber, da ânsia pelo saber. Nesse *joy sem* fim, se trata de algo que não é mais da ordem da apreensão e no lugar do afreudisíaco[535] os-nomes-do-pai, da inebriante "função intelectual que exige unidade"[536] surge, como bem destaca Lacan, os não-tolos erram[537], logo, para não errar é preciso atoleimar-se. Só os tolos riem porque "isso ri"[538]. A seriedade fica para os sábios, para os sapientes, para os conscientes, para aqueles que fazem série.

Brasileira das Obras Psicológicas Completas de Sigmund Freud, Volume II. Rio de Janeiro: Imago, 1987, p. 145.

[530] Idem, p. 149.

[531] FOUCAULT, Michel. *História da Sexualidade, 1, A Vontade de Saber*. Rio de Janeiro: Graal, 1988, p. 31.

[532] FOUCAULT, Michel. *O Olho do Poder*, in *Microfísica do Poder*. Rio de Janeiro: Graal, 1979, p. 221.

[533] LACAN, Jacques. *O Seminário, Livro 23, O Sinthoma*. Rio de Janeiro: Jorge Zahar Editor, 2007, p. 70.

[534] JAMES, Joyce. *Cartas Escogidas, vol. II*. Barcelona: Lumen, 1982, p. 165.

[535] CAMPOS, Haroldo. *O Afreudisíaco Lacan na Galáxia de Lalíngua*, in *Afreudite – Revista Lusófona de Psicanálise Pura e Aplicada*, [S.1.], v. 1, n. 1, sep. 2009.

[536] FREUD, Sigmund. *Totem e Tabu*, in *Edição Standard Brasileira das Obras Psicológicas Completas de Sigmund Freud*, Volume XIII. Rio de Janeiro: Imago, 1987, p. 119.

[537] LACAN, Jacques. *Os Não-Tolos Erram / Os Nomes-do-Pai, Seminário 1973-1974*. Porto Alegre: Editora Fi, 2018.

[538] LACAN, Jacques. *Meu Ensino*. Rio de Janeiro: Jorge Zahar Editor, 2006, p. 89.

Assim, quando Lacan diz em Colúmbia, nos EUA, que para ser liberado do sintoma é preciso ouvir[539], o quê ouvimos? O sentido das palavras? Melhor seria dizer, junto com Joyce, que ouvimos, antes, "o fluir delas, o som delas"[540] já que no significante "existe o sonoro"[541], é o sonoro, e isso desde Saussure e seu didático *"si je la prends"* (se e eu apreendo) e *"si je l'apprends"* (se eu a prendo)[542]. E é e será pelo som que, produzindo equívoco, poderemos fazer balançar a ficção e a fixão, como evoquei anteriormente. Como enfatiza Lacan em 18 de novembro de 1975, essa é a única arma que temos contra o sinthoma[543]. Não mais, como queria Freud, portanto. Será então pelas vias da equivocação já que "é reconhecido no inconsciente o trabalho de ciframento"[544] que poderemos, reenfatiza o mesmo Lacan, "liberar algo do sinthoma"[545] e o que se libera dele é, aqui está o fundamental dessa operação, o significado. Dito de uma outra maneira, se o sintoma, como diz Lacan no seu antepenúltimo seminário, é um significado[546], a equivocação coloca em colapso essa sua vertente e por isso o faz recuar. É como aquela analisante de lembrei na introdução desse trabalho: inebriada pelo amor de sua mãe afirma: " – Minha mãe é uma santa. O sexo não lhe interessa a não ser para as funções maternais. Ela vive dizendo que só transou com o meu falecido pai para me ter". "– Para meter?", pergunto eu. E o que era quase castidade se confunde com putaria. O amor, unívoco, se derrete no desejo, metonímico, e entre "me ter" e "meter" a indecidibilidade do processo – o que seria mais verdadeiro? – traga as possibilidades de escolha, de eleição, de "ex-legere"[547]. Dessa

---

[539] LACAN, Jacques. *Conferência na Universidade de Columbia, em 01 de Dezembro de 1976, (Auditório da Escola de Assuntos Internacionais)*, in *Lacan in North Armorica*. Porto Alegre: Editora Fi, 2016, p. 73.

[540] ELLMANN, Richard. *James Joyce*. São Paulo: Globo, 1982, p. 779.

[541] LACAN, Jacques. *Conferência na Universidade de Columbia, em 01 de Dezembro de 1976, (Auditório da Escola de Assuntos Internacionais)*, in *Lacan in North Armorica*. Porto Alegre: Editora Fi, 2016, p. 79.

[542] SAUSSURE, Ferdinand. *Curso de Lingüística Geral*. São Paulo: Cultrix, 1972, p. 121.

[543] LACAN, Jacques. *O Seminário, Livro 23, O Sinthoma*. Rio de Janeiro: Jorge Zahar Editor, 2007, p. 18.

[544] LACAN, Jacques *Introdução à Edição Alemã de um Primeiro Volume dos Escritos*, in *Outros Escritos*. Rio de Janeiro: Jorge Zahar Editor, 2003, p. 551.

[545] LACAN, Jacques. *O Seminário, Livro 23, O Sinthoma*. Rio de Janeiro: Jorge Zahar Editor, 2007, p. 18.

[546] LACAN, Jacques. *Semináire L'Insu-que-Sait de L'Une-Bévue S'Aile a Mourre, 1976-1977*, aula de 10/05, s/p in http://www.valas.fr/Jacques-Lacan-l-insu-que-sait-de-l-une-bevue-s-aile-a-mourre-1976-1977 (minha tradução)

maneira posso dizer, junto com Lacan, que "o sintoma e a intervenção do analista são da mesma ordem"[548], tem a mesma estrutura. Qual, talvez você se pergunte? Pois a ordem, a estrutura que ambos compartilham é a linguagem só que de forma invertida! Se o primeiro sela ou procura selar um sentido, estabelecer uma ordem ordeira ou, como diz Freud, uma relação de compromisso[549], uma "conciliação"[550] e funda, assim, uma ficção, a segunda, por sua vez, procura romper com essa amarração e por isso mesmo desficçionaliza. Se o sintoma, como fala Lacan em *Televisão*, é um nó de significantes[551] que congrega significados - uma "condensação verbal"[552], escreve Freud – a intervenção do analista é o desatamento desse nó, a volatização desse condensado pela via também do significante, só que agora e no limite, sem sentido.

Vou dizer de uma outra forma: se "foi a partir dos histéricos sintomas que a análise soube tomar pé na experiência"[553], ou seja, pela perspectiva de que é possível chegar a um denominador comum, a um saber, todo, sobre aquilo que insiste em escapar, a análise avança para seu fim com a derrocada de um sentido oculto. Se, para o sintoma se procurava um mil e um sentidos de mil e uma formas diferentes de fórmula-ção se verifica, dentro de seu processo, que nenhum deles é definitivo ou definitório e se passa para um outro lance, de dados, claro, mas que o resultado implica outros vieses como articulei a pouco. E é como no *Wake*: se percorre os desfiladeiros e os "desfilamentos"[554] do

---

[547] BOSI, Alfredo. *A interpretação da obra literária*, in *Céu, inferno: ensaios de crítica literária e ideologia*. São Paulo: Duas Cidades; Editora 34, 2003, p. 32.

[548] LACAN, Jacques. *Conferência na Universidade de Columbia, em 01 de Dezembro de 1976, (Auditório da Escola de Assuntos Internacionais)*, in *Lacan in North Armorica*. Porto Alegre: Editora Fi, 2016, p. 73.

[549] FREUD, Sigmund. *Inibições, Sintoma e Ansiedade*, in *Edição Standard Brasileira das Obras Psicológicas Completas de Sigmund Freud*, Volume XX. Rio de Janeiro: Imago, 1987, p. 188.

[550] FREUD, Sigmund. *Neurose e Psicose*, in *Edição Standard Brasileira das Obras Psicológicas Completas de Sigmund Freud*, Volume XI. Rio de Janeiro: Imago, 1987, p. 190.

[551] LACAN, Jacques. *Televisão*, in *Outros Escritos*. Rio de Janeiro: Jorge Zahar Editor, 2003, p. 515.

[552] FREUD, Sigmund. *A Interpretação dos Sonhos*, in *Edição Standard Brasileira das Obras Psicológicas Completas de Sigmund Freud*, Volume IV. Rio de Janeiro: Imago, 1987, p. 292.

[553] LACAN, Jacques. *Joyce, O Sintoma*, in *Outros Escritos*. Rio de Janeiro: Jorge Zahar Editor, 2003, p. 565.

[554] LACAN, Jacques. *A Direção de Cura e Os Princípios de seu Poder*, in *Escritos*.

significante, ávido para *se* encontrar – pois é para isso que *se* lê, para *se* encontrar – e depois de mil e um achados, de mil e uma histórias se conclui que não se conclui e a isso ele nos convida a asceder. Assim, a análise e o *Wake*, nesse ponto, destituem o jogo de uma significação possível, mostram seu caráter burlesco, de burla, e revelam o impossível que institui, para parafrasear Philip K. Dick, uma outra realidade que não desaparece quando se para de acreditar nela[555]. E qual é ela? É aqui que precisamos distinguir sintoma de sinthoma pois esse último, que Lacan já na abertura de seu vigésimo terceiro seminário, diz ser uma outra escritura[556], não carrega nenhuma mensagem e portanto não apela a um Outro. Vejamos!

Já teci alguns comentário sobre o sintoma, sem o th, mas para retomá-lo sinteticamente posso dizer que desde Freud ele é uma mensagem cifrada que pede, histérica e sedutoramente, deciframento. Tentei demonstrar que esse deciframento, frente a cifras como "Luccombe oaks, Turkish hazels, Greek firs, incense palm edcedras"[557] desembocam em etcéteras, em incertos axiomas, em duvidáveis verdades que, no fim, por seus múltiplos valores, descambam num novo ciframento que, uma vez mais, pedirá, demandará, conclamará um Outro num processo que o mesmo Freud já chamou, bem perto do fim de sua vida, de interminável[558] e que, como diz Lacan em 1968, faz parte de um processo que "não se apreende a si próprio"[559], jamais. Isso não impede, contudo, que como "Ulisses inesperado que se oferece como pasto para que prospere o chiqueiro de Circe"[560] o sujeito chafurde com prazer nessa lama para nunca ter que dar conta dos limites da captação de si mesmo e insista que para o indeterminado e indeterminável um sentido deve advir. Um bom exemplo para essa empreitada talvez seja o seguinte:

Rio de Janeiro: Jorge Zahar Editor, 1998, p. 624.

[555] A frase de Philip K Dick é: "a realidade é aquilo que, quando você para de acreditar, não desaparece". DICK, Philip K. *Andróides Sonham com Ovelhas Elétricas?* São Paulo: Aleph, 2014, p. 257.

[556] LACAN, Jacques. *O Seminário, Livro 23, O Sinthoma.* Rio de Janeiro: Jorge Zahar Editor, 2007, p. 11.

[557] JOYCE, James. *Finnegans Wake.* Londres: Penguim Uk, 1999, p. 235.

[558] FREUD, Sigmund. *Análise Terminável e Interminável,* in *Edição Standard Brasileira das Obras Psicológicas Completas de Sigmund Freud,* Volume XXIII. Rio de Janeiro: Imago, 1987.

[559] LACAN, Jacques. *Meu Ensino.* Rio de Janeiro: Jorge Zahar Editor, 2006, p. 113.

[560] LACAN, Jacques. *A Direção de Tratamento e os Princípios de seu Poder,* in *Escritos.* Rio de Janeiro: Jorge Zahar Editor, 1988, p. 645.

Uma analisante, anorgásmica até seu último fio de cabelo, também enfatizando a castidade, só que desta vez, religiosa e de seu pai, conta e reconta episódios onde isso se verificaria. Nessa tentativa de apreensão de quem é seu pai ela por fim consegue afirmar, por identificação, quem ela própria é, e que a coisa sexual não a interessa nos mesmos termos em que não interessa a seu pai. Ela segue nessa toada por vários meses até que um dia, não sem certa relutância, se lembra de uma brincadeira que seu pai recorrentemente fazia com ela quando chegava da escola: " – Ele ficava me perguntando quem eram os meus namoradinhos. Dizia: O Carlinhos é o seu namorado? E eu respondia: Não. E ele: O Lucas, então, é o seu namorado? E diante da minha nova negativa, ele insistia: O Carlos, é com o Carlos que você namora? Ui, como eu odiava isso. Como eu sempre odiei que meu pai brincasse comigo de namoradinho!". Ela faz uma pausa, claro, pois não consegue não escutar o que acabou de dizer, e se questiona: " – Será, então, que nessa brincadeira o que ele indicava é que ele era meu único namoradinho?! Será, então, que eu não gozo porque meu gozo estaria nas mãos dele? Será que os homens, os namoradinhos, me estão interditados, porque só há, para mim, um único namoradinho?".

Pois bem, esse sintoma, sem o th, é a invectiva subjetiva que apela constantemente ao sentido e tenta aprisioná-lo, como aliás Circe procura fazer com Ulisses[561], para aí realizar um ser. Por isso podemos dizer que esse sintoma é o recobrimento da realidade do inconsciente na medida em que serve de medida para o que não tem medida. Mas e sinthoma?

O sinthoma é uma categoria que Lacan evoca para pensarmos o fim de análise já que ele é um arranjo para se viver, um *savoir-vivre* que desse ponto em diante levará em consideração seu constante simulacro e sua constante inaptidão para regrar uma ex-sistência. Poder-se-ia dizer, então, que se o sintoma é a adverbação da vida, o sinthoma é seu advertimento e, sobretudo, em relação a vida, seu ah!divertimento. Assim ele não mais se reduz ao gozo fálico[562] nem ao gozo-sentido, e, por isso, pode tornar-se outra coisa que não impedimento ao encarar a vida naquilo que ela tem de inclassificável. Se pensamos no nó borromeu e lembramos aonde, nele, Lacan situa o sintoma, valerá à pena verificar em qual lugar ele situa o sinthoma. Seria, uma vez mais na imisção do simbólico sobre o real? Vou me estender sobre esse assunto

---

[561] HOMERO. *Odisséia*. São Paulo: Cultrix, 1993, p. 117.
[562] LACAN, Jacques. *A Terceira*, in *Cadernos Lacan*, Volume 2 (Publicação não comercial). Porto Alegre: APOA, 2002, p. 59.

nas próximas linhas e assim demonstrar que as operações envolvidas nesse processo não são tão límpidas quanto se apregoa nos meios psicanalíticos. E vou procurar demonstrar, também, as contradições e os limites que embalam essa perspectiva de, no lugar de ser atormentado pelo sintoma, saber-fazer com o sinthoma.

Assim, aonde Lacan situa, à partir de Joyce, essa outra escrita de sinthoma? Até meados de 1975 a teoria de Lacan sobre a estruturação do falasser implica o enodamento borromeano do Real, do Simbólico e do Imaginário sem nenhum acréscimo. Aliás, no seminário intitulado *R.S.I.* ele chega mesmo a dizer, de forma crítica, o seguinte:

> O que fez Freud? Vou contar. Fez o nó com quatro a partir dos seus três, esses três que lhe suponho armadilha. Mas então, eis como procedeu: inventou algo a que chamou de realidade psíquica. [...] É o que pode atar com um quarto termo, o S, o Imaginário e o Real, naquilo que Simbólico, Imaginário e Real são deixados independentes, estão à deriva, em Freud, é enquanto isto que lhe é preciso uma realidade psíquica que ate essas três consistências[563]

Digo de forma crítica por que Lacan, nesse momento de seu ensino quer se livrar desse quarto que ata seu "bo de três"[564] e que eu chamaria, para ser coerente com o mestre parisiense, depaidescimento. Lacan crê numa amarração que possa prescindir disso que sempre siderou Freud, mas eis que em *O Sinhtoma* ele nota que um nó a três, por mais matemático que seja, não se organiza senão à partir de um quarto que Lacan, não por nada notará com a letra Σ[565], que indica, sabemos, uma somatória. Dito de uma outra maneira, quando Lacan pensa que é possível viver a três e não desmaiar diante de Moisés e seus representantes[566] ele descobre, pela prática que desenvolve, que se o

---

[563] LACAN, Jacques. *Séminaire R.S.I, 1974-1975, aula de 14 de janeiro de 1975, in* http://staferla.free.fr/S22/S22%20R.S.I..pdf(minha tradução).

[564] Idem, *aula 18/03, s/p, in* http://staferla.free.fr/S22/S22%20R.S.I..pdf(minha tradução)

[565] LACAN, Jacques. *O Seminário, Livro 23, O Sinthoma*. Rio de Janeiro: Jorge Zahar Editor, 2007, p. 22.

[566] NASIO, Juan David. *Introdução às obras de Freud, Ferenczi, Groddeck, Klein, Winnicott, Dolto, Lacan*. Rio de Janeiro: Jorge Zahar Editor, 1998, p. 66.

desmaio não é uma condição *sine qua non* para o falasser o quarto, que alberga o que outra forma estaria a deriva ou até piormente, em continuidade, é fundamental. Logo, para que haja um nó borromeu no campo dito humano essa quarta consistência que ele chama de sinthoma[567] é imprescindível. Graficamente teremos, portanto, algo como isso:

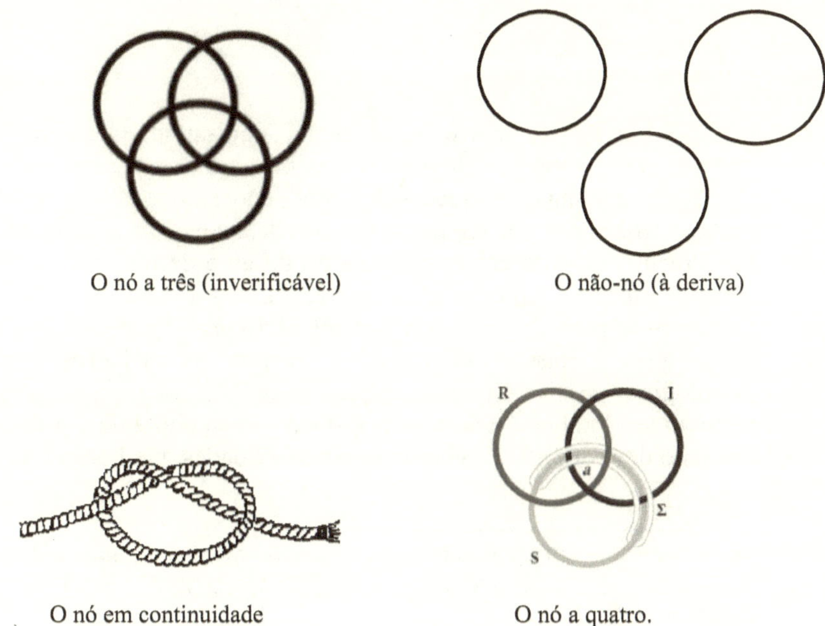

O nó a três (inverificável)

O não-nó (à deriva)

O nó em continuidade

O nó a quatro.

E o que faz o quarto, no final das contas? Ele dá sentido! Ele sutura e agrega, soma, e, exatamente por isso, dá sentido! E se vínhamos até agora tentando dinamitar o sentido temos um problema em mãos pois o que nos impediria de chamar esse sinthoma, que organiza as três consistências, de Édipo? Algo como isso:

---

[567] LACAN, Jacques. *O Seminário, Livro 23, O Sinthoma*. Rio de Janeiro: Jorge Zahar Editor, 2007, p. 50.

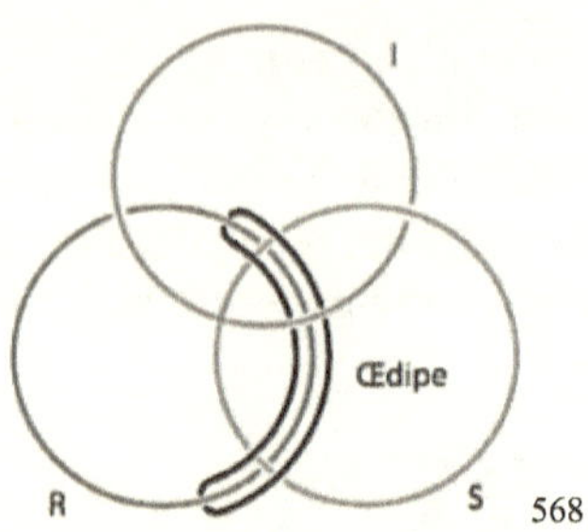

E um fim de análise seria, então, edipisar-se? Ou, como Lacan propõe para o nó de Joyce, retomando uma categoria até então inutilizada por suas retraduções de Freud, egocizar-se[569]? E por falar em Freud, não é por aí que ele pensa um fim de análise, ou seja, quando ele, literalmente, falando em fortalecimento do eu e de seu assenhoramento do isso, escreve: "Onde o isso estava, ali estará o eu"[570]? Problemas tradutivos – para o *wo es war sol ich werden* – à parte[571], Freud não pensa que "a missão da análise é garantir as melhores condições psicológicas possíveis para a função do eu"[572]? Lacan, assim, teria repensado seu "lá onde o isso estava, o *ich* – o sujeito, não a psicologia – o sujeito deve advir"[573]? Vamos às complexidades que Lacan traz à tona

---

3.2.1   [568] GUERRA, Andréa Máris Campos. *Impacto Clínico da Topologia Borromeana no Estruturalismo Lacaniano*, in Ágora (Rio J.) vol.20 no.1 Rio de Janeiro Jan./Mar. 2017.

[569] LACAN, Jacques. *O Seminário, Livro 23, O Sinthoma*. Rio de Janeiro: Jorge Zahar Editor, 2007, p. 148.

[570] FREUD, Sigmund. *A Divisão da Personalidade Psíquica, Conferência XXXI*, in *Edição Standard Brasileira das Obras Psicológicas Completas de Sigmund Freud*, Volume XXII. Rio de Janeiro: Imago, 1987, p. 102.

[571] Segundo Tavares, a frase de *A Divisão da Personalidade Psíquica*, "*Wo Es war, soll Ich werden*" pode ser traduzida, também, como: "Onde estava, devo advir/ Onde isso estava, devo advir / Onde estava isso, deve advir eu /Onde isso estava, devo tornar-me". TAVARES, Pedro Heliodoro de Moraes Branco. *A língua alemã em Freud E Eu com Isso?*, in *Mal-estar na Cultura* / Abril-Novembro de 2010, p. 08. Já Schüler, tentando manter a sonoridade prefere "onde isso era, eu deverei verdejar". SCHÜLER, Donaldo. *Joyce era Louco?* Cotia: Ateliê Editorial, 2017, p. 200.

[572] FREUD, Sigmund. *Análise Terminável e Interminável*, in *Edição Standard Brasileira das Obras Psicológicas Completas de Sigmund Freud*, Volume XXIII. Rio de Janeiro: Imago, 1987, p. 284

[573] LACAN, Jacques. *O Seminário, Livro 11, Os Quatro Conceitos Fundamentais da Psicanálise*. Rio de Janeiro: Jorge Zahar Editor, 1988, p. 48.

sobre o Sr "Jymes"[574], sr. "jimjams"[575], sobre seu sinthoma e sobre o fim de análise!

Lacan irá dizer, muito cedo no seminário 23 que o sinthoma de Joyce é inanalisável[576], ou como escreve Joyce, alheio, claro, ao que se passa no final da década de 70, "unasyllabled"[577]. Por quê? Seria porque para sua alucinações e outros males psíquicos o remédio era e sempre foi a escrita[578]? Ou porque Joyce sempre repudiou a psicanálise[579] e portanto nunca lhe demandou algo? Ou porque, ainda, ele conseguia resolver suas questões existenciais, mesmo quase cego, "no olhômetro"[580]? Pois a resposta de Lacan é aqui no mínimo surpreendente e controversa: o sinthoma de Joyce não é freudável ou "freudzay"[581], como brinca o escritor irlandês, porque ele teve uma formação jesuíta[582]. É curioso pois os jesuítas vivem no sentido ou, como diz o mesmo Lacan em *O Triunfo da Religião*, eles "são capazes de dar sentido realmente a qualquer coisa"[583], seja a uma sarça que arde no deserto ou seja a uma pedra que alicerça a Igreja. Lacan então entoaria o mantra freudiano da inanalisibilidade dos religiosos[584], da indecomponibilidade dos sentidos que estabelecem para si? Mas se o *Wake*, usando o sentido, o desfaz, não rompe, ao mesmo tempo e por isso mesmo, qualquer viscosidade religatória? E se ele, "Joyce, o sinthoma", como o nomeia Lacan[585], não demanda psicanálise, ele não demandaria, por seu sinthoma, análise?

---

[574] JOYCE, James. *Finnegans Wake*. Londres: Penguim Uk, 1999, p. 181.

[575] Idem, p. 193.

[576] LACAN, Jacques. *O Seminário, Livro 23, O Sinthoma*. Rio de Janeiro: Jorge Zahar Editor, 2007, p. 122.

[577] JOYCE, James. *Finnegans Wake*. Londres: Penguim Uk, 1999, p. 183.

[578] ELLMANN, Richard. *James Joyce*. São Paulo: Globo, 1982, p 844.

[579] ANDERSON, Chester G. *Vidas Literárias: James Joyce*. Rio de Janeiro: Jorge Zahar Editor, 1989, p. 122.

[580] LACAN, Jacques. *O Seminário, Livro 23, O Sinthoma*. Rio de Janeiro: Jorge Zahar Editor, 2007, p 16. Nesse sentido Lacan dirá também que "Joyce é um a-Freud" pois prescinde, nessa questão, de ou da psicanálise. LACAN, Jacques. *O Seminário, Livro 23, O Sinthoma*. Rio de Janeiro: Jorge Zahar Editor, 2007, p. 116.

[581] JOYCE, James. *Finnegans Wake*. Londres: Penguim Uk, 1999, p. 337.

[582] LACAN, Jacques. *O Seminário, Livro 23, O Sinthoma*. Rio de Janeiro: Jorge Zahar Editor, 2007, p. 122.

[583] LACAN, Jacques. *O Triunfo da Religião*. Rio de Janeiro: Jorge Zahar Editor, 2005, p. 65.

[584] FREUD, Sigmund. *Psicologia de Grupo e Análise do Ego*, in *Edição Standard Brasileira das Obras Psicológicas Completas de Sigmund Freud*, Volume XVIII. Rio de Janeiro: Imago, 1987, p. 124.

[585] LACAN, Jacques. *Joyce, o Sintoma*, in *O Seminário, Livro 23, O Sinthoma*. Rio de Janeiro: Jorge Zahar Editor, 2007, p. 158.

Pois de que maneira leríamos a sua vontade de "deixar os críticos ocupados por trezentos anos"[586] o que, de fato, têm acontecido até então[587]? Será que Lacan estaria de olho no que o mesmo Joyce dita a Nino Frank em 1937, ou seja de que, "de momento há pelo menos uma pessoa, eu mesmo, que pode entender o que estou escrevendo. Não garanto, porém que em dois ou três anos ainda serei capaz de fazê-lo"[588]? Lacan então leria em Joyce a passagem de um Outro, todo, para um Outro, não-todo, e, por essa falta, marcada na álgebra lacaniana com o A, seria portanto inanalisável já que inapelável e inapelante. Joyce, com seu *Wake*, assim, não convocaria a significação, jesuítica e formativa de sua educação escolar, mas um descolado "jesusalem"[589]. Bem, esse é um primeiro problema na leitura que Lacan faz de Joyce.

Um outro está na tendência que a psicanálise tem para categorizar em estruturas clínicas tudo aquilo sobre que se debruça. Sai das bocas dos psicanalistas, quase que naturalmente e com uma facilidade que dói, coisas como: "É, por sua incontrolada vontade de não achar satisfação, uma histérica", dizem sobre alguma mulher que não se compraz com aquilo que tem. Ou, para algum homem que minuciosamente esquadrinha um texto, dirão: "Essa ritualística que não permite que nada se perca indica a neurose obsessiva que o habita". Agora, o curioso, é que a mesma pessoa que contra-indiciando tais invectivas acabe, num certo momento, sucumbindo a elas. O curioso é que o mesmo psicanalista que ao trabalhar *Hamlet* e sua procrastinação diante do ato que seu pai lhe pede, afirme que ele "não é um obsessivo pela razão primeiramente de que ele é uma criação poética. *Hamlet* não tem neurose. *Hamlet* nos demonstra a neurose, e isto é diferente de sê-lo"[590] escorregue ao declarar que *Finnegans Wake* se assemelha à mania[591].

---

[586] ELLMANN, Richard. *James Joyce*. São Paulo: Globo, 1982, p. 865.

[587] Eis um interessante comentário de Edmund Wilson: " Finnegans wake saiu diretamente das mãos de Joyce para as mãos dos professores e hoje não é um assunto literário mas um objeto de estudo acadêmico". WILSON, Edmund. *Thougts on Being Bibliographed*, 1943, Classics & Comercials, in PIZA, Daniel. *Jornalismo Cultural*. São Paulo: Contexto, 2013, p. 214. E mais um, de Tortosa, que amplia o desejo de Joyce: "we will have to spend a whole lifetime trying to assimilate the work" ou, numa tradução possível "teremos que passar uma vida inteira tentando assimilar esse trabalho." TORTOSA, Francisco Garcia. *Finnegans Wake in Retrospective*, in *Papers on Joyce* 17/18 (2011-2012): 336.

[588] ELLMANN, Richard. James Joyce. São Paulo: Globo, 1982, p. 862.

[589] JOYCE, James. *Finnegans Wake*. Londres: Penguim Uk, 1999, p. 192.

[590] LACAN, Jacques. O Desejo e sua Interpretação, Seminário 1958 – 1959 (Publicação não comercial). Porto Alegre: APOA, 2002, p. 311.

[591] LACAN, Jacques. *O Seminário, Livro 23, O Sinthoma*. Rio de Janeiro: Jorge

Prestemos atenção a isso: numa mão temos a incompatibilidade da arte com a doença, destacada por Freud, por exemplo, no conceito de sublimação[592]. E, de outro, seu assemelhamento, a ponto da arte, solta e sem esteios, virar, como Freud define a mania, uma espécie de triunfo do eu[593]. Para onde, nessa toada, vai Lacan? Sabemos que a claque sai de seu seminário perguntando: será James Joyce, então, um psicótico[594]? Pergunta que, ainda hoje, encontra eco[595] quando, na verdade, isso pouco importa. De que adianta, por exemplo, dizer como faz Jung a Patrícia Hutcher?

> Seu estilo psicológico é sem dúvida esquizofrênico, com a diferença de que o paciente comum não consegue evitar de falar e pensar dessa maneira, enquanto Joyce controla e, mais ainda, desenvolvia com todas as suas forças criativas, o que explica porque ele próprio não ultrapassa a linha. [596]

Absolutamente nada! Poderíamos mudar os termos dessa sentença e chegaríamos a mesma conclusão: seu estilo psicológico é sem dúvida histérico – ou obsessivo ou paranóico ou *borderline* – com a diferença de que o paciente comum não consegue evitar de falar e pensar dessa maneira, enquanto Joyce controla e, mais ainda, desenvolvia com todas as suas forças criativas, o que explica porque ele próprio não ultrapassa a linha.

Zahar Editor, 2007, p. 12.

[592] FREUD, Sigmund. *As Pulsões e seus Destinos*. Belo Horizonte: Autêntica, 2016, p. 150.

[593] FREUD, Sigmund. *Luto e Melancolia*, in *Edição Standard Brasileira das Obras Psicológicas Completas de Sigmund Freud*, Volume XIV. Rio de Janeiro: Imago, 1987, p. 279.

[594] Lacan se pergunta: "Joyce era louco?"e sem exatamente responder a essa questão a lança para os insones ideais de sua obra. LACAN, Jacques. *O Seminário, Livro 23, O Sinthoma*. Rio de Janeiro: Jorge Zahar Editor, 2007, p. 75.

[595] Cito apenas dois textos que tratam dessa questão nos dias de hoje – mas há mais: LIMA, Christiano Mendes de. *"Joyce era louco?": fundamentos da interrogação de Lacan*. Opção Lacaniana online nova série Ano 5, Número 14, julho 2014. ALMEIDA, Ricardo Monteiro Guedes de. *A estabilização Psicótica e o Sinthoma Joyciano: um Nó, uma Invenção*. São Paulo: s.n, 2012.

[596] ELLMANN, Richard. *James Joyce*. Porto Alegre: Globo, 1982, p. 837.

E gostaria de deixar bem claro, isso: se um psicodiagnóstico serve a alguém é sobretudo para quem o pronuncia. A prática da nosografia, mesmo que fundamentada na estruturação psíquica, depende de um ponto de vista, de uma conceituação, de uma delimitação, de uma codificação. E está aí para livrar o intérprete daquilo que escapa de suas garras numa atitude, como escreve Szasz, "psico-imperialista"[597] que se derrama por todos os poros de quem, pretensamente, se escuta ou se lê. Quem tira proveito disso é sempre o inventor que procura, com essa empreitada, antecipar os movimentos de quem ele se propõe escutar e, pior, para parafrasear Foucault, acaba por enunciar o que foi dito e redizer o que nunca foi enunciado[598]. Lacan, ao contrário do que seus asseclas que crêem no todo poderoso, também irá percorrer essa perigosa via.

De fato, Lacan não apenas produzirá uma espécie de psicodiagnóstico de Joyce – ou fornecerá as ferramentas para que façam isso por ele, dá no mesmo[599] – mas também irá patologizar *Finnegans Wake*. E isso irá contrariar um ponto mais fundamental ainda e que havia levantado no seminário *O Desejo e sua Interpretação*. Na aula de 18 de Março de 1959, criticando os psicanalistas britânicos Ella Sharpe e Ernest Jones e sua, digamos, cama de Procusto em relação a obras literárias, declara: "em muitas obras, indo assim procurar sob este ângulo alguns vestígios, alguma coisa que possa informá-los sobre um autor, vocês fazem obra de investigação biográfica sobre o autor, vocês não analisam o alcance da obra como tal"[600]. Pois como irá proceder Lacan ao se deparar – depois de dizer que não se deve ir, para um texto, com a vida do autor em baixo do braço como se fosse uma baguete – com a obra de Joyce? Procurará em elementos históricos os motivos de sua obra e portanto o biog*rafará*.

Por exemplo – já vou dar mais deles – com a história de que Nora, A Mulher por excelência, de quem Joyce seria dependente[601]

---

[597] SZASZ, Thomas S. *O Mito da Doença Mental*. Rio de Janeiro: Jorge Zahar Editor, 1982, p. 55.

[598] FOUCAULT, Michel. *O Nascimento da Clínica*. Rio de Janeiro: Forense Universitária, 2013, p. XV.

[599] É triste mas ao que tudo indica, ainda hoje, a grande parte dos psicanalistas insiste na canhestra perspectiva de que "a obra de arte é um material para um psicodiagnóstico que visa definir a neurose (ou a psicose, ou a perversão) do escritor". BARTHES, Roland. *Novos Caminhos da Crítica Literária na França*, in *Inéditos, vol. 1 – Teoria*. São Paulo: Martins Fontes, 2004, p. 39.

[600] LACAN, Jacques. *O Desejo e sua Interpretação, Seminário 1958 – 1959* (Publicação não comercial). Porto Alegre: APOA, 2002, p. 291.

enluva[602] Joyce e nesse encaixe lhe daria acesso, como escreveu Jung, particularmente sobre o último capítulo de *Ulisses* e contrariando o que a própria Nora diz de seu marido, "a verdadeira psicologia da mulher"[603].

Apelando, sempre para "o velho método biográfico"[604] Lacan enfatizará que é no reino de Nora[605] que se elocubra seu teatral *Exiles* e tal como a crítica literária tem feito ao postular que em Joyce vida e obra são inseparáveis[606], Lacan acaba por achar que o melhor roteiro para a sua obra são os relatos de uma anti-ex-istência e, de um incalculável "biografiend"[607], se chega a um amigável biogra-friend. E assim fará desta grafia uma ontologia e nos pontos obscuros encontrará luz nas vivências do escritor irlandês[608]. E será nessa espécie de triunfo do eu, para retomar a mania que evoquei há pouco, que grande parte de sua leitura irá se pautar. E vale a pergunta: a psicanálise, procedendo assim, não passa para o campo da psicologia? Ao procurar no *Retrato* um retrato, em *Hero* um herói e em *Ulisses* uma "pére-version"[609] – note que Lacan evita calculadamente o *Wake* – sempre em consonância com aquilo que da vida Joyce testemunha não se descamba para um psicologismo?

E se, como demonstra Anderson, Joyce alcunhava seus afetos e desafetos da vida cotidiana em suas obras[610] ele, nessas obras e na verdade, não os al-*cunhava*? De fato, se ele tomava de empréstimo certas características de quem o circundava, as reformatava e por vezes

---

[601] ELLMANN, Richard. *James Joyce*. Porto Alegre: Globo, 1982, p. 847.

[602] LACAN, Jacques. *O Seminário, Livro 23, O Sinthoma*. Rio de Janeiro: Jorge Zahar Editor, 2007, p. 82.

[603] ELLMANN, Richard. *James Joyce*. Porto Alegre: Globo, 1982, p. 775.

[604] BARTHES, Roland. *Em Nome da "Nova Crítica", Roland Barthes Responde a Raymond Picard*, in *O Grão da Voz*. São Paulo: Martin Fontes, 2004, p. 56.

[605] LACAN, Jacques. *O Seminário, Livro 23, O Sinthoma*. Rio de Janeiro: Jorge Zahar Editor, 2007, p. 68.

[606] TORTOSA, Francisco Garcia. *Anna Livia Plurabelle*. Madri: Cátedra Letras Universales, 1992, p. 12.

[607] JOYCE, James. *Finnegans Wake*. Londres: Penguim Uk, 1999, p. 55.

[608] Aliás, é contra essa armadilha tão convidativa que Barthes, por exemplo, faz erige um de seus combates ao repudiar, abdicar, declinar da idéia de autor, ou seja, de "uma subjetividade que se expressou numa obra". BARTHES, Roland. *Prazer/Escrita/Leitura*, in *O Grão da Voz*. São Paulo: Martins Fontes, 2004, p. 232. Discutirei um pouco mais sobre isso no capítulo 8, Uma Loucura Compartilhada?.

[609] LACAN, Jacques. *O Seminário, Livro 23, O Sinthoma*. Rio de Janeiro: Jorge Zahar Editor, 2007, p. 82.

[610] ANDERSON, Chester G. *Vidas Literárias: James Joyce*. Rio de Janeiro: Jorge Zahar Editor, 1989, p. 25, 35 e 39.

as transcrevia pontualmente ele não lhes dava uma outra ex-sistência? E inclusive a si mesmo e suas conflitantes relações com o cristianismo. Dessa maneira o que se dá a ler em *Stephen Hero* e no *Um Retrato do Artista Quando Jovem* não é o que Vizioli diz, ou seja, nesses dois romances "todos os fatos foram extraídos da vida e da realidade de Joyce"[611]. Ou, se quisermos manter essas suas palavras, temos de dar ênfase a uma em especial, *extraído* que, implementado no papel, assume uma outra característica e um outro status. E para os partidários de que a obra imita a vida pergunto: de onde o artista tiraria material para sua obra senão de sua vida e de sua realidade? Mas se ele apenas plasmasse seu cotidiano ainda seria arte? De qualquer maneira e como preconiza Riquelme, é importante não identificar de forma absoluta o autor com o personagem[612] e, digo eu, pouco importa que Joyce e Nora dormissem "um para os pés e o outro para a cabeceira"[613] a não ser para a saciação de alguma curiosidade. Mas que Molly e Leopold se disponham na cama nessa curiosa descrição: "Ouvinte, SE por E: Narrador, NO por O: n 53° paralelo de latitude, N, e 6° meridiano de longitude, O: num ângulo de 45° ao equador terrestre"[614], tem toda a importância pois é a obra que dita as suas próprias leis. Para voltarmos a Anderson, que no final das contas se contradiz, em Joyce não se escuta "o som da voz do autor, mas da voz, dos pensamentos e sentimentos do personagem"[615]. E se no *Wake* não há personagem[616], teremos, mesmo, de nos voltar para algo além dessa tipologia típica.

Assim, nada de psicologismo ou de um tropismo rumo a ontologia. Nada de procurar – e encontrar – o autor por trás da obra. Mas acontece que Lacan, mesmo que não pense assim, pensa assim. E deixando um pouco de lado a "ex-camareira do Hotel Finn"[617] – é difícil fazer um descolamento autor/obra mas em *Finnegans Wake* o hotel, vira "Wynn's Hotel"[618] e quando se mantém como *Finn's Hotel* se lhe é

---

[611] VIZIOLI, Paulo. *James Joyce e sua Obra Literária*. São Paulo: EPU, 1991, p. 49.

[612] RIQUELME, John Paul. *Stephen Hero, Dublinenses e Retrato do Artista Quando Jovem: Estilos de Realismo e Fantasia, in Riverrun: Ensaios sobre James Joyce*. Rio de Janeiro: Imago, 1992, p. 44.

[613] ANDERSON, Chester G. *Vidas Literárias: James Joyce*. Rio de Janeiro: Jorge Zahar Editor, 1989, p. 67.

[614] JOYCE, James. *Ulisses*. Rio de Janeiro: Objetiva, 2007, p. 786.

[615] ANDERSON, Chester G. *Vidas Literárias: James Joyce*. Rio de Janeiro: Jorge Zahar Editor, 1989, p. 54.

[616] ELLMANN, Richard. *James Joyce*. Porto Alegre: Globo, 1982, p. 856.

[617] MADDOX, Brenda. *Nora*. São Paulo: Martins Fontes, 1991, p. 10.

[618] JOYCE, James. *Finnegans Wake*. Londres: Penguim Uk, 1999, p. 137.

acrescentado uma cauda difícil de explicar, "Fiord"[619] – se voltará para o pai, ou, para tentar dizer melhor as coisas, a falta de um pai.

A idéia de Lacan é que para Joyce faltava um patronímico[620], um nome do pai que lhe permitisse andar pelo mundo como um homem comum. Sua base para afirmar isso é a irrelevância do pai de Joyce que, se deixarmos entrar o que estou querendo combater, poderia ser descrito como faz Stephen a Cranly em *O Retrato*:

> Foi estudante de medicina, remador, tenor, ator amador, político exaltado, pequeno fundiário, pequeno investidor, bebedor, um bom sujeito, contador de histórias, secretário não sei de quem, meteu-se uns tempos em destilarias, foi coletor de impostos, faliu, e atualmente vive a elogiar o próprio passado.[621]

Ou seja, um pai que, circulante, não se fixa. Um vagamundo, um "pai náufrago"[622] para usar uma expressão de O'Brien, para resumir as coisas.

Agora, de fato, se nos remetermos a genealogia dos Joyce observaremos que ela é construída com tropeços e determinados furos: seu tataravô chamava-se George Joyce e nada produziu de substancioso na vida. Seu bisavô, por quem se procura iniciar uma tradição de nomenclatura, se chamará James Joyce, mas nada fez de glorioso. Seu avô, na sequência, será nomeado James Augustine Joyce e a não ser fazer rir – era um piadista – quem o freqüentava, não encontra seu augusto lugar no mundo. Vem então seu pai, que era para se chamar também James, mas "foi enganado por um funcionário bêbado"[623] e ficou John Joyce. E o que produziu ele a não ser mudanças constantes que mais pareciam um exílio forçado por nunca conseguir pagar os alugueis? E mesmo que John Gross afirme que "com todas as suas falhas John Joyce foi um homem de conquistas consideráveis: um cantor

---

[619] JOYCE, James. *Finnegans Wake*. Londres: Penguim Uk, 1999, p. 330.

[620] LACAN, Jacques. *O Seminário, Livro 23, O Sinthoma*. Rio de Janeiro: Jorge Zahar Editor, 2007, p. 85.

[621] JOYCE, James. *Um Retrato do artista Quando Jovem*. São Paulo: Penguin e Companhia das Letras, 2016, p. 256.

[622] O'BRIEN, Edna. *James Joyce*. Rio de Janeiro: Objetiva, 1999, p. 160.

[623] ELLMANN, Richard. *James Joyce*. Porto Alegre: Globo, 1982, p. 28.

de talento"[624] não se encontra em sua história, se é que há alguma história, nenhuma dessas conquistas.

Enfim surge James, que nascido para homenagear o avô acaba por ser registrado incorretamente[625] e vira James Augusta Joyce[626]. Mas, pergunto, teríamos, nessa bagunça, nessa barafunda, nessa patuscada nomenclatural uma falta de patronímico já que é nos nomes próprios que algo se comove? Parece que o ponto de vista de Lacan é que na arte Joyce estabelece um nome para a posteridade para, como diz na aula de 10 de fevereiro de 1976 do seminário *O Sinthoma* compensar o pai que não teve[627]. Mas se vamos, então, a biografia de James, encontramos mesmo esse pai faltante? Pois logo ficamos sabendo que ao contrário do que Lacan afirma, Joyce o teve, inclusive cheio de amor, como confessa a T.S. Eliot[628] no início dos anos 30. E mais: John, ao morrer, deixa toda a sua herança – 66 libras[629] não é muito, mas é herança – apenas para o filho mais velho, James, que acaba sendo tratado, então, como único[630]. Não parece, assim, que Joyce careça de pai como afirma Lacan: Joyce, por sua arte, faz "a compensação da carência paterna"[631]. Mas quem se lembraria de George, dos outros James e do próprio John se não fosse James Joyce que os inscreveria? Assim, o que Lacan está enfatizando é que só podemos pensar nos primeiros a partir do último e no final das contas só o último tem verdadeira importância.

Mas Lacan não para aí e vai um pouco mais além ao enfatizar que "seu pau (de Joyce) era um pouco mole"[632] mas também que seu pai que era malemolente, de "condição decaída"[633] como se dá a ler – acabei de evocar isso – em *Um Retrato*. Dessa forma, sua arte teria feito suplência a essa moleza generalizada e Joyce, com sua obra, seria "Joyce, o Sinthoma. Sinhtoma aqui é seu sobrenome, seu patronímico. Joyce cria

---

[624] GROSS, John. *Joyce*. Barcelona: Grijalbo, 1974, p. 27.

[625] ELLMANN, Richard. *James Joyce*. Porto Alegre: Globo, 1982, p. 38.

[626] Augusta, como direi mais adiante, é um nome feminino e veio no lugar de Augustine, que homenagearia o avô.

[627] LACAN, Jacques. *O Seminário, Livro 23, O Sinthoma*. Rio de Janeiro: Jorge Zahar Editor, 2007, p. 86.

[628] O'BRIEN, Edna. *James Joyce*. Rio de Janeiro: Objetiva, 1999, p. 161.

[629] ANDERSON, Chester G. *Vidas Literárias: James Joyce*. Rio de Janeiro: Jorge Zahar Editor, 1989, p. 73.

[630] ELLMANN, Richard. *James Joyce*. Porto Alegre: Globo, 1982, p. 794.

[631] LACAN, Jacques. *O Seminário, Livro 23, O Sinthoma*. Rio de Janeiro: Jorge Zahar Editor, 2007, p. 91.

[632] Idem, p. 16.

[633] JOYCE, James. *Retrato do Artista Quando Jovem*. São Paulo: Abril Cultural, 1971, p. 81.

a sua raça"[634] como ele mesmo afirma em duas cartas a Nora: "serei de verdade o poeta de minha raça"[635], a "minha própria lenda"[636]. Mas não apenas Joyce teria feito suplência a seu patronímico faltante mas teria inscrito seu nome próprio[637] sobre esse buraco que Lacan enxerga. Mas, vale à pena perguntarmo-nos, escrever um nome com as próprias mãos não é o sonho de qualquer adolescente? "Se parere, gerar a si mesmo"[638] não é a ambição de todo o mundo e nisso Joyce perderia seu privilégio como artista? Claro que a maioria falha nesse processo e como canta Elis Regina ainda permanecem os mesmos[639]. Seria aí que Joyce triunfa? Mas para atrapalhar um pouco "o pensamento que é o pensamento do pensamento"[640] num processo que tende ao infinito Joyce, com sua obra mais do que ser o poeta de uma raça não funda uma arte-dizer (art-dire)[641], uma arte de dizer o que não se diz? E até mais: de, dizendo, mostrar, sim, um buraco mas que nada deve ao pai mas apresenta um real que por definição é o que não se define, o que não se nomeia? E assim, mais do que escrever um nome ele não faz como Bataille, quer dizer, escreve para apagá-lo do mapa[642]?

De qualquer maneira, para Lacan e até então, Joyce faria costura naquilo que, para ele, é falta de pai, rasgadura paterna, *patria defectum*. E seria, dessa maneira e por sua obra o que Schüller chama de "alfaiarte"[643].

Mas há algo que não cola nessa equação lacaniana. Primeiro: quem se lembra de Émile Lacan ou de Alfred Lacan a não ser por Jacques? E mesmo que considerássemos que o nome feminino Augusta, de Joyce, tivesse algum efeito deletério sobre seu portador, o que

---

[634] LACAN, Jacques. *O Seminário, Livro 23, O Sinthoma*. Rio de Janeiro: Jorge Zahar Editor, 2007, p. 23.

[635] MADDOX, Brenda. *Nora: Uma Biografia de Nora Joyce*. São Paulo: Martins Fontes, 199, p. 148.

[636] O'BRIEN, Edna. *James Joyce*. Rio de Janeiro: Objetiva, 1999, p. 64.

[637] LACAN, Jacques. *Joyce, O Sintoma*, in *O Seminário, Livro 23, O Sinthoma*. Rio de Janeiro: Jorge Zahar Editor, 2007, p. 158.

[638] LACAN, Jacques. *Posição do Inconsciente no Congresso de Bonneval*, in *Escritos*. Rio de Janeiro: Jorge Zahar Editor, 1998, p. 857.

[639] Da música de Belchior, *Como os Nossos Pais*.

[640] JOYCE, James. *Ulisses*. Rio de Janeiro: Objetiva, 2007, p. 53.

[641] LACAN, Jacques. *O Seminário, Livro 23, O Sinthoma*. Rio de Janeiro: Jorge Zahar Editor, 2007, p. 114.

[642] "Escrevo para apagar meu nome". BATAILLE, Georges. *A História do Olho*. São Paulo: Cosac & Naif, 2003, p. 13.

[643] SCHÜLER, Donaldo. *Finnegans Wake/Finnicius Revém, Livro I, Capítulos 2, 3 e 4*. Cotia: Ateliê Editorial, 2004, p. 133.

poderíamos dizer do segundo nome de Jacques, Marie[644], que teria uma marca semelhante? E quem foi que disse que o pau de Joyce era meio mole? Basta ler as cartas dele para Nora, as dedicadas à sacanagem, principalmente, para nos certificarmos do extremo oposto. Eis um exemplo eloqüente:

> (...)lado a lado e dentro deste amor espiritual que sinto por ti também há um selvagem e bestial desejo por cada polegada do teu corpo, por cada parte secreta e vergonhosa que nele existe, por cada cheiro e por cada ato que elas executam. O meu amor por ti tanto me permite fazer uma prece ao espírito da beleza e do carinho eternos reflectidos nos teus olhos, como atirar-te para debaixo de mim com esse ventre, que tens tão macio, voltado, e foder-te por detrás como um porco cavalga a porca, regozijando-me com o verdadeiro fedor e o suor que te sai do rabo (...)[645]

E mais outro:

> Em Ringsend, já lá vai muito tempo, não fui eu quem começou a apalpar. Foste tu quem desceu, desceu a mão sorrateira ao interior das minhas calças e afastou suavamente a camisa, e com seus longos e titilantes dedos me tocou a piça, e aos poucos agarrou nela, grossa e tesa com estava, lentamente até eu me vir nos deus dedos, tu debruçada, durante este tempo todo, sobre mim e a fixar-me com olhos calmos de santa.[646]

Onde está essa moleza peniana? Até podemos dizer que Joyce era chegado à escatologia e adepto dos prazeres de Onan mas isso não implica um pau mole. Nem aqui, nem em Dublin. Lacan, portanto, exagera e procura encontrar o que ele mesmo planta. O que nos traz

---

[644] ROUDINESCO, Elisabeth. *Lacan, Esboço de uma Vida, História de um Sistema de Pensamento*. São Paulo: Companhia das Letras, 1994, p. 23.
[645] JOYCE, James. *Querida Nora!*. Lisboa: Hiena, 1994, p. 73.
[646] Idem, p. 75 e 76.

dificuldades pois Lacan considerará que nessas questões de nomes, de pais e de paus, houve, para Joyce, uma *"Verwerfung de fato"*[647], uma foraclusão a valer que antes me parece inencontrável não por rejeição mas por ser inexistente. Mas Lacan insiste nesse ponto e de Joyce faz um S_1 criado *ex-nihilo* de onde brotarão S_2s – "o S_2 é o artesão"[648], diz ele –, suas criações, como Hero, Dedalus, Molly, Blomm, Humphrey Chimpden Earwicker e Anna Livia Plurabelle.

Assim, ainda segundo Lacan, haveria uma forclusão inicial consertada por Joyce ao renomear-se em suas obras e tornar-se um dos maiores escritores de todas as épocas: "o nome que lhe é próprio, eis o que Joyce valoriza à custa de seu pai"[649] , ele afirma na aula de 10 de fevereiro de 1976, pautando-se sempre no trecho que aqui já evoquei de *Um Retrato do Artista Quando Jovem*, "Eu vou ao encontro, pela milionésima vez, da realidade da experiência, a fim de moldar, na forja da minha alma, a consciência ainda não criada da minha raça"[650]deixand o de lado, o trecho seguinte: "Velho pai, velho artífice, mantem-me, agora e sempre em boa forma"[651].

Deixando de lado? Na verdade Lacan também evoca esse trecho do *Retrato* para dizer que Joyce *esteve, sempre, "sobrecarregado de pai"*[652] *mas de um "pai [que] jamais foi um pai para ele"*[653] *e que para subsistir – Lacan está de olho, agora, na problemática pai sem filho e filho sem pai*[654] *de Ulisses – precisa da arte de Joyce.* Para Lacan, desde pelo menos 1938[655], o tema de decadência paterna e de suas conseqüências é um tema importante – lhe é, pessoalmente, mas também faz parte do *Zeitgeist europeu*[656]*– mas isso justificaria ler Joyce e sobretudo ler o Wake por essa chave interpretativa? E realmente "o que ele [Joyce] escreve é a consequência do que ele é"*[657]*? Não me parece.*

---

[647] LACAN, Jacques. *O Seminário, Livro 23, O Sinthoma*. Rio de Janeiro: Jorge Zahar Editor, 2007, p. 86.

[648] Idem, p. 24.

[649] Idem, p. 86.

[650] JOYCE, James. *Retrato do Artista Quando Jovem*. São Paulo: Abril Cultural, 1971, p. 238.

[651] Idem, Ibidem.

[652] LACAN, Jacques. *O Seminário, Livro 23, O Sinthoma*. Rio de Janeiro: Jorge Zahar Editor, 2007, p. 23.

[653] Idem, p. 86.

[654] BURGESS, Anthony. *Homem Comum Enfim: Uma Introdução a James Joyce para o Leitor Comum*. São Paulo: Companhia das Letras, 1994, p. 110.

[655] LACAN, Jacques. *A Família*. Lisboa: Assírio e Alvim, 1981, p. 72.

[656] MARTY, Éric. *Roland Barthes, O Ofício de Escrever*. Rio de Janeiro: Difel, 2009, p. 232.

Eis um discurso que não me convence! E dizer que *Finnegans Wake* participa do sinthoma de Joyce[658] é de uma obviedade até irritante pois serve para afirmar que, também, qualquer coisa que façamos faz parte de nosso sinthoma. Assim como afirmar que a escrita é "essencial para seu ego"[659] que como sabemos, desde Freud, é "uma organização"[660] também essencial. Agora, porque Lacan fica tanto tempo envolto nisso que ele chama de Ego de Joyce? Porque ele, como já ressaltei aqui, evita o *Wake* e se volta para outros elementos que visam o ser de Joyce? Diante do *Wake* onde, como disse Marcos Müller[661], não se encontra eu, ele, Lacan, se volta para, por exemplo, as epifanias joycenas – essas sim autoreferenciais[662] – e afirma: "em Joyce a epifania é o que faz com que, graças a falha, inconsciente e real se enodem"[663], e daí conclui que será com um ego iluminado e luminar de uma realidade que entra em estado de estase – e talvez até de êxtase – que Joyce amarra suas pontas soltas[664]. Em suma, Lacan fica como mesmerizado pela *persona* de Joyce e diante de *Finnegans Wake*, diante desse texto que retorce o espaço e o

---

[657] LACAN, Jacques. *O Seminário, Livro 23, O Sinthoma*. Rio de Janeiro: Jorge Zahar Editor, 2007, p. 77.

[658] LACAN, Jacques. *O Seminário, Livro 23, O Sinthoma*. Rio de Janeiro: Jorge Zahar Editor, 2007, p. 121.

[659] Idem, p. 143.

[660] FREUD, Sigmund. *Inibições, Sintoma e Ansiedade*, in *Edição Standard Brasileira das Obras Psicológicas Completas de Sigmund Freud*, Volume XX. Rio de Janeiro: Imago, 1987, p. 120.

[661] Ele o disse, acertadamente, em 11/06/2018.

[662] JOYCE, James. *Epifanias*. São Paulo: Iluminuras, 2012. Lembrando que as *Epifanias*, que Joyce definiu como "manifestações súbitas, quer na vulgaridade do discurso ou do gesto, ou em uma fase memorável da própria mente" e como "os momentos mais delicados e evanescentes" – JOYCE, James. *Epifanias*, in Revista da Letra Freudiana, Rio de Janeiro, Relume –Dumará, ano XII, nº 13, 1993 p. 113-119 – é escrito muito antes de *Finnegans Wake*.

[663] LACAN, Jacques. *O Seminário, Livro 23, O Sinthoma*. Rio de Janeiro: Jorge Zahar Editor, 2007, p. 151.

[664] Sobre essa idéia de *epiphany* e de *epiphanies*, tão tributárias, em nossa cultura, da *aufklãrung* e que combaterei uma vez mais quando, no capítulo 8, discutir algumas elaborações freudianas e mesmo lacanianas que visam lançar luz sobre todas as coisas, quero tomar de empréstimo uma outra, inversa e, me parece, mais interessante porque se desloca e se descola de um *status quo* que inclusive ignora seu fim. Refiro-me a de Agualusa em seu *As Mulheres do Meu Pai* e que, por um de seus personagens, diz: "Aconteceu-me ali, naquele instante, o inverso de uma epifania: revelou-se ao meu espírito, como uma escuridão explodindo sob o largo sol do meio-dia a implacável ausência de Deus." AGUALUSA, José Eduardo. *As Mulheres do Meu Pai*. Rio de Janeiro: Língua Geral, 2007, p. 401.

tempo e está tão próximo das coisas que ele mesmo procura, recua. Ele se dirige ao homem Joyce e deixa de lado o "doublejoynted"[665] o "injoynted"[666] e "hubuljoynted"[667] do texto propriamente dito. Lacan cai na armadilha que ele mesmo denunciou em 1956 e aí vale tudo pois esse é o problema de uma análise biográfica: é um recurso à história, ao enredo, a narrativa e o máximo que se consegue fazer ao tomar essa via é convocar mais enredos, mais narrativas, mais histórias que se equivalem em valor, pois tanto podem ser verdadeiras como falsas, dependendo apenas de quem as diz e de quem as ouve. E para parafrasear Lacan, se esquece, claro, daquilo que se diz por trás do que se diz em o que se ouve[668] até que se lembre daquilo que se diz por trás do que se diz em *quem* se ouve.

Assim, é preciso fazer esse blá-blá-blá que evoca, para brincarmos um pouco com o texto que tem "o título mais simples e trivial possível"[669], um *again* para um fim ou um fim com *again*, cessar, como numa análise. Lacan também faz isso quando diz, por exemplo, que Joyce repara seu nó pela escrita[670] naquilo que prescinde da historiografia e é nesse ponto que um saber-fazer se inscreve. Mas que escrita é essa? E ela visa ou alcança o quê? Um ego, um pai? Um mero desembaraço do imaginário[671]? Ou, como estou cantando há já algum tempo, o Real? Não se trataria de, num fim de análise, saber-fazer com o real, com aquilo que resta como impossível?

Insisto uma vez mais sobre isso: a questão aqui não é saber quem é Joyce. Se Joyce era louco ou não[672] ou se imaginava a si mesmo como "*redemer*"[673]. Isso pouco importa[674]. O que importa, ponto inalienável, é

---

665 JOYCE, James. *Finnegans Wake*. Londres: Penguim Uk, 1999, p. 27.

666 Idem, p. 244.

667 Idem, p. 310.

668 LACAN, Jacques. *O Aturdito*, in *Outros Escritos*. Rio de Janeiro: Jorge Zahar Editor, 2003, p. 448.

669 ELLMANN, Richard. *James Joyce*. Porto Alegre: Globo, 1982, p. 737.

670 LACAN, Jacques. *O Seminário, Livro 23, O Sinthoma*. Rio de Janeiro: Jorge Zahar Editor, 2007, p. 150.

671 "A escrita permite se desembaraçar do imaginário", diz Barthes, em 1980, a revista *Le Nouvel Observateur*. BARTHES, Roland. *A Crise do Desejo*, in *O Grão da Voz*. São Paulo: Martins Fontes, 2004, p. 508.

672 LACAN, Jacques. *O Seminário, Livro 23, O Sinthoma*. Rio de Janeiro: Jorge Zahar Editor, 2007, p. 75.

673 Idem, p. 78.

674 Campbell e Robinson chegam a declarar que "Se Joyce é doente, sua doença é a neurose de nosso tempo". (minha tradução). CAMPBELL, Joseph & ROBINSON, Henry Morton. *A Skeleton Key to Finnegans Wake: Unloking James Joyce's*

o texto e o que se encontra e se desencontra em seus emaranhamentos. E se Joyce supre o desenodamento[675] com sua arte é porque ele consegue fazer com a linguagem o que com ela, por excesso ou por carência de pai, de pau ou seja o que for, a maioria dos mortais não consegue. Se, como diz Lacan,"sua obra (foi) gestada para liberar-se desse idioma que ele não havia nem criado, nem posto em uso"[676] devemos ir a este novo idioma, a esta linguagem e aí sim percebermos que "a fala é um parasita, a fala é uma excrescência, a fala é a forma de câncer pela qual o ser humano é afligido"[677]. Se Joyce visa com sua arte e "de maneira privilegiada o quarto termo chamado de sinthoma"[678], se para Lacan, o que Joyce realiza é um enodamento que privilegia o sinthoma enquanto tal[679] e com isso estrutura o que tenderia a deriva, é por sua obra e não por sua vida que o faz. E assim, o *Wake*, mais do que Joyce, a faz desparasitar, a descanceriza sabendo fazer com ela, desestabilizando o Outro como tesouro e acabando "por impor à própria linguagem um tipo de quebra, de decomposição, que faz com que não haja mais identidade fonatória"[680]. Não é, portanto, pela via da identificação que podemos pensá-lo. No *Wake* P será paraconsistentemente diferente de P[681]. Finnegan virará facilmente "Timeagen[682]" e James Joyce não será uma simples *Names Choice*.

E para darmos mais um passo, o *Wake*, além disso, denuncia esse sinthoma como um constructo arte-ficial. Dito de uma outra maneira: se "a arte pode atingir o sintoma"[683], ao mesmo tempo que o constitui e dá

---

*Masterwork.*California: New World Library, 2005, p 361.

[675] LACAN, Jacques. *O Seminário, Livro 23, O Sinthoma*. Rio de Janeiro: Jorge Zahar Editor, 2007, p. 85.

[676] HARARI, Roberto. *Como se Chama James Joyce? À partir do Seminário Le Sinthome de J. Lacan*. Salvador: Ágalma; Rio de Janeiro: Campo Matêmico, 2002, p. 211.

[677] LACAN, Jacques. *O Seminário, Livro 23, O Sinthoma*. Rio de Janeiro: Jorge Zahar Editor, 2007, p. 92.

[678] Idem, p. 38.

[679] Idem, p, 39.

[680] Idem, p. 93.

[681] COSTA, Newton C. A. *Psicanálise e Lógica*, in *Revirão, Revista da Prática Freudiana*, 3. Rio de Janeiro: Aoutra, 1985, p. 84. A lógica paraconsistente caracteriza-se por derrogar as bases fundamentais da lógica clássica, como o princípio da não-contradição ou da identidade. Para ela uma sentença e a sua negação podem ser ambas e ao mesmo tempo verdadeiras e, como escrevi acima, nada impede que $P \neq P \Rightarrow P = NP$.

[682] JOYCE, James. *Finnegans Wake*. Londres: Penguim Uk, 1999, p. 415.

[683] LACAN, Jacques. *O Seminário, Livro 23, O Sinthoma*. Rio de Janeiro: Jorge

estrutura ao nó, o desvela, o sintoma, como artifício sobre o impossível do real. Se o sinthoma é no final das contas o estilo de cada um diante da linguagem que é oriunda de Outro que não nós mesmos e Joyce se torna, como diz Françoise Dolto, "artista daquilo que recebeu"[684] essa tomada, por mais importante que seja ainda sela uma destinação e determinados destinatários. Se por essa perspectiva de saber-fazer-com-a-língua podemos dizer que Joyce não se deixa devastar por ela, pelo verbo, como diz Lacan na Itália em 1974[685] o *Wake* ao mesmo tempo que o usa o desacredita. E se a linguagem cria um labirinto de que é preciso sair, e não será a toa Joyce escolherá Dedalus para helenizar sua ilha[686], é bom que se note que ao sair deixa o Minotauro da linguagem sem o alimento que normalmente lhe é oferecido em holocausto. E por isso, sem alimentação ou retro-alimentação, nos desvela o Real.

Por essa razão, agora, quero chamar a atenção do leitor para um detalhe expresso por Lacan já na primeira aula de seu vigésimo quarto seminário, ou seja, logo após suas colocações acerca do sinthoma, acerca do complexo conceito inspirado em Joyce de saber fazer com seu sinthoma: "Saber lidar com seu sinthoma, é isso o fim de análise. É preciso reconhecer que isso é pouco"[687]. Lacan não indica aí que uma análise, nessa pouquidade – que é ao mesmo tempo uma enormidade, se pensarmos em avanço da práxis analítica – pode ir mais além, mais além do sinthoma que enoda RSI e um outro fim, não-tão-pouco pode ser pleiteado? Será sobre essa problemática que delinearei o próximo capítulo.

5   PARA ALÉM DO SINTHOMA

Zahar Editor, 2007, p. 40.
[684] DOLTO, Françoise. *O Evangelho à Luz da Psicanálise*. Rio de Janeiro: Imago, 1979, p. 43.
[685] LACAN, Jacques. *Entrevista do Dr. Lacan à Imprensa*, in *Cadernos Lacan*, Volume 2 (Publicação não comercial). Porto Alegre: APOA, 2002, p. 29
[686] JOYCE, James. *Ulisses*. Rio de Janeiro: Objetiva, 2007, p. 31.
[687] LACAN, Jacques. *Seminaire L'Insu-que-Sait de L'Une-Bévue S'Aile a Mourre*, 1976-1977, aula de 14/12, s/p in http://www.valas.fr/Jacques-Lacan-l-insu-que-sait-de-l-une-bevue-s-aile-a-mourre-1976-1977 (minha tradução)

"Éramos nós, Estreitos nós,
Enquanto tu, És laço frouxo"
Chico Buarque[688].

"Desaposse-se ou loucomplete-se".
 Paulo Leminski[689]

"Essa qualidade protéica da informação que parava
em uma área privilegiada para transmitir certezas"
Pola Oloixarac[690]

[688] BUARQUE, Chico. *Tira as Mãos de Mim*, in *Letra e Música 1*. São Paulo: Companhia das Letras, 1997, p. 97.
[689] LEMINSKI, Paulo. *Catatau*. Curitiba: Travessa dos Editores, 2004, p. 127.
[690] OLOIXARAC, Pola. *As Teorias Selvagens*. São Paulo: Benvirá, 2011, p. 43.

Usando essas tranças que nos acompanham desde o capítulo 2 é possível dizer que elas só se tornam nós, borromeus ou borromeanos, se uma quarta consistência lhes dá o prumo. Esse prumo, vimos no capítulo anterior, Lacan chama de sinthoma, e será com ele e para além dele que discorrerei à partir de agora.

Como diz Lacan em 16 de dezembro de 1976, o sinthoma, que é o objetivo limitado de um fim de análise, nada mais é que a neurose[691] propriamente dita, ou seja, a re-tomada da estrutura que concerne ao sujeito e a assunção de que sem ele/ela, consequentemente, não há vida. Algo semelhante Lacan dirá, não mais em Paris: "o que se chama sintoma neurótico é simplesmente alguma coisa que os permite viver"[692] sendo esse "os" aqueles que Joyce chamaria, dentro da onisigla HCE, dentro desse significante que, diz Schüler, precisa ser preenchido[693], "Here comes Everybody"[694]. Por isso, como procurei demonstrar, se trataria nesse processo de análise, de permitir ou mesmo testemunhar – falarei mais disso no 10º capítulo desse trabalho – um saber-fazer com ele/ela da parte do analisante de um jeito tal que ela/ele não mais servissem de atrapalho para a existência e fossem, antes, propiciatórios. Freud, de certa maneira, chegou a dizer algo parecido bem no começo de suas pesquisas ao afirmar que uma análise serviria para fazer passar "o sofrimento histérico" – que é o modelo da neurose por excelência – à uma "infelicidade comum"[695] ou, para melhor traduzir "Ihr hysterisches

---

[691] LACAN, Jacques. *O Seminário, Livro 23, O Sinthoma*. Rio de Janeiro: Jorge Zahar Editor, 2007, p. 49.

[692] LACAN, Jacques. *Conferência de 24 de Novembro de 1976, Yale University (Seminário Kanzer)*, in *Lacan in North Armorica*. Porto Alegre: Editora Fi, 2016, p. 24.

[693] "Enquanto escrita, HCE é um significante a ser preenchido". SCHÜLER, Donaldo. *Finnegans Wake/Finnicius Revém, Livro I, Capítulos 2, 3 e 4*. Cotia: Ateliê Editorial, 2004, p. 64.

[694] JOYCE, James. *Finnegans Wake*. Londres: Penguim Uk, 1999, p. 32. Amarante o traduz como "Homem Cá Está". AMARANTE, Dirce Waltrick do. *James Joyce, Finnegans Wake (Por um Fio)*. São Paulo: Iluminuras, 2018, p. 31.

[695] FREUD, Sigmund; BREUER, Joseph. *Estudos sobre a Histeria*, in *Edição*

Elend in gemeines Unglück zu verwandeln"[696], transformar o sofrimento histérico numa infelicidade banal mas, dizendo isso, nos traz certas dificuldades.

A primeira é a contradição evidente com o grosso de sua obra que, como vimos, dá espaço e se organiza por uma invectiva belicosa – *acheronta movebo*[697] – contra o sintoma que encontra sua síntese na idéia que seu dileto Ferenczi fazia em 1932, ou seja, de que os sintomas precisam, devem e são esgotados para que uma análise termine[698]. Procurei demonstrar que essa luta está fadada ao insucesso ou, para retomar uma expressão cara ao Lacan de *O Avesso da Psicanálise*, a impotência[699] já que o que se verificará, na prática, é que eles, passando, por redução ao absurdo, a um, não são elimináveis e não cedem, no fim, a uma interpretação. De forma esquemática resumiria esse ponto da seguinte maneira:

Sintomas ⟶ Interpretação ⟶ Sintoma ⟶ Equivocação ⟶ Sinthoma ⟶ ...

(sentidos ocultos) (desocultação) (redução de amplitude) (produção de equivocação) (assunção da estrutura) (mais além)

Além disso a idéia de infelicidade pode facilmente nos lançar numa perspectiva niilista ou de conformidade e por isso é preciso dar ênfase àquilo que a segue, vale dizer, sua banalização que nada mais é que um desgaste de sua formulação, de sua fórmula pretensamente univocante e que, por isso mesmo, deixa de fundamentar algo que teria um atributo ou qualidade de eternidade. Mas então, porque Lacan, em

---

Standard Brasileira das Obras Psicológicas Completas de Sigmund Freud, Volume II. Rio de Janeiro: Imago, 1987, p. 296.

[696] FREUD, Sigmund; BREUER, Joseph. *Studien über Hysterie*, in Werke von Sigmund Freud. *Deutschland*: Ficher Verlag, 2002, p.276.

[697] A frase toda é "Flectere si nequeo súperos, Acheronta movebo", que Freud traduz por "Se não posso dobrar os poderes supremos, moverei as regiões infernais". FREUD, Sigmund. *A Interpretação dos Sonhos*, in *Edição Standard Brasileira das Obras Psicológicas Completas de Sigmund Freud*, Volume V. Rio de Janeiro: Imago, 1987, p. 17 e 500.

[698] FERENCZI, Sandor. *O Problema do Fim de Análise*, in *Obras Completas, Psicanálise III*. São Paulo: WMF Martins Fontes, 2011, p. 201.

[699] LACAN, Jacques. *O Seminário, Livro 17, O Avesso da Psicanálise*. Rio de Janeiro: Jorge Zahar Editor, 1992, p. 82. No resumo do seminário ... *ou Pior*, Lacan retoma essa asserção e escreve: "Trata-se, na psicanálise, de elevar a impotência à impossibilidade lógica". LACAN, Jacques. *Resumo do Seminário 19*, in *O Seminário, Livro 19, ... ou Pior*. Rio de Janeiro: Jorge Zahar Editor, 2012, p. 235.

New Haven, dirá que "uma análise não tem que ser levada muito longe. Quando o analisante pensa que é feliz em viver já é o suficiente"[700]? Sobre essa infelicidade, banal, uma felicidade[701], inabitual e habitável, se inscreveria porque o falasser saberia fazer com? Ou será que é possível ler aí a armadilha que o sinthoma é capaz de produzir fazendo de um sujeito que nunca está nos domínios de sua casa, um ser ou, o que eu poderia chamar por sua indissociabilidade de sujeitosinthoma? Não parece que esse *savoir-faire* acaba por conduzir, quer se queira ou não se queira, a uma esfericidade da felicidade, a uma *sphère* ou, como se dá a ler no *Wake*, uma "shapesphere"[702]? E o sujeito, cindido, encontraria então sua forma redonda, poetizada, não mais no outro, como queria Arsitófanes[703], mas em algo de si mesmo que acaba por ser si mesmo – identificação ao sinthoma[704], diz Lacan, ao s*eu* sinthoma – e ei-lo longe da incompletude e, do resto impegável de qualquer equação, se chega ao "rest in peace"[705]? Seria a análise uma fatura – e não uma fratura – de "melodi of malodi"[706], de fazer uma "mellowdia da mowléstia"[707] que daí em diante em-canta? A análise então encontraria seu término na correção da *Ichspaltung*[708] destacada por Freud em 1938 como incorrigível e, do rasgo, da fenda, do corte, faria sutura? Será, mesmo, que uma análise seria fazer da *raskol*, da cisão, da fratura, da quebra de

---

[700] LACAN, Jacques. *Conferência de 24 de Novembro de 1976, Yale University (Seminário Kanzer)*, in *Lacan in North Armorica*. Porto Alegre: Editora Fi, 2016, p. 24.

[701] Sobre esse ítem é ainda interessante o que Freud escreve sobre "Com a última fantasia de Hanns, a ansiedade que foi provocada por seu complexo de castração também foi superada e suas dolorosas expectativas receberam uma transformação mais feliz". FREUD, Sigmund. *Análise de uma Fobia de um Menino de Cinco Anos*, in *Edição Standard Brasileira das Obras Psicológicas Completas de Sigmund Freud*, Volume X. Rio de Janeiro: Imago, 1987, p. 94.

[702] JOYCE, James. *Finnegans Wake*. Londres: Penguim Uk, 1999, p. 295.

[703] PLATÃO. *O Banquete*. São Paulo: Atena Editôra, 1955, p. 41-45.

[704] LACAN, Jacques. *O Seminário, Livro 23, O Sinthoma*. Rio de Janeiro: Jorge Zahar Editor, 2007, p. 129.

[705] JOYCE, James. *Finnegans Wake*. Londres: Penguim Uk, 1999, p. 295. *Rest*, além de significar descanso, indica também resto, sobra.

[706] Idem, p. 228.

[707] AMARANTE, Dirce Waltrick do. *James Joyce, Finnegans Wake (Por um Fio)*. São Paulo: Iluminuras, 2018, p. 99.

[708] FREUD, Sigmund. *A Divisão do Ego no Processo de Defesa*, in *Edição Standard Brasileira das Obras Psicológicas Completas de Sigmund Freud*, Volume XXIII. Rio de Janeiro: Imago, 1987, p. 307.

Raskólnikov, para ficarmos no campo da literatura caro a Freud[709], algo bem costurado e assim dar a luz a um *Союзников*[710], a um Junçãonikov?

É claro que os problemas levantados por essas questões do saber-fazer-com-seu-sinthoma são mais complexas do que isso, em grande parte porque as invectivas de Lacan sobre o sinthoma também seguem na direção de demonstrar que ele mesmo é um resto, um resto não interpretável e que, sendo assim, não cede a uma planificação, a uma colocação em um plano delineável que Lacan chamou ironicamente, em 1973, de "flatland"[711]. Aliás, enfatizar que o sinthoma não cede mesmo que se o interprete à exaustão é dizer que ele, no final das contas, é real. Como articula Lacan, com todas as letras, em *L'Insu-que-Sait de L'Une-Bévue S'Aile a Mourre*: "o sintoma é real"[712] na medida em que ele implica uma limitação exatamente a essa interpretação e sua conseqüente apropriação. Explico melhor: o sinthoma, nessa sua vertente real, não seria tanto um adonamento de si e um apaziguamento da cisão que funda o humano, o "homemade"[713], como se dá a ler no *Wake*, mas a inscrição recorrente de que, para a perspectiva de um tudo, se elabore um "mas isso não"[714] que faz limite ao I(A) e mesmo ao S(A)[715].

Assim, o sinthoma é o que faz barreira a ilusão de que tudo se imagine ou se diga e, por isso, Lacan, já antecipando o que acabamos de citar, declara em Bordeaux que sua estrutura é mesmo real[716]. E para retornar ao seminário de 1975-1976, se "o real se funda por não ter sentido, por excluir o sentido ou, mais exatamente, por se decantar ao ser excluído dele"[717] o sinthoma não fundaria um ser mas abriria espaço

---

[709] FREUD, Sigmund. *Dostoiévski e o Parricídio*, in *Edição Standard Brasileira das Obras Psicológicas Completas de Sigmund Freud*, Volume XXI. Rio de Janeiro: Imago, 1987.

4   [710]CASTRO, Tanira; MEDEANIC, Svetlana. *Dicionário Russo-português*. Ponta Grossa: Ediplat, 2009.

[711] LACAN, Jaques. *Os Não-Tolos Erram/Os Nomes do Pai*, Seminário 1973-1974. Porto Alegre: Fi, 2018, p. 51.

[712] LACAN, Jacques. *Seminaire L'Insu-que-Sait de L'Une-Bévue S'Aile a Mourre*, 1976-1977, aula de 15/03, s/p in http://www.valas.fr/Jacques-Lacan-l-insu-que-sait-de-l-une-bevue-s-aile-a-mourre-1976-1977 (minha tradução)

[713]JOYCE, James. *Finnegans Wake*. Londres: Penguim Uk, 1999, p. 454.

[714] LACAN, Jacques. *O Seminário, Livro 23, O Sinthoma*. Rio de Janeiro: Jorge Zahar Editor, 2007, p. 15.

[715] Essas letras fazem parte da álgebra lacaniana e querem dizer, respectivamente, Ideal do Eu e Significado do Outro.

[716] LACAN, Jacques. *Meu Ensino*. Rio de Janeiro: Jorge Zahar Editor, 2006, p. 97.

[717] LACAN, Jacques. *O Seminário, Livro 23, O Sinthoma*. Rio de Janeiro: Jorge

para um "desser"[718]. E o sujeito não mais precisaria descer as regiões infernais pois teria se deparado com esse real que é por definição o que não se aprende nem se apreende. É o limite a toda captura e por isso – não largo o *Wake* – "impersonating"[719], "impenetrablum"[720] e "imperrfectly"[721]. Ele é mesmo o limite do sentido. É quando, ao encontrarmos algo, esse mesmo algo se mostra, pela experiência, pelo percurso experimentado incontáveis vezes, insuficiente para dizer a realidade e, como evoquei antes, se faz, enfim, o *pas-de-sens*[722]. A realidade, aqui, se *real*iza.

Dessa maneira, se "o sintoma conserva um sentido no real"[723], se essa é a sua função e nela ele imputa ao real um albergamento de sentido que inexiste, será sobre essa inexistência que na verdade ou até pela verdade, que Lacan definirá como não-toda[724], que o analista operará. Vale dizer, o analista incide sobre esse sinthoma quando ele insiste em empoderar-se e o mostra em sua "estrutura de ficção"[725] que, por isso mesmo, deve cair. O analista, então, fica como que em estado de espera até que esse eclipse comece e nesse exato ponto intervém como descolador, despregador, desconstrutor da alienação pretendida, para voltarmos a cadeia borromeana, do Σ sobre R. E se como diz Lacan em *A Terceira*, o real é a vida[726] precisamente naquilo que ela tem de impreciso e insondável e o sinthoma é a tentativa, subjetiva, de precisá-la, o analista, pró-vida, contra-morte-em-vida, intervém não para achar um sentido oculto do tipo que destaquei, junto com Slepon, no segundo capítulo desse trabalho. Nem debruça sua intervenção para afirmar, por aquilo que escorrega, que há, para o homem, um "foriver"[727], um rio

---

Zahar Editor, 2007, p. 62 e 63.

[718] LACAN, Jacques. *O Ato Psicanalítico, Seminário 1967-1968*. Porto Alegre: Escola de Estudos Analíticos, 2001, p. 78.

[719] JOYCE, James. *Finnegans Wake*. Londres: Penguim Uk, 1999, p. 86 e 490.

[720] Idem, p. 178.

[721] Idem, p. 582.

[722] LACAN, Jacques. *O Seminário, Livro 5, As Formações do Inconsciente*. Rio de Janeiro: Jorge Zahar Editor, 1999, p. 87.

[723] LACAN, Jacques. *Semináire L'Insu-que-Sait de L'Une-Bévue S'Aile a Mourre*, 1976-1977, aula de 15/03, s/p in http://www.valas.fr/Jacques-Lacan-l-insu-que-sait-de-l'-une-bevue-s-aile-a-mourre-1976-1977 (minha tradução)

[724] LACAN, Jacques. *Televisão,* in *Outros Escritos*. Rio de Janeiro: Jorge Zahar Editor, 2003, p. 538

[725] LACAN, Jacques. *Juventude de Gide ou a Letra e o Desejo*, in *Escritos*. Rio de Janeiro: Jorge Zahar Editor, 1998, p. 752.

[726] LACAN, Jacques. *A Terceira*, in *Cadernos Lacan*, Volume 2 (Publicação não comercial). Porto Alegre: APOA, 2002, p. 67.

significante que corre sempre. Mas, sobretudo, o analista marca que há, também, o que não se diz nem nunca se dirá, apesar das palavras estarem aí, à disposição.

E nesse ponto, onde o real não mais está recoberto, convoca o falasser para responder com habilidade, com responsabilidade[728], dirá Lacan, àquilo que escapa de suas mãos, de sua "linguisteria"[729]. Dito de outra maneira, é a esse Real que irrompe sem que possamos fazer nada com ele e principalmente nele – daí a impotência a que me referi anteriormente – que o sinthoma, por um momento, se erige, e isso para tentar impor um ordenamento que faz falta até que passe para um saber-fazer-com-essa-falta. E se antes, nada se podia fazer, agora, se faz ao se sair da "lalíngua"[730], da "lalação da língua"[731], como diz Haroldo de Campos e deparar-se com a – prefixo negativo – língua, a não-língua. Sobre a quebra do encantamento que as palavras implicam, sobre a ruptura do ninar cheio de esperança florescente da "florilingua"[732] dedicarei todo um capítulo mais a frente, particularmente pela formulação lacaniana de que "tudo o que se diz é uma escroqueria"[733], um "patetismo"[734].

---

[727] JOYCE, James. *Finnegans Wake*. Londres: Penguim Uk, 1999, p. 13.

[728] LACAN, Jacques. *O Seminário, Livro 23, O Sinthoma*. Rio de Janeiro: Jorge Zahar Editor, 2007, p. 17.

[729] LACAN, Jacques. *O Aturdito*, in *Outros Escritos*. Rio de Janeiro: Jorge Zahar Editor, 2003, p. 481.

[730] LACAN, Jacques. *O Saber do Psicanalista, Seminário 1971-1972*. Recife: CEF, 1997, p. 15.

[731] CAMPOS, Haroldo de. *O Afreudisíaco Lacan na Galáxia de Lalíngua*, in *Afreudite – Revista Lusófona de Psicanálise Pura e Aplicada* [S. 1.], v. 1, n. 1, sep. 2009, p. 12. Na realidade Haroldo segue o que Lacan diz numa conferência em Nice, LACAN, Jacques. *Conférence: De James Joyce Comme Symptôme, prononcée au Centre Universitaire Méditerranéen de Nice*, 24/01/1976, s/p, in http://ecole-lacanienne.net/wp-content/uploads/2016/04/1976-01-24.pdf(minha tradução), s/p. Contudo seu grande mérito é verter *lalangue* para lalíngua e não a negativa alíngua, como alguns tradutores brasileiros preferem.

[732] JOYCE, James. *Finnegans Wake*. Londres: Penguim Uk, 1999, p. 117.

[733] LACAN, Jacques. *Seminário L'Insu-que-Sait de L'Une-Bévue S'Aile a Mourre*, 1976-1977, aula de 11/01, s/p in http://www.valas.fr/Jacques-Lacan-l-insu-que-sait-de-l-une-bevue-s-aile-a-mourre-1976-1977 (minha tradução). Mas já para adiantar um pouco as coisas lembro que Lacan trata como sinônimos a escroqueria e eternidade. LACAN, Jaques. *Os Não-Tolos Erram/Os Nomes do Pai*, Seminário 1973-1974. Porto Alegre: Fi, 2018, p. 58.

[734] LACAN, Jacques. *Os Não-Tolos Erram/ Os Nomes do Pai, Seminário entre 1973 e 1974*. Porto Alegre: Editora Fi, 2018, p. 241. Lembrando que *patétisme* remete ao que é patético, ou seja, tolo, ao mesmo tempo que, pelo *pathos* que

Por enquanto quero insistir, mais um pouco, nessa passagem de um tipo de sinthoma a outro: se antes o sinthoma servia para, por sua somatória, agregar e almejar um final feliz, para sonhar com uma comunhão, ele passa, ou pode passar dependendo do lugar onde está o analista, a essa *real*idade que, impossível, implica um saber-fazer. É por isso, portanto, que Lacan lança mão da idéia de saber-fazer com o sinthoma, ou seja, a idéia de articulá-lo de um jeito tal que não seja a vã tentativa de tentar apagar o que não se capta, o que não se captura. É preciso, portanto e primeiro, reconhecê-lo para em seguida usá-lo até que se atinja o real que ele procurava recobrir, até que ele mesmo se farte[735] em não abocanhar nada a não ser a si mesmo e se revele como sem-toma pois, do real, mesmo que se o invente cheio de verdades[736], ele não toma nada.

Assim, saber-fazer com o sinthoma abre as portas para o que depois, em *L'Insu*, Lacan chamará simplesmente saber-fazer-com[737], ou seja, saber-fazer com o imprevisto e o imprevisível, com o incontável e com o incontado. Dessa maneira, mais do que saber-fazer com seu sinthoma se tratará de saber-fazer com o real. E o que é possível fazer com o impossível? É essa a resposta singular que cada um, não mais misturado no todo, dará. Não há coletivo aqui. Não há social, também. E pelo que tudo indica esse saber-fazer-com não é coletivizável nem socializável. Saber-fazer com o real, com o limite de sentido, com o limite da ordem e da lei é uma resposta singularíssima que não encontra nem encontrará par. E será aqui que, mais uma vez, Lacan convoca Joyce, Joyce como *the artist*. Como ele diz em 18 de novembro de 1975:

> *Um retrato do artista*. O artista deve-se escrevê-lo enfatizando o *o* que se encontra em *do*. *The* (...) Podemos confiar em Joyce. Se ele diz *the* é certamente porque pensa que, de artista, ele é único, que, aqui, ele é singular.

carrega, refere-se ao movimento, a troca, a cambiação de afetos, de, com enfatiza Lacan nesse mesmo seminário (p. 245), sofrimentos.

[735] LACAN, Jacques. *O Seminário, Livro 23, O Sinthoma*. Rio de Janeiro: Jorge Zahar Editor, 2007, p. 16.

[736] Lacan, diz, na aula de 19 de Fevereiro de 1974: "eu não descubro a verdade, a invento. Ao que acrescento: isso é o saber". LACAN, Jacques. *Os Não-Tolos Erram / Os Nomes-do-Pai, Seminário 1973-1974*. Porto Alegre: Editora Fi, 2018, p. 139.

[737] LACAN, Jacques. *Seminárie L'Insu-que-Sait de L'Une-Bévue S'Aile a Mourre*, 1976-1977, aula de 11/01, s/p in http://www.valas.fr/Jacques-Lacan-l-insu-que-sait-de-l-une-bevue-s-aile-a-mourre-1976-1977 (minha tradução).

Sigamos Lacan que, dessa leitura, produzirá elementos muito interessantes – e de certa maneira controversos! A primeira deles refere-se a idéia de que Joyce é ilegível[738]. Ponto freqüentemente explicitado pela crítica literária[739] – vide Seamus Deane, que citei no capítulo 3 ou reporte-se ao que preconiza, com acréscimos, Luiz-Olyntho Telles Silva[740] – Lacan se encontra com ela para dizer algo diferente. O quê? Leiamos, antes, o que escreve, por exemplo, Butor, sobre esse ponto:

> A última obra de Joyce, proibindo-nos de ter a seu respeito a ilusão de uma leitura integral (...)

[738] LACAN, Jacques. *O Seminário, Livro 23, O Sinthoma*. Rio de Janeiro: Jorge Zahar Editor, 2007, p. 110. Lacan diz coisa semelhante no seminário *Mais, Ainda*: Falando sobre o *Wake* e sua multiplicidade significante, afirma: "Mas é precisamente por isso que aquilo se lê mal, ou que se lê de través, ou que não se lê". LACAN, Jacques. *O Seminário, Livro 20, Mais Ainda*. Rio de Janeiro: Jorge Zahar Editor, 1985, p. 52.

[739] Peço desculpas a você que lê essas linhas todas e de tempos em tempos se deixa rasgar por essas notas que também rasgam o texto mas, pelo menos até agora, elas me são imprescindíveis pois, por exemplo, ao falar de legibilidade e ilegibilidade não posso deixar de mencionar que esse binômio deriva de um tempo mais ou menos situável – entre anos 60 e 70 – onde a intelectualidade se debatia com as diferenças entre os textos ditos clássicos e sustentados por uma silogística, na maioria das vezes, identificável e os modernos – com Lyotard, em 1979, pós-modernos (LYOTARD, Jean-François. O Pós Moderno. Rio de Janeiro: José Olympio, 1982.) – onde as premissas, quando as há, tendem a se embaralhar e as conclusões delas derivadas insistem em não se fixar. Não fosse o fato de sempre ser possível questionar essa prerrogativa de que nos clássicos os argumentos levam a deduções legíveis enquanto nos modernos ou pós-modernos se observaria a diminuição das narratividades e a suspensão ou a postergação de um ponto final peremptório, o ponto talvez a salientar é que, como diz Barthes, "não há nenhum critério objetivo da legibilidade ou da ilegibilidade" – BARTHES, Roland. *Roland Barthes se Explica*, in *O Grão da Voz*. São Paulo: Martins Fontes, 2004, p. 462 – o que faz com que ambas as perspectivas não passem, no fundo, de uma questão predicativa e muitas vezes moral, tal como falar em boa o má literatura.

[740] Luiz-Olyntho Telles da Silva reafirma essa ininteligibilidade do *Wake* mas, contando com a possibilidade de um novo Champollion, a declara aplacável pelo recurso, que para ele parece incontornável, a uma para-textualidade: "A impossibilidade da leitura não é nova. Por muito tempo também não se pôde ler a pedra de Roseta. Precisamos de textos paralelos." SILVA, Luiz-Olyntho Telles. *A Palavra Não é o Bastante (The Word is Not Enough) Uma Apresentação de Finnicius Revém/ Finnegans Wake de Donaldo Schuler*, in http://www.tellesdasilva.com/Finnicius.html, s/d, s/p.

> desmascara essa ilusão naquilo que concerne às outras, que nunca conseguimos ler tão integralmente quanto imaginamos, saltando muitas vezes páginas inteiras, relaxando nossa atenção, pulando linhas, esquecendo letras, tomando uma palavra por outra e adivinhando o sentido daquelas que não conhecíamos (...)[741]

Ou seja, de acordo com Butor, para ler o *Wake* seria preciso, mesmo necessário, uma, como escreve Amarante, "performance"[742] do leitor. E ela, essa performance – ou seria uma "piorfomance"[743] ? – nada mais seria do que uma ação "por contra própria"[744] que, inspirada pela ruptura wakeana, a deixa substancialmente de fora para se impor e, para parafrasear Lacan às avessas, esse escrito seria para se – pronome reflexivo – ler[745]. Assim o *Wake* produziria o que os gregos chamavam de *sympátheia* já que seria a condição para que o sujeito possa aí se ler[746] até que sua – a do sujeito – própria ilegibilidade consiga cessar. Mas o que diz Lacan sobre essa não legibilidade? Diz que ela está fundada não nessa simpatia inspiradora mas exatamente em sua incapacidade de produzí-la[747], isto é, ao lermos *Finnegans Wake* não teríamos a capacidade de estabelecer uma relação, uma consonância, uma

---

[741] BUTOR, Michel. *Repertório*. São Paulo: Perspectiva, 1974, p. 152.

[742] AMARANTE, Dirce Waltrick do. *Para Ler Finnegans Wake de James Joyce*. São Paulo: Iluminuras, 2009, p. 80.

[743] AMARANTE, Dirce Waltrick do. *James Joyce, Finnegans Wake (Por um Fio)*. São Paulo: Iluminuras, 2018, p. 111.

[744] AMARANTE, Dirce Waltrick do. *Para Ler Finnegans Wake de James Joyce*. São Paulo: Iluminuras, 2009, p. 80.

[745] LACAN, Jacques. *Prefácio à edição inglesa do Seminário XI*, in *Outros Escritos*, Rio de Janeiro, Jorge Zahar Ed., 2003, p. 567.

[746] Sobre isso vale a pena citar Proust – uma vez mais o escritor francês apareceria contra, anti-projetando o que faz o *Wake* – quando, em *O Tempo Redescoberto*, afirma: "Na realidade, todo leitor é, quando lê, o leitor de si mesmo. A obra não passa de uma espécie de instrumento óptico oferecido ao leitor a fim de lhe ser possível discernir o que, sem ela, não teria certamente visto em si mesmo". PROUST, Marcel. *O Tempo Redescoberto*. São Paulo: Globo, 1995, p. 184. Lembrar e constrastar com duas perguntas de Barthes: "Que posso ler de mim? Não serei eu aquilo que escapa à minha própria leitura?" BARTHES, Roland. *Variações sobre a Escrita*, in *Inéditos, vol. 1 – Teoria*. São Paulo: Martins Fontes, 2004, p. 234.

[747] LACAN, Jacques. *O Seminário, Livro 23, O Sinthoma*. Rio de Janeiro: Jorge Zahar Editor, 2007, p. 147.

mutualidade entre o texto de "70 idiomas"[748] e a nossa textualidade, já que seus significantes tenderiam a se "reverter sobre si mesmos"[749] e de se derramar também sobre si mesmos. Dessa maneira esse livro que "já foi definido como uma frase de 700 páginas ou uma palavra de meio milhão de caracteres"[750] não nos seria familiar e, assim, Joyce teria mesmo concretizado seu *the* "ininteligível"[751]. Será que isso se sustenta? *Finnegans Wake* não termina, também, com *the*?

Isso dá pano pra manga pois Lacan, sobre esse *the*, singular, não-recíproco, irá afirmar que Joyce não apenas queria a sobrevivência de seu nome[752], seu enaltecimento, sua singularização mas, sobretudo e exatamente por isso, por fazer de si mesmo *o* ou *the* sinthoma. Joyce escreveria "desabonado do inconsciente"[753], sentença que, claro, merece alguns desenvolvimentos.

Primeiro, topologicamente, aonde Lacan situa o inconsciente em 1975, que é quando ele fala desse desabono? Isso não é para ele linear pois se o coloca, como vimos em *A Terceira* entre o simbólico e o imaginário, mais precisamente na imisção que o simbólico faz em direção do imaginário, na conferência que ele dá na Sorbonne abrindo o *V Simpósio Internacional sobre James Joyce* o coloca inteiramente aos cuidados do simbólico a ponto de não mais distingui-los[754]. E, não satisfeito, insiste numa *Conferência no Hospital Sainte-Anne*: "O inconsciente é o simbólico"[755]. Sendo assim, para Lacan, é aí que Joyce

---

[748]BURGESS, Anthony. *Homem Comum Enfim: Uma Introdução a James Joyce para o Leitor Comum*. São Paulo: Companhia das Letras, 1994, p. 202. Schüler, por sua vez, encontra não 70 mas "fragmentos de mais de cinqüenta línguas". SCHÜLER, Donaldo. *Finnegans Wake/Finnicius Revém, Livro III e IV, Capítulos 13, 14, 15 16 e 17*. Cotia: Ateliê Editorial, 2003, p. 525.

[749] CAMPOS, Augusto; CAMPOS, Haroldo; PIGNATARI, Décio. *Mallarmé: O Poeta em Greve*, in *Mallarmé*. São Paulo: Perspectiva, 1974, p. 28.

5   [750]"Finnegans Wake", de James Joyce, volta sem erros e com nove mil alterações, in Revista Ipsilon, Texto não assinado. Caetano W. Galindo, fala em "talvez oitenta idiomas diferentes". GALINDO, Caetano. *Sim, Eu Digo Sim: Uma Visita Guiada ao Ulysses de James Joyce*. São Paulo: Companhia das Letras, 2016, p. 17.

[751] O'BRIEN, Edna. *James Joyce*. Rio de Janeiro: Objetiva, 1999, p. 141.

[752] LACAN, Jacques. *Joyce, O Sintoma*, in *O Seminário, Livro 23, O Sinthoma*. Rio de Janeiro: Jorge Zahar Editor, 2007, p. 161.

[753] Idem, 160.

[754] LACAN, Jacques. *Joyce, O Sintoma*, in *Outros Escritos*. Rio de Janeiro: Jorge Zahar Editor, 2003, p. 566.

[755] LACAN, Jacques. *Conférence chez le Professeur Deniker – Hôpital Sainte-Anne – Objets et Représentations*, 11/10/1978, in http://ecole-lacanienne.net/wp-

testemunha uma falha pois é desse simbólico que fundamentaria o inconsciente que Joyce está desfavorecido, descreditado e, sobre esse ponto, ele daria seu ponto e cruz. Dito de uma outra maneira, o simbólico estaria para Joyce, desamarrado, à deriva, solto, mas, com seu trabalho, com seu *work* ele enodaria o inconsciente ao sinthoma[756]e se reestruturaria. Assim:

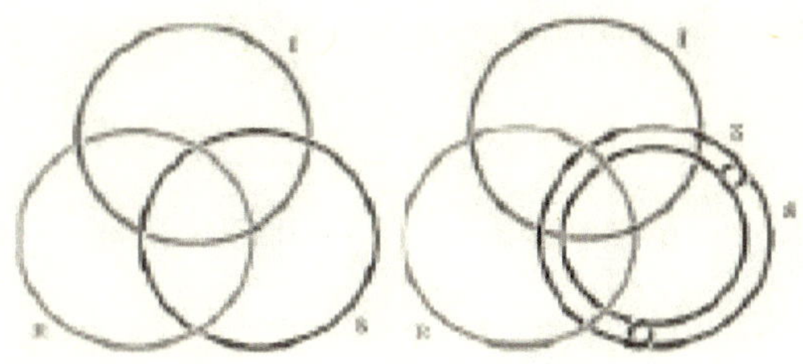

757

Do simbólico solto a seu amarramento pelo sintoma
(Nó de Joyce ou nó de Lacan sobre Joyce?)

Mas acontece que Lacan, por essa via do sinthoma de Joyce afirmará que a naturalidade dessa junção 1,2,3, desse RSI, não existe[758] para ninguém em nenhum lugar e sem o sinthoma, sem o "shemtoma"[759], como Lacan brinca para evocar "Shem, the penman"[760], do *Wake*, sem a escrita do sinthoma, essa lógica da união, das interseções, das junções se perde, fica inaudita. O sinthoma, portanto, declara a fraude ao mesmo tempo que é a "trucagem"[761], o truque que une o que está

---

content/uploads/2016/04/1978-11-10.pdf (minha tradução), s/p. E, com a mesma ênfase: "o inconsciente... é fundamentalmente a linguagem". LACAN, Jaques. *Os Não-Tolos Erram/Os Nomes do Pai*, Seminário 1973-1974. Porto Alegre: Fi, 2018, p. 30.

[756] LACAN, Jacques. *Joyce, O Sintoma*, in *O Seminário, Livro 23, O Sinthoma*. Rio de Janeiro: Jorge Zahar Editor, 2007, p. 163.

[757] SKRIABINE, Pierre. *Nosso Sujeito Suposto Saber, Lado Nó Bo*, in @Gente, Revista de Psicanálise, Vol 1, Nº 1, 2007, s/p.

[758] LACAN, Jacques. *O Seminário, Livro 23, O Sinthoma*. Rio de Janeiro: Jorge Zahar Editor, 2007, p. 21.

[759] LACAN, Jacques. *Joyce, O Sintoma*, in *O Seminário, Livro 23, O Sinthoma*. Rio de Janeiro: Jorge Zahar Editor, 2007, p. 160.

[760] JOYCE, James. *Finnegans Wake*. Londres: Penguim Uk, 1999, p. 125.

155

estruturalmente solto não só para Joyce. Assim, o sinthoma é a via que denuncia a arbitragem e não a arbitrariedade[762] do enodamento entre RSI, do aparentamento de RSI, no mesmo instante que os enoda. Ele é o que traz o real para perto do simbólico e do imaginário que de outra forma estariam soltos. Ele "é feito da carência da própria relação sexual"[763] e tem como efeito o forçamento da inscrição dessa relação. O sinthoma é, portanto, o que ata o real e julga possível a relação e, sobre ela, teceremos uma existência. Ele é, para dizer de um outro jeito, o osso duro da relação, de qualquer relação... que não existe. Assim:

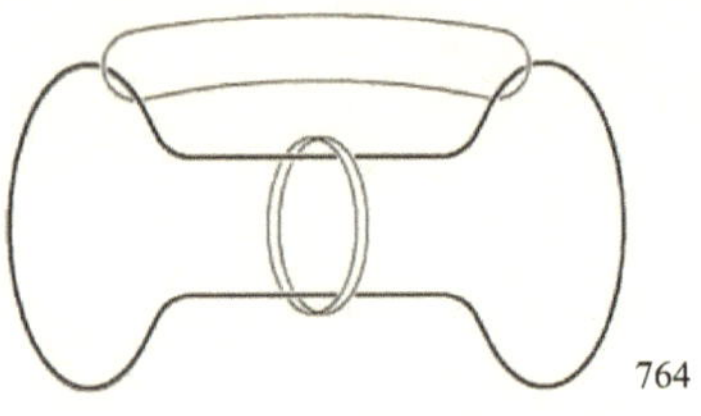

(O osso duro da relação)

E por esse osso duro se estabelece um sentido já que, num nó a deriva, onde RSI estão ou soltos ou em continuidade é mesmo o sentido que precisará advir e suturá-lo "graças a um artifício"[765] pois, sem sentido, é impossível viver. Mas não estou insistindo desde o começo que é sobre o impossível que uma análise se conclui? Voltarei a isso mais adiante, particularmente no capítulo sobre A̶ Mulher para mostrar que nem só de sentido vive o homem, que há como que uma dobradura, uma dobra-dura que nos permite inclusive ir além desse sinthoma.

Por enquanto fiquemos com o que Lacan elabora sobre o nó de Joyce pois ele diz que não apenas faria nó entre o inconsciente e o sintoma mas também, frente a relação inexistente entre o simbólico e o real[766], entre o que sem parar se escreve e aquilo que não se escreve sem

---

[761] LACAN, Jacques. *Conclusion du 9º e Congrès de l'École Freudienne de Paris sur La Transmission*, 09/07/1978, in http://ecole-lacanienne.net/wp-content/uploads/2016/04/1978-07-09.pdf (minha tradução), s/p.

[762] LACAN, Jacques. *O Seminário, Livro 23, O Sinthoma*. Rio de Janeiro: Jorge Zahar Editor, 2007, p. 20.

[763] Idem, p. 69.

[764] LACAN, Jacques. *Propos sur L'Hysterie, Intervention de Jacques Lacan à Bruxelles*, 26/02/1977, in http://ecole-lacanienne.net/wp-content/uploads/2016/04/1977-02-26.pdf (minha tradução), s/p.

[765] LACAN, Jacques. *O Seminário, Livro 23, O Sinthoma*. Rio de Janeiro: Jorge Zahar Editor, 2007, p. 71.

parar Joyce fundaria um elo. Desse modo "Joyce faz da linguagem seu sinthoma"[767] e no lugar do inconsciente, dessa textualidade que escapa sempre ao sujeito ele, sabendo-fazer com a noite, com a "língua da noite"[768], apresentaria o sinthoma, seu sinthoma, e por isso seria ilegível, "contralegível"[769] para usar uma expressão barthesiana, um conjunto fechado sobre si mesmo, não permeável, não poroso e sobretudo, inanalisável[770]. Mas seria assim mesmo? O *Wake* seria não familiar ou nos apareceria como uma "estranha quase algaravia"[771], que faz, sim, simpatia? E por falar em estranha, não foi Freud que encontrou a biunivocidade entre *heimilich* e *unheimilich*, entre o familiar e o estranho? Freud não diz que "o *unheimlich* é o que uma vez foi *heimlich*, familiar"[772]? Será que podemos mesmo dizer que encontramos, à partir de Joyce, esse *the* tão destacado que geraria uma inanalisibilidade? Se o nó, para todos, não é inicialmente nó, o *the* não seria encontrado em qualquer um? E para não ficarmos presos a Joyce, seu "livro das trevas"[773], como quer O'Brien, não pediria interpretação, condição de qualquer análise? Ou, ao contrário do que diz Badiou sobre a poesia de Mallarmé – ele "não pede que se o interprete"[774] – o *Wake* pediria, sim, interpretação até que, depois, deixa de fazê-lo? Não é isso o que quer dizer "manter os críticos ocupados por 300 anos[775]"? Por 300 anos e, depois, chega!?

E para complicar ainda mais as coisas, vale à pena ressaltar que o mesmo Lacan que fica apregoando que "é estranho"[776] – atenção para o

---

[766] LACAN, Jacques. *Séminaire R.S.I, 1974-1975, aula 18/03, s/p, in* http://staferla.free.fr/S22/S22%20R.S.I..pdf(minha tradução)

[767] LACAN, Jacques. *Joyce, O Sintoma*, in *O Seminário, Livro 23, O Sinthoma*. Rio de Janeiro: Jorge Zahar Editor, 2007, p. 162.

[768] ELLMANN, Richard. *James Joyce*. Porto Alegre: Globo, 1982, p. 673.

[769] BARTHES, Roland. *Dez Razões para Escrever*, in *Inéditos, vol. 1 – Teoria*. São Paulo: Martins Fontes, 2004, p. 102.

[770] LACAN, Jacques. *Joyce, O Sintoma*, in *O Seminário, Livro 23, O Sinthoma*. Rio de Janeiro: Jorge Zahar Editor, 2007, p. 163.

[771] BURGESS, Anthony. *Homem Comum Enfim: Uma Introdução a James Joyce para o Leitor Comum*. São Paulo: Companhia das Letras, 1994, p. 203.

[772] FREUD, Sigmund. *O Estranho*, in *Edição Standard Brasileira das Obras Psicológicas Completas de Sigmund Freud*, Volume XVII. Rio de Janeiro: Imago, 1987, p. 305.

[773] O'BRIEN, Edna. *James Joyce*. Rio de Janeiro: Objetiva, 1999, p. 136.

[774] BADIOU, Alain. *Pequeno Manual de Inestética*. São Paulo: Estação Liberdade, 2002, p. 44.

[775] ELLMANN, Richard. *James Joyce*. Porto Alegre: Globo, 1982, p. 865.

[776] LACAN, Jacques. *O Seminário, Livro 23, O Sinthoma*. Rio de Janeiro: Jorge

significante – "que se possa chamar *desabonado do inconsciente* alguém que joga estritamente com a linguagem"[777] ao mesmo tempo afirma que a arte de Joyce "não imita o inconsciente, mas fornece o modelo dele"[778] o que, claro, contradita sua idéia de desabono pois, como alguém que o desacretida, o descreditiza, o desassina[779], o modeliza? Mas será que o *Wake*, não Joyce, pode ser "psychoanolised"[780] até que se torna *unpsychoanalised* porque vira *psychoanalied*?

Talvez pudéssemos por na conta e afirmar essas contradições lacanianas fazer parte daquilo que ele mesmo, em *A Lógica do Fantasma*, tomando de empréstimo de Joyce, chamou de seu "work in progress"[781]. E realmente há em Lacan sempre esse trabalho em andamento – esse é um dos grandes méritos de sua obra, inclusive – mas parece que todo esse imbróglio se deve, antes, ao fato de Lacan encontrar – ou procurar – em Joyce o desejo da majestralidade do dizer[782], da maestria, de uma, para dizer numa palavra, paternidade. Lacan ao dizer que "a arte é um saber fazer"[783] faz de Joyce um grande artífice. Para ele o escritor irlandês sabe fazer com as palavras até exauri-las de qualquer significância como ninguém mais. E, nesse contexto, não seria à toa que ele, Ele, recomende a filha, depois que um amor não lhe faz correspondência, a escrita como cura[784] mas, para citarmos Santo Agostinho, "alguém pode ser artífice de si mesmo?"[785] A resposta, de

---

Zahar Editor, 2007, p. 162.

[777] Idem, Ibidem.

[778] LACAN, Jacques. *Joyce, O Sintoma,* in *Outros Escritos*. Rio de Janeiro: Jorge Zahar Editor, 2003, p. 564.

[779] Como nos lembram Ana Claudia Soares e Angélica Bastos, "o termo *dasabonée* significa ter deixado de ser assinante de algo". SOARES, Ana Claudia; BARROS, Angélica. *A Errância: para além de um sintoma Patológico*, in Rev. Latinoam. Psicopat. Fund., São Paulo, 19(3), set.2016, p. 459.

[780] JOYCE, James. *Finnegans Wake*. Londres: Penguim Uk. , 1999, p. 522. No *Wake* há pelo menos mais uma brincadeira com o *psychoanalism* que vira, deixando-se enxertar por Anna e por um ciclo, "cycloannalism". Idem, p. 254.

[781] LACAN, Jacques. *A Lógica do Fantasma, Seminário 1966 – 1967* (Publicação não comercial). Recife: CEF, 2008, p. 285.

[782] LACAN, Jacques. *Joyce, O Sintoma,* in *Outros Escritos*. Rio de Janeiro: Jorge Zahar Editor, 2003, p. 563.

[783] LACAN, Jacques. *Semináire L´Insu-que-Sait de L´Une-Bévue S´Aile a Mourre*, 1976-1977, aula de 18/01, s/p in http://www.valas.fr/Jacques-Lacan-l-insu-que-sait-de-l-une-bevue-s-aile-a-mourre-1976-1977 (minha tradução)

[784] ELLMANN, Richard. *James Joyce*. Porto Alegre: Globo, 1982, p. 809.

[785] AGOSTINHO, Santo. *Confissões*, in *Os Pensadores*. São Paulo: Nova Cultural, 1987, p. 13.

Agostinho é que não, já que tudo advém de Deus. Mas e se Joyce, como diz O'Brien, fosse Deus[786], ao menos um tipo de Deus? Para Lacan, de fato e desde *Um Retrato do Artista Quando Jovem* Joyce é esse artífice, esse Deus que "deusciplina"[787], esse Pai que se auto-patrocina e, nessa toada, mais uma vez vai deixar de fora o *Wake*.

Isso insiste na sua leitura e dizendo que é a última obra de Joyce que o interessa a deixa escapar por entre os dedos indo, novamente, se debruçar sobre o *Ulisses* e num esforço encontra, nele, Édipo. Lacan se esforça para ver o pai que Joyce faria existir por sua escrita[788] sem se dar conta de que Dedalus, supostamente sem pai, não é Telêmaco – "o método de Joyce nunca é criar correspondências lineares"[789], adverte Galindo – e em momento algum procura um para chamar de seu – aliás, ele tem um e inclusive o encontra, fala com ele, numa rua em Dublin[790] – e mesmo quando encontra algo dessa ordem em Bloom, o anti-Odisseu, pós-bebedeira e pós surra no bordel, declina de tomá-lo enquanto tal[791]. Por isso é preciso ter cuidado com essa leitura lacaniana se queremos ir além do falo que, como escreve Svevo, "a doença do pobre Édipo"[792] inscreve. Se queremos, com o *Wake,* atingir o real, é preciso como o mesmo Lacan diz um pouco mais tarde, não recorrer ao sentido pois fazê-lo é se fazer tapear pelo pai[793], é crer no falo e como demonstra o *Wake* isso é mesmo da ordem da "fallacy"[794] pois falar é, no final das contas Φalar. Mas como, com as palavras, ultrapassá-las? Como ultrapassar o Φ Φalando? Pois é aqui que está o *the* de Joyce, a sua singularidade, a sua obra pois, onde procuramos, por costume, esse Φ, esse ponto de *capitoné* que une todas as coisas, que as agrega, que as soma-tiza achamos – que se lembre que ele mesmo afirmou que no *Wake* é "there extand by now one thousand and one stories, all told, of

---

[786] O'BRIEN, Edna. *James Joyce*. Rio de Janeiro: Objetiva, 1999, p. 108.

[787] BURGESS, Anthony. *Homem Comum Enfim: Uma Introdução a James Joyce para o Leitor Comum*. São Paulo: Companhia das Letras, 1994, p. 27.

[788] LACAN, Jacques. *O Seminário, Livro 23, O Sinthoma*. Rio de Janeiro: Jorge Zahar Editor, 2007, p. 67 e 68.

[789] GALINDO, Caetano. *Sim, Eu Digo Sim: Uma Visita Guiada ao Ulysses de James Joyce*. São Paulo: Companhia das Letras, 2016, p. 67.

[790] JOYCE, James. *Ulisses*. Rio de Janeiro: Objetiva, 2007, p. 356.

[791] Stephen, no penúltimo capítulo e já fora da casa de Bloom, recusa seu convite para morarem juntos: "Foi a proposta de abrigo aceita? Prontamente, inexplicavelmente, com amistosidade, gratamente ela foi declinada." Idem, p. 745.

[792] SVEVO, Italo. *A Consciência de Zeno*. São Paulo: Abril Cultural, 1984, p. 173.

[793] LACAN, Jacques. *Joyce, O Sintoma, in Outros Escritos*. Rio de Janeiro: Jorge Zahar Editor, 2003, p. 566.

[794] JOYCE, James. *Ulisses*. Rio de Janeiro: Objetiva, 2007, p. 32.

the same"[795], portanto há Φ – não a sua abolição, nem mesmo o seu recalque mas a sua derrisão (*mock*), seu escárnio (*scorn*), seu riso (*laugh*).

"multitude, to cocoa come outside to Mockerloo out of that for"[796]

("multidão, coco, caca, cocampanha nas imediações de Risoterloo pra

fora"[797])

"A gael galled by scheme of scorn? Nock? – Sangnifying nothing.

Mock!"[798]

("Um conto contado por Xem de mixórdia? Pata...? – Sangnificando

nenhum... Vina!"[799])

"move me, zwilling tough I am, to laughter in your true colors"[800]

("comove-me, ainda que gêmeo, pra rir de tuas veras cores"[801])

De fato, quando Terence White Gervais lhe questiona sobre o *Wake* " – Não há níveis de significado a serem explorados?"[802], Joyce responde, "Não, não, é feito para você rir"[803]. E apesar de Joyce ser bastante chegado ao álcool[804] Ellmann escreve que no lugar do embriagante *in vino veritas* Joyce estabelece um "In risu veritas"[805], e, por extensão, um "in vinars venitas![806]", um "in venuvarieties[807]", um

---

[795] JOYCE, James. *Finnegans Wake*. Londres: Penguim Uk, 1999, p. 05.

[796] JOYCE, James. *Finnegans Wake*. Londres: Penguim Uk, 1999, p. 73.

[797] SCHÜLER, Donaldo. *Finnegans Wake/Finnicius Revém, Livro I, Capítulos 2, 3 e 4*. Cotia: Ateliê Editorial, 2004, p. 139.

[798] JOYCE, James. *Finnegans Wake*. Londres: Penguim Uk, 1999, p. 515.

[799] SCHÜLER, Donaldo. *Finnegans Wake/Finnicius Revém, Livro III e IV, Capítulos 13, 14, 15 16 e 17*. Cotia: Ateliê Editorial, 2003, p. 265.

[800] JOYCE, James. *Finnegans Wake*. Londres: Penguim Uk, 1999, p. 187.

[801] SCHÜLER, Donaldo. *Finnegans Wake/Finnicius Revém, Livro I, Capítulos 5, 6, 7 e 8*. Cotia: Ateliê Editorial, 2004, p. 219.

[802] ELLMANN, Richard. *James Joyce*. Porto Alegre: Globo, 1982, p. 865.

[803] Idem, Ibidem.

[804] MADDOX, Brenda. *Nora: Uma Biografia de Nora Joyce*. São Paulo: Martins Fontes, 1991, p. 353.

[805] ELLMANN, Richard. *James Joyce*. Porto Alegre: Globo, 1982, p. 865.

"in veino (...) veritues[808]", um *"In voina viritas[809]"*. E, rindo e, evidentemente, nos fazendo rir, Joyce suspende esse obstáculo[810] que Freud descortinou em nosso psiquismo que nos faz sérios, que nos faz seriados. Assim, se Joyce pôde dizer "que as palavras tinham sido a sua nascente principal"[811] para elaborar o *Wake,* é necessário verificar que ela encontra uma foz bem diferente, precisamente ao escarnecer de todo poderoso Φ.

Dessa maneira podemos dizer, junto com Lacan e pelo *Wake*, que o real está também na palavra se retiramos dela "o efeito da linguagem paterna"[812] ou seja, se retiramos dela o Φ e o φ. Mas, como eles não podem sair, como eles não podem ser efetivamente retirados é possível esvaziá-los. E se esvaziamos, da palavra, o Φ, o gozo fálico, e o φ, o gozo do sentido, o que fica? Pois é evidente que ela, a palavra, permanece escrita. Ela não desaparece e, no entanto, esvaziada, nada diz. E é esse o ponto! É isso o real atingível pelo uso da palavra, pelo uso do significante! E a análise é um processo de subtração desses sentidos atormentadores e, por isso, tomamos *Finnegans Wake* como a mostração desse processo, já que ele faz isso a cada instante.

Peguemos uma palavra, um jogo delas, melhor dizendo, como "So help me symethew, sammarc, selluc singin"[813]. O que elas querem dizer? Na tradução de Donaldo Schüller dizem "Ajudai-me symateus, sanmarcos, selucas e sinjoão"[814] para encontrar a homofonia entre o quarteto bíblico São Mateus, São Marcos, São Lucas e São João. Mas será mesmo que isso está aí ou só forçamos as palavras para que elas signifiquem o que queremos que signifiquem. Pois não podemos ler também, para só pegarmos o fim da sentença e de acordo com a cultura irlandesa destacada tantas vezes por Joyce, dizer que o que salva, no

---

[806] JOYCE, James. *Finnegans Wake*. Londres: Penguim Uk, 1999, p. 38.

[807] Idem, p. 355.

[808] Idem, p. 510.

[809] Idem, p. 518.

[810] FREUD, Sigmund. *Os Chistes e sua Relação com o Inconsciente*, in *Edição Standard Brasileira das Obras Psicológicas Completas de Sigmund Freud*, Volume VIII. Rio de Janeiro: Imago, 1987, p. 141.

[811] O'BRIEN, Edna. *James Joyce*. Rio de Janeiro: Objetiva, 1999, p, 185.

[812] LACAN, Jacques. *Conférence: De James Joyce Comme Symptôme, prononcée au Centre Universitaire Méditerranéen de Nice,* 24/01/1976, in http://ecole-lacanienne.net/wp-content/uploads/2016/04/1976-01-24.pdf, s/p (minha tradução).

[813] JOYCE, James. *Finnegans Wake*. Londres: Penguim Uk, 1999, p. 253.

[814] SCHÜLER, Donaldo. *Finnegans Wake/Finnicius Revém, Livro II, Capítulos 9, 10, 11 e 12.* Cotia: Ateliê Editorial, 2002, p. 253.

final das contas, não são os jesuítas mas o gin pecaminoso? Pois esse processo de interpretação pode durar horas, anos (300, lembra-se?), e produzir novos e outros sentidos que de tanto dizerem entram em colapso e acabam por não dizer nada. É essa a subtração que acabamos de evocar. Se esvaziamos de "So help me symethew, sammarc, selluc singin" os referentes, o Um simbólico e o um imaginário, ficamos com uma materialidade crua que não desemboca em nada de significativo porque no real não há nada de significativo. O real é sem apelo ao simbólico e sem a "veripatetic imago of the impossible"[815] porque ele mesmo é o impossível que nos diz, sem dizer, e que, no final das contas, denuncia que encontrar sentidos não passa, como afirma Attridge, de "pura ficção interpretativa (...) e a cada nova interpretação de um item (se) recria o contexto para todos os outros itens (...) que por sua vez aumentam a possibilidade de significados do item original"[816] num processo sem fim que faz parasitismo, parasitação. É por essa vereda que uma análise, também, caminha, pois faz mostração de que a interpretação que é "interpenetração"[817] é impossível porque é regida em última instância por esse campo que não cessa de se inscrever. Interpretando mostramos, nós, analistas, que é impossível interpretar. E o *Wake* fez isso, faz isso. E exige, de nós, não o nó górdio de uma *pére-version*, de uma pai-versão que chupa, traga, sorve tudo para seu centro mas, como diz Haroldo de Campos, "uma leitura topológica"[818] que a ultrapasse, que prescinda dela ao mesmo tempo que saiba-fazer com ela.

E já que estou a percorrer as intrincadas vias da topologia lacaniana gostaria de inventar o seguinte: Joyce escreveu seu *Finnegans Wake*, diz ele, num "foolscap"[819] que é uma folha de papel ao maço usada antes do hegemônico A4 mas que também designa, pelo *fool* e pelo *cap,* um chapéu ou um gorro de burro, de tolo. Mas, eis a invenção, ao nos debruçarmos sobre seu livro podemos dizer que antes de vestir a carapuça de burro ou mesmo vestindo-a, já que só os não-tolos erram[820],

---

[815] JOYCE, James. *Finnegans Wake*. Londres: Penguim Uk, 1999, p. 417.

[816] ATTRIDGE, Derek. *Desfazendo as Palavras-Valise ou Quem tem Medo de Finnegans Wake, in Riverrun, Ensaios sobre James Joyce*. Rio de Janeiro: Imago, 1992, p. 353.

[817] SCHÜLER, Donaldo. *Joyce era Louco?* Cotia: Ateliê Editorial, 2017, p. 138.

[818] CAMPOS, Haroldo. *Panaroma em Português*, in *Panaroma do Finnegans Wake*. São Paulo: Perspectiva, 1971, p. 23.

[819] ANDERSON, Chester G. *Vidas Literárias: James Joyce*. Rio de Janeiro: Jorge Zahar Editor, 1989, p. 112.

[820] LACAN, Jaques. *Os Não-Tolos Erram/Os Nomes do Pai*, Seminário 1973-1974. Porto Alegre: Fi, 2018.

sua escrita foi feita, mesmo, sobre um *cross-cap* que integra o infinito da banda de Moebius e a circularidade do disco, indefinidos antes de qualquer corte explícito. Explico melhor: um *crosscap* faz parte daquilo que a matemática chama de plano projetivo, tradicionalmente caracterizado pela subversão da famosa prédica quase indatável de que duas retas paralelas jamais se encontram[821]. Assim, esse também chamado chapéu ou mitra de bispo[822], num ponto infinito, une essas retas e ao fazê-lo por torções no espaço euclidiano congrega ou costura duas superfícies heteróclitas e heterotópicas que são as da unilateralidade da contrabanda e da bilateralidade de uma esfera que é "homeomorfa a um círculo"[823]. Eis uma de suas representações possíveis:

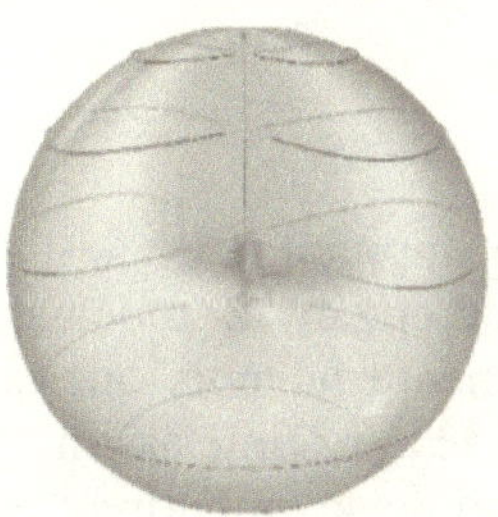

E mais outra, que marca bem a Banda de Moebius tornando-se esfera ao mesmo tempo que a esfera se retorce na Banda em continuidade e contigüidade.

---

[821] GRANON-LAFONT, Jeanne. *A Topologia de Jacques Lacan*. Rio de Janeiro: Jorge Zahar Editor, 1996, p. 68.

[822] LACAN, Jacques. *A Identificação. Seminário 1961 – 1962* (Publicação não comercial). Porto Alegre: APOA, 2003, p. 380.

[823] DARMON, Marc. *Ensaios Sobre a Topologia Lacaniana*. Porto Alegre: Artes Médicas, 1994, p. 278.

Agora, se cortamos o gorro cruzado – que é o que quer dizer *cross-cap* – teremos algo mais ou menos assim:

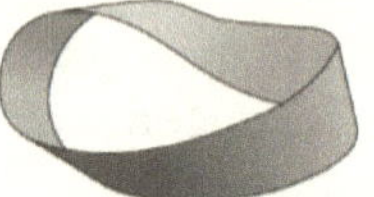

Banda de Moebius

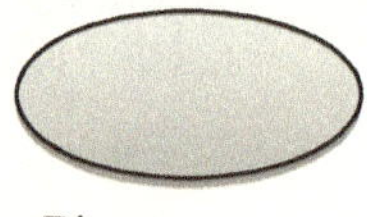

Disco

Isso me parece importante de destacar pois será nessa separação que o intérprete concretizará a moebianeidade do significante, sua infinitização, propriamente falando, que quase todo mundo testemunha ao ler o *Wake* e que Lacan resume assim: "O significante vem rechear o significado. È pelo fato de se embutirem, se comporem, se engavetarem (...) que aquilo – leiam Finnegans Wake – pode ser lido de uma infinidade de maneiras diferentes"[824]. Mas, ao mesmo tempo que faz surgir "essa superfície singular, que, naturalmente em cada ponto tem um direito e um avesso"[825] deixará cair isso que chamei a pouco de disco que é efetivamente "não orientável"[826] como bem destaca Lacan no seminário *A Identificação*, ou seja, não indica nada a não ser que dessa operação um resto, sem sentido, sem orientação possível, se desprende. Assim, quando o leitor, atento, recorta algo do texto, como esses excertos do *Wake* que usei até aqui – ou outros, de acordo com sua preferência – e lhe indica uma significação, no limite, ela se desfaz pela multiplicidade significante que porta já que também incide,ao mesmo tempo, na sua contra-medida o que abole a perspectiva de que Isso diga alguma coisa em definitivo, mas que ainda deixa sonhar com uma

---

[824] LACAN, Jacques. *O Seminário, Livro 20, Mais Ainda*. Rio de Janeiro: Jorge Zahar Editor, 1985, p. 51 e 52.

[825] LACAN, Jacques. *Problemas Cruciais para a Psicanálise*, Seminário 1964-1965. Recife: CEF, 2006, p. 47.

[826] LACAN, Jacques. *A Identificação. Seminário 1961 – 1962* (Publicação não comercial). Porto Alegre: APOA, 2003, p.378.

estabilização disso que flui. Lacan oferece, para esse processo, a seguinte escrita matêmica: "S_1 (S_1 (S_1 (S_1 S_2)))"[827] ou seja, um significante evoca um outro e mais um outro até que a cadeia se estanque num significante dito, não a toa, do saber[828].

Isso, para a banda, para a flutuação da banda mas que, não sendo todo o resultado do processo de corte feito no *cross-cap*, nada tem a fazer com essa outra superfície que, para ser sucinto, está fora de qualquer sim ou não, bom ou mal, de qualquer conceituação possível. Ou, como se dá a ler no *Wake*, para além da cadeia há um "Inexhaustible when we refloat"[829], uma abominabilidade inexaurível quando a gente re-flutua. Dessa forma, portanto, esse corte no *cross-cap* indica um furo que, se inicialmente ele escamoteia[830] acaba por trazer à tona e que, dizendo-se, se retorce para o que não se diz, que é como estou pensando tanto a estrutura do *Wake* e, como não poderia deixar de ser, da própria psicanálise.

E se, como diz Lacan em 1976, a Banda de Moebius "não é outra coisa senão um corte"[831], ao fazê-lo ex-sistir, no *cross-cap*, fazemos também cair dela esse resto que é uma outra forma de definir o sinthoma, como Lacan enfatiza na curta *Conclusão do 9º Congresso da EFP*: ""simptoma", quer dizer, alguma coisa que evoca a queda de alguma coisa, "ptoma" quer dizer queda"[832], pois vem do grego *ptôsis*. Assim, e mais uma vez, o sinthoma não seria uma ontologia a ser conquistada num fim de análise mas aquilo que, inclusive dessa ontologia, resta como não orientável. E como não tem orientação é, por si mesmo, sem direção, sem sentido, matematicamente falando e, por isso, está para além de qualquer saber, que é como se chama o real no ensino de Lacan.

---

[827] LACAN, Jacques. *O Seminário, Livro 20, Mais Ainda*. Rio de Janeiro: Jorge Zahar Editor, 1985, p. 196.

[828] LACAN, Jacques. *O Seminário, Livro 17, O Avesso da Psicanálise*. Rio de Janeiro: Jorge Zahar Editor, 1992, p. 15.

[829] JOYCE, James. *Finnegans Wake*. Londres: Penguim Uk, 1999, p. 160.

[830] LACAN, Jacques. *A Identificação. Seminário 1961 – 1962* (Publicação não comercial). Porto Alegre: APOA, 2003, p. 331.

[831] LACAN, Jacques. *Semináire L'Insu-que-Sait de L'Une-Bévue S'Aile a Mourre*, 1976-1977, aula de 14/12, s/p in http://www.valas.fr/Jacques-Lacan-l-insu-que-sait-de-l-une-bevue-s-aile-a-mourre-1976-1977 (minha tradução)

[832] LACAN, Jacques. *Conclusion du 9º e Congrès de l'École Freudienne de Paris sur La Transmission*, 09/07/1978, in http://ecole-lacanienne.net/wp-content/uploads/2016/04/1978-07-09.pdf (minha tradução), s/p.

Assim, o real não está numa apreensão e a idéia de que nele haveria um saber, por exemplo, como na física newtoniana ou na filosofia de Voltaire e mesmo na instalação de um Deus seja no céu, seja na terra, nada tem a ver com o real em Lacan. A atração dos corpos que não falam, a máquina que faz tudo girar e a onisciência de um ser são, antes de mais nada, operações eminentemente simbólicas que procuram preencher um vazio que elas mesmas construíram. E é isso que, no final das contas, Freud chamou de *übertrangung*. E é aqui que se cria a idéia de um sujeito pois, "um saber só é suposto à partir de uma relação com o simbólico"[833], diz Lacan no seminário *R.S.I.* Dito de uma outra maneira: a transferência é a tentativa de inscrever no real um saber de que, por definição, se carece. Por isso é preciso, num processo analítico, "esvaziar o real para se chegar a verdade"[834], esvaziá-lo de referência e reverências e portanto, fazer decair esse *sujet supposé savoir*. E se "a análise se fundamenta no sujeito suposto saber"[835] que é, como diz Lacan na *Proposição de 09 de outubro de 1967*, seu pivô, seu eixo[836], isso deve cair porque não passa de invenção para fazer passar o que não passa.

E aqui entra uma outra proposta para não-lermos, para não-nos-lermos no *Wake* já que abrí-lo para encontrar referências ora biográficas ora filosóficas ou literárias é proceder por transferência, é supor, num Outro lugar que não este, que não nele mesmo, um saber que enfim seria articulável como conhecimento, que seria referencial. Não é a toa, portanto, que ao se enveredar por essa via que acabei de denunciar sua faceta mais comum seja a amorosa pois o que é o amor senão a fixação do Outro e a correlativa fixação de nós mesmos, a sua famosa reciprocidade[837]? E o problema, sentido por quem segue essa direção é

---

[833] LACAN, Jacques. *Séminaire R.S.I, 1974-1975, aula 18/03, s/p, in http://staferla.free.fr/S22/S22%20R.S.I..pdf(minha tradução)*

[834] LACAN, Jacques. *O Seminário, Livro 23, O Sinthoma.* Rio de Janeiro: Jorge Zahar Editor, 2007, p. 31.

[835] LACAN, Jacques. *O Aturdito*, in *Outros Escritos*. Rio de Janeiro: Jorge Zahar Editor, 2003, p. 478.

[836] LACAN, Jacques. *Proposição de 9 de Outubro de 1967 sobre o Psicanalista da Escola*, in *Outros Escritos*. Rio de Janeiro: Jorge Zahar Editor, 2003, p. 253. Antecipando essa formulação Lacan enuncia em 1964: "a transferência é o pivô sobre o qual repousa inteiramente a estrutura do tratamento psicanalítico". LACAN, Jacques. *O Seminário, Livro 11, Os Quatro Conceitos Fundamentais da Psicanálise.* Rio de Janeiro: Jorge Zahar Editor, 1988, p. 127.

[837] LACAN, Jacques. *O Seminário, Livro 20, Mais Ainda.* Rio de Janeiro: Jorge Zahar Editor, 1985, p. 14.

que quando se vai ao Outro a única coisa que realmente é encontrável não passa de letra[838] sem sentido, marca de uma não-totalidade que só se resolve ou se dissolve quando se a força a dizer.

Até se pode pensar que a razão desse mundo esteja num Outro mas o que se verifica é que esse Outro inexiste como organizador desse ou de qualquer mundo. A razão não está lá nem cá. Perguntamos aos significantes o que eles querem dizer: será que eles guardam segredos? Será que estão sob o véu do *unterdruckt,* do que está suprimido[839]? Será que tem algo a dizer? Nada. Não encontramos nada! Deles, por eles mesmos, nada vem! O véu levantado não mostra nada[840] e assim, o *Wake*, também, mostraria que no Outro, não há nenhuma consistência. Que não há porque se dirigir a ele.

Digo isso porque os psicanalistas, de tanto falarem em transferência, se esquecem freqüentemente aquilo que lhe é mais fundamental ou seja, que por ela algo se passa, que passa de um lado a outro, de um lugar a outro, e que ela foi grafada por Lacan exatamente para enfatizar isso, "trans-ferência"[841]. E se o *Wake*, convocando um Outro, mostra que esse Outro é vazio, mostra, também, que não há trans, que não há passagem, que não há caminho e, consequentemente, não há eldorado. Aí está seu *joke*. Aí está sua brincadeira, seu "brinquedo"[842], efetivamente, derrisório. E em "Tis jest jibberweek's joke"[843], por exemplo, para além de apontar para a "Jocosidade de Jecatatu"[844] ou para a graça do poema *nonsense jabberwocky,* só mostra, num fim, depois de todo um processo interpretativo, depois de todo um trabalho de deciframento, apenas *Tis jest jibberweek's joke*, sem remissão, sem re-missão. Dessa maneira, se "o sujeito suposto saber é uma manifestação sintomática do inconsciente"[845]e "as formações do inconsciente demonstram sua estrutura por serem decifráveis"[846] aqui,

---

[838] Idem, p. 132.

[839] LACAN, Jacques. *O Seminário, Livro 5, As Formações do Inconsciente.* Rio de Janeiro: Jorge Zahar Editor, 1999, p. 57.

[840] LACAN, Jacques. *Prefácio a O Despertar da Primavera,* in *Outros Escritos.* Rio de Janeiro: Jorge Zahar Editor, 2003, p. 558.

[841] LACAN, Jacques. *Televisão,* in *Outros Escritos.* Rio de Janeiro: Jorge Zahar Editor, 2003, p. 529.

[842] ELLMANN, Richard. *James Joyce.* Porto Alegre: Globo, 1982, p. 867.

[843] JOYCE, James. *Finnegans Wake.* Londres: Penguim Uk, 1999, p. 565.

[844] SCHÜLER, Donaldo. *Finnegans Wake/Finnicius Revém, Livro III e IV, Capítulos 13, 14, 15 16 e 17.* Cotia: Ateliê Editorial, 2003, p. 385.

[845] LACAN, Jacques. *Televisão,* in *Outros Escritos.* Rio de Janeiro: Jorge Zahar Editor, 2003, p. 541.

no *Wake*, nos encontramos fora desse sintoma e fora da decifrabilidade, fora daquilo que Lacan chamou, evocando o inconsciente e o sintoma, de "parafuso sem fim"[847]. Sem fim porque por mais que se o aperte ele nunca chega lá. Uma coisa é se deparar com as suas formações do e outra é se deparar com o inconsciente naquilo que ele não forma e que chamei a pouco de letra.

E é chegando a essa letra, chagado por essa letra que nada diz, que não faz discurso, é chegando a esse fim que enfim se desperta não para ficar sonhando, como televisivamente Lacan expõe[848], nem para ficar se remoendo no devaneio, como Freud descreve[849]. Se desperta, se *wakiza* pois a esperança de que em algum lugar exista sentido se esgota. O sentido, daí em diante, passa a ser momentâneo, interno, nada mais que um lapso. É o momento de uma assunção, melhor, da assumição, da a-sumição de um saber sobre a verdade que jamais se descortina a não ser de forma ficcional[850]. Mas existem ficções e ficções, claro. E aqui entra também o saber-fazer, saber-fazer outra coisa que não o jogo imbecilizante da neurose que supõe que, em algum lugar deve existir o ponto final.

Dessa maneira – é o que a leitura do *Wake* implica – é preciso liquidar a transferência-para[851], como diz Lacan num certo prefácio, porque a transferência pára. E, no limite, não há, nem haverá, mais, o que analisar. Como escreve Miller, aqui, nesse ponto, há "saída do inconsciente transferencial"[852] e é assim que uma psicanálise termina, quando não há mais nada a analisar porque não há mais nada a transferir! Voltarei a isso mais vezes, mais muitas vezes para tentar deixar o mais claro possível.

---

[846] LACAN, Jacques. *Introdução à Edição Alemã de um Primeiro Volume dos Escritos*, in *Outros Escritos*. Rio de Janeiro: Jorge Zahar Editor, 2003, p. 550.

[847] LACAN, Jacques. *Conferência no Instituto Tecnológico de Massachusetts, 02 de Novembro de 1975*, in *Lacan in North Armorica*. Porto Alegre: Fi, 2016, p. 93.

[848] LACAN, Jacques. *Televisão*. Rio de Janeiro: Jorge Zahar Editor, 1993, p. 34.

[849] FREUD, Sigmund. *Escritores Criativos e Devaneios*, in *Edição Standard Brasileira das Obras Psicológicas Completas de Sigmund Freud*, Volume IX. Rio de Janeiro: Imago, 1987, p. 203.

[850] LACAN, Jacques. *O Seminário, Livro 4, As Relações de Objeto*. Rio de Janeiro: Jorge Zahar Editor, 1991, p. 258 e 259.

[851] LACAN, Jacques *Prefácio à Edição Inglesa do Seminário 11*, in *Outros Escritos*. Rio de Janeiro: Jorge Zahar Editor, 2003, p. 568.

[852] MILLER, Jacques-Alain. *Perspectivas do Seminário 23 de Lacan, O Sinthoma*. Rio de Janeiro: Jorge Zahar Editor, 2009, p. 100.

Agora, só para fechar esse capítulo, para arrematá-lo, gostaria de chamar a atenção para uma questão: porque, para quem tanta ênfase dava a linguagem, Lacan envereda em seus últimos textos e seminários para a topologia do nó borromeu? Uma das formas de dar conta disso é a verificação de que, como Lacan diz, "a linguagem é sempre plana"[853], o que quer dizer que ela é incapaz de jogar com outras dimensões e, principalmente com a a-dimensão, com a adimensionalidade[854] estrutural de uma Banda de Moebius, por exemplo.

Evoco isso porque, me parece, que antes de afirmarmos, com Lacan, que o nó borromeu é real, não seria a banda de Moebius que, como disse acima, "não é outra coisa que um corte"[855] que melhor escreve o que não se escreve e, se quisermos manter a borromeanidade que é, como diz Lacan, seu nome próprio[856], não valeria a pena pensar em 3 ou 4 consistências que seriam não cordinhas de barbante mas bandas moebianas enodadas de maneira borromeana? Algo como isso:

Ou ainda, para pensarmos melhor e mantermos as diferenças fundamentais entre as consistências, não seria interessante dizermos que o imaginário teria a interioridade e a exterioridade de um toro, o simbólico a infinitude de uma reta e o real, aí sim, seria uma banda? E não poderíamos pensá-los amarrados de forma bô? E se podemos passar,

[853] LACAN, Jacques. *Seminâire L'Insu-que-Sait de L'Une-Bévue S'Aile a Mourre*, 1976-1977, aula de 11/01, s/p in http://www.valas.fr/Jacques-Lacan-l-insu-que-sait-de-l-une-bevue-s-aile-a-mourre-1976-1977 (minha tradução)

6   [854] FAUVEL, John; WILSON, Robin; FLOOD, Raymond. *Mobius and his Band: Mathematics and Astronomy in Nineteenth-Century Germany*. Uk: Oxford University Press, 1993, p. 75.

[855] LACAN, Jacques. *Conférence: De James Joyce Comme Symptôme, prononcée au Centre Universitaire Méditerranéen de Nice*, 24/01/1976, s/p, inhttp://ecole-lacanienne.net/wp-content/uploads/2016/04/1976-01-24.pdf(minha tradução).

[856] LACAN, Jacques. *Seminâire L'Insu-que-Sait de L'Une-Bévue S'Aile a Mourre*, 1976-1977, aula de 16/11, s/p in http://www.valas.fr/Jacques-Lacan-l-insu-que-sait-de-l-une-bevue-s-aile-a-mourre-1976-1977 (minha tradução).

na topologia, de uma estrutura a outra se lhe fazemos cortes, podemos pensar que o nó de entrada em análise conta com um Imaginário torificado que encapsula em seu interior RS e $\sum$.

Assim, quando um analisante nos procura é esse toro do imaginário que encapsulou o real e o simbólico que podemos chamar de sintoma. O sinthoma, com th, seria o desenvaginamento de R e S e seu devido encaramento, sua necessária assunção e que fará limite, então, a um novo envelopamento por parte de I. O sinthoma, assim, é o que resiste ao I deixando o R e o S na sua evidência, na sua constante monstração.

Lacan sugere em *R.S.I* que esse nó, diferentemente do que estou tentando fundar aqui, possa ser formado por três toros[857]. Mas junto com essa sugestão adverte que se é o toro do simbólico que absorve o R e o I, "a preferência é dada em tudo ao inconsciente"[858] e "efetivamente isso pode fazer com que a vida de cada um se arranje melhor"[859] pois se levará em conta que a verdade, ou melhor, o verdadeiro é sempre o que escorrega, é sempre o que faz equívoco. Se pode entender por aí as referências de Lacan ao "se sentir melhor"[860] ou a felicidade de viver[861] que evoquei anteriormente, mas é preciso ainda cortar esse simbólico, ir mais além desse inconsciente que faz deslizamento sem fim por ser essencialmente anti-*begriff*, anti-*begrifflich*, por ser, como diz Lacan, "unbegriff"[862], *unbegrifflich*[863].

---

[857] LACAN, Jacques. *Semináire L'Insu-que-Sait de L'Une-Bévue S'Aile a Mourre*, 1976-1977, aula de 14/12, s/p in http://www.valas.fr/Jacques-Lacan-l-insu-que-sait-de-l-une-bevue-s-aile-a-mourre-1976-1977 (minha tradução)
[858] Idem, Ibidem.
[859] Idem, Ibidem.
[860] Idem, Ibidem.
[861] LACAN, Jacques . *Conferência de 24 de Novembro de 1976, Yale University (Seminário Kanzer)*, in *Lacan in North Armorica*. Porto Alegre: Editora Fi, 2016, p. 24.
[862] LACAN, Jacques. *O Seminário, Livro 11, Os Quatro Conceitos Fundamentais da Psicanálise*. Rio de Janeiro: Jorge Zahar Editor, 1988, p. 30. *Begriff*, conceito, em alemão, indica também algo que se pega, algo que se captura mesmo e sobretudo não estando ali. Por isso vale pena evocar um pequeno trecho onde Lacan explicita o que entende por conceito: "O conceito é o que faz com que a coisa esteja aí, não estando". LACAN, Jacques. *O Seminário, Livro 1, Os Escritos Técnicos de Freud*. Rio de Janeiro: Jorge Zahar Editor, 1986, p. 276.
[863] Que se note que *begrifflich*, que pode ser vertido para algo como conceitualmente, porta, como sufixo, um *ich*, um eu, que é para onde sempre descamba qualquer conceituação, qualquer "querer agarrar". BARTHES, Roland. *Suplemento [ao Prazerr do Texto]*, in *Inéditos, vol. 1 – Teoria*. São Paulo: Martins

O sinthoma será também, então, o que fará obstáculo a esse envelopamento por parte de S e, claro, desse envelopamento por parte de R que só produziria angústia. "O sinthoma é o que permite reparar a cadeia borromeana"[864] colocando as coisas em seus devidos lugares, sem que se dispersem ou invadam as outras consistências.

Sobre essa ênfase em S tendo em sua barriga R e I que acaba por ser a ênfase tradicional da psicanálise, ou seja, a ênfase no significante, é preciso como diz Lacan, fazer "uma contra-análise"[865] não sem levar em conta o inconsciente como estruturado como uma linguagem. O que estou dizendo é que é preciso franquear, ultrapassar a limitação do simbólico e se um primeiro corte foi feito em I um outro, seguinte, deve ser feito em S que tenderá, se esse corte não é feito, de anel de barbante a virar toro. Feito esse segundo corte é o Real que surge como impossível ao S e ao I e será o sinthoma o garantidor desse enfim nó bô de 4. Pronto, na barafunda das conceituações de Lacan sobre o sinthoma encontrei uma forma de dizê-lo que implica o não encobrimento ou até recobrimento daquilo que não sucumbe nem ao peso dos significantes nem das significações.

O analista, inicialmente, corta o Imaginário, primeiro plano de apresentação de uma fala, e nisso faz aparecer o Simbólico e o Real. O simbólico, nessa operação, torna-se hegemônico e dispara uma reação em cadeia que faz sideração e nisso tende a englobar o Imaginário e o Real afirmando-se como um sonho. Aqui, o analista, anti-oniromante, corta o Simbólico, intervindo em seu *cotinuum* gozoso e assim faz aparecer o Real garantido como o impossível de apreender exatamente pelo sinthoma. Assim:

1º Apresentação do Imaginário

2º Corte

3ºAparição do Simbólico e do Real antes envelopados

4º Hegemonia do Simbólico

5º Corte do e no Simbólico

6º Reorganização do Sinthoma

7º Surgimento do Real como impossível de Sinthomatizar.

Font[e...]
⁸⁶⁴ L[...]: Jorge Zahar Editor, 2007, p. 90.
⁸⁶⁵ LACAN, Jacques. *Semináire L'Insu-que-Sait de L'Une-Bévue S'Aile a Mourre*, 1976-1977, aula de 14/12, s/p in http://www.valas.fr/Jacques-Lacan-l-insu-que-sait-de-l-une-bevue-s-aile-a-mourre-1976-1977 (minha tradução), s/p.

Agora, esse processo, bem mais justo e completo do que aquele que apresentei, parafraseando Lacan em seu artigo de 1953, é ou não é idêntico ao de processo de leitura do *Wake*? Primeiro temos, por exemplo e diante do que se apresenta como enigmático, a apresentação do mito, do mito familiar:

> Em linhas gerais, os membros da família Earwicker são os seguintes: Humphrey Chimpden Earwicker – dono de uma taverna e conhecido com H.C.E (Here Comes Everybody), um personagem que espelha todos os homens, todos os mitos, etc.; Anna Livia Prurabelle – mulher de Earwicker, representa todas as mulheres e sua natureza contem todas as virtudes e defeitos no mais alto grau; seus filhos gêmeos: Shem – um escritos rebelde, autor de livros pornográficos, incrédulo e apátrida, mas bondoso; Shaun – ao contrário do irmão, é um representante da ordem e da justiça inflexível, atraente, sabe utilizar a retórica em proveito próprio e trabalha com esmero e constância; e sua filha Issy ou Isobel, que simboliza a beleza, a inocência, a luxúria, a bondade e a astúcia, e é o objeto de desejo inconfessado dos irmãos e do pai.[866]

Se passa, então, dessa composição desenigmatizante, a uma decomposição que enfatizará, como escreve Burgess, "o fluxo sonoro"[867]e Earwiker, de homem, passa também a "um bicho-de-ouvido (*earwig*)"[868], uma – muda inclusive de gênero – "lacrainha"[869]. Prurabelle se desfaz

---

[866] AMARANTE, Dirce Waltrick do. *Para Ler Finnegans Wake de James Joyce*. São Paulo: Iluminuras, 2009, p. 36.
[867] BURGESS, Anthony. *Homem Comum Enfim: Uma Introdução a James Joyce para o Leitor Comum*. São Paulo: Companhia das Letras, 1994, p. 206.
[868] Idem, p. 220.

em "oitocentos ou duzentos rios"[870] ao mesmo tempo que corta Dublin como nos antigos mapas da cidade onde "o rio é denominado "Anna Liffey""[871] – outra mudança de gênero. Shem passa facilmente para o quase homofônico e homohistórico "Shame"[872] enquanto Shaun revela, embaixo de si mesmo, "Pure Yawn lay low"[873], ser um bocejo. Issy se espalha em "dizzy"[874], em "lizzy"[875] em *easy*, em "queasy"[876] e o que era tema, como diz Humberto Eco, se revela como pretexto[877], como pré-texto, como palimptexto. Ah!, aqui se pode exclamar, que coisa boa! Não é preciso ser uma coisa só! Se pode ser Proteu, que muda de forma e por isso não é pego pelas garras do grego Odisseu, ao mesmo tempo que o latino Ulisses, vagamundo, que para não ser capturado pelo Ciclope diz-se *Outis*, nomeia-se ninguém[878]. *Mutatis mutandis* mas que não é tão mutador, tão livre, tão *flumem*[879], assim, já que, como escrevi em outro lugar, um palimptexto, um palimpsesto carrega as marcas de outrora, de outra hora[880] que são como um ravinamento[881], uma "gretadura"[882], uma sulcadura indizível e que resiste a livre-associação.

Aqui entra o real, o que não se diz nem nunca se dirá! O ponto que limita a escorregação e a gozação do simbólico. O ponto que escarnece do dito e do dizer sem fim. Que faz de Ulisses, de Ulixes – latinização de Ὀδυσσεύς – Umlixo que para nada serve e a nada serve.

---

[869] SCHÜLER, Donaldo. *Finnegans Wake/Finnicius Revém, Livro I, Capítulos 1.* Cotia: Ateliê Editorial, 2000, p. 107.

[870] ECO, Humberto. *Quase a Mesma Coisa.* Rio de Janeiro: Record, 2007, p. 363.

[871] AMARANTE, Dirce Waltrick do. *Para Ler Finnegans Wake de James Joyce.* São Paulo: Iluminuras, 2009, p. 159.

[872] JOYCE, James. *Finnegans Wake.* Londres: Penguim Uk, 1999, p. 307.

[873] Idem, p. 474.

[874] Idem, p. 73.

[875] Idem, p. 200.

[876] Idem, p. 198.

[877] ECO, Humberto. *Quase a Mesma Coisa.* Rio de Janeiro: Record, 2007, p. 363.

[878] PINHEIRO, Bernardina da Silveira. *Notas, in Ulisses.* Rio de Janeiro: Objetiva, 2007, p. 882.

[879] Roubei de Barthes que por sua vez parece ter roubado de Flaubert a expressão latina *flumen*, freqüentemente acrescida de *orationis* e que querem dizer um rio, significante tão importante para o *Wake*, de fala. BARTHES, Roland. *Da Fala a Escrita*, in *O Grão da Voz*. São Paulo: Martins Fontes, 2004, p. 03.

[880] VOLACO, Gustavo Capobianco. *A Clínica Psicanalítica, Palimpsestos.* Curitiba: CRV, 2016, p. 11.

[881] LACAN, Jacques. *Lituraterra*, in *Outros Escritos*. Rio de Janeiro: Jorge Zahar Editor, 2003, p. 20.

[882] BARTHES, Roland. *Variações sobre a Escrita*, in *Inéditos, vol. 1 – Teoria*. São Paulo: Martins Fontes, 2004, p. 213.

Um resto, uma sobra. E dessa maneira chega um momento, então, que a análise e a psicanálise, suas incidências, suas operações combatem os efeitos da fala, seus (d)efeitos ontológicos ou ontologicistas pois, como tenho afirmado até aqui, da fala, inevitavelmente, se obtém um ser[883]. E do falo, idem. Mas do fálico, como encontramos realmente o falhico? Esse será o assunto do próximo capítulo, que já prescindirá da grafia borromeana que nos acompanhava até aqui.

6   DA HOMENAGEM A "WOMANAGE"[884]

[883] LACAN, Jacques. *Introdução à Edição Alemã de um Primeiro Volume dos Escritos*, in *Outros Escritos*. Rio de Janeiro: Jorge Zahar Editor, 2003, p. 551.
[884] JOYCE, James. *Finnegans Wake*. Londres: Penguim Uk, 1999, p. 270.

"Conjugam o feminino e o
masculino num só verbo."
Paulina Chiziane[885]

"Única e múltipla"
Conceição Evaristo[886]

"A mulher é infinita."
Yasunari Kawabata[887]

Cheguei a mencionar que Jung, lendo por três anos[888]*Ulisses*, particularmente seu último trecho, que se inicia assim,

> Sim porque ele nunca fez uam coisa dessas de me pedir café na cama com dois ovos mexidos desde o hotel City Arms quando ele ficava fingindo que ficava de cama com uma voz de doente posando de príncipe pra se fazer de interessante praquela velha coroca da senhora Riordan que ele achava

---

[885]CHIZIANE, Paulina. *Niketche, Uma História de Poligamia*. São Paulo: Companhia das Letras, 2004, p. 296.
[886] EVARISTO, Conceição. *Ponciá Vicêncio*. Belo Horizonte: Mazza, 2003, p. 125.
[887] KAWABATA, Yasunari. *A Casa das Belas Adormecidas*. São Paulo: Estação Liberdade, 2004, p. 113.
[888] BAIR, Deidre. *Jung, Uma Biografia*, Vol. 1. São Paulo: Globo, 2006, p. 391. ELLMANN, Richard. *James Joyce*. Porto Alegre: Globo, 1982, p. 775 e VIZIOLI, Paulo. *James Joyce e sua Obra Literária*. São Paulo: EPU, 1991, p. 87.

que tinha bem na palma da mão e ela não deixou
um tostão pra gente tudo pras missas pra ela e a
alma dela maior mãodevaca do mundo sempre foi
tinha medo até de gastar 4p pro álcool metilado
dela me contando todas as mazelas dela ela tinha
eraa muito blábláblá sobre política e terremotos e
o fim do do mundo[889]

e depois de 24732 palavras "sem qualquer pontuação"[890] termima como

*e Oh aquela terrível torrente profundo fluente Oh
e o mar carmim às vezes como fogo e os poentes
gloriosos e as figueiras nos jardins da Alameda
sim todas as estranhas vielas e casas rosa e azul e
laranja e os rosais e os jasmins e os gerânios e os
cáctus e Gibraltar quando eu era jovem uma Flor
da montanha sim quando eu pus a rosa em meus
cabelos como as moças andaluzas ou de certo
uma vermelha sim e como ele me beijou sob o
muro mourisco e eu pensei bem tanto faz ele como
outro e então convidei-o com os olhos a
perguntar-me de novo sim ele perguntou-me se eu
queria sim dizer sim minha flor da montanha e
primeiro enlacei-o com meus braços sim e puxei-o
para mim para que pudesse sentir meus seios só
perfume sim e seu coração disparando como
louco e sim eu disse sim eu quero Sim.[891]*

disse, em carta ao próprio Joyce, que "As 40 páginas de corrida
sem parada no final é uma cadeia de verdadeiras pérolas psicológicas
Acho que só a avó do demônio sabe tanto sobre a verdadeira psicologia
de uma mulher. Eu não sabia[892]". Mencionei também, *en passant* e
citando Ellmann, que Joyce, todo orgulhoso depois de ter recebido essa

[889] JOYCE, James. *Ulysses*. São Paulo: Penguim Classics Companhia das Letras,
2012, p. 1037.
[890] BURGESS, Anthony. *Homem Comum Enfim: Uma Introdução a James Joyce
para o Leitor Comum*. São Paulo: Companhia das Letras, 1994, p. 186.
[891] JOYCE, James. *Ulysses*. São Paulo: Penguim Classics Companhia das Letras,
2012, p. 1106.
[892] ELLMANN, Richard. *James Joyce*. Porto Alegre: Globo, 1982, p. 775.

carta, sai alardeando sua suposta sabedoria até que perguntam à sua mulher: " – É isso mesmo?", James sabe sobre o que se passa com uma mulher? E ela responde: "Ele não sabe coisa nenhuma sobre mulheres"[893]. Mas deveríamos nos fiar na palavra de Nora? Será mesmo que Joyce, ou mais precisamente sua pena, no *Wake* nada sabe sobre as mulheres? Não será que Joyce não sabendo pessoalmente nada sobre as mulheres, nem sobre a sua, sendo ele uma espécie de amante fracassado[894], um fetichista do "fedor e do suor"[895], um "escatófilo"[896] articularia, textualmente sobre A Mulher? Será que Joyce, colocando em Molly "todas as qualidades da mulher fantasiada pelo homem"[897], como escreve Madddox, atravessa essa tela e como escritor escreve aquilo que está para além de qualquer enquadre?Assim, não seria ele o escriba sem saber, sem o saber, daquilo que dA Mulher é semi-dito não apenas no monólogo da Penélope insaciável mas sobretudo no *Wake* incomensurável? Não será que o escritor Joyce ultrapassa a "Jungfraud's"[898], fraude e freud de Jung e com A Mulher, não sobre ela mas como ela, atinge o real fazendo florescer A Mulher, a "grass woman"[899]? Não seria esse seu verdadeiro dia do florescimento, seu verdadeiro *bloomsday*? Não será que, principalmente no *Wake* mas já com Molly, na série que se inicia sempre com Φ Joyce faz "sherious"[900] e nos mostra que, como diz Lacan em *O Aturdito*, isso "não pode ser estancado com universo[901]", com o Um-niverso, com, para citar Schüler, "univerbo"[902] do Φ? Não será que o *Wake* nos ensina, com seu "decentered universe"[903] a ler de soslaio e "soslaiando"[904] nos incita a

---

[893] Idem, Ibidem.

[894] ELLMANN, Richard. *James Joyce*. Porto Alegre: Globo, 1982, p. 558.

[895] JOYCE, James. *Querida Nora!*. Lisboa: Hiena, 1994, p. 73.

[896] MADDOX, Brenda. *Nora: Uma Biografia de Nora Joyce*. São Paulo: Martins Fontes, 1991, p. 245

[897] Idem, p. 255.

[898] JOYCE, James. *Finnegans Wake*. Londres: Penguim Uk, 1999, p. 460.

[899] Idem, p. 28.

[900] JOYCE, James. *Finnegans Wake*. Londres: Penguim Uk, 1999, p. 570.

[901] LACAN, Jacques. *O Aturdito*, in *Outros Escritos*. Rio de Janeiro: Jorge Zahar Editor, 2003, p. 467.

[902] SCHÜLER, Donaldo. *Finnegans Wake/Finnicius Revém, Livro III e IV, Capítulos 13, 14, 15 16 e 17*. Cotia: Ateliê Editorial, 2003, p. 145.

[903] NORRIS, Margot. *The Decentered Universe of Finnegans Wake : a Structuralist Analysis,* in http://digicoll.library.wisc.edu/cgi-bin/JoyceColl/JoyceColl-idx?type=turn&entity=JoyceColl.NorrisDecenter.p0015&id=JoyceColl.NorrisDecenter&isize=text

[904] SCHÜLER, Donaldo. *Finnegans Wake/Finnicius Revém, Livro III e IV, Capítulos*

ver algo além do sol Φ, do falocentrismo, do falo-cetrismo? Vejamos aonde nos leva essa lebre!

Sabemos que Freud claudica freqüentemente quando se trata de articular as questões que são propostas pela mulher porque ele só pensa com seu Φ. Um bom exemplo desse manquitolar encontra-se numa conferencia nunca dada[905] mas ainda assim escrita e intitulada *Feminilidade*. Ali Freud, sempre diante do Édipo, e depois de dizer que as mulheres em si mesmas "constituem o problema"[906] para o qual ele só apresenta seu embaraço propõe-lhes três saídas. A primeira ele chama de saída histérica que nada mais é que a criação, fantasmática e por vezes fantasmagórica de, frente a ausência física de um pênis falicizado, caminhar no mundo como sendo ele ou, para brincar um pouco com algumas construções de Lacan, ela, não o tendo, faz-se ele[907]. A segunda, que Freud já chegou a chamar, seguindo a tradição médico psiquiátrica do início do século XX, de inversão[908] ele denomina, aqui, em 1932, de "complexo de masculinidade"[909] e que podemos chamar muito simplesmente de saída lésbica já que, diante da citada ausência anatômica essa mulher escolhe, no sentido destacado por Freud de "escolha da neurose"[910], enfatiar-se com aquilo que do homem lhe sugere existência. A mulher, aqui, faz-se homem, inclusive, não há porque não dizê-lo, superado.

13, 14, 15 16 e 17. Cotia: Ateliê Editorial, 2003, p. 570.

[905] FREUD, Sigmund. *Prefácio a Novas Conferências Introdutórias Sobre Psicanálise*, in *Edição Standard Brasileira das Obras Psicológicas Completas de Sigmund Freud*, Volume XXII. Rio de Janeiro: Imago, 1987, p. 15.

[906] FREUD, Sigmund. *A Feminilidade, Novas Conferências Introdutórias Sobre Psicanálise*, in *Edição Standard Brasileira das Obras Psicológicas Completas de Sigmund Freud*, Volume XXII. Rio de Janeiro: Imago, 1987, p. 140.

[907] "(...) é a ausência do pênis que faz dela o falo". LACAN, Jacques. *Subversão do Sujeito e Dialética do Desejo no Inconsciente Freudiano*, in *Escritos*. Rio de Janeiro: Jorge Zahar, 1998, p. 840.

[908] FREUD, Sigmund. *Três Ensaios sobre a Teoria da Sexualidade*, in *Edição Standard Brasileira das Obras Psicológicas Completas de Sigmund Freud*, Volume VII. Rio de Janeiro: Imago, 1987, p. 128.

[909] FREUD, Sigmund. *A Feminilidade, Novas Conferências Introdutórias Sobre Psicanálise*, in *Edição Standard Brasileira das Obras Psicológicas Completas de Sigmund Freud*, Volume XXII. Rio de Janeiro: Imago, 1987, p. 155.

[910] FREUD, Sigmund. *A disposição à neurose obsessiva - Uma contribuição ao problema da escolha da neurose*, in *Edição Standard Brasileira das Obras Psicológicas Completas de Sigmund Freud*, Volume XII. Rio de Janeiro: Imago, 1987, p. 122.

E a terceira saída? Pois Freud a chamará de "feminilidade normal"[911] e para fora de seu *penisneid*, de sua – de Freud – "inveja do pênis"[912] ele não avança a não ser por conceituações equivocadas que fazem da mulher um ser belo, recatado e do lar. Um ser dócil, docilizado pela aceitação de sua castração. Mas seria assim mesmo ou, como escreve Lacan em *Diretrizes para um Congresso sobre a Sexualidade Feminina*, nessa "dialética falocêntrica ela (a mulher) representa o Outro absoluto"[913], o Outro, e não o Um e por isso nunca se apreende como toda? Dito de uma outra maneira, será que só de falo se faz a fala da Mulher ou ela nos mostra uma *ela*boração que *rela*tiviza a norma, a regra, a lei? E, por extensão, para nós, "conditor(s)"[914], "auditor(s)"[915], "creditor(s)"[916], "editor(s)"[917] dessa Lei, será que haveria saída para o (in) "quomodo"[918], para o incomodo de ser *uomo*? Não é isso uma psicanálise?

Pois será reatualizando uma questão que dá as graças pelo menos desde 1956, ou seja, "o que é ser uma mulher?"[919], que poderemos pensar para além desse Φ impregnante. Lacan, que é quem lança essa questão no seminário inicialmente intitulado *Estruturas Freudianas das Psicoses*[920], dedicará quase todo um outro[921] para dizer o que se dizia, até então, apenas nas entrelinhas e nos entre-jogos ou seja, que, desse ser, a mulher, carece terminantemente, a ponto, portanto, de não existir[922].

---

[911] FREUD, Sigmund. *A Feminilidade, Novas Conferências Introdutórias Sobre Psicanálise*, in *Edição Standard Brasileira das Obras Psicológicas Completas de Sigmund Freud*, Volume XXII. Rio de Janeiro: Imago, 1987, p. 155.

[912] Idem, p. 154.

[913] LACAN, Jacques. *Diretrizes para um Congresso sobre a Sexualidade Feminina*, in *Escritos*. Rio de Janeiro: Jorge Zahar, 1998, p. 741.

[914] JOYCE, James. *Finnegans Wake*. Londres: Penguim Uk, 1999, p. 374.

[915] Idem, p. 574.

[916] Idem, p. 584.

[917] Idem, p. 596.

[918] Idem, p. 188.

[919] LACAN, Jacques. *O Seminário, Livro 3, As Psicoses*. Rio de Janeiro: Jorge Zahar Editor, 1985, p. 200.

[920] Esse foi o título do seminário de 1955-1956 que por obra de Jacques Alain-Miller foi reduzido a um sucinto *As Psicoses*.

[921] Na realidade e para ser justo é preferível dizer que Lacan se debruça sobre esse ponto ao menos em três seminários, nominalmente,*De um Discurso que não seria do Semblante, ... ou Pior* e, com toda a força, em Mais *Ainda*.

[922] LACAN, Jacques. *O seminário, Livro 20, Mais, Ainda*. Rio de Janeiro: Jorge Zahar Editor, 1985, p. 98.

Questão problemática e que até hoje costuma ser mal lida pelo crivo do significante "machismo" ela, na verdade, procura conceituar precisamente o oposto do cárcere edípico, da "toesa"[923] homonóide e homeomorfa do falo, indicando, dessa maneira, que não-ser não é demérito mas uma Outra modalidade, privilegiada, de articular-se no "imundo"[924] que se quer todo. Para demonstrar isso, para demonstrar que "é desse não é de todo que se coloca a mulher"[925] e que quebra a pretendida indivisibilidade do indivíduo que Lacan lança mão do que ele mesmo chama de fórmulas quânticas – no sentido de uma estrutura mínima – da sexuação distribuídas num quadro com quatro quadrantes, assim:

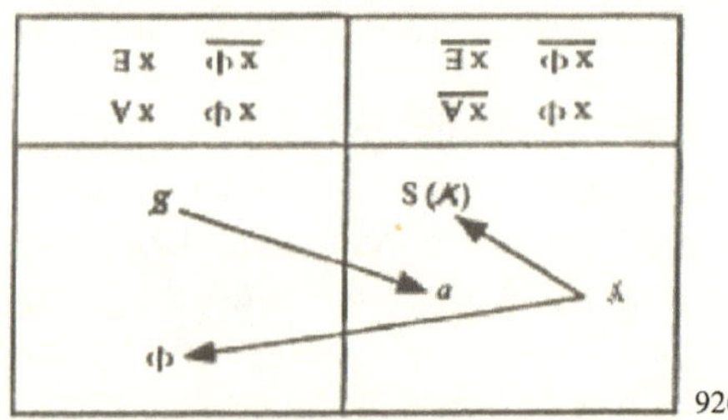

Isso pode ser lido de várias maneiras sendo a mais comum, essa:

Do lado esquerdo, representando a porção dita homem temos, encimando o quadro, a descrição de que existe um x para qual a função Φ de x é negada e que Lacan chamará, jogando com a homofonia de "ao menos um e homenossum"[927], ou seja, existe pelo menos um que escapa a regra ao mesmo tempo que a determina, vale dizer, para toda regra há, inexoravelmente, uma exceção que consequentemente e obrigatoriamente a organiza.

Logo abaixo, lê-se para todo x a função Φ de x é verdadeira, o que equivale a dizer que para todo mundo que habita esse lado é verdade

[923] SOLER, Colette. *O que Lacan dizia das Mulheres*. Rio de Janeiro: Zahar, 2005, p. 15.

[924] LACAN, Jacques. *Discurso aos Católicos, in O Triunfo da Religião*. Rio de Janeiro: Jorge Zahar Editor, 2005, p. 20.

[925] LACAN, Jacques. *De um Discurso que não seria do Semblante*. Recife: CEF, 1996, p. 142 e 143.

[926] LACAN, Jacques. *O seminário, Livro 20, Mais, Ainda*. Rio de Janeiro: Jorge Zahar Editor, 1985, p. 105.

[927] LACAN, Jacques. *De um Discurso que não seria do Semblante*. Recife: CEF, 1996, p. 149.

que a função fálica opera e portanto, não há exceção. Aparentemente contraditórias na realidade elas se complementam pois qualquer conjunto que se pretenda coeso precisa daquilo que, lhe sendo externo, lhe fundamenta, exatamente a coesão. O exemplo mais eloqüente dessa dicotomia na obra psicanalítica é certamente aquele que Freud inventa, emprestando de Darwin, em seu *Totem e Tabu*, o chamado *Mito da Horda Primitiva*[928] que estabelece um homenossum, o "1 que serve de eixo"[929]e de ponto de báscula e que, mesmo morto, organizará as trocas entre os elementos daquela sociedade fixando lugares e proibições[930]. Mas para não ficarmos no que o mesmo Freud chamará de "fantasia"[931] basta pensar em qualquer líder que, como os porcos de Orwell[932], estabelece uma igualdade que é sempre mais igual para alguns e, o mais importante, nessa lógica fixa o que Lacan vai dizer que não é senão onde a noção de todo repousa[933]. De todo, de totalidade e até de totalitarismo, para lembrar-mo-nos do que trabalha Arendt[934].

Já do lado direito, do lado da mulher, propriamente falando, temos a inscrição da fórmula que afirma que não existe nenhum x para o

---

[928]FREUD, Sigmund. *Totem e Tabu*, in *Edição Standard Brasileira das Obras Psicológicas Completas de Sigmund Freud*, Volume XIII. Rio de Janeiro: Imago, 1987, p. 169.

[929]LACAN, Jacques *O Seminário, Livro 19, ... ou Pior*. Rio de Janeiro: Jorge Zahar Editor, 2012, p. 155.

[930] Sempre vale lembrar que, como escreve Schüler, "o chefe da horda só é dono de tudo na ótica limitada dos seus subordinados". SCHÜLLER, Donaldo. *Finnegans Wake/Finnicius Revém, Livro I, Capítulos 5, 6, 7 e 8*. Ateliê Editorial, 2001, p. 302.

[931]FREUD, Sigmund. *Totem e Tabu*, in *Edição Standard Brasileira das Obras Psicológicas Completas de Sigmund Freud*, Volume XIII. Rio de Janeiro: Imago, 1987, p. 189. Lacan chama essa construção de Freud de "produto neurótico". LACAN, Jacques. *De um Discurso que não seria do Semblante*. Recife: CEF, 1996, p. 157.

[932] Numa sociedade que desbancou o homem detentor do poder os bichos se unem seguindo de sete mandamentos. O último deles, provavelmente o mais importante diz que "Todos os animais são iguais" mas que por torções típicas do que chamei acima de liderança se torna, no final da pequena novela, um "Todos os animais são iguais mas alguns são mais iguais que os outros" fundando a mesma exceção que outrora foi o motivo da revolução. ORWELL, George. *A Revolução dos Bichos*. São Paulo: Globo, 2001, p. 24 e 112.

[933] LACAN, Jacques. *O seminário, Livro 20, Mais, Ainda*. Rio de Janeiro: Jorge Zahar Editor, 1985, p. 107.

[934] Ela, por exemplo, situa o totalitarismo como a "eliminação da incômoda imprevisibilidade das ações" que pelo "rigor da organização" culmina num "domínio total" sobre tudo e todos. ARENDT, Hannah. *Origens do Totalitarismo*. São Paulo: Companhia das Letra, 1990, p. 395, 411 e 442.

qual a função Φ de x não esteja, vale dizer, aqui não há exceção mas, ao mesmo tempo, e é o que indica a fórmula que está logo abaixo dessa, se não existe esta exceção é verdade que, para quem habita esse lado, essa mesma função Φ de x não se instala totalmente, ou, mais precisamente, este lado "não permitirá nenhuma universalidade, será não-todo"[935] e, principalmente, nem tudo em uma mulher está ou estará submetido à lei da linguagem que é ordenada por esse Φ. Como Lacan dirá, o que está aqui "não se pode dizer"[936] porque o dito, que se faz desse pleonasmo chamado *Phallus*[937] é-lhe sempre insuficiente.

Ponto importante pois se antes tínhamos a instalação de um todo, de um UM, aqui, deste lado temos a noção de não-todalidade, de não-todo e no lugar desse 1, do S_1 , do *father* o que observamos é a aparição de uma alteridade irredutível que o extra-pola. Se antes, insisto, tínhamos a autoridade do "Phallusaphist"[938]aqui o que se evidencia é sua incompetência diante da alteridade, daquilo que é do Outro, que não é do 1 e que por isso é "falter"[939]. O Outro, para quem habita esse campo da sexuação segue sendo, sempre, *Other*, inapreensível mas que ao mesmo tempo pode nos indicar, em sua própria inapreensibilidade "Otherways"[940], "otherwales"[941] que não sejam "in tother"[942], *in toto*. Já volto a isso!

E o que temos abaixo dessas inscrições que se querem lógicas[943]? É possível dizer que temos aí um pouco mais do mesmo, uma espécie de inscrição tautológica já que no lado homem há esse sujeito, esse *subjectus* que se subordina as leis da linguagem ao mesmo tempo que orbita em torno desse significante que colmata qualquer operação. Note-se que do S barrado parte uma seta em direção ao a, que está à direita, e nessa operação se instala o que Lacan chama de fantasia[944], vale dizer, o dito homem só tem acesso a mulher quando, nela, deposita a causa de

---

[935] Idem, p. 107.

[936] Idem, p. 109.

[937]LACAN, Jacques. *De um Discurso que não seria do Semblante*. Recife: CEF, 1996, p. 144

[938] JOYCE, James. *Finnegans Wake*. Londres: Penguim Uk, 1999, p. 72.

[939] Idem, p. 270 e 354

[940] JOYCE, James. *Finnegans Wake*. Londres: Penguim Uk, 1999, p. 05.

[941] Idem, p. 44.

[942] Idem, p. 143 e 224

[943] DARMON, Marc. *Ensaios sobre a Topologia Lacaniana*. Porto Alegre: Artes Médicas, 1994, p. 209.

[944] LACAN, Jacques. *O seminário, Livro 20, Mais, Ainda*. Rio de Janeiro: Jorge Zahar Editor, 1985, p. 108.

seu desejo, "objeto de sua fascinação"[945] que é como podemos tranquilamente ler o caso de Joyce com Nora e sua, de Nora, frase de que ele nada sabe sobre as mulheres já que, objetificando-as, as fetichiza em Lily, Molly, Bella, Anna...[946]. Ou, para parafrasear o que diz Lacan bem no final de seu seminário excomungado, o homem é aquele que, diante dA Mulher profere: "te amo, mas porque, inexplicavelmente amo em ti algo que é mais do que tu – o objeto *a* minúsculo, eu te mutilo"[947].

Mas e do lado direito? Temos aí, neste $\cancel{A}$ barrado – que se perceba que ele é correlato ao $\cancel{S}$ barrado mas não se tocam –, a idéia desse não-todo que no mesmo instante que se dirige a Φ estabelece a sua insuficiência e marca uma alteridade absoluta e implica, como diz Lacan em 1973, a radicalidade de ser sempre Outro[948], inclusive para si mesma. Dessa maneira podemos dizer que, como enfatiza Lacan em *O Sinthoma*, a Mulher é o que não faz sentido[949] porque dO Sentido ela está mais distante e menos imersa. Essa é uma outra forma de ler o que Freud chama, para citar Heine num pequeno trecho de um poema, de "enigma da natureza da feminilidade"[950] já que ao tentarmos dizê-la deparamo-nos com o limite das significações e o enigma se reintroduz. Ou, como diz Lacan em *R.S.I*, as mulheres estão "menos atoladas"[951] ao sentido, "estão mais "a vontade com o inconsciente"[952]em sua vertente que resiste a apreensão, a captação, a captura de significações. E por isso, claro, ela nos interessa pois algo como "Reeve Gootch was right and Reeve Drughad was sinistrous"[953] não se acomoda docilmente a unidade feminista[954] de "A Margem Esquerda era direita e o Direito era

---

[945] MELMAN, Charles. *Novos Estudos Sobre a Histeria*. Porto Alegre: Artes Médicas, 1985, p. 92.

[946] MADDOX, Brenda. *Nora*. São Paulo: Martins Fontes, 1991, p. 243.

[947] LACAN, Jacques. *O Seminário, Livro 11, Os Quatro Conceitos Fundamentais da Psicanálise*. Rio de Janeiro: Jorge Zahar Editor, 1988, p. 254.

[948] LACAN, Jacques. *O Seminário, Livro 20, Mais, Ainda*. Rio de Janeiro: Jorge Zahar Editor, 1985, p. 109.

[949] LACAN, Jacques. *O Seminário, Livro 23, O Sinthoma*. Rio de Janeiro: Jorge Zahar Editor, 2007, p. 112.

[950] FREUD, Sigmund. *A Feminilidade, Novas Conferências Introdutórias Sobre Psicanálise*, in *Edição Standard Brasileira das Obras Psicológicas Completas de Sigmund Freud*, Volume XXII. Rio de Janeiro: Imago, 1987, p. 140.

[951] LACAN, Jacques. *Séminaire R.S.I, 1974-1975, aula 11/02, s/p, in* http://staferla.free.fr/S22/S22%20R.S.I..pdf(minha tradução).

[952] Idem, Ibidem.

[953] JOYCE, James. *Finnegans Wake*. Londres: Penguim Uk, 1999, p. 197.

[954] AMARANTE, Dirce Waltrick do. *Para Ler Finnegans Wake de James Joyce*. São Paulo: Iluminuras, 2009, p. 157.

sinistro"[955] nem na unidade "ferina"[956] de "O Rio Esquerdo fluía direito, mas o Direito era sinistro"[957]. O Um, no *Wake*, assim como o Um, na Mulher seria esse Un desse *unbewusst* que não se compraz em ser, como tentou estipular Melman, "unbewurst"[958], em ser um composto unificante da salsicha ou, para utilizarmos as fórmulas lacanianas e sermos mais precisos, ao mesmo tempo que *reeve* remete metonimicamente a *river*, a *rève*, ao náutico gornir e por aí vai, ele remete, também, a abolição de qualquer uma dessas possibilidades e por isso indica o nenhum lugar ou o lugar que não faz contexto, que nada faz com o texto e assim toca o real.

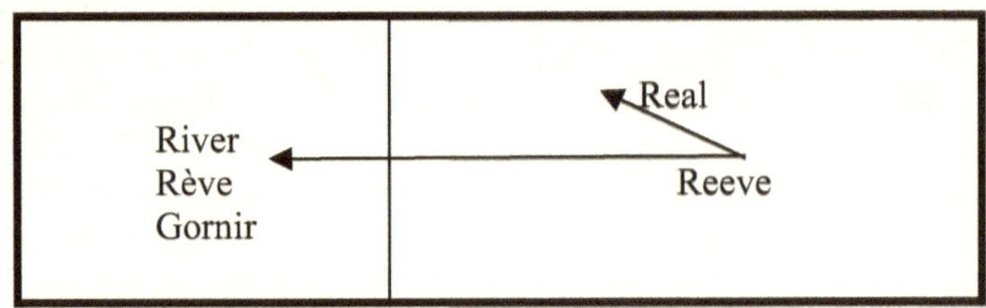

A̸ Mulher e o *Wake*, portanto, seriam urdidos dessa mesma insubstância. Melhor, no exato instante que são urdidos por palavras indicam que elas, mais do que retornarem a si mesmas e implicarem um jogo que tende ao infinito, encontram o seu limite por serem, de fato, incapazes de dizer, incapazes de fazerem subditos – e súditos. Dito de uma outra maneira: se o inconsciente é, como diz Lacan nos EUA, "um saber expresso em palavras"[959] aqui, nA Mulher e no *Wake* esse saber se cala, faz cair o "blá-blá-blá móvel"[960] que se estende feito um polvo com seus tentáculos grudentos que, como bem demonstrou Nietzsche em mais de um lugar, não passa de vontade de potência[961], de vontade

---

[955] Idem, p. 115.

[956] ESTEVES, Lenita Rimoli. *Quando a Resenha não Critica: Um Silêncio não Inocente* in Revista Crop, Edição 8, USP, 2010.

[957] SCHÜLER, Donaldo. *Finnegans Wake/Finnicius Revém, Livro I, Capítulos 5, 6, 7 e 8*. Cotia: Ateliê Editorial, 2004, p. 259.

[958] MELMAN, Charles. *Novos Estudos sobre o Inconsciente*. Porto Alegre: Artes Médicas, 1994, p. 12. W*urst* - salsicha.

[959] LACAN, Jacques. *Entrevista com os Estudantes na Yale University em 24 de Novembro de 1976,* in *Lacan in North Armorica*. Porto Alegre: Editora Fi, 2016, p. 49.

[960] LACAN, Jacques. *Seminâire L'Insu-que-Sait de L'Une-Bévue S'Aile a Mourre*, 1976-1977, aula de 18/01, s/p in http://www.valas.fr/Jacques-Lacan-l-insu-que-sait-de-l-une-bevue-s-aile-a-mourre-1976-1977 (minha tradução)

de apoderamento, de empoderamento. O que A Mulher e o *Wake* mostram é que pelo uso das palavras, pelo uso do dizer e do dito, pelo que se faz e pelo que está feito se chega não a um eldorado palavreiro, não a um éden da nominação mas àquilo "que é fora da linguagem, fora do simbólico"[962], se chega, enfim, àquilo que está fora de qualquer possibilidade subjetiva ou mesmo de subjetivação, ao que já se chamou de "extexto"[963], de fora do texto. E não é isso o que Freud denominou por Isso, ou seja esse "desconhecido"[964] atextual que, em cada um e cada qual não é passível de conhecimento? E quem, senão A Mulher – ou o *Wake* – poderiam nos abrir essa porta que não leva a nada, que não estabelece a lógica de Um e Outro nem de Um ou Outro mas de Um ou o Outro até que os rasga, os fende, os parte em nem Um nem Outro pois ao real, tanto faz? O que estou tentando dizer é que eles, banalizam o simbólico usando-o à exaustão até que da diferença – que é a estrutura por excelência do simbólico, como bem lembra Arrivé[965] – apareça a indiferença, ou, para as versões surjam as a-versões.

Assim, tanto A Mulher quanto o *Wake* tornam as palavras mudas pois de tanto as mudarem, as mutarem, as gastam fazendo com que the "words weigh no no more"[966], fazendo com que as palavras percam seu peso. Eles mostram que esse não é um processo de ganho, portanto, de anexação, de acréscimo mas da verificação de que a linguagem "is nat language at any sinse of the world"[967]. Mostram, e como escreve João Guimarães Rosa, que temos aí um processo "para perder palavras"[968]. Gastá-las até perdê-las. Pois é isso também o que quer dizer esse S(A) já que Lacan, com ele, procura grafar o limite de qualquer simbolização, de qualquer versão, de qualquer fala. Não é uma fala sem falo mas uma

---

[961] NIETZSCHE, Friedrich. *Além do Bem e do Mal*. São Paulo: Companhia das Letras, 2005, p. 155.

[962] LACAN, Jacques. *A Terceira*, in *Cadernos Lacan*, Volume 2 (Publicação não comercial). Porto Alegre: APOA, 2002, p. 68.

[963] CAMPOS, Haroldo. *Galáxias*. São Paulo: Editora 34, 2004, s/p.

[964] FREUD, Sigmund. *O Ego e o Id*, in *Edição Standard Brasileira das Obras Psicológicas Completas de Sigmund Freud*, Volume XIX. Rio de Janeiro: Imago, 1987, p. 37.

[965] ARRIVÉ, Michel. *Lingüística e Psicanálise, Freud, Saussure, Hjelmslev, Lacan e Outros*. São Paulo: Edusp, 1994, p. 75.

[966] JOYCE, James. *Finnegans Wake*. Londres: Penguim Uk, 1999, p. 73.

[967] Idem , p. 80.

[968] ROSA, João Guimarães. *A Simples e Exata História do Burrinho do Comandante*, in *Estas Estórias*. Rio de Janeiro: José Olympio Editôra, 1969, p. 17.

fala que não se pauta exclusivamente nele e precisamente por isso o demonstra como insuficiente.

O exemplo a que Lacan recorre para tentar demonstrar esse ex-texto, essa, para usar uma expressão de Attridge, "realidade extralinguística"[969], esse não ponto fora da curva é o da freira carmelita seiscentista Santa Teresa D'Ávila, que, não parando de enfatizar, a cada página de seu *Livro da Vida,* que as palavras nunca são suficientes para dizê-la, que dizê-la é "impossível"[970] mesmo que os doutos da Igreja, "os mestres do espírito"[971] a questionem, se resigna a habitar esse vazio que não pede preenchimento. E mais que isso: ela demonstra que realmente, quando se pergunta À Mulher, quando se a questiona não brota, dela, nenhum saber[972]. Como diz Lacan em *R.S.I,* "as mulheres simplesmente não dizem nada"[973] pois delas não há o que dizer, não há o dizer. Ou, como a mesma Teresa escreve, para Isso, que "fiquem as letras de lado"[974] pois "não se pode entender, quanto mais dizer"[975] o que aí se passa. Ou, um pouco mais adiante, na capítulo 18, "o que é, eu não sei explicar"[976], "parece ser impossível até mesmo haver palavras com que começar"[977] porque "o entendimento, se entende, não entende como entende"[978].

Dessa forma, nesse campo onde as letras, em seu aspecto de textualização, ficam de fora junto com qualquer dizer e não se explica nem se entende, não há *penisnaid,* nem *penis envy,* nem "pen is envy"[979],

---

[969] ATTRIDGE, Derek. *Desfazendo as Palavras-Valise ou Quem tem Medo de Finnegans Wake, in Riverrun, Ensaios sobre James Joyce.* Rio de Janeiro: Imago, 1992, p. 344.

[970] D'ÁVILA, Santa Teresa. *Livro da Vida.* São Paulo: Penguim Classics Companhia das Letras, 2010, p. 96.

[971] Idem, p. 126.

[972] Sendo o saber aquilo que se articula na e pela linguagem a ponto de, em última instância, se equivalerem, me parece interessante lembrar dessa frase, de Roland Barthes, sobre os místicos: "os grandes místicos clássicos – e Santa Teresa está entre eles – atravessam a linguagem para chegar além da linguagem." BARTHES, Roland. *Um Grande Retórico das Figuras Eróticas*, in *O Grão da Voz.* São Paulo: Martins Fontes, 2004, p. 362.

[973] LACAN, Jacques. *Séminaire R.S.I, 1974-1975, aula 08/04, s/p, in* http://staferla.free.fr/S22/S22%20R.S.I..pdf(minha tradução).

[974] D'ÁVILA, Santa Teresa. *Livro da Vida.* São Paulo: Penguim Classics Companhia das Letras, 2010, p. 142.

[975] Idem, p. 165.

[976] Idem, p. 160.

[977] Idem, p. 162.

[978] Idem, p. 166.

nem *pen is aid*. Não há inveja nem cura e qualquer elemento que se tinja com essas cores não é senão impostura recheada pelos "phallopharos"[980]! E, principalmente, a ordem das coisas, a ordem daquilo que Schreber, emasculado, denunciou com acurácia, precisão, justeza como a "dos homens feitos as pressas"[981] não cabe aqui.

Dessa maneira, assim como Lacan enfatiza que o "universo (...) quer dizer apenas uma coisa: há um"[982], A Mulher e o *Wake* são não-todo-Um e esse não-todo-Um abre a porta para o Real pois derroga a universalidade, "põe defeito no universo"[983]e, dessa maneira, demarcam, apontam para aquilo que não se restringe a realidade. Eles dizem, portanto, e mostram que não se reconhecem no significante congruente[984], nesse significante fálico colmatador, e, dessa maneira, mostram que assim como não há "totamulier"[985] não há todowake e não há totarealidade. Que o todo, portanto, é uma invenção e uma injunção. E nisso há ou pode haver um convite, uma direção de análise. Como Lacan chega a escrever em *O Aturdito*, cheio de esperanças, "Oxalá (...) algumas delas (as mulheres), por serem não todas, venham a criar para o homodito a hora do real"[986].

Mas será que é isso o que fazem, preferencialmente, os psicanalistas, ou seja, será que eles realmente apontam seus ouvidos para esse real? Ou será que muito mais freqüentemente eles são louvadores do Um e fazem da psicanálise apenas um ronrono conceitual? Não seria melhor encarar que se trata de não, como diz o filósofo romeno que escolhi para epigrafar o início desse trabalho, Emil Cioran, "brutalizar as palavras para delas extrair idéias"[987]? Não será esse o ofício e o orifício que organiza a função do psicanalista? Será que uma análise, mais do que um achado, poderia ser a desbrutalização da língua, da linguagem, do simbólico pelo advento incontornável do real?

---

[979] ATWOOD, Margaret. *O Conto da Aia*. Rio de Janeiro: Rocco, 2017, p. 222.

[980] JOYCE, James. *Finnegans Wake*. Londres: Penguim Uk, 1999, p. 76.

[981] SCHREBER, Daniel Paul. *Memórias de um Doente dos Nervos*. São Paulo: Paz e Terra, 1995, p. 97.

[982] LACAN, Jacques. *O Seminário, Livro 23, O Sinthoma*. Rio de Janeiro: Jorge Zahar Editor, 2007, p. 62.

[983] LACAN, Jacques. *O Aturdito*, in *Outros Escritos*. Rio de Janeiro: Jorge Zahar Editor, 2003, p. 478.

[984] Idem, p. 468 e 469.

[985] JOYCE, James. *Finnegans Wake*. Londres: Penguim Uk, 1999, p. 166.

[986] LACAN, Jacques. *O Aturdito*, in *Outros Escritos*. Rio de Janeiro: Jorge Zahar Editor, 2003, p. 495.

[987] CIORAN, Emil. *Silogismos da Amargura*. Rio de Janeiro: Rocco, 2011, p. 67.

Por isso estou insistindo tanto nessa inexistência da Mulher e seu correlato literário, o *Wake,* pois, ambos não se consolidam, não fazem, para usar um termo freudiano, *bejahung,* afirmação[988]. Pelo contrário, onde encontraríamos esse sim sem fim para onde Todo Mundo é convidado – lembremos do "here comes everybody"[989] – eles desgastam as palavras, gastam os significantes não para achar-lhes a razão mas para desarrazoar-lhes. E, nesse processo, marcam, definitivamente, que para viver não há legenda nem notas de rodapé. E se as criamos, se as inventamos, elas são, ainda, como as que Joyce imprime no capítulo 10 do *Wake*, ou seja, para "Am shot, says the big-guard"[990] há um incoerente e incongruente "Rawmeash, quoshe with her girlic teangue."[991].

Ou, para os enigmáticos "Cush"[992], intervalados por "Shay/Shockt/Ockt/Ni"[993], e "Geg"[994]Joyce oferece as corrosivas imagens

que textualizadas como "Kish is for anticheirst, and the free of my hand to him!"[996] e "And gags for skool, and crossbuns and whopes he'llenjoyimsolff over our drawings on the line!"[997], respectivamente, nada dizem, nada, como disse, afirmam e "abalam a unidade do saber"[998].

---

[988] HANNS, Luiz. *Dicionário Comentado do Alemão de Freud.* Rio de Janeiro: Imago, 1996, p. 47-52.

[989] JOYCE, James. *Finnegans Wake.* Londres: Penguim Uk, 1999, p. 32.

[990] Idem, p. 260.

[991] Idem, Ibidem. Quem parece ter pego essa lógica escarnecedora das notas – e neste trabalho que tens nas mãos elas são tantas, não é mesmo? – foi David Foster Wallace que, para inacreditáveis 1002 páginas de *Infinity Jest* oferece inexplicantes 381 notas. WALLACE, David Foster. *Graça Infinita.* São Paulo: Companhia das Letras, 2014.

[992] JOYCE, James. *Finnegans Wake.* Londres: Penguim Uk, 1999, p. 308.

[993] Idem, Ibidem.

[994] Idem, Ibidem.

[995]Idem, Ibidem.

[996]Idem, Ibidem.

Joyce, assim, ri da significância, ri da idéia que idealiza um mundo legendário e legendado. Ri e nos convida a rir a ponto de fazer do Trauma o que os gregos chamavam de θαύμα, de *Thauma*, ou seja, um maravilhamento, um espantamento, um arrebatamento por indicar que, pela linguagem, não se alcança nada. Mesmo quando ele dobra certas palavras para criar um novo calendário – oferecido, jocosamente, a seu amigo Louis Gillet – como "Moansday, Tearsday, Wailsday, Thumpsday, Frightday, Shatterday"[999] e lemos dentro das valises palavreiras, das *portmanteau words*, *Monday*, *Tuesday*, *Wednesday*, *Thursday* e *Friday* assim como Dia da Lamentação, Dia das Lágrimas, Dia de Queixumes, Dia de Palpitações, Dia do Medo e Dia do Dilaceramento[1000] no fundo da bolsa não há sequer a esperança pandórica de encontro de uma unidade, de uma "monovalência"[1001], de uma denominação comum taxativa e categórica. Se pode, claro, sucumbir a dor dessa inexistência, inventá-la como existência ou, essa é uma das saídas de Joyce, dA Mulher e da análise, rir das pretensões totalizantes que *ab ovo* não estão nem nunca estiveram.

É claro que isso não é simples. Por isso me permita voltar a crítica literária que me parece um bom exemplo do como impera, para o homodito ou para o dito homem esse Um e de como é difícil não sucumbir a sua pregnância. Joyce, como diz Lacan e como vimos aqui, se considerava *the artist*[1002], o, no singular, artista. Já demonstrei que essa concepção é fonte de um enorme embaraço pois aos lermos suas obras acabamos por supô-lo detentor de um saber digno de louvação, de um saber todo e exclusivo a quem, não haveria muita saída desse labirinto, só poderíamos prestar homenagem. Sobre isso e não fosse

---

[997]Idem, Ibidem.

[998] Donaldo. *Finnegans Wake / Finnicius Revém*, Livro II, Capítulos 9, 10, 11 e 12. Cotia: Ateliê, 2002, p. 115.

[999] ELLMANN, Richard. *James Joyce*. Porto Alegre: Globo, 1982, p. 794.

[1000] Note-se que para esses *days* joyceanos há uma lógica metonímica, movediça e escorregadia. Nessa sequência deslizante, deslocante, temos então, *moan* (gemido, lamento, lamentação); *tear* (lágrima, gota, mas também, se o tomarmos como verbo, rasgar, romper, despedaçar); *wail* (que tem mais característica de um verbo do que de um substantivo e designa chorar, gemer, grita de dor); *thump* (que além de palpitação designa um soco, um murro); *fright* (medo, mas também susto, espanto) e *shatter* (dilaceramento e, também, quebra, esmagamento, estilhaçamento).

[1001] BARTHES, Roland. *Lingüística e Literatura*, in *Inéditos, vol. 1 – Teoria*. São Paulo: Martins Fontes, 2004, p. 98.

[1002] LACAN, Jacques. *O Seminário, Livro 23, O Sinthoma*. Rio de Janeiro: Jorge Zahar Editor, 2007, p. 18.

Burgess que idolatrava o bardo dublinense de tal forma que seus próprios textos acabaram diminuindo de magnitude, Galindo escreve, num belo prefácio ao livro perdido – e encontrado recentemente, *Finns Hotel* – do escritor irlandês, o seguinte: Joyce é "o criador de uma nova-tradição-de-um-homem-só que conseguiu se transformar numa tradição para-todos-os-homens"[1003]. Mas e quando essa tradição cai por seu próprio peso e, por exemplo, encontramos facilmente a equivalência entre o *Wake* e *Sílvie e Bruno*, de Lewis Carroll, já que, como nos lembra Amarante,"ambas (as obras) começam no meio de uma frase, no meio de uma sentença que nunca se completa"[1004]? Em *Finnegans Wake*, "riverrun, past Eve and Adam's, from serve of shore to bend"[1005]. No último romance de Carroll, "... e então toda a gente recomeçou a aplaudir, e um homem"[1006]. Esse Um, raro e originário, não remete, portanto, a um outro Um que, se inquirido, remontará a um antecessor e mais outro e mais outro sem que possamos encontrar o derradeiro e iniciante? E o *Wake*, assim, não perde rapidamente sua exclusividade, sua solidão, seu solilóquio? Não é pela via da unidade, portanto, da unicidade, da magistralidade ou da maestria que podemos abordá-lo. Não é pela via do Um, do "relé da maestria"[1007], como diz Lacan em *De um Outro ao outro*. Mas seria, então, pela via do 0 que Frege definiu como "diferente de si próprio"[1008], que poderíamos avançar? Dito de uma outra maneira, será que de S_1 vamos a outro e mais outro e assim consecutivamente e por progressão até que nos deparar íamos com uma ausência, com um vazio? Mas esse vazio, esse *zefiro*[1009], esse "não-um"[1010] achado, não faria, ainda, uma espécie de um, já que é limitável? Ou é lícito dar-lhe um outro estatuto, um que não jogue com as limitações numéricas, com as circunscrições binárias?

[1003] GALINDO, Caetano. *Nota do Tradutor, in Finn's Hotel, de James Joyce*. São Paulo: Companhia das Letras, 2014, p. 09.

[1004] AMARANTE, Dirce Waltrick do. *Para Ler Finnegans Wake de James Joyce*. São Paulo: Iluminuras, 2009, p. 77 e 86.

[1005] JOYCE, James. *Finnegans Wake*. Londres: Penguim Uk, 1999, p. 03.

[1006] CARROLL, Lewis. *Sylvie e Bruno*. Lisboa: Livros do Brasil, 1991, p. 45.

[1007] LACAN, Jacques. *De um Outro ao outro*, Seminário 1968-1969. Recife: CEF, 2004, p. 357.

[1008] FREGE, Gottlob. *Os Fundamentos da Aritmética*. São Paulo: Abril, 1989, p. 146.

[1009] *Zefiro* é o termo italiano para zero que, por sua vez, se origina no árabe, صفر, *safira*. MENNINGER, Karl. *Number Words and Number Symbols: A Cultural History of Numbers*. New York: Dover Publications, 2013, p. 401.

[1010] LACAN, Jacques *O Seminário, Livro 19, ... ou Pior*. Rio de Janeiro: Jorge Zahar Editor, 2012, p. 122.

Para estas questões é bom retomar o que Lacan pôde elaborar sobre A Mulher no seminário *...ou Pior* pois ali, especialmente à partir da aula ou lição de 08 de Março de 1972, ele dirá que A Mulher "se distingue por não ser unificante"[1011] e é o ponto de báscula que permite, por seu "fundo de indeterminação"[1012], a ascensão do Real pois ela não está nem no campo do Um nem do 0 mas, essencialmente, entre eles[1013]. Assim:

0   Mulher   1

Mas isso quereria dizer, seguindo a ordem dos números reais[1014], que ela seria infinita? Pois é aqui que Lacan se descola das matemáticas para enfatizar que A Mulher está nesse entre não por seu suposto infinito mas por demonstrar, nesse inter sem voz, que a dicotomia entre o que não existe e o que se afirma como existência procura dar conta de uma realidade que ela, A Mulher, não compartilha totalmente, mostrando, sempre, que há um mais além, que há um alhures a essa composição. Ela mostra, portanto, que se um "texto, como indica o nome, só pode ser tecido em se dando nós"[1015] também é feito de furos, de espaços, de buracos e da decência, com brinca Lacan, da *décence*, ela se insurge como dessência, como *de*, partícula que indica falta, *sence*, que homofoniza com *sens*, com o senso[1016]. Dessa maneira, a idéia de um para-todos ou um não-para-todos é, na verdade, uma ilusão lógica que A Mulher romperá a cada instante por nunca ser conforme, por jamais ser uma forma conformada. E, por isso é ela, também, a denúncia de que o falo procura suprir a ausência da relação sexual[1017] a ausência de qualquer medida entre um e outro, entre 1 e 0.

0   Falo   1

[1011] Idem, p. 201.

[1012] Idem, p. 125.

[1013] Idem, p. 197.

[1014] RUSSELL, Bertrand. *Introdução à Filosofia Matemática*. Rio de Janeiro: Zahar Editores, 1974, p. 68.

[1015] LACAN, Jacques *O Seminário, Livro 19, ... ou Pior*. Rio de Janeiro: Jorge Zahar Editor, 2012, p. 164.

[1016] Idem, p. 198.

[1017] LACAN, Jacques. *O Aturdito*, in *Outros Escritos*. Rio de Janeiro: Jorge Zahar Editor, 2003, p. 466.

Assim, como escreve Lacan em *O Aturdito*, "o falo é a *bedeutung* que supre a relação sexual"[1018] e ele se inscreverá, procurará se inscrever, como o mito que é[1019], sobre A Mulher fazendo-nos pensar que, retomo ...*ou Pior*, "não há existência senão contra um fundo de inexistência e, inversamente, *ex-sistire* é extrair a própria sustentação somente de um exterior que não existe"[1020] quando, na verdade, não apenas não há essa "correspondência biunívoca"[1021] como ela, A Mulher, se lixa para ela.

Assim, "as mulheres exprimem o real"[1022] espremendo as palavras, desentocando-as de seus refúgios lacustres, destronando-as de seus lares feitos com pedras e cercados por muros. Contudo, se elas o exprimem, é bom que se diga, elas não são esse real. O que elas demarcam, que é o que chamei até aqui de porta, é o limite do simbólico e, como diz Lacan, "esse real, o acesso a ele é o simbólico. Não o acessamos o referido real senão através do impossível que somente o simbólico define"[1023], ou seja, A Mulher é o lugar onde, no simbólico, o real pode advir. Como? Pois ela faz como o *Wake* faz! Ela diz, tudo, "mas isso não"[1024], tudo, mas ainda assim esse tudo não diz tudo. Ela é como quando Joyce, lançando seu *work in progress* em partes, em fascículos, diz a Huddleston: "Essas partes servem para mostrar o que estou fazendo, mas o que estou fazendo só deve ser julgado quando estiver pronto. São, se você quiser, colaborações em série que no fundo tomarão seu lugar no futuro. Também tem certa vida independente."[1025]

Ou como aquela analisante que coloca uma lingerie, se perfuma, se penteia e, quando o marido chega, lhe diz: " – Amor. Tome um banho, fique bem cheiroso que hoje vamos fazer de tudo!". Ele, olhando para ela e antevendo o que farão corre para o banheiro, deixa a água escorrer por seu corpo, se ensaboa e, terminado o processo, se joga na cama, empolgado com o tudo anunciado e tenta uma coisa, uma que

---

[1018] Idem, p. 457.

[1019] LACAN, Jacques *O Seminário, Livro 19, ... ou Pior*. Rio de Janeiro: Jorge Zahar Editor, 2012, p. 174.

[1020] Idem, p. 131

[1021] Idem, p. 152.

[1022] LACAN, Jacques. *A Terceira*, in *Cadernos Lacan*, Volume 2 (Publicação não comercial). Porto Alegre: APOA, 2002, p. 57.

[1023] LACAN, Jacques. *O Seminário, Livro 19, ... ou Pior*. Rio de Janeiro: Jorge Zahar Editor, 2012, p. 136.

[1024] LACAN, Jacques. *O Seminário, Livro 23, O Sinthoma*. Rio de Janeiro: Jorge Zahar Editor, 2007, p. 15.

[1025] ELLMANN, Richard. *James Joyce*. Porto Alegre: Globo, 1982, p. 804.

sempre quis fazer, mas ela diz não. Ele tenta mais outra, também inédita entre eles e mais uma vez ela diz não. Então ele se vira para ela e lhe pergunta: "– Mas amor, achei que você tinha dito que hoje faríamos tudo". E ela: "– Sim, eu disse tudo. Mas isso, isso aí, não!".

Assim, o *Wake* e A Mulher, das partes, não fazem um todo e por isso implicam um mais além do falo[1026], dessa ilhota[1027] idiota que crê ou faz crer que o todo é possível. Eles abrem a porta para esse real mesmo fazendo esfera, esfera e cruz[1028] pois, por esgotamento da falação acabam por indicar sua derrocada e sua asfericidade[1029]. O *Wake* é, como escreve Schüller, "veritracida"[1030], um assassino, um "real murder"[1031] de verdades. E não é A Mulher, fora de qualquer gênero, a grande aniquiladora de verdades? E a análise não segue essa toada ou deveria segui-la?

Por isso posso dizer que há, na análise, um empuxo À Mulher. Não um empurro que acicata mas um empuxo que espreita pela não-totalidade que nela vige, uma, como lemos no *Wake*, "pullwoman"[1032]. Uma análise, assim, seria uma Análise pois faz o abandono da tentativa de fazer do Grande Outro um Grande Um. A psicanálise, então, levada adiante, faz assim um direcionamento À Mulher, uma báscula da *mankind* para uma "womankind"[1033] em cada um pois ao Um-Pai totalizante aponta para o Outro como estranho a qualquer sentido[1034]. E o Outro, nesse instante, dá as caras como irredutível ao "primado fálico"[1035]e precisamente por isso inapreensível. "O Outro não se adiciona ao Um.

[1026] LACAN, Jacques. *Entrevista com os Estudantes na Yale University em 24 de Novembro de 1976,* in *Lacan in North Armorica.* Porto Alegre: Editora Fi, 2016, p. 55.

[1027] LACAN, Jacques. *O Aturdito*, in *Outros Escritos*. Rio de Janeiro: Jorge Zahar Editor, 2003, p. 468.

[1028] LACAN, Jacques. *Semináire L'Insu-que-Sait de L'Une-Bévue S'Aile a Mourre*, 1976-1977, aula de 08/04, s/p in http://www.valas.fr/Jacques-Lacan-l-insu-que-sait-de-l-une-bevue-s-aile-a-mourre-1976-1977 (minha tradução)

[1029] LACAN, Jacques. *O Aturdito*, in *Outros Escritos*. Rio de Janeiro: Jorge Zahar Editor, 2003, p. 485.

[1030] SCHÜLER, Donaldo. *Finnegans Wake/Finnicius Revém, Livro I, Capítulos 2, 3 e 4.* Cotia: Ateliê Editorial, 2004, p. 160.

[1031] JOYCE, James. *Finnegans Wake.* Londres: Penguim Uk, 1999, p. 99.

[1032] Idem, p. 55.

[1033] JOYCE, James. *Finnegans Wake.* Londres: Penguim Uk, 1999, p. 128.

[1034] LACAN, Jacques. *O Aturdito*, in *Outros Escritos*. Rio de Janeiro: Jorge Zahar Editor, 2003, p. 466.

[1035] ANDRÉ, Serge. *O que quer uma Mulher?* Rio de Janeiro: Jorge Zahar Editor, 1987, p. 249.

O outro apenas se diferencia"[1036], diz Lacan em *Encore*, e desse jogo a única coisa que se pega é exatamente a diferença até que ela não conte mais.

Não conte quer dizer que não se conta, que não se contabiliza e não se narra. E, dessa maneira, esse lugar não-todo presentificado pela Mulher acaba por desimplicar o inconsciente. Como, talvez você se pergunte? Mas ela não estava mais a vontade com ele como disse Lacan em *R.S.I* ? Pois esse é o passo a mais de Lacan: A Mulher, no final das contas, não tem um inconsciente ou, como se expressa Lacan, "a querida mulher, não é senão de lá onde ela é toda, lá onde o homem a vê, não é senão de lá que a querida mulher pode ter um inconsciente"[1037] ou seja, é só à partir de uma perspectiva do todo que um inconsciente pode advir. E, se, ele não advém, se tanto para A Mulher como para o *Wake* o inconsciente está desabonado, desautorizado, desarticulado uma Análise toma mesmo um outro rumo pois ao olharmos para o não-todo, para a constatação de que "em todo ser que fala, falta, de modo profundo, a referência"[1038] a experiência de um inconsciente se torna apenas um de seus tempos.

Não é que o inconsciente desapareça mas, simplesmente, que ele perde a sua importância enquanto saber. É um saber, como diz Lacan, na capela de Sainte-Anne, caduco[1039] e como tal, numa análise, também caduca como suposto guia de uma existência. Dito de uma outra maneira: não é que um lapso diga o que nós verdadeiramente gostaríamos de dizer mas não tínhamos coragem de professar, à exemplo do caso que Freud menciona no início de sua *Psicopatologia Cotidiana*[1040], mas que, entre duas opções que se contradizem entre si, há um indecidível e que, de tanto o experimentarmos numa análise e dele não extrairmos senão mais indecidibilidade ela, por si mesma,

---

[1036] LACAN, Jacques. *O Seminário, Livro 20, Mais Ainda*. Rio de Janeiro: Jorge Zahar Editor, 1985, p. 174.

[1037] Idem, p. 133.

[1038] MILLER, Jacques-Alain. *Perspectivas dos Escritos e Outros Escritos, Entre Desejo e Gozo*. Rio de Janeiro: Jorge Zahar Editor, 2011, p. 145.

[1039] LACAN, Jacques. *O Saber do Psicanalista*, Seminário 1971-1972. Recife: CEF, 1997, p. 48.

[1040] "O Presidente da Câmara dos Deputados do Parlamento austríaco abriu a sessão: "Senhores Deputados; Constato a presença dos membros dessa casa em *quórum* suficiente e, portanto, declaro encerrada essa sessão!". FREUD, Sigmund. *Psicopatologia da Vida Cotidiana*, in *Edição Standard Brasileira das Obras Psicológicas Completas de Sigmund Freud*, Volume VI. Rio de Janeiro: Imago, 1987, p. 64-65.

caduca. Assim, se o inconsciente é um guia, um "cursor"[1041] ou mesmo um dínamo, já que Freud falava em sua dinâmica, ele só nos pode levar para a defecção de todo sentido pois ele "permanece Outro"[1042] inatingível. E se ele aponta para algo não é para a significância vigente em suas entranhas, para um deciframento que convoca um decifrador mas para "o real que está completamente desprovido de sentido"[1043]. No real não há nada que nos possa servir, eis para onde uma análise pode nos levar.

Não levar isso em consideração é fazer o que chamei a pouco de ronrono psicanalítico e não será a toa que Lacan se interrogará sobre a fecundidade da psicanálise[1044] ao não se abandonar sua perspectiva decifratória organizada por condensações e deslocamentos, por metáforas e metonímias. Dessa maneira, para que ela seja fecunda, é mesmo preciso passar do que Freud chamou, por não ter termos melhores, de *Wortvorstellung* (representação-de-palavra) à *Sachvorstellung* (representação-de-coisa)[1045], é preciso ir do significante à letra. Vamos?!

7   DO   SIGNIFICANTE   À   LETRA   –   OS "LETTERCRACKERS"[1046]

[1041] LACAN, Jacques. *Entrevista com os Estudantes na Yale University em 24 de Novembro de 1976*, in *Lacan in North Armorica*. Porto Alegre: Editora Fi, 2016, p. 53.

[1042] LACAN, Jacques. *Semináire L'Insu-que-Sait de L'Une-Bévue S'Aile a Mourre*, 1976-1977, aula de 14/12, in http://www.valas.fr/Jacques-Lacan-l-insu-que-sait-de-l-une-bevue-s-aile-a-mourre-1976-1977 (minha tradução).

[1043] LACAN, Jacques. *Conferência de 24 de Novembro de 1976, Yale University (Seminário Kanzer)*, in *Lacan in North Armorica*. Porto Alegre: Editora Fi, 2016, p. 42.

[1044] LACAN, Jacques. *O Seminário, Livro 23, O Sinthoma*. Rio de Janeiro: Jorge Zahar Editor, 2007, p. 149.

[1045] FREUD, Sigmund. *O Inconsciente*, in *Obras Psicológicas de Sigmund Freud, Escritos sobre a Psicologia do Inconsciente*, vol. 2. Rio de Janeiro: Imago, 2006, p. 49.

"Ave, Palavra"
João Guimarães Rosa[1047]

"O avesso da história que pode ser escória"
Haroldo de Campos[1048]

"Cada estação da vida é uma edição, que corrige a anterior, e que será corrigida também, até a edição definitiva, que o editor dá de graça aos vermes".
Machado de Assis[1049]

Esse será um capítulo dedicado ao inconsciente não naquilo que ele diz mas naquilo que, na recusa a se dizer, mostra o que escreve do

---

[1046] JOYCE, James. *Finnegans Wake*. Londres: Penguim Uk, 1999, p. 26.
[1047] ROSA, João Guimarães. *Ave, Palavra*. Rio de Janeiro: Nova Fronteira, 1985.
[1048] CAMPOS, Haroldo. *Galáxias*. São Paulo: Ed. 34, 2004, s/p.
[1049] ASSIS, Machado. *Memórias Póstumas de Brás Cubas*. São Paulo: Abril, 1971, p. 59.

que não se escreve. Por isso evoquei acima a *Sachvorstellung*, que é aquilo que fundamenta ou sustenta o inconsciente, anuncia Freud em 1915[1050] e reafirma Lacan em 1971[1051]. Outrora chamado de "traços mnésicos"[1052], de "representação-coisa"[1053] (*Dingvortellung*) e de "representação de objeto"[1054] (*Objektvortellung*) a idéia freudiana que perpassa esse conceito é de que um objeto, aqui sempre exterior, ao entrar e subseqüentemente sair, como uma vareta de uma máquina de datilografia que imprime um caráter só visível em sua reclusão, deixa um marca, um rastro, um "ravinamento"[1055] em nosso psiquismo, que, em si mesmo é a sua estrutura mínima, seu conteúdo, sua base, ou, como Freud escreve em *O Inconsciente*, é o que podemos chamar de"propriamente psíquico "[1056].

Esse conceito freudiano, escorregadio com um peixe recém pescado, será incontáveis vezes retomado por Lacan – seja na concepção introdutória das marcas de Sexta-Feira na areia da praia[1057] ou nas ranhuras do osso do período Magdaleiano IV[1058] – até que ele o

---

[1050] FREUD, Sigmund. *O Inconsciente*, in *Obras Psicológicas de Sigmund Freud, Escritos sobre a Psicologia do Inconsciente*, vol. 2. Rio de Janeiro: Imago, 2006, p. 51.

[1051] LACAN, Jacques. *Lituraterra*, in *Outros Escritos*. Rio de Janeiro: Jorge Zahar Editor, 2003, p. 18.

[1052] FREUD, Sigmund. *Sobre a Concepção das Afasias, Um Estudo Crítico*, in *Obras Incompletas de Sigmund Freud*. Belo Horizonte: Autêntica, 2013, p. 113.

[1053] FREUD, Sigmund. *O Mecanismo Psíquico do Esquecimento*, in *Edição Standard Brasileira das Obras Psicológicas Completas de Sigmund Freud*, Volume II. Rio de Janeiro: Imago, 1987, p. 263.

[1054] FREUD, Sigmund. *A Interpretação dos Sonhos*, in *Edição Standard Brasileira das Obras Psicológicas Completas de Sigmund Freud*, Volume IV. Rio de Janeiro: Imago, 1987, p. 286.

[1055] LACAN, Jacques. *Lituraterra*, in *Outros Escritos*. Rio de Janeiro: Jorge Zahar Editor, 2003, p. 22.

[1056] FREUD, Sigmund. *O Inconsciente*, in *Obras Psicológicas de Sigmund Freud, Escritos sobre a Psicologia do Inconsciente*, vol. 2. Rio de Janeiro: Imago, 2006, p. 52.

[1057] LACAN, Jacques. *O Desejo e sua Interpretação, Seminário 1958-1959*. Porto Alegre: APOA, 2002, p. 95. Neste seminário o psicanalista francês evoca o romance de Daniel Defoe, *Robinosn Crusoe*, especialmente no trecho onde a personagem de mesmo nome, já a quinze anos numa ilha que ele imaginava deserta, encontra "a marca de um pé descalço" que nitidamente não é seu. DEFOE, Daniel. *Robinson Crusoe*. São Paulo: W. M. Jackson Inc. Editôres, 1963, p. 128.

[1058] Lacan encontra no Museu de Saint-Germain uma costela de um cabrito montês que contêm marcas paralelas usadas para designar o abatimento de outros animais num período que vai de 15000 a.C. e 9000 a.C., aproximadamente. A questão

renomeará, em definitivo e por consequência, como letra, no sentido de suporte material do significante e, principalmente, como enuncia Dubois, como "a borda cujo objeto se desprendeu pela introdução da linguagem"[1059] e que, no limite, mais do que designar algo, funciona como a *Wespe* de Serguéi Pankejeff[1060] ou do Sig de Signorelli, ou seja, para além de insinuar um S.P[1061] como iniciais de um nome castrador e, nessa sequência, de remeter a sexualidade e morte[1062] e, mais primevamente, a quem outrora foi Sigismund[1063], não designa nada a não ser sua, como diz Ritvo, "ruína"[1064].

Vou tentar melhorar essa definição, pois me parece necessário: para além do que se pode dizer ou escrever a letra é o esvaziamento do sentido, de qualquer sentido porque ela está entre dois mundos fazendo-lhes "litoral"[1065], atópico por excelência. Assim nessa sua bifidez – quem é capaz e dizer exatamente o ponto onde o mar e a areia se encontram? – ela indica onde ele, o sentido, sucumbe a nada ser e, por essa razão, nos serve de indicativo de um real que, como já repeti aqui,

---

proposta por esses entalhes é precisamente qual deles demarca qual abatimento pois sendo ao mesmo tempo idênticos e diferentes entre si só é possível contá-los sem exatificá-los. LACAN, Jacques. *A Identificação, Seminário 1961-1962*. Recife: CEF, 2003, p. 59.

[1059] DUBOIS, Christian. *O Significante, a Letra e o Objeto*, in *O Significante, a Letra e o Objeto*. Rio de Janeiro: Companhia de Freud, 2004, p. 84.

[1060] Nome do tragicamente famoso *Homem dos Lobos*. OBHOLZER, Karin. *Conversa com o Homem dos Lobos*. Rio de Janeiro: Jorge Zahar Editor, 1993.

[1061] FREUD, Sigmund. *História de uma Neurose Infantil (O Homem dos Lobos), Além do Princípio do Prazer e Outros Textos, 1917-1920*, in *Obras Completas*, vol. 14. São Paulo: Companhia das Letras, 2010, p. 122.

[1062] FREUD, Sigmund. *A Psicopatologia da Vida Cotidiana*, in *Edição Standard Brasileira das Obras Psicológicas Completas de Sigmund Freud*, Volume VI. Rio de Janeiro: Imago, 1987, p. 22.

[1063] Quem chama a atenção para este esquecimento do esquecimento e tenta deles extrair as conseqüências desse "recorte falacioso da superfície em que Freud se aferra" é Lacan, no seminário *Problemas Cruciais para a Psicanálise*, aula de 6/01/1965. LACAN, Jacques. *Problemas Cruciais para a Psicanálise*, Seminário 1964-1965. Recife: CEF, 2006, p. 76-77. Outro psicanalista que se debruça sobre essa questão é Roberto Harari. Para se inteirar melhor sobre esse assunto é recomendável ler HARARI, Roberto. *O que Acontece no Ato Psicanalítico? A Experiência da Psicanálise*. Rio de Janeiro: Companhia de Freud, 2001, p. 79-86.

[1064] RITVO, Juan Bautista. *O conceito de letra na obra de Lacan*, in *A prática da letra*. Rio de Janeiro, RJ: Escola da Letra Freudiana, 2000, p. 16.

[1065] LACAN, Jacques. *Lituraterra*, in *Outros Escritos*. Rio de Janeiro: Jorge Zahar Editor, 2003, p. 21.

repetindo Lacan, é o que "não-pára de não se escrever"[1066], o que insiste, a todo instante, em não se articular com seja lá o que for.

Dito isso gostaria de evocar algumas palavras de Beckett sobre o *Wake* para demonstrar o quanto ele, o *Wake*, trata disso. Escreve o também dublinense, num artigo que inicialmente foi intitulado *Our Exagmination Round His Factification for Incamination of Work in Progress*[1067], o seguinte: esse livro "não está escrito de forma alguma. Nem é para ser lido – ou antes não é só para ser lido. É para ser contemplado e ouvido. Essa escrita não é sobre alguma coisa: *é a coisa em si*"[1068]. Declaração importante pois se de um lado ela condiz com o que Joyce chega a afirmar de seu *Wake* – por exemplo: "Deus sabe o que significa minha prosa. Numa palavra, é agradável aos ouvidos"[1069], escreveu ele à sua herdeira na loucura[1070] – com essa não kantiana coisa em si feita, como chegou a dizer Ezra Pound, "in regress"[1071] atinge, procurando uma linguagem para aquilo que na linguagem comum escapa, precisamente, a letrificação que não designa alguma coisa mas é ela mesma a coisa, sem remissões, circunvoluções ou retificações.

Eis como Lacan apresenta essa característica da letra: dizer que A é igual a A já é, pelo espaço-tempo entre As e sua conseqüente pluralização, não A, logo, é "fato objetivo de que A não pode ser A"[1072] e A, ao se inscrever, *realmente,* está só e se diz só não podendo, para manter-se como ela mesma, desembocar em nenhum outro elemento. Não há aí, portanto, tautologia[1073], nenhuma possibilidade de esquadrinhamento, de exegese, de escrutínio. Dessa maneira, ao perguntarmos a A o que é A simplesmente não encontramos resposta por que ela é, em si mesma, impossível!

A?

[1066] LACAN, Jacques. *O Seminário, Livro 20, Mais Ainda*. Rio de Janeiro: Jorge Zahar Editor, 1985, p. 127.

[1067] O que soa muito perto de "the regenerations of the incarnation of the emanation of the apparentations" do próprio *Wake*. JOYCE, James. *Finnegans Wake*. Londres: Penguim Uk, 1999, p. 600.

[1068] BECKETT, Samuel. *Dante... Bruno. Vico... Joyce, in Riverrun, Ensaios sobre James Joyce*. Rio de Janeiro: Imago, 1992, p. 331.

[1069] ELLMANN, Richard. *James Joyce*. Porto Alegre: Globo, 1982, p. 865.

[1070] Idem p. 801.

[1071] Idem, p. 722.

[1072] LACAN, Jacques. *A Identificação, Seminário 1961-1962*. Recife: CEF, 2003, p. 53.

[1073] Idem, p. 55.

A = A

A ≠ A

A?

Mas a letra não é apenas A ou B ou C. O que o *Wake* mostra é que ela é também uma palavra, uma frase, uma sentença e, como diz Ernesto Sabato, é "por puro hábito"[1074] – até no sentido de vestimenta – "que não percebemos sua natureza fundamental"[1075] e inerente. Assim, podemos dizer que *riverrun* é uma letra, assim como *past Eve and Adam* pois elas só dizem que nesse riocorrente Eva veio antes de Adão[1076] por enxerto, por acréscimo, por um exercício de elocubração. Dessa maneira, antes de dizermos que para a famosa frase que (re)inicia o *Wake* – a única, em toda a sua extensão, como escreve acertadamente Burgess, que começa em minúscula[1077]– Joyce subverte a prédica do *Bereshit* colocando *Eve* antes de *Adam*[1078] e antes dela a também palindrômica Anna – como na versão schulleriana "rolarriuanna"[1079] – teríamos apenas *riverrun past Eve and Adam* e nada mais.

Isso não é muito simples de entender e por essa razão, é bom ir, como sempre indica Freud, aos poetas[1080], nesse caso em especial ao

---

[1074] SABATO, Ernesto. *Meus Fantasmas, Entrevistas com Carlos Catania*. Rio de Janeiro: Francisco Alves, 1991, p. 65.

[1075] Idem, Ibidem.

[1076] Curiosamente Amarante em seu *Por um Fio* faz Adão preceder Eva: "correorrio, após Adão e Eva, da contornada costa encurvada". AMARANTE, Dirce Waltrick do Amarante. *James Joyce, Finnegans Wake (Por um Fio)*. São Paulo: Iluminuras, 2018, p. 19.

[1077] BURGESS, Anthony. *Homem Comum Enfim: Uma Introdução a James Joyce para o Leitor Comum*. São Paulo: Companhia das Letras, 1994, p. 213.

[1078] De certa maneira Joyce já havia brincado com isso, de forma invertida, ao escrever, em *Ulisses*, "Madam, eu sou Adam. E Abel era antes de ser Elba". JOYCE, James. *Ulisses*. Rio de Janeiro: Objetiva, 2007, p. 173. E Lacan o comenta, trastocadamente, nos seguintes termos: "Adam, como a pronúncia inglesa de seu nome suficientemente o indica (...) era Madam, de acordo com o *joke* que Joyce justamente faz sobre isso". LACAN, Jacques. *O Seminário, Livro 23, O Sinthoma*. Rio de Janeiro: Jorge Zahar Editor, 2007, p. 13.

[1079] SCHÜLER, Donaldo. *Finnegans Wake/Finnicius Revém, Livro I, Capítulos 1*. Cotia: Ateliê Editorial, 2000, p. 31.

[1080] FREUD, Sigmund. *Feminilidade,* in *Edição Standard Brasileira das Obras Psicológicas Completas de Sigmund Freud*, Volume XXII. Rio de Janeiro: Imago, 1987, p. 165.

"periférico"[1081] Jorge Luis Borges e seu *Pierre Menárd, Autor do Quixote.*

Quem teria sido Pierre? Borges diz que foi um escritor que imbuído de uma vontade incontrolável "não queria compor outro Quixote – o que é fácil – mas *o Quixote.*"[1082] Sua intenção, portanto, não era fazer, "nos princípios do (século) XX"[1083] uma "transcrição mecânica do original; não propunha copiá-lo. Sua admirável ambição era produzir páginas que coincidissem – palavra por palavra e linha por linha – com as de Miguel de Cervantes"[1084]. E fez o quê? Alcançou seu objetivo e para

> En esto, descubrieron treinta o cuarenta molinos de viento que hay en aquel campo, y así como don Quijote los vio, dijo a su escudero:
>
> -La ventura va guiando nuestras cosas mejor de lo que acertáramos a desear; porque ves allí, amigo Sancho Panza, donde se descubren treinta, o pocos más, desaforados gigantes, con quien pienso hacer batalla y quitarles a todos las vidas, con cuyos despojos comenzaremos a enriquecer; que ésta es buena guerra, y es gran servicio de Dios quitar tan mala simiente de sobre la faz de la tierra.
>
> -¿Qué gigantes? -dijo Sancho Panza.
>
> -Aquéllos que allí ves -respondió su amo- de los brazos largos, que los suelen tener algunos de casi dos leguas.
>
> -Mire vuestra merced -respondió Sancho- que aquéllos que allí se parecen no son gigantes, sino molinos de viento, y lo que en ellos parecen brazos son las aspas, que, volteadas del viento, hacen andar la piedra del molino.
>
> -Bien parece -respondió don Quijote- que no estás cursado en esto de las aventuras: ellos son gigantes; y si tienes miedo, quítate de ahí, y ponte

---

7   [1081] SARLO, Beatriz. *Jorge Luis Borges: Um Escritor na Periferia*. São Paulo: Iluminuras, 2008, p. 143.

[1082] BORGES, Jorge Luis. *Pierre Menárd, Autor do Quixote*, in *Ficções*. Porto Alegre: Globo, 1972, p. 51

[1083] Idem, p. 54

[1084] Idem, p. 51-52.

en oración en el espacio que yo voy a entrar con ellos en fiera y desigual batalla.[1085]

escreveu, na criação de Borges

> En esto, descubrieron treinta o cuarenta molinos de viento que hay en aquel campo, y así como don Quijote los vio, dijo a su escudero:
>
> -La ventura va guiando nuestras cosas mejor de lo que acertáramos a desear; porque ves allí, amigo Sancho Panza, donde se descubren treinta, o pocos más, desaforados gigantes, con quien pienso hacer batalla y quitarles a todos las vidas, con cuyos despojos comenzaremos a enriquecer; que ésta es buena guerra, y es gran servicio de Dios quitar tan mala simiente de sobre la faz de la tierra.
>
> -¿Qué gigantes? -dijo Sancho Panza.
>
> -Aquéllos que allí ves -respondió su amo- de los brazos largos, que los suelen tener algunos de casi dos leguas.
>
> -Mire vuestra merced -respondió Sancho- que aquéllos que allí se parecen no son gigantes, sino molinos de viento, y lo que en ellos parecen brazos son las aspas, que, volteadas del viento, hacen andar la piedra del molino.
>
> -Bien parece -respondió don Quijote- que no estás cursado en esto de las aventuras: ellos son gigantes; y si tienes miedo, quítate de ahí, y ponte en oración en el espacio que yo voy a entrar con ellos en fiera y desigual batalla.

Ou, que é o exemplo borgiano, para o texto do século XVI "... a verdade, cuja mãe é a história, êmulo do tempo, depósito das ações, testemunha do passado, exemplo aviso do presente, advertência do futuro[1086]" escreve Menárd, bem mais tarde, "... a verdade, cuja mãe é a

---

[1085]CERVANTES, Miguel de. *El ingenioso hidalgo don Quijote de la Mancha.* Madrid: Real Academia Española y Asociación de Academias de la Lengua Española, 2004, p. 59.

[1086] BORGES, Jorge Luis. *Pierre Menárd, Autor do Quixote,* in *Ficções.* Porto

história, êmulo do tempo, depósito das ações, testemunha do passado, exemplo aviso do presente, advertência do futuro[1087]". Para retomar um termo que já não uso há muitas páginas, imaginariamente eles se parecem mas pelo viés da letra se singularizam em conjuntos não interseccionáveis, infamilháveis e, como Beckett disse a pouco, cada um é a coisa em si.

E porque isso me interessa? Porque esse A, impossível, é, sem ser, sem a nossa análise, sem a nossa intervenção, sem o nosso poder. E uma análise precisa vir nessa direção, na direção da "decadência das palavras"[1088] rumo, como escreveu outro poeta, a sua inanidade[1089], precisa seguir a via de sua ininterpretabilidade. E assim, não haveria mais mistério! Não haveria mais espaço para um tesouro! Vejamos onde isso nos leva!

O grande problema que se encontra cotidianamente na clínica é a cristalização do significante, sua paralisação, sua fixação, sua coagulação num significado que procura, nesse jogo, produzir uma biunivocidade – um reclamaria o outro, diz Saussure[1090] – indissociável. Se isto está certo o sujeito sofre não tanto pela falta de sentido, como apregoam certos filósofos[1091], mas por seu excesso, por seu exagero, por sua superabundância. Como diz Lacan, estamos afogados no sentido[1092], refogados de sentido, refolegados nele e o que se percebe clinicamente é que, por mais paradoxal que seja, é dessa colusão, dessa união, desse acordo[1093] que se sofre, dessa junção do significante a um significado que faz resistência a qualquer desenlace. Assim:

Alegre: Globo, 1972, p. 56.

[1087] Idem, Ibidem.

[1088] ALLOUCH, Jean. *Letra a Letra, Transcrever, Traduzir, Transliterar*. Rio de Janeiro: Companhia de Freud, 1994, p. 51.

[1089] MALLARMÉ, Stéphane. *Divagações*. Florianópolis: UFSC, 2010, p. 186.

[1090] SAUSSURE, Ferdinand. *Curso de Lingüística Geral*. São Paulo: Cultrix, 1972, p. 80.

[1091] O mais recente deles é o filósofo romeno Emil Cioran que enfatiza esse aspecto com retumbância em seu desesperançado, por exemplo, *Nos Cumes do Desespero*. CIORAN, Emil. *Nos Cumes do Desespero*. São Paulo: Hedra, 2012.

[1092] LACAN, Jacques. *Entrevista do Dr. Lacan à Imprensa*, in *Cadernos Lacan*, volume 2. Porto Alegre: APOA, 2002, p. 24.

[1093] Vale lembrar que defini, junto com Freud e no capítulo 4 deste trabalho o sintoma como uma relação de compromisso, como uma conciliação. Eis, agora, a sua definição em termos lingüísticos que sempre foi a seara freudiana ou, como escreve Lacan em *A Instância da Letra*, "A obra completa de Freud nos apresenta uma página de referências filológicas a cada três páginas, uma página de inferências a cada duas páginas e por toda a parte, uma apreensão dialética da experiência,

s
———
S

Eis aí a escrita do "sinto-mal"[1094] de que o sujeito se queixa. Significado colado, colabado, apegado ao significante. Significado aparentemente "adequado"[1095] ao significante, ilusoriamente apropriado, convenientemente chapado ao significante. Por essa razão Lacan pôde dizer que "o ser humano é afligido pela linguagem"[1096] pois essa linguagem acaba por lhe fazer UMano e, desse campo, aquilo que é passível de o contrariar precisa, pelo viés ontológico que cria, ser excluído. Nosso trabalho, portanto, não deveria ser o de inflamento dessa inflamação e mais que interpretação, mais do que sermos o agente que dá a conhecer – etimologicamente é o que quer dizer intérprete – o que aí se fixa, o que aí se solda, o que faz o analista, aqui, é operar com um corte, um corte que separa o significante do significado liquidando a nebulosidade[1097] saussuriana ou mostrando, como na banda de Moebius que já evoquei aqui e que é, também já disse isso, corte por excelência, que um não é senão a torção do outro num espaço unilátero.

Como evoquei Saussure me permita apresentar essa equação em termos mais claros. Para o lingüista existe uma correspondência ponto a

---

vindo a analítica linguageira reforçar ainda sua proposições à medida que o inconsciente vai sendo mais diretamente implicado.

Assim é que, na Ciência dos Sonhos, trata-se apenas, em todas as páginas, daquilo a que chamamos de letra do discurso, em sua textura, em seus empregos e sua imanência da matéria em causa". LACAN, Jacques. *A Instância da Letra ou a Razão desde Freud*, in Escritos. Rio de Janeiro: Jorge Zahar Editor, 1998, p. 513.

[1094] QUINET, Antonio. *As 4+1 Condições da Análise*. Rio de Janeiro: Jorge Zahar Editor, 1981, p. 15.

[1095] BARTHES, Roland. *O Império dos Signos*. São Paulo: Martins Fontes, 2007, p. 47.

[1096] LACAN, Jacques. *Conferência de 24 de Novembro de 1976, Yale University (Seminário Kanzer)*, in *Lacan in North Armorica*. Porto Alegre: Editora Fi, 2016, p. 29.

[1097] E por falar em nebulosas (*nebulae*), em nebulosidade (*discindens nubilum*) vale destacar que, como bem lembra Lacan, nuvem (*nubes*) e núpcias (*nuptiae*) não passam de um véu que, fazendo engate, cobre e recobre o desencontro fundamental e incontornável de S e s. LACAN, Jacques. *Os Não-Tolos Erram/ Os Nomes do Pai, Seminário entre 1973 e 1974*. Porto Alegre: Editora Fi, 2018, p. 93.

ponto entre o significante e o significado. Ele a representa no seu *Curso de Lingüística Geral* por um esquema chamado por Arrivé de esquema das nebulosas[1098], assim:

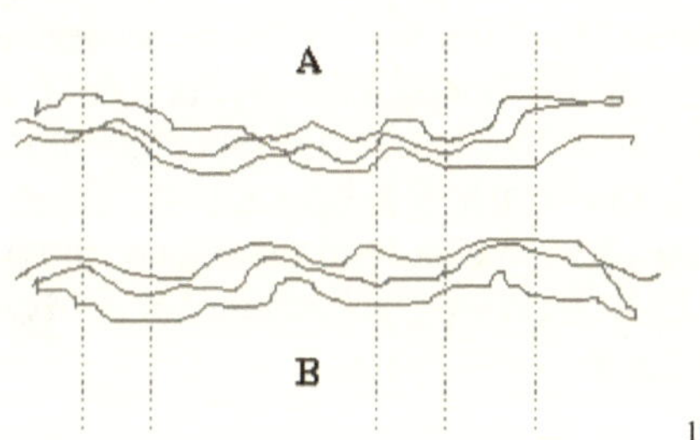

O B, representa a sonoridade do significante, algo como, para não ficar no batido e rebatido "arbor"[1100], a onomatopéia *ruah* ou *ruách* que pairando sem rumo ou direção sobre as águas se fixa, "arbitrariamente"[1101] isto é, sem nenhuma lógica interna mas por um esforço de inteligibilidade que lhe é externo, a um significado do tipo vento[1102], sopro[1103] ou Espírito[1104] que em1916[1105]o lingüista francês marca com o A que serve para designar o significado. Disso Saussure deriva uma paridade tanto menos evidente quanto mais esteja espalhada na cultura – representada pelas linhas pontilhadas do esquema, a língua[1106], propriamente dita – e dessa forma marca que um som qualquer, informe, é passível de apropriação, de assumir uma forma e consequentemente de

---

[1098] ARRIVÉ, Michel. *Lingüística e Psicanálise: Freud, Saussure, Hjelmslev, Lacan e os Outros*. São Paulo: Edusp, 1994, p. 99.

[1099] SAUSSURE, Ferdinand. *Curso de Lingüística Geral*. São Paulo: Cultix, 1972, p. 131.

[1100] Idem, p. 48.

[1101] Idem, p. 87.

[1102] BITTON, Rabino Yosef. *Decifrando a Criação, Um Estudo sobre os Três Primeiros Versículos da Bíblia*. São Paulo: Sefer, 2013, p. 152

[1103] Bíblia de Jerusalém. São Paulo: Paulus, 2010, p. 33.

[1104] STERN, David H. *Bíblia Judaica Completa, O Tanakah [At] e a B'rit Hadashah [NT]*. São Paulo: Vida, 2011, p. 74.

[1105] Na realidade esta é a data da publicação, póstuma, do *Curso*, por seus alunos Charles Bally e Albert Sechehaye. Ele, originalmente, foi dado entre os anos 1906-1907, 1908-1909 e 1910-1911.

[1106] SAUSSURE, Ferdinand. *Curso de Lingüística Geral*. São Paulo: Cultix, 1972, p. 131.

adquirir uma significação que daí em diante tenderá a se perpetuar como tal.

Para não esquecermos o *Wake,* seu processo é o mesmo que dizer que no título *Finnegans Wake* há a "canção cômica irlandesa-americana"[1107]chamada *Finnegan`s Wake* e que ela nos apresentaria uma espécie de crivo programático que pela correlação, e como escrevem Campbell e Robinson designa "the fall, the wake, and the portended resurection of the prehistoric hod carrier Finnegan"[1108]. Aqui está a suposta canção-tema – lembra-se que cheguei a escrever que a traria na íntegra? – na inspirada tradução de Ivan Justen Santana e William Crusoé Teca:

> Tim Finnegan vivia na Rua do Passeio,
> um gentil irlandês muito esquisitão;
> tinha uma língua cheia de asseio
> e pra subir na vida ele usava um formão.
> Tinha um jeitinho de quem bebia,
> o uísque deixava Tim tantã,
> e a fim de firmar o pulso
> a cada dia bebia um traguinho toda manhã.
>
> (refrão:)
>
> Truque na morte, dance comigo,
> varra o soalho, chacoalhe pra mim;
> é ou não é assim como eu digo
> uma grande bagunça velando Tim!?
>
> Certa manhã Tim já tava torrado,
> a cabeça pesada o fez bambear;
> caiu da escada e quebrou seu crânio
> e o levaram pra casa a fim de o velar.
> Enrolaram Tim num lençol limpinho
> e o deitaram na cama de revés,
> à sua cabeça um barril de vinho
> e um galão de uísque a seus pés.

[1107] BURGESS, Anthony. *Homem Comum Enfim, Uma Introdução a James Joyce para o Leitor Comum.* São Paulo: Companhia das Letras, 1994, p. 210.
[1108] CAMPBELL, Joseph; ROBINSON, Henry Morton. *A Skeleton Key to Finnegans Wake: Unloking James Joyce's Masterwork.*California: New World Library, 2005, p. 37.

(refrão:)

Os amigos vieram para velá-lo
e a viúva Finnegan dava um caldo,
primeiro ela trouxe chá com bolinhos,
depois uísque, tabaco e cachimbos.
Biddy O´Brien pôs-se a chorar:
"Um cadáver tão limpo jamais se viu!
Tim, camarada, por que nos deixar?"
"Ah, fecha essa matraca!" disse Paddy McGill!

(refrão:)

Aí Maggie O´Connor ganhou controle,
"Biddy," disse ela, "por certo você erra!"
Mas Biddy pregou-lhe o cinto na goela
e deixou-a no chão, esticada e grogue.
Então no velório o pau quebrou,
e foi homem a homem, mulher a mulher,
a lei da pancada ali se instalou,
salvem morto e feridos quem puder!

(refrão:)

Aí Mickey Malone sentiu o drama
quando um copo de uísque voou assim:
tirou-lhe uma fina e caindo na cama
o copo derrama-se sobre Tim!
Tim revive! Ele ressuscita!
Timothy vindo de volta, eu vi,
diz: "Vamos beber toda essa birita!
Almas do diacho, acham que eu morri?"

(refrão:)[1109]

[1109] SANTANA, Ivan Justen e TECAM William Crusoé. Velando Tim (*Finnegan´s Wake*, em versão brasileira dos Dublês de Dublin), in http://ossurtado.blogspot.com.br/2010/06/revelando-as-fenix.html, acesso em 21/12/2017.

Pois é esse processo de estabelecimento, de *establishment*, de atribuição de um significado àquilo que não passa de um impalpável som que. em termos bem psicanalíticos, podemos chamar, para dar ênfase à riqueza do que Freud denominou *verdrängung, como a aquilo que se calca, que se fixa, que se cola e que por esse mesmo processo exclui, separa, enfim, segrega deixando suas outras possibilidades de lado*[1110] *e fazendo daquele que o porta um portador, uma espécie de crente, de fiel, de seguidor daquilo que com força (drang) se substantiva (ung) ao se fechar (ver). Mas, insisto, o trabalho do psicanalista é abrir e verificar, como diz Lacan em Televisão, nos* "desvios que o inconsciente transforma em caminhos"[1111] que eles em si mesmos não levam a nenhum lugar. Ou, é outra forma de dizê-lo, que todo calcamento é um trilhamento e que qualquer tropo daí derivado não passa de, para usar uma expressão de inspiração bloomiana, uma "figura da vontade"[1112] que não se sustenta a não ser pelo re-calque.

Mas isso não quer dizer que uma análise não seja o percorrimento dessas sendas. A análise é mesmo, durante um tempo, o maior tempo, para ser sincero, uma "paranóia dirigida"[1113]. Não tanto por aquilo que Lacan pleiteia em *A Agressividade em Psicanálise*, quer dizer, o impulso de caminhar na direção contrária ao desconhecimento do eu, mas muito mais por aquilo que faz o paranóico em relação ao sentido, isto é, o encontra nas mínimas coisas, nos mínimos detalhes, nos mínimos pormenores. Essa é mesmo a justificativa da dita regra fundamental da psicanálise: tudo o que você disser, diz o analista a seu analisante, tem valor, portanto, fale. Mas, é bom que se diga, de fato não se atinge o real com a linguagem, mas é essa suposição[1114], que ordena

---

[1110] Segundo Luiz Hanns *verdrängung* pode significar ao mesmo tempo "empurrar para o lado, desalojar, deslocar, afastar, empurrar, forçar, urgir, deslocar". HANNS, Luiz. *Dicionário Comentado do Alemão de Freud*. Rio de Janeiro: Imago, 1996, p. 355. Vale notar ainda que, como diz Paulo Cesar de Souza esse é um termo equívoco e não tão coerente dentro da obra freudiana e sua variabilidade semântica precisa ser sempre levada em consideração a todo instante. SOUZA, Paulo César. *As Palavras de Freud. O Vocabulário Freudiano e suas Versões*. São Paulo: Companhia das Letras, 2010, p.118.

[1111] LACAN, Jacques. *Televisão*, in *Outros Escritos*. Rio de Janeiro: Jorge Zahar Editor, 2003, p. 527.

[1112] BALBUENA, Monique; NESTROVSKI, Arthur. *Apresentação a Cabala e Crítica*, in BLOOM, Harold. *Cabala e Crítica*. Rio de Janeiro: Imago, 1991, p. 15.

[1113] LACAN, Jacques. *A Agressividade em Psicanálise*, in *Escritos*. Rio de Janeiro: Jorge Zahar Editor, 1988, p. 112.

[1114] LACAN, Jacques. *O Aturdito*, in *Outros Escritos*. Rio de Janeiro: Jorge Zahar Editor, 2003, p. 477.

todo esse tempo, que é sim prioritário. Mas ele precisa, de prioridade, dar espaço a outro que chamo aqui de uma melancolia dirigida pois o sentido, nele, deixa de ter sentido. E se antes pedíamos a nosso analisante, como alegoriza Freud em suas *Recomendações*, "aja como se você fosse um viajante sentado à janela de uma vagão ferroviário, a descrever para alguém que se encontra dentro as vistas cambiantes que vê lá fora"[1115] agora o que o analisante faz sem que lhe demandemos é o que Rilke, diante das belezas das Dolomitas e ao lado de Sigmund diz: tudo isso está "está despojado de seu valor por estar fadado a transitoriedade"[1116]. E será nesse trans que se poderá verificar que mesmo em, por exemplo, "transparents"[1117] haja alguma transparência aparentada é só aparência transpassada por aquilo que aí não há por lhe ser, eternamente, "êxtimo"[1118].

E se um dos sonhos de Freud baseia-se na idéia de que seria possível encontrar o significante que congregaria em si sua dupla e contraditória versão um inadjetivável Isso se o destrona a cada instante. Explico melhor: Freud pensa encontrar em *A Significação Antitética das Palavras Primitivas* e baseado num insustentável Karl Abel culturas onde existiriam "palavras (que) designavam ao mesmo tempo uma coisa e seu oposto"[1119]. Seria o caso do latino *altus* que significaria originalmente alto e profundo ou *sacer*, que inicialmente designaria sagrado e maldito[1120] e que num só depois foram desdobradas em pares antitéticos. Pois o que Freud quer provar com isso, principalmente se

---

[1115] FREUD, Sigmund. *Sobre o Início do Tratamento (Novas Recomendações sobre a Técnica da psicanálise I)*, in *Edição Standard Brasileira das Obras Psicológicas Completas de Sigmund Freud*, Volume XII. Rio de Janeiro: Imago, 1987, p. 177.

[1116] FREUD, Sigmund. *Sobre a Transitoriedade*, in *Edição Standard Brasileira das Obras Psicológicas Completas de Sigmund Freud*, Volume XIV. Rio de Janeiro: Imago, 1987, p. 345.

[1117] JOYCE, James. *Finnegans Wake*. Londres: Penguim Uk, 1999, p. 230.

[1118] Lacan faz uso desse neologismo para dizer que aquilo que nos é mais íntimo está fora em apenas dois seminários. Nos anos 1959-60 ele o assimila a Coisa: "esse lugar central, essa exterioridade íntima, essa extimidade, que é a Coisa" LACAN, Jacques. *O seminário, livro 7: a ética da psicanálise*. Rio de Janeiro: Jorge Zahar, 1991, p. 173. E em *De um Outro ao outro* ele diz, para circunscrever o objeto a, que o "podemos designar pelo termo 'êxtimo', conjugando o íntimo com a exterioridade radical". LACAN, Jacques. *O Seminário, livro 16: De um Outro ao outro*. Rio de Janeiro: Jorge Zahar, 2008, p. 241.

[1119] FREUD, Sigmund. *A Significação Antitética das Palavras Primitivas*, in *Edição Standard Brasileira das Obras Psicológicas Completas de Sigmund Freud*, Volume XI. Rio de Janeiro: Imago, 1987, p. 142.

[1120] Idem, p. 145.

levamos em consideração que ele sempre procura fazer uma correlação entre o psiquismo atual e a primitividade humana[1121]? Isso não tem outro nome senão a crença num Um que tudo conteria e sabemos que Freud era fã dessa perspectiva de um Um que congrega o Todo – ou todas – e quem duvida basta mesmo ler seu o texto a que já me referi aqui, vale dizer, *Totem e Tabu*. Freud, assim, nessa sua via, crê, como diz Barthes, que um significante até "tem vários sentidos, mas acredita – dá para acrescentar, piamente – que em todos esses sentidos existe um – há ao menos um, háomenosum, homenosum[1122] – que é privilegiado"[1123] e que precisa, por isso mesmo, ser pesquisado, encontrado e por fim precisado. Eis uma representação do que Freud almeja:

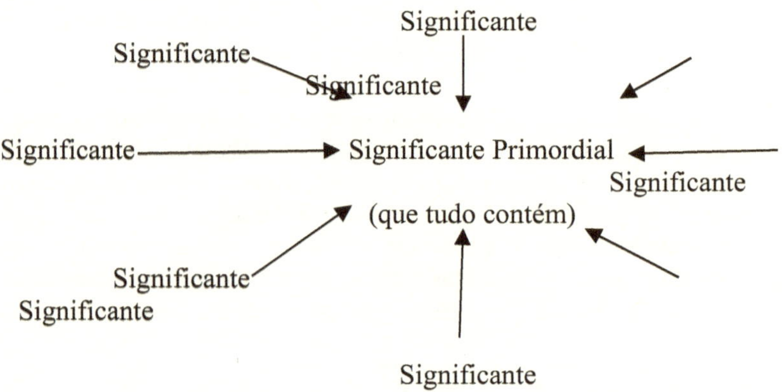

Acontece que fora do campo mítico isso não é verificável. Como tenta esclarecer Lacan, tomando de empréstimo determinadas conceituações de Benveniste,

---

[1121]FREUD, Sigmund. *Totem e Tabu*, in *Edição Standard Brasileira das Obras Psicológicas Completas de Sigmund Freud*, Volume XIII. Rio de Janeiro: Imago, 1987, p. 212.

[1122] Jogo com a idéia lacaniana de "aomenosum", que já trabalhei quando evoquei as fórmulas quânticas da sexuação, só que agora com essa escrita colabada, unida, condensada proposta por Lacan em 15 de dezembro de 1971. LACAN, Jacques. *O Seminário, Livro 19, ... ou Pior*. Rio de Janeiro: Jorge Zahar Editor, 2012, p. 113.

[1123] BARTHES, Roland. *Uma Problemática do Sentido*, in *Inéditos, vol. 1 – Teoria*. São Paulo: Martins Fontes, 2004, p. 115.

não há como pensar, num sistema significante, a existência de palavras que designam ao mesmo tempo duas coisas contrárias. As palavras são feitas justamente para distinguir as coisas. Ali onde existem palavras, elas são forçosamente feitas por pares de oposição, elas não podem juntar em si mesmas dois extremos[1124].

Ou, como enfatiza Barthes, o campo significante é constituído, inexoravelmente pela "oposição mínima entre dois termos irreversíveis"[1125], por um jogo de "antítese dissimétrica"[1126] constante e perene, logo, esse 1 ou S_1, unidor, unificador, agregador não existe a não ser de forma criacionista. É uma invenção, uma elucubração, no fundo, inverificável porque insustentável. Mas o que dizer das palavras que no *Wake* parecem unir significantes como "cumannity"[1127]ou "superbosition"[1128]? Se prestarmos atenção notaremos que na realidade elas não são um coágulo que abole as suas diferenças. Elas as unem, é certo, mas primeiro vem uma e depois outra e, quando as lemos, não podemos fazer senão repetir-lhes os passos: primeira uma e depois outra deixando sempre um espaço, uma lacuna, um hiato impreenchível.

Assim e uma vez mais o que o *Wake* mostra é que na suposta fusão há mesmo difusão sustentada por uma defusão. E a análise segue exatamente esse rumo. Indo na direção desse significante único, desse suposto *ur-signifikant* que poderíamos chamar, para brincarmos com toda uma tradição, de verdadeira verdade, se se depara com a sua dispersão nucleda por uma inexistência o que autoriza Lacan a chamá-la, a psicanálise, de "um longo caminhamente"[1129] pois na procura daquilo que seria verdadeiro – o verdadeiro é que dá prazer[1130], diz

---

[1124] LACAN, Jacques. *O Seminário, Livro 20, Mais Ainda*. Rio de Janeiro: Jorge Zahar Editor, 1985, p. 128. O texto, publicado inicialmente no primeiro volume da revista *La Psychanalyse* é *Remarques sur la Fonction du Langage dans la Découverte Freudienne.* Ele pode ser encontrado em BENVENISTE, Émile. *Problèmes de Linguistique Générale*, 1. Paris: Gallimard, 1966.

[1125] BARTHES, Roland. *Cultura de Massa, Cultura Superior*, in *Inéditos, vol. 1 – Teoria*. São Paulo: Martins Fontes, 2004, p.73.

[1126] Idem, Ibidem.

[1127] JOYCE, James. *Finnegans Wake*. Londres: Penguim Uk, 1999, p. 42.

[1128] Idem, p. 299.

[1129] LACAN, Jacques. *Semináire L'Insu-que-Sait de L'Une-Bévue S'Aile a Mourre*, 1976-1977, aula de 10/05, s/p in http://www.valas.fr/Jacques-Lacan-l-insu-que-sait-de-l-une-bevue-s-aile-a-mourre-1976-1977 (minha tradução).

Lacan em 1976 e precisamos ir mais além dele – o sujeito se encontra com a mentira que é, como escreve Joyce, um "polihedron of scripture"[1131] – um "poliedro da escrita"[1132], como traduz Schüller – e que, já vimos aqui, nada diz por ser "as simple as A. B. C."[1133]. O complexo, no sentido freudiano[1134], só vem depois e vem para recobrir essa simplicidade da letra. Dessa forma é possível dizer que lá, onde está o A enquanto letra – o A, o B e o C – o significante advém – "naif alphabetters"[1135] – e fazendo cadeia aprisiona o sujeito numa malha que, como o sudário de Penélope[1136], nunca termina. E é preciso terminar. É preciso concluir! É preciso passar dessa para uma melhor que não seja o jogo mortífero da espera que, como canta Chico Buarque, nunca alcança[1137].

Por isso, para citar Lacan em *R.S.I*, se "o inconsciente é condicionado pela linguagem"[1138] que por sua vez "condiciona o real"[1139] é preciso ir além dessas condicionantes e condicionais que fazem sonhar com um elemento passível de ser encontrado no descortinamento de uma análise mas que em última instância apenas revela – vela novamente, portanto – a impossibilidade desse mesmo elemento.

E já que falei em sonho nada me impede de afirmar que se o sonho é a porta para o inconsciente, sua via régia[1140], dizia Freud, o

---

[1130] LACAN, Jacques. *O Seminário, Livro 23, O Sinthoma*. Rio de Janeiro: Jorge Zahar Editor, 2007, p. 76.

[1131] JOYCE, James. *Finnegans Wake*. Londres: Penguim Uk, 1999, p. 107.

[1132] SCHÜLER, Donaldo. *Finnegans Wake/Finnicius Revém, Livro I, Capítulos 5, 6, 7 e 8*. Cotia: Ateliê Editorial, 2004, p. 19. Como bem lembra Harari *scripture* pode também remeter a Escritura. HARARI, Roberto. *O Psicanalista. O que é Isso?* Rio de Janeiro: Companhia de Freud, 2008, p. 45.

[1133] JOYCE, James. *Finnegans Wake*. Londres: Penguim Uk, 1999, p. 65.

[1134] Ao que tudo indica essa idéia de complexo foi extraída por Freud da escola psicanalítica de Zurique – aqui, leia-se Bleuler e Jung – e designa, em linhas gerais, uma reunião de elementos em torno de um núcleo. Pois é essa a exata representação que ofereci no esquema acima.

[1135] JOYCE, James. *Finnegans Wake*. Londres: Penguim Uk, 1999, p. 107.

[1136] HOMERO. *Odisséia*. São Paulo: Cultrix, 1993, p. 238.

[1137] Na música de 1972, *Bom Conselho*, subvertendo uma série de ditos populares, Chico canta: "Está provado, quem espera nunca alcança". BUARQUE, Chico. *Bom Conselho*, in *Letra e Música 1*. São Paulo: Companhia das Letras, 1997, p. 99.

[1138] LACAN, Jacques. *Séminaire R.S.I, 1974-1975, aula 17/12, s/p,   in* http://staferla.free.fr/S22/S22%20R.S.I..pdf(minha tradução)

[1139] Idem.

[1140] FREUD, Sigmund. *A Interpretação dos Sonhos*, in *Edição Standard Brasileira das Obras Psicológicas Completas de Sigmund Freud*, Volume IV. Rio de Janeiro: Imago, 1987, p. 361.

inconsciente é a porta para o real sem rei[1141]. Mais precisamente, o inconsciente é o real[1142], dirá Lacan no *Prefácio à Edição Inglesa do Seminário 11* quando está esvaziado de qualquer possibilidade semântica e de semantização. E é por isso que Lacan recorre a letra, pois a letra nada quer dizer. É o suporte na linguagem, mas não na fala, que marca a inconsistência de qualquer significação possível. Ela é acéfala, para usarmos uma expressão cara a Freud que mostra sua vertente anárquica, vale dizer, "sem governo"[1143], sem "govenamentalidade"[1144]. Sendo assim, mais do que no ventre das palavras, bem mais do que em seu interior que mais pareceria um cofre, uma caixa forte, um safety box, o impossível aparece "entre palavras, entre linhas"[1145] ou, como escreve Joyce, "a letterman does be often tought reading ye between line that do have no sense at all"[1146] que na versão de Schüller virou "um episletrado há dentender de ler o recado entre h linhas que não tem nenhum sentido"[1147]. É preciso ler, então, aí, na letra, o que ela não porta!

Por isso é importante destacar que para Lacan essa história de letra, não é sempre a mesma. Já se cansou de dizer que no seminário da *Carta Roubada* ela tem valor de significante mas que aos poucos Lacan vai lhes fazendo distinção o que, de certa forma, está correto, mas o que fazemos com uma afirmação tardia, feita em 1976 e po ele mesmo, onde, literalmente, diz que "o significante é a letra"[1148]? Teríamos aí um retorno ou até um retrocesso? Ou será que nessa conferência no MIT o psicanalista francês procura enfatizar que, do significante, só lhe interessa a letra que o embala, que o sustenta, que o estrutura? Não será o caso de testemunharmos nesse jogo que ele já está cansado de marcar

---

[1141] Pois, como bem lembra Moustapha Safouan, via régia ou via real , "é a via ampla, larga, pela qual o rei passava, fazia seus desfiles. É a via mais reta, a menos impedida". SAFOUAN, Moustapha. *O Inconsciente e seu Escriba*. São Paulo: Papirus, 1987, p. 11.

[1142] LACAN, Jacques *Prefácio à Edição Inglesa do Seminário 11*, in *Outros Escritos*. Rio de Janeiro: Jorge Zahar Editor, 2003, p. 567.

[1143] CHOMSKY, Noam. *Notas sobre o Anarquismo*. São Paulo: Hedra, 2011, p. 35.

[1144] FOUCAULT, Michel. *Microfísica do poder*. Rio de Janeiro: Graal, 1979, p. 201.

[1145] LACAN, Jacques. *O Seminário, Livro 20, Mais Ainda*. Rio de Janeiro: Jorge Zahar Editor, 1985, p. 162.

[1146] JOYCE, James. *Finnegans Wake*. Londres: Penguim Uk, 1999, p. 454.

[1147] SCHÜLER, Donaldo. *Finnegans Wake/Finnicius Revém, Livro III e IV, Capítulos 13, 14, 15 16 e 17*. Cotia: Ateliê Editorial, 2003, p. 127.

[1148] LACAN, Jacques. *Conferência no Instituto Tecnológico de Massachusetes em 02 de Dezembro de 1976, (Auditório da Escola de Assuntos Internacionais)*, in *Lacan in North Armorica*. Porto Alegre: Editora Fi, 2016, p. 95.

que, num significante tão simples como "assassination"[1149], existem outros significantes como *ass, sin, nation, ination?* E já que o retirei do *Wake* e ele está "inscrustado de talvez oitenta idiomas diferentes"[1150] nos autorizarmos a dizer que ele pode portar, ainda, assas, assa, assina, tio, íon, Ion...? E para que serve isso? De que serve encontrar outras possibilidades semânticas num significante?

É claro que isso tem uma relação direta com o que afirmei à pouco, ou seja, com a idéia de que esse achado descola o significante do significado e produz o que Lacan chamou, inclusive para contrariar Sartre[1151], de "um pouco de liberdade"[1152]. Mas, retomo minhas inquietações, seria o *Wake* a monstração dessa pequena liberdade que nos inspiraria em termos propriamente psicanalíticos? E será que análise se liquidaria quando o sujeito pode, enfim, tornar-se mais plástico, mas cambiante, mais caminhante? Pois se o *Wake* não mostra que os significados são infinitos – o que está de acordo com uma declaração lacaniana de "a interpretação não está aberta a todos os sentidos"[1153] – mas mostra, antes disso, que os significantes o são e nisso faz ruir o que Julia Krsiteva chama, não sem muita ironia, de "o altar do Significado"[1154] onde tantos depositam suas libações, ele apresentaria, como escreve Beckett "a absoluta ausência do Absoluto"[1155], certo? E como estou usando-o para tentar avançar nas questões propostas por uma análise, direcionarmos um sujeito para isso seria o suficiente? Melhor dizendo, para que serviria mostrar que esse processo, não cessando de se inscrever, "não parando em lugar nenhum"[1156], nos remete a um *aeternum*, a uma espécie de ritornelo sem fim?

[1149]JOYCE, James. *Finnegans Wake.* Londres: Penguim Uk, 1999, p. 53.

[1150] GALINDO, Caetano. *Sim, Eu Digo Sim: Uma Visita Guiada ao Ulysses de James Joyce.* São Paulo: Companhia das Letras, 2016, p. 17.

[1151] Refiro-me a famosa frase de Sartre: "Eu estou condenado, a existir para sempre para além da minha essência, para além dos móbiles ou moventes e dos motivos do meu ato: eu estou condenado a ser livre". SARTRE, Jean-Paul. *O Ser e o Nada.* Petrópolis: Vozes, 2005, p. 515.

[1152]LACAN, Jacques. *Função e Campo da Palavra e da Linguagem,* in *Escritos.* São Paulo: Perspectiva, 1992, p.121.

[1153]LACAN, Jacques. *A Direção do Tratamento e os Princípios de seu Poder,* in *Escritos.* Rio de Janeiro: Jorge Zahar Editor, 1998, p. 637.

[1154] KRISTEVA, Julia. *Joyce: The Gracehoper, ou o Retorno de Orfeu,in Riverrun, Ensaios sobre James Joyce.* Rio de Janeiro: Imago, 1992, p. 389.

[1155] BECKETT, Samuel. *Dante... Bruno. Vico... Joyce, in Riverrun, Ensaios sobre James Joyce.* Rio de Janeiro: Imago, 1992, p. 338.

[1156] BARTHES, Roland. *Variações sobre a Escrita,* in *Inéditos, vol. 1 – Teoria.* São Paulo: 2004, p. 238.

Por isso é mesmo preciso separar não apenas o significante do significado mas a letra do significante e sermos arqueologicamente[1157] coerentes com aquilo que Lacan elabora, ou seja, que um significante é o que pode, é passível, está aí mesmo para produzir significação. Já a letra, ao contrário, a abole e nos lança para fora do campo do saber. Assim, se o *Wake* levanta as certezas, as suspende tal como se espera de uma análise[1158] para deixar que a verdade, sempre semi-dita, apareça, é preciso deixarmo-nos envolver pela concepção de que a verdade nada deve ao saber, o que nos traz um problema a mais já que, como diz Lacan em *Televisão*: "O que posso saber? Reposta: nada que não tenha a estrutura da linguagem"[1159]. Ponto importante porque se "o simbólico quer dizer a linguagem"[1160], se um se reduz ao outro e isso implica um saber, não é nele que podemos depositar as nossas fichas se queremos avançar nesse processo. Não é pela via do *scilicet*[1161], das possibilidades do saber, mesmo que sem conteúdo[1162], que podemos destrancar as portas dessa prisão e nos destacarmos do que não à toa Lacan chamará de parasita[1163]. É preciso, então, ir comer em outra mesa[1164] que não

---

[1157] Tomo de empréstimo nesse conceito o que Foucault postula para ele, ou seja, a idéia da irredutibilidade das regras em jogo em qualquer discurso. FOUCAULT, Michel. *A Arqueologia do Saber*. Rio de Janeiro: Forense Universitária, 2014, p. 169-170.

[1158] LACAN, Jacques. *Função e Campo da Fala e da Linguagem em Psicanálise*, in Escritos. Rio de Janeiro: Jorge Zahar Editor, 1998, p. 253.

[1159] LACAN, Jacques. *Televisão,* in *Outros Escritos*. Rio de Janeiro: Jorge Zahar Editor, 2003, p. 534.

[1160] LACAN, Jacques. *Conférence chez le Professeur Deniker – Hôpital Sainte-Anne – Objets et Représentations*, 11/10/1978, s/p, in http://ecole-lacanienne.net/wp-content/uploads/2016/04/1978-11-10.pdf (minha tradução)

[1161] Lacan lança mão desse termo, freqüentemente atribuído a Lucrécio, para designar aquilo que é possível ou mesmo permitido saber.. LACAN, Jacques. *Introdução de Scilicet no Título da Revista da Escola Freudiana de Paris*, in *Outros Escritos*. Rio de Janeiro: Jorge Zahar Editor, 2003, p. 288.

[1162] Se enfatiza, freqüentemente, que Lacan procura fazer, principalmente em seus seminários, uma distinção entre saber e conhecimento, o primeiro sendo a pura operação da linguagem e o segundo sendo o seu depósito conteudístico. Mesmo sendo válida, essa leitura, que tomará força principalmente com seus quatro – ou cinco discursos – é lícito lembrar que essa distinção não é tão simples assim e volta e meia ele toma uma por outra já que há uma dialética implícita a essas funções e de "eu não procuro, eu acho" Lacan passa, tranquilamente, a um "Atualmente eu não acho, eu procuro". LACAN, Jacques. *O Seminário, Livro 11, Os Quatro Conceitos Fundamentais da Psicanálise*. Rio de Janeiro: Jorge Zahar Editor, 1988, p. 32 e LACAN, Jacques. *O Momento de Concluir*, Aula de 14/03/1978, s/p, respectivamente.

aquela que o inconsciente oferece, principalmente se levarmos em conta que "o saber é o inconsciente"[1165] ou, como se expressa Lacan antes de *L'Insu*, "o inconsciente é inteiramente redutível a um saber"[1166]. E como dirá Lacan no controverso[1167] *O Momento de Concluir*, se chegamos " a desfazer pela fala o que foi feito pela fala"[1168] não será para restituí-la em uma nova e menos nociva tomada semântica superabundante e sim para, sabendo a que estamos peados, cativos[1169], aprisionados, podermos sair sem prestarmos esclarecimentos ao diretor do presídio, pois pouco importa se somos, para o Outro, branco ou preto[1170].

[1163] LACAN, Jacques. *O Seminário, Livro 23, O Sinthoma*. Rio de Janeiro: Jorge Zahar Editor, 2007, p. 55.

[1164] Parasita deriva do grego παράσιτος, parásitos, e indica aquele que come na mesa de outrem. LIDDELL, Henry George; SCOTT, Robert. Greek-English Lexicon. La Vergne: Lightning Source, 2007, p. 2045.

[1165] LACAN, Jacques. *Semináire L'Insu-que-Sait de L'Une-Bévue S'Aile a Mourre*, 1976-1977, aula de 11/01, s/p in http://www.valas.fr/Jacques-Lacan-l-insu-que-sait-de-l-une-bevue-s-aile-a-mourre-1976-1977 (minha tradução)

[1166] LACAN, Jacques. *O Seminário, Livro 23, O Sinthoma*. Rio de Janeiro: Jorge Zahar Editor, 2007, p. 127.

[1167] Controverso porque se questiona a sua autoria e muitos afirmam, entre eles Roudinesco, que seu conteúdo, apenas lido por Lacan, foi produzido por Jacques Alain-Miller. ROUDINESCO, Elisabeth. *História da Psicanálise na França – A Batalha dos Cem Anos*, Volume 2: 1925-1985. Rio de Janeiro: Jorge Zahar Editor, 1988, p. 615.

[1168] LACAN, Jacques. *O Momento de Concluir*, Aula de 15/11/1977, s/p.

[1169] Idem, Aula de 10/01/1979, s/p.

[1170] A referência é, aqui, ao sofisma proposto por Lacan em 1945 resumido por Porge assim: "O diretor de uma prisão reúne três prisioneiros e promete a liberdade àquele que descobrir a cor do disco que pregou às costas de cada um, cada disco sendo escolhido dentre três (discos) brancos e dois (discos) pretos. Os prisioneiros não têm meios de comunicar uns aos outros os resultados de suas inspeções, nem de alcançar com a vista o círculo pregado às próprias costas. Depois de se terem observado por um tempo, os três prisioneiros se dirigem juntos para a saída e cada um, separadamente, conclui que é (tem nas costas o disco) branco, o que é realmente o caso, dizendo a mesma coisa: 'Dado que meus companheiros eram (tinham nas costas discos) brancos, pensei que, se eu fosse preto, cada um deles poderia inferir disso o seguinte: 'Se eu também fosse preto, o outro, devendo reconhecer imediatamente ser branco, teria saído imediatamente, portanto não sou preto'. E ambos teriam saído juntos, convencidos de serem brancos. Se não faziam nada, é porque eu era um branco como eles. Diante disso, encaminhei-me para a porta, para dar conhecer a minha conclusão." Ver PORGE, Erik. *Psicanálise e Tempo: O tempo Lógico de Lacan*. Rio de Janeiro: Cia de Freud, 1989, p. 23 e, sobretudo, LACAN, Jacques. *O Tempo Lógico e a Asserção de Certeza Antecipada, um Novo Sofisma*, in *Escritos*. Rio de Janeiro: Jorge Zahar Editor, 1998.

Mais uma vez é o *Wake* que nos mostra a saída para esse impasse, para o impasse que faz do homem um comensal de sentidos. Ele mostra, num princípio, que um significado qualquer facilmente se converte em polissemia significante para, depois, descortinar-se em ab-senso, em não senso, em sem senso. Há inclusive, nele, um apelo, que é preciso escutar, um apelo que está em perfeita consonância com aquilo que um analisante formula na medida em que sua análise avança: a significância cansa e vira significansa. Quase no final do capítulo 5, ainda no Livro I está "mean stop, please stop, do please stop"[1171] ou "significado pára, pára por favor, por favor pára"[1172]. Por isso posso dizer que ele é anti-fabulatório, anti-ficção, anti-moral-da-história. Seu fim é não significar coisa alguma. Da mesma maneira que deve ser uma análise. Ele – e ela – não querem dizer nada pois nada há para dizer a não ser que essa tagarelice, essa falação, essa taramelação se "reduz a uma espécie de enlameadura"[1173] sem importância. Assim, mais do que, como escreve Vizioli, ser o *Wake* "um livro inesgotável"[1174] ele ex-gota de tanto gotejar no esgoto a sua insignificância.

Joyce já havia mostrado isso, particularmente em *Dublinenses* onde seus contos simplesmente terminam "sem "plot", sem trama, sem um final definido"[1175], como escreve Brasil e, fundamentalmente, sem que sejam algo que *apres-coup* digam algo além do que dizem. Mas será no *Wake* que Esopo, passando pela "M*esopo*tamia"[1176], virará isopor, sem gosto e aerado deixando a moral de fora e com ela qualquer apreensão de saber. Insisto, como numa análise.

Dessa forma dizer que as palavras no *Wake*– ou de nossos analisantes – copulam é fazer com que o amor se inscreva aonde algo não se inscreve e, como diz Lacan, é preciso combater Eros[1177], é

[1171] JOYCE, James. *Finnegans Wake*. Londres: Penguim Uk, 1999, p. 124.

[1172] SCHÜLER, Donaldo. *Finnegans Wake/Finnicius Revém, Livro I, Capítulos 5, 6, 7 e 8*. Cotia: Ateliê Editorial, 2004, p. 53.

[1173] LACAN, Jacques. *O Momento de Concluir*, Aula de 15/11/1977.

[1174] VIZIOLI, Paulo. *James Joyce e sua Obra Literária*. São Paulo: EPU, 1991, p. 121.

[1175] BRASIL, Assis. *Joyce e Faulkner, O Romance da Vanguarda*. Rio de Janeiro: Imago, 1992, p. 42. *Plot* por ser traduzido por enredo, por ação e/ou por entrecho.

[1176] JOYCE, James. *Finnegans Wake*. Londres: Penguim Uk, 1999, p. 318. O itálico é meu!

[1177] Como escreve Freud, "a finalidade principal de Eros (é) a de unir e ligar." FREUD, Sigmund. *O Ego e o Id*, in *Edição Standard Brasileira das Obras Psicológicas Completas de Sigmund Freud*, Volume XIX. Rio de Janeiro: Imago, 1987, p. 61.

preciso fazer "calar o amor"[1178], se somos coerentes com aquilo que se decanta ou se depura num processo analítico[1179]. Não é um processo fácil e, para parafrasear Freud[1180], se no início de qualquer análise é trabalhoso alcançar a aderência do sujeito ao tratamento – é o que também dizem os leitores iniciais do *Wake* que o abrem com uma mão e o fecham na sequência com a outra – e, em última instância, à realidade de seu inconsciente, a dificuldade maior vem depois, que é o desfazê-la de seu encantamento, de seu envolvimento serial e sereiático. Desfazê-la pela própria desfaçatez que a incita mostrando que dentro dela, dentro desse "playground"[1181] que faz do inconsciente uma mola mestra, há um vazio que mais do que "saber que não se sabe"[1182] nada deve a possibilidade de ciência porque, saber, é impossível. Há, aí, sempre, "alguma coisa que se perde"[1183] e deve ser nessa perda que um sujeito deve ou pode advir. Na perda e não em um ganho qualquer.

Se no início de uma análise há tanto amor que se pode, feito Bertha, engravidar[1184] e, nessa leitura comum do *Wake* há, também, tanto amor que as palavras parecem carregar em suas bocetas – ou valises – algo tão valoroso que precisa ser parido, precisamos ir na direção contrária à do geracionalismo. E chegado nesse ponto, sem frutos, pouco importará se há grave dez em gravidez[1185] ou se nas "pregnant questions"[1186] que temos há *pregnancy*. O importante, se

[1178] LACAN, Jacques. *O Triunfo da Religião*. Rio de Janeiro: Jorge Zahar Editor, 2005, p. 15.

[1179] Vale lembrar que, como diz Lacan em 1960, "só os mentirosos podem responder dignamente ao amor". LACAN, Jacques. *O Seminário, Livro 8, A Transferência*. Rio de Janeiro: Jorge Zahar Editor, 1994, p. 36

[1180] FREUD, Sigmund. *Observações sobre o Amor Transferencial (Novas Recomendações sobre a Técnica da Psicanálise III)*, in *Edição Standard Brasileira das Obras Psicológicas Completas de Sigmund Freud*, Volume XII. Rio de Janeiro: Imago, 1987, p. 129.

[1181] FREUD, Sigmund. *Recordar, Repetir e Elaborar (Novas Recomendações sobre a Técnica da Psicanálise II)*, in *Edição Standard Brasileira das Obras Psicológicas Completas de Sigmund Freud*, Volume XII. Rio de Janeiro: Imago, 1987, p. 98.

[1182] LACAN, Jacques. *Saber do Psicanalista, Seminário 1971-1972* (Publicação não comercial). Recife: CEF, 1997, p. 76.

[1183] LACAN, Jacques. *O Momento de Concluir*, Aula de 11/04/1978, s/p

[1184] JONES, Ernest. *Vida e Obra de Sigmund Freud*. Rio de Janeiro: Jorge Zahar Editor, 1979, p. 236-238.

[1185] Jogo que uma analisante de Alduísio Moreira de Souza produziu durante sua análise. SOUZA, Alduísio Moreira de. *Transferência e Interpretação*. Porto Alegre: Artes Médicas, 1988, p. 92.

[1186] JOYCE, James. *Finnegans Wake*. Londres: Penguim Uk, 1999, p. 438.

queremos manter a idéia da *portmanteau word*, da, diria Leminski, "palavra-montagem"[1187], o fundamental, o crucial, o incontornável é que o sujeito verifique, na sua ex-periência, que ao abri-la "caem as letras que a compõe"[1188] de uma maneira irresgatável. E nada, aqui, de um ímpeto religioso, de uma invectiva típica do *religare*!

Assim, é outra maneira de dizer, se uma das primeiras coisas que se procura numa análise, como demonstram os neófitos, é a fatuidade de determinados acontecimentos como modo de justificar o que se passa desde o passado que não passou, o que se verifica é que se é sem pretérito e que o inconsciente é terminantemente não fatual ou, como diz Lacan, "só há causa para aquilo que manca"[1189] , vale dizer, a causa só existe porque não se a encontra e por isso mesmo se a cria. Se a cria e logo somos os seus criados. "Não há um só fato que não possa ser contestado"[1190], diz Lacan em *Encore* ou seja, contra argumentos não há, mesmo que se afirme o contrário, fatuidade. Aliás, ainda de acordo com Lacan, "só há fato pelo fato de o falasser o dizer. Não há outros fatos senão aqueles que o falasser reconhece como tais dizendo-os. Só há fato pelo artifício"[1191] e não temos outro meio para abordar o que aí se articula senão pelos caminhos que o significante inscreve.

Mas chega uma hora que, caída essa ilusão, se descobre que um homem de palavra só o é porque supõe que a palavra diz algo quando, na realidade, ela está aí para tentar apagar esse vazio que a estrutura. E, como diz Alves sobre o *Wake*, se presentifica a "abnulificação inclusive da etimologia"[1192] e pouco importa se nele – e nela –palavrinhas decompostas viram palavrões e palavrões recompostos tornam-se palavrinhas. Não há início e, se levarmos em conta que "the words wich follow may be taken in any order desired"[1193], que, é uma interessante formulação do *Wake*, "as palavras que seguem podem ser tomadas na

---

[1187] LEMINSKI, Paulo. *Joyce Finnegans Wake*, in *Scientia Traductionis*, n.8, 2010, p. 283.
[1188] HARARI, Roberto. *O Psicanalista, O que é isso?* Rio de Janeiro: Companhia de Freud, 2008, p. 64.
[1189] LACAN, Jacques. *O Seminário, Livro 11, Os Quatro Conceitos Fundamentais da Psicanálise*. Rio de Janeiro: Jorge Zahar Editor, 1988, p. 29.
[1190] LACAN, Jacques. *O Seminário, Livro 20, Mais Ainda*. Rio de Janeiro: Jorge Zahar Editor, 1985, p. 146.
[1191] LACAN, Jacques. *O Seminário, Livro 23, O Sinthoma*. Rio de Janeiro: Jorge Zahar Editor, 2007, p. 63.
[1192] ALVES, Francisco. *Advertências do Tradutor, in Vidas Literárias: James Joyce*. Rio de Janeiro: Jorge Zahar Editor, 1989, p. 112.
[1193] JOYCE, James. *Finnegans Wake*. Londres: Penguim Uk, 1999, p. 121.

ordem que se desejar"[1194], fica claro que qualquer idéia de conjunto, de uma séria conjuntiva não passa de um constructo. Para o *Wake*, portanto, nada de "procurar um fio de ordem e lógica na desordem"[1195], como disse Nadine Gordimer. Não há nele um "espaço ordenado segundo algumas orientações"[1196], como o quer Amarante, já que essa obra, a obra de uma vida, vale tanto quanto um obrar pois como, diz Lacan em Bruxelas, numa intervenção intitulada *Sobre a Histeria* "as palavras são inconscientes"[1197] e qualquer uma delas e suas conseqüências não passam de seqüências encobridoras do que não se escreve. Vou dizer uma vez mais: qualquer possibilidade só existe e existe só no apagamento da impossibilidade. É *Isso*[1198], esse furo na série, esse "tanto de tempo em que o desejado não surge"[1199] aquilo que está realmente oculto, e não palavras olvidadas que precisariam ser descobertas e achadas cintilariam. Dessa maneira, antes de tentarmos colocar os pingos nos iis deveríamos des-seriá-los deixando o espaço aberto para, esse é o outro nome para o real, o acaso. E como pensá-lo? Como pensar o que não tem *télos* (τέλος) nem elos? Como pensar o que brota sem subseqüência porque é sem precedência? Como promover o ocaso da série, do achado, do encontrável para que o acaso surja?

Lacan encontra uma único modo, uma única forma de deixá-lo se insurgir, de deixá-lo extravasar, de permitir que ele transpasse a borda: chamará isso de equivocação. E já que estou com o seminário dos anos 1977-1978 aberto pinço essa frase, que é eco de tantas outras formulações: "ter necessidade do equívoco é a definição da análise"[1200]. Nada mais justo! Ele já havia dito algo semelhante – "o analista joga com o sentido contra o sintoma"[1201] – mas agora ele diz que só há

[1194] SCHÜLER, Donaldo. *Finnegans Wake/Finnicius Revém, Livro I, Capítulos 5, 6, 7 e 8*. Cotia: Ateliê Editorial, 2004, p. 47.

[1195] GORDIMER, Nadine. *Entrevista*, in Os *Escritores, As Históricas Entrevistas da Paris Review*. São Paulo: Compnhia das Letras, 1988, p. 297.

[1196] AMARANTE, Dirce Waltrick do. *Posfácio*, in *James Joyce, Finnegans Wake (Por um Fio)*. São Paulo: Iluminuras, 2018, p. 174.

[1197] LACAN, Jacques. *Propos sur L'Hysterie, Intervention de Jacques Lacan à Bruxelles*, 26/02/1977, s/p, in http://ecole-lacanienne.net/wp-content/uploads/2016/04/1977-02-26.pdf (minha tradução).

[1198] Embalado pelas formulações de Lacan, Gerard Pommier define o Isso como "o lugar do não saber". POMMIER, Gerard. *O Inconsciente e o Isso*. Niterói: Escola de Psicanálise de Niterói, s/d, p. 02.

[1199] JURANVILLE, Alain. *Lacan e a Filosofia*. Rio de Janeiro: Jorge Zahar Editor, 1995, p. 84.

[1200] LACAN, Jacques. *O Momento de Concluir*, Aula de 15/11/1977.

[1201] LACAN, Jacques. *O Seminário, Livro 23, O Sinthoma*. Rio de Janeiro: Jorge

análise quando se deixa o equívoco entrar e assim, quando um analisante desfila sua lalíngua[1202], seu sistema semiótico próprio, não o ajudamos a, como queria Freud, elaborá-lo[1203] mas a olhá-lo, como Lacan enfatiza em *Les Non-Dupes Errent,* de "través"[1204], de, como já disse aqui, soslaio. E para a fixação, para aquilo que é a "fixation of his pivotism"[1205] despivoteamos.

E por isso o *Wake* nos é tão fundamental pois ele faz "artful disorder"[1206], faz "thisorder"[1207]. Com as palavras ele faz "worder"[1208] e não cessa de implicar uma "misunderstuck"[1209], uma "mistandew"[1210], uma "misconception"[1211], uma "intermisunderstanding"[1212] que não se pode apagar. E se Joyce chegou a definir seu último livro como uma montanha que se escava em todas as direções sem se saber o que vai ser encontrado[1213] o que, à priori, pode fazer lembrar a idéia de *serendipity* criada por Horace Walpole em 1754, ou seja, o fato de "fazer descobertas, por acaso (...) de coisas que não se estava a procurar"[1214] ou o que poeticamente Guimarães Rosa prega no primeiro prefácio de *Tutaméia*: se "pode não achar o gato, que pensa que busca, mas topar resultado mais importante – para lá da tacteada concentração"[1215], aquilo que se acha, na verdade não passa de acaso que no *Wake* se desfaz no mesmo instante que se o pega nas mãos. O *begriff*, o conceito, uma vez

---

Zahar Editor, 2007, p. 39.

[1202] Como Lacan afirma em *A Terceira*, "a lalíngua é onde o gozo se deposita", isto é, onde o ser se assenta como ser. LACAN, Jacques. *A Terceira*, in *Cadernos Lacan*, Volume 2 (Publicação não comercial). Porto Alegre: APOA, 2002, p. 56.

[1203] FREUD, Sigmund. *Recordar, Repetir e Elaborar (Novas Recomendações sobre a Técnica da Psicanálise II)*, in *Edição Standard Brasileira das Obras Psicológicas Completas de Sigmund Freud*, Volume XII. Rio de Janeiro: Imago, 1987, p. 103.

[1204] LACAN, Jacques. *Os Não-Tolos Erram/Os Nomes do Pai, Seminário 1973-1974*. Porto Alegre: Editora Fi, 2018, p. 218.

[1205] JOYCE, James. *Finnegans Wake*. Londres: Penguim Uk, 1999, p. 164.

[1206] Idem, p. 129.

[1207] Idem p. 540.

[1208] Idem, p. 483.

[1209] Idem p. 126.

[1210] Idem, p. 501.

[1211] Idem p. 444.

[1212] Idem, p 118.

[1213] ANDERSON, Chester G. *Vidas Literárias: James Joyce*. Rio de Janeiro: Jorge Zahar Editor, 1989, p. 112.

[1214] GONÇALVES, Ana Maria. *Um Defeito de Cor*. Rio de Janeiro: Record, 2015, p. 09.

[1215] ROSA, João Guimarães. Tutaméia. Rio de Janeiro: José Olympio Editor, 1979, p. 07.

mais, aí, se mostra *un-begriff*, um, para rimar com inconsciente, in-conceito.

No máximo, portanto, podemos dizer que no *Wake* "a palavra agita"[1216], produz confusão, desencadeamento e nesse processo produz descolamento. O *Wake* ultrapassa o *begriff* fazendo *vergreifen*, fundando em cada palavra o engano que promove o nada[1217]. Ele não é, assim, um *dictionary*[1218] mas um "confusionary"[1219] de ponta a ponta. E é essa confusão agitante e deslocante, indexicável, para tomar de empréstimo uma expressão de Queiroz[1220] que nos interessa pois "é por onde um psicanalista pode fazer soar outra coisa que sentido"[1221]. Note-se que Lacan, em *L'Insu-que-Sait de L'Une-Bévue S'Aile a Mourre*, evoca o som . O som como forma de combater o sentido que impregna o falasser

---

[1216] LACAN, Jacques. *Séminaire R.S.I, 1974-1975, aula 15/04, s/p, in* http://staferla.free.fr/S22/S22%20R.S.I..pdf(minha tradução)

[1217] "O *Vergrifen* (c.f Freud, o engano, seu termo para designar os chamados atos sintomáticos), ao ultrapassar o *Begriff* (ou a apreensão), promove um nada". LACAN, Jacques. *O Engano do Sujeito Suposto Saber*, in *Outros Escritos*. Rio de Janeiro: Jorge Zahar Editor, 2003, p. 337.

[1218]E já que falei em dicionário, existe um, chamado *Joyce Word Dictionary* que é bastante útil para os estudiosos da obra do escritor irlandês: http://www.joycewords.com/
Além dessa ferramenta da web existe, para o *Wake* mas fora dele, um *Lextionary*, como o de Bill Cole Cliett, que, por exemplo, torna verbete o significante *Jungfraud's*, assim: "The dishonest trickery or fraud of psychoanalysis is practiced by Sigmund Freud and Carl Jung. Thought Joyce didn't like Jung or trust his work, he did, in desperation send his daughter to him for treatment. "To think that suck a big materialistic Swiss man should that hold of my soul" was her response. Within *Finnegans Wake*, Jung is found hiding in "cans of Swiss condensed bilk". It's been said to psychiatry is the care of the id by the odd, but here it's the care of the id by the fraud. (…) Mc. Hugh note that Jungfrau is German for "virgin"." CLIETT, Bill Cole. *A Finnegans Wake Lextionary*. USA: Createspace Pub, 2011, p. 198.
E vale ressaltar, sobre esse assunto e ao contrário do que afirmei, que Schuler considera o *Wake* como "uma biblioteca, (uma) síntese de tudo". SCHÜLER, Donaldo. *Finnegans Wake/Finnicius Revém, Livro I, Capítulo 1*. Cotia: Ateliê Editorial, 2004, p 97.

[1219] JOYCE, James. *Finnegans Wake*. Londres: Penguim Uk, 1999, p. 333.

[1220] QUEIROZ, Victor Martins Pinto de. *A utopia do isomorfismo intersemiótico como motor da criação: breve análise do Motet em Ré menor de Gilberto Mendes*, in http://www.anppom.com.br/congressos/index.php/27anppom/cps2017/paper/viewFile/4697/1750, p. 03.

[1221] LACAN, Jacques. *Seminàire L'Insu-que-Sait de L'Une-Bévue S'Aile a Mourre*, 1976-1977, aula de 19/04, s/p in http://www.valas.fr/Jacques-Lacan-l-insu-que-sait-de-l-une-bevue-s-aile-a-mourre-1976-1977 (minha tradução)

a ponto de ele falecer para qualquer coisa que não o suporte. E se Lacan está certo se trata, aqui, de se ocupar mais com a sonoridade das palavras do que com seus significados. Acabei de escrever palavra? Pois o melhor seria dizer letra, que por definição é a escrita de um som[1222], não é mesmo? Ou, para citar Campbell, o eminente lingüista estadudinense, ela é "uma unidade mínima de som capaz de modificar o significado de uma palavra"[1223] e, na ótica lacaniana, tratar-se-á de modificá-lo tantas vezes que ele se imploda pois a letra está sempre, é sua característica fundamental, " isolada de qualquer qualidade"[1224]. É, para dar mais um exemplo, o tetragrama sem a qualidade sequer de ser tetra onde "Sou o que sou é um buraco"[1225].

Mas ainda assim temos um problema pois o som, esse som para o qual nos voltamos procurando quebrar o *joui-sense,* sai de qual boca? Pois uma coisa, por exemplo, é escutá-lo da boca do próprio Joyce que espantava Nino Frank ao cuidar, na tradução do *Wake* para o italiano, mais "do som e ritmo do que do sentido"[1226] . E outra completamente diferente é se lhe emprestamos nossa voz fazendo soar em algo como "Fenegans Wick" [1227] a musicalidade de "Finnegan's Wake"[1228]. Aqui o analista tem uma vantagem em relação ao intérprete ou leitor de um texto pois seu guia nesse assunto é mesmo a fala de seu analisante enquanto ela se fala cheia de falhas pontuáveis em sua própria estruturação, isto é, se pode equivocar com o som na exata medida em que esse som, produzido pelo analisante, equivoca a si mesmo. Mas poderíamos encontrar essa qualidade no *Wake*, quer dizer, deixá-lo em sua sonoridade própria que nós, como ouvintes, apenas escutaríamos?

Dito de um outro modo: se o som no *Wake* é, como estou afirmando, fundamental e, como diz sua primeira editora fascicular, conforme a visão de Joyce ia minguando ele vivia cada vez mais a sonoridade[1229] poderíamos escutá-lo sem interpretá-lo, sem dizê-lo, sem

---

[1222] SAUSSURE, Ferdinand de. *Curso de Lingüística Geral.* São Paulo: Cultrix, 1972, p. 50.

[1223] CAMPBELL, Lyle Richard. *The History of Linguistics in The Handbook of Linguistics.* Oxford, Victoria: Blackwell Publishing, 2003, p. 95 (minha tradução)

[1224] LACAN, Jacques. *Séminaire R.S.I, 1974-1975, aula 21/01, s/p, in http://staferla.free.fr/S22/S22%20R.S.I..pdf(minha tradução)*

[1225] Idem, *aula 15/04, s/p, in* http://staferla.free.fr/S22/S22%20R.S.I..pdf(minha tradução)

[1226] ELLMANN, Richard. *James Joyce.* Porto Alegre: Globo, 1982, p. 779.

[1227] JOYCE, James. *Finnegans Wake.* Londres: Penguim Uk, 1999, p. 358.

[1228] Idem, p. 607.

[1229] BEACH, Sylvia. *Shakespeare and Company: uma Livraria na Paris do Entre-*

reescrevê-lo? Seria possível escutar o *Wake*, inclusive sem Joyce mas sobretudo sem nós? Já delineei aqui uma possibilidade para isso que vai do olhar, sempre imaginário e que procura correspondências especulares, ao simbólico, pautado como é pelo φ a que sempre retorna, até que se chega, mesmo, ao Ø, ao vazio do real do som, quer dizer, ao Ø que simplesmente não faz eco e, como comenta Lacan, não engancha nenhuma coisa de nosso inconsciente[1230].

O primeiro passo para essa possibilidade de ler o *Wake,* de des*paig*iná-lo, de escutá-lo, propriamente falando,sem nenhum φ, é encarar que "nada é mais único que um significante"[1231], ou seja, tomá-lo em seu isolamento, sem emissões ou remissões, por ele mesmo. Pegarmos algo como os famosos círculos intersecionados por dois triângulos que em seus vértices indicam as iniciais de Anna Lívia Plurabelle – é consenso entre os críticos – e o símbolo que designa o infinito calculável de 3,14159265358979323... e desconectá-los, por exemplo, de que "Joyce dizia que seu livro era matemático"[1232]e não tentarmos equacioná-lo dentro de uma razão, por meio de uma medida calculável.

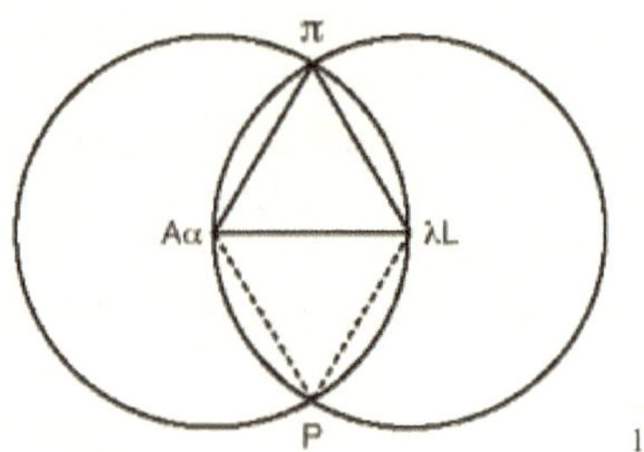

Dessa maneira, nosso trabalho não seria um trabalho de investigação, tampouco de elucubração ou congeminação. E ao invés de tentarmos unir ALP com α λ π e passarmos anos – que se lembre dos

Guerras. Rio de Janeiro: Casa da Palavra, 2004, p. 223.

[1230] LACAN, Jacques. *Joyce, O Sintoma*, in *O Seminário, Livro 23, O Sinthoma*. Rio de Janeiro: Jorge Zahar Editor, 2007, p 161

[1231] LACAN, Jacques. *Semináire L'Insu-que-Sait de L'Une-Bévue S'Aile a Mourre*, 1976-1977, aula de 14/12, s/p in http://www.valas.fr/Jacques-Lacan-l-insu-que-sait-de-l-une-bevue-s-aile-a-mourre-1976-1977 (minha tradução)

[1232] BURGESS, Anthony. *Homem Comum Enfim: Uma Introdução a James Joyce para o Leitor Comum*. São Paulo: Companhia das Letras, 1994, p. 295.

[1233] JOYCE, James. *Finnegans Wake*. Londres: Penguim Uk, 1999, p. 239.

escarnecedores 300 de Joyce – procurando imaginar porque fi está diametralmente oposto a P, quer dizer, porque P não se escreve como Π já que A se escreve α e L se escreve λ, ou porque A não está escrito como alfa grego e maiúsculo e L como Λ, e encararmos que frente a Isso "o sentido cede"[1234] pois, mais que uma série, temos aí elementos, como dizem os matemáticos, discretos[1235]. Foi o que chamei a pouco de tomada isolacionista do significante mas poderia chamar também de perspectiva singularizante. E como diz Lacan em *A Terceira*, "é na medida em que se chega a reduzir toda a espécie de sentido, que se chega a sublime fórmula de identidade de si a si, que se escreve: $X=X$"[1236]. E podemos perguntar: qual é então o valor de X? X significa X e a questão permanece aberta. X tem valor de X e a pergunta continua sem resposta. O mesmo valeria para ALP e α λ π. Eis aí a letra, vazia, ímpar, discreta, singular e que nos dá acesso ao real. Continuando com *A Terceira*, "a letra, é unicamente a partir daí que temos acesso ao real"[1237] já que a letra não significa nada.

Ler, portanto, o *Wake* dessa maneira, reportando-nos ao significante isolado e fazendo-o convulsionar, deixando-o operar em "convulsionary sense"[1238] é abrí-lo para a possibilidade de percebê-lo na sua não-relação, no seu não-seriamento e, sobretudo, na sua não-necessidade, por si mesmo, de vir a significar algo. Essa leitura propõe tomar o significante em sua própria matéria e, como diz Lacan na aula de 14 de Dezembro de 1976, "esse material-não-mente"[1239] mas também não diz a verdade. No fundo só soa, só ressoa[1240]. Não passa, diz ele em *O Sinthoma*, "de uma torção de voz"[1241]. E é aqui que se passa do

---

[1234] LACAN, Jacques. *O Seminário, Livro 23, O Sinthoma*. Rio de Janeiro: Jorge Zahar Editor, 2007, p. 93.

[1235] Basicamente um elemento discreto se contrapõe a uma estrutura algébrica contínua ou continuada e significa diferente, distinto, díspar, descoincidente. BIGGS, Norman Linstead. *Discrete Mathematics*. Reino Unido: Oxford University Press, 2002, p. 51.

[1236] LACAN, Jacques. *A Terceira*, in Cadernos Lacan, Volume 2 (Publicação não comercial). Porto Alegre: APOA, 2002, p. 69.

[1237] Idem, p. 68.

[1238] JOYCE, James. *Finnegans Wake*. Londres: Penguim Uk, 1999, p. 193.

[1239] LACAN, Jacques. *Semináire L'Insu-que-Sait de L'Une-Bévue S'Aile a Mourre*, 1976-1977, aula de 14/12, s/p in http://www.valas.fr/Jacques-Lacan-l-insu-que-sait-de-l-une-bevue-s-aile-a-mourre-1976-1977 (minha tradução)

[1240] Idem, aula de 19/04, s/p in http://www.valas.fr/Jacques-Lacan-l-insu-que-sait-de-l-une-bevue-s-aile-a-mourre-1976-1977 (minha tradução)

[1241] LACAN, Jacques. *O Seminário, Livro 23, O Sinthoma*. Rio de Janeiro: Jorge Zahar Editor, 2007, p. 92.

significante à letra, que o significante vira letra ao deixarmos o simbólico correr solto, sem obstáculos, sem apreensões, repreensões ou repressões dado lindamente pelas erroneamente – porque atribuem sentido – chamadas "thunderwords"[1242]:

> "bababadalgharaghthamminarronnkonnbronntonnerronntuonnthunnvarrh
> ounawnskawntoohoohoordenenthur-nuk!"[1243]
> "Lukkedoerendunandurraskewdylooshoofermoyportertooryzooysphalna
> bortansporthaokansakroidverjkapakkapuk"[1244]
>
> "Bothallchoractorschumminaroundgansumuminarumdrumstrumtrumina
> humptadumpwaultopoofoolooderamaunsturnup!"[1245]

Mais, ainda: no *Wake* uma frase banal como "I will not leave you ou, na sua versão compacta, I ain´t leave you"[1246] vira *I´nna leave ya* para consoar com a sempre presente Anna Lívia mas, da significação, das possibilidades de significação, resta apenas o fonemático som. E aí é que está a equivocação: jogando com o que Harari chama de "plurissentido paradoxal"[1247] e Lacan de "plurivocidade dos elementos significantes"[1248] o *Wake* diz, ao mesmo tempo, que se abandonará Anna confirmando-a como inabandonável atingindo o "grau zero de significação do texto"[1249]. E se a fazemos pulular em qualquer *leave,* não tardará que encontremos a força de um "annaone"[1250] e queiramos,

---

[1242] HART, Clive. *Structure and Motif in Finnegans Wake*. London: Faber and Faber, 1962, p. 49.

[1243] JOYCE, James. *Finnegans Wake*. Londres: Penguim Uk, 1999, p. 03.

[1244] Idem, p. 257.

[1245] Idem, p 314.

[1246] ALVES, Francisco. *Advertências do Tradutor, in Vidas Literárias: James Joyce*. Rio de Janeiro: Jorge Zahar Editor, 1989, p. 06.

[1247] HARARI, Roberto. *O Psicanalista, O que é isso?* Rio de Janeiro: Companhia de Freud, 2008, p. 44.

[1248] LACAN, Jacques. *De um Outro ao outro*, Seminário 1968-1969. Recife: CEF, 2004, p. 207. Umberto Eco também usa essa idéia e escreve, sobre o *Wake*: "o autor deseja que se frua de modo sempre diverso uma mensagem que por si só (e graças à forma que realizou) é plurívoca". ECO, Umberto. *Obra Aberta: Forma e Indeterminação nas Poéticas Contemporâneas*. São Paulo: Perspectiva, 2005, p. 91 e 92.

[1249] CURY, José João. *Estrutura e Ética Qorpo-Santense, in As relações Naturais e Outras Comédias*. São Paulo: Peixoto Neto, 2007, p. 17.

[1250] JOYCE, James. *Finnegans Wake*. Londres: Penguim Uk, 1999, p. 10.

nessa linha, produzir algo como uma "Annanmeses"[1251] textual quando, soltamente, nos resta, por redução, apenas sua sonoridade, a sonoridade do rio que corta Dublin[1252]. Aqui está a direção de cura alegorizada pelo *Wake*, por esse texto que, como diz Amarante, "incorpora a relatividade mais absoluta"[1253]: se demonstra que o sentido é, no final das contas "falsemeaning"[1254], uma roupagem, um "wearsense"[1255] que veste o buraco e que qualquer coisa que se diga aí "quer dizer que se poderia igualmente dizer o contrário"[1256]ou seja, basta afirmarmos algo para que subseqüentemente esse mesmo algo seja contraditado, produzindo eclipse em sua própria lógica binária.

Assim, ao contrário do que afirmam Campbell e Robinson – "deixando de lado seus traços acidentais[1257], podemos dizer que todo o livro é uma tensão de *antagonismos mutuamente suplementares*: macho-fêmea, velho-e-moço, vida-e-morte, amor-e-ódio"[1258] – o que o *Wake* realiza é a quebra dessa paridade, desse binarismo, dessa duplicidade no exato instante que nos faz voltar para a sua letrificação. E se, como Freud declara, o inconsciente é em sua estrutura assindetótico, ou seja, se nele não há conectores lógicos[1259] o *Wake* nos trás mais uma direção em perfeita concordância com o que podemos esperar de uma análise, ou seja, nos convida, nos incita, nos faz mergulhar no exato espaço dessa ausência, no τόπος (topos) da falta do *e*, do *mas*, do *contudo*, do *como*, do *ou...ou*, do *hífen* que faz ligação entre pares opositivos. O *Wake* nos faz submergir, afundar, imergir nessa hiância, nesse entre, nesse inter que mostra que o "real e a ex-sistência não tem nada a fazer

---

[1251] Idem, p. 452.

[1252] Rio, em gaélico se diz *an*.

[1253] AMARANTE, Dirce Waltrick do. *James Joyce e seus Tradutores*. São Paulo: Iluminuras, 2015, p. 44.

[1254] JOYCE, James. *Finnegans Wake*. Londres: Penguim Uk, 1999, p. 77.

[1255] Idem, p. 75.

[1256] LACAN, Jacques. *Semináire L'Insu-que-Sait de L'Une-Bévue S'Aile a Mourre*, 1976-1977, aula de 14/12, s/p in http://www.valas.fr/Jacques-Lacan-l-insu-que-sait-de-l-une-bevue-s-aile-a-mourre-1976-1977 (minha tradução)

[1257] Não é apenas aqui que Campbell e Robinson procuram deixar alguns elementos de lado para que suas afirmativas não sofram logicamente. Esse é um traço comum nos comentadores do *Wake*.

[1258]CAMPBELL, Joseph; ROBINSON, Henry Morton. *A Skeleton Key to Finnegans Wake: Unloking James Joyce's Masterwork*.California: New World Library, 2005, p. 356. (Nossa tradução)

[1259] FREUD, Sigmund. *A Interpretação dos Sonhos*, in *Edição Standard Brasileira das Obras Psicológicas Completas de Sigmund Freud*, Volume IV. Rio de Janeiro: Imago, 1987, p. 299.

juntos"[1260] e, por isso, não há ontologia, não há ser, não há ente num fim de análise.

Desse modo, o *Wake*, como escreve Harari, "jogando com a ausência do sentido "forja" ausentido"[1261] e nos mostra, tal como numa análise, que o inconsciente é o incompleto[1262] e incompletável e que procurar seu sentido é passar do literal para o luteral mantendo um certo deleite "gustoso"[1263], gozozo, que o analista por sua intervenções, precisa quebrar. E mais que isso e como diz Lacan em *L'Insu*, se queremos ir adiante naquilo que o inconsciente nos mostra em sua estrutura "é preciso eliminar a gramática"[1264] de suas bases, ficando assim apenas com sua fundamentação hiante. O inconsciente é, no final das contas, aquilo que produz equívoco. Daí a tradução – melhor seria chamar de transliteração[1265] – de *unbewusst* para um-equívoco que Lacan produz nos anos 1976 e 1977, esse um que não se relaciona a não ser por exclusão do "todo crivado"[1266]. E se deixamos Isso acontecer[1267], notaremos que "a estrutura é o real que vem à luz na linguagem"[1268] por

---

[1260] LACAN, Jacques. *Conférence: De James Joyce Comme Symptôme, prononcée au Centre Universitaire Méditerranéen de Nice*, 24/01/1976, s/p, in http://ecole-lacanienne.net/wp-content/uploads/2016/04/1976-01-24.pdf(minha tradução).

[1261] HARARI, Roberto. *Como se chama James Joyce? À partir do Seminário Le Sinthome de J. Lacan*. Salvador: Ágalma; Rio de Janeiro: Campo Matêmico, 2002, p. 220.

[1262] LACAN, Jacques. *O Aturdito*, in *Outros Escritos*. Rio de Janeiro: Jorge Zahar Editor, 2003, p. 452.

[1263] Idem, p. 130.

[1264] LACAN, Jacques. *Seminâire L'Insu-que-Sait de L'Une-Bévue S'Aile a Mourre*, 1976-1977, aula de 11/01, s/p in http://www.valas.fr/Jacques-Lacan-l-insu-que-sait-de-l-une-bevue-s-aile-a-mourre-1976-1977 (minha tradução)

[1265] Jean Allouch define a transliteração como a modalidade de "relacionar o escrito com o escrito". ALLOUCH, Jean. *Letra a Letra, Transcrever, Traduzir, Transliterar*. Rio de Janeiro: Companhia de Freud, 1994, p. 13.

[1266] LACAN, Jacques. *Seminâire L'Insu-que-Sait de L'Une-Bévue S'Aile a Mourre*, 1976-1977, aula de 14/12, s/p in http://www.valas.fr/Jacques-Lacan-l-insu-que-sait-de-l-une-bevue-s-aile-a-mourre-1976-1977 (minha tradução)

[1267] Badiou define o acontecimento como "uma descontinuidade" que rompe, enquanto tal, com qualquer encadeamento. BADIOU, Alain. *Pequeno Manual da Inestética*. São Paulo: Estação Liberdade, 2002, p. 157 e nisso difere ligeiramente de Lacan que diz, em 1974, "que o acontecimento não se produz mais que na ordem do discurso. Não há acontecimento senão do dizer". LACAN, Jacques. *Os Não-Tolos Erram/ Os Nomes do Pai, Seminário entre 1973 e 1974*. Porto Alegre: Editora Fi, 2018, p. 109. Uso o termo, aqui, no sentido de Badiou.

[1268] LACAN, Jacques. *O Aturdito*, in *Outros Escritos*. Rio de Janeiro: Jorge Zahar Editor, 2003, p. 473

jogá-la num impasse lógico, isto é, no impossível de dizer, no impossível de deslindar. É isso: se deixamos o simbólico correr solto, se conseguimos mostrar que "a linguagem não é a lei [mas] uma articulação"[1269]ele, por si mesmo, como estrutura organizada, se deteriora, de desfaz, se decompõe. Como diz Lacan em *O Avesso da Psicanálise*, "o saber trabalhado produz (...) uma entropia"[1270] e o que se descobre numa análise é que não há, nessa ruína, síntese[1271], congregação, agremiação. Dessa maneira, se levamos a operação simbólica até suas últimas conseqüências, se percorremos os liames da linguagem como faz o *Wake* ao também oferecer-nos "leques de sentidos"[1272] nos deparamos com seus impasses, nos encontramos com o ponto onde ela se enrosca ao não conseguir por a mão aonde ela parecia apontar e assim nos abismamos no não-senso[1273], no "Nansense"[1274]. Abismamos?

Lacan ao dizer isso parece compactuar com uma certa tragicidade que é muito complicada de sustentar. O melhor, para o advento e a assunção desse *nonsense* que Joyce escreve com exclamação[1275] seria dizer, como o faz Rimbaud, que eles, já que são muitos, "anotam o inexprimível e fixam vertigens"[1276] fazendo borda, portanto, ao que não se nomeia. Borda que não suga, não chupa, não traga quem a volteia. Apenas marca um impossível! Um limite! Um "nonser"[1277]! Delineia uma hiância que em si mesma não se pode cerzir e que por isso mesmo é capaz de, no lugar da neurose de cada dia, produzir movimento.

[1269] MILLER, Jacques-Alain. *Perspectivas dos Escritos e Outros Escritos, Entre Desejo e Gozo*. Rio de Janeiro: Jorge Zahar Editor, 2011, p. 208.

[1270] LACAN, Jacques. *O Seminário, Livro 17, O Avesso da Psicanálise*. Rio de Janeiro: Jorge Zahar Editor, 1992, p. 49. Freud também fala dessa "entropia psíquica" em *Análise Terminável e Interminável*. FREUD, Sigmund. *Análise Terminável e Interminável*, in *Edição Standard Brasileira das Obras Psicológicas Completas de Sigmund Freud*, Volume XVIII. Rio de Janeiro: Imago, 1987, p. 275.

[1271] LACAN, Jacques. *O Seminário, Livro 20, Mais Ainda*. Rio de Janeiro: Jorge Zahar Editor, 1985, p. 119.

[1272] SCHÜLER, Donaldo. *Joyce era Louco?* Cotia: Ateliê Editorial, 2017, p. 133.

[1273] LACAN, Jacques. *O Seminário, Livro 20, Mais Ainda*. Rio de Janeiro: Jorge Zahar Editor, 1985, p. 118.

[1274].JOYCE, James. *Finnegans Wake*. Londres: Penguim Uk, 1999, p. 326.

[1275] "Nonsense!". JOYCE, James. *Finnegans Wake*. Londres: Penguim Uk, 1999, p. 56.

[1276] RIMBAUD, Arthur. *Uma Estadia no Inferno*, in *Prosa poética*. Rio de Janeiro: Topbooks, 1998, p. 61.

[1277] AMARANTE, Dirce Waltrick do. *James Joyce, Finnegans Wake (Por um Fio)*. São Paulo: Iluminuras, 2018, p. 81.

Me permita, agora, retomar duas idéias que podem se complementar para poder passar para o próximo capítulo que servirá de base, por antítese, para os três últimos. A primeira delas é a da haste da vetusta e desatualizada máquina de escrever. A evoquei anteriormente para dizer, seguindo o ensinamento de Lacan em *Mais, Ainda*, que a "linguagem deixa um traço"[1278], um traço no que poderíamos chamar de superfície do corpo que é de certa maneira o que Freud chamou de sistema Ψ[1279] em seu *Projeto para uma Psicologia Científica*. Mas ela tem mais uma vantagem alegórica*:* se temos então, *in primis,* uma superfície lisa como uma folha de alumínio, esta haste, agora dotada de uma pequena lâmina, não apenas a marca como a perfura, faz erosão[1280], buraco, assim:

Pois são esses buracos, esses furos, escritos as únicas idéias sensíveis que temos do real[1281]. A eles estou chamando de letra que como fica evidente nesse esquema são incapazes, por sua própria inscrição, de conter, por exemplo, um líquido que poderíamos derramar sobre essa superfície. E o que, normalmente, se faz com esse ABC, com esse "abecedeed"[1282] furado? Pois fazemos, todos nós, ABC, seja de *Castro Alves*[1283] ou da *Relatividade*[1284] e com isso tentamos conter o que

---

[1278] LACAN, Jacques. *O Seminário, Livro 20, Mais Ainda*. Rio de Janeiro: Jorge Zahar Editor, 1985, p. 164.

[1279] FREUD, Sigmund. *Projeto para uma Psicologia Científica*, in *Edição Standard Brasileira das Obras Psicológicas Completas de Sigmund Freud*, Volume I. Rio de Janeiro: Imago, 1987, p. 428.

[1280] LACAN, Jacques. *O Seminário, Livro 20, Mais Ainda*. Rio de Janeiro: Jorge Zahar Editor, 1985, p. 92.

[1281] LACAN, Jacques. *Séminaire R.S.I, 1974-1975, aula 17/12, s/p, in* http://staferla.free.fr/S22/S22%20R.S.I..pdf(minha tradução)

[1282] JOYCE, James. *Finnegans Wake*. Londres: Penguim Uk, 1999, p. 139.

por aí escorre. Esse processo de contenção, de continência[1285], de retenção, Lacan chamará, para evocar a lalação [1286] tartamuda de cada dia, de lalíngua que é, como ele mesmo afirma, só que em outro lugar, "onde o gozo se deposita"[1287].

Dito isso, deixe-me voltar àquilo que evoquei *en passant* no início deste trabalho, ou seja, o processo de trabalho de Marcel Proust, do grande escritor francês que dizendo que "os verdadeiros paraísos são os paraísos que se perderam"[1288] não cessa de tentar achá-los, de recuperá-los, de inventá-los. Pois o que faz Proust, o que faz ele com aquilo que era para se chamar "As Intermitências do Coração"[1289]? Ele não procura fechar seus intervalos, suas incontinuidades, suas interrupções? Melhor, ele, para ficarmos com nosso esburacado e esburacante A B C, não procura cozê-los até transformar seus livros, como ele mesmo escreve, em "um grande cemitério"[1290]?

Assim, se estou certo na minha leitura, Proust faz isso:

[1283] AMADO, Jorge. *O ABC de Castro Alves.* São Paulo: Livraria Martins, 1978.

[1284] RUSSELL, Bertrand. *O ABC da Relatividade.* Rio de Janeiro: Zahar Editores, 1974.

[1285] Inclusive no sentido de prestar continência!

[1286] LACAN, Jacques. *Conférence: De James Joyce Comme Symptôme, prononcée au Centre Universitaire Méditerranéen de Nice,* 24/01/1976, s/p, in http://ecole-lacanienne.net/wp-content/uploads/2016/04/1976-01-24.pdf(minha tradução).

[1287] LACAN, Jacques. *A Terceira,* in *Cadernos Lacan,* Volume 2 (Publicação não comercial). Porto Alegre: APOA, 2002, p. 56. Lacan diz também que a lalíngua é um ritornelo que verte, como num chafariz no centro de um lago que nos captura pela beleza, sentido. LACAN, Jacques. *Os Não-Tolos Erram/ Os Nomes do Pai, Seminário entre 1973 e 1974.* Porto Alegre: Editora Fi, 2018, p. 90.

[1288] PROUST, Marcel. O *Tempo Recuperado, in Marcel Proust, em Busca do Tempo Perdido,* vol. III. Rio de Janeiro: Ediouro, 2004, p. 553.

[1289] CANÇADO, José Maria. *Proust - As Intermitências do Coração e outros Ensaios.* Belo Horizonte: UFMG, 2008, p. 12.

[1290] PROUST, Marcel. *O Tempo Recuperado, in Marcel Proust, em Busca do Tempo Perdido,* vol. III. Rio de Janeiro: Ediouro, 2004, p. 685.

E Joyce? Joyce, particularmente com o *Wake* escreve para deixar a chaga aberta, para mostrar que a letra é o índice daquilo que pela escrita não se escreve, daquilo que pelo simbólico não se captura, daquilo que pela lalíngua não cessa de não se inscrever. O *Wake* nos mostra "um saber fazer com a lalíngua"[1291] que não é de obturação, de fechamento, de locupletação, como faz Proust em seu *Em Busca do Tempo Perdido*. Ele nos mostra que "o inconsciente é motivado pela estrutura, ou seja, pela linguagem"[1292] e que por isso mesmo não passa de um buraco impreenchível que se o levamos em consideração, se o temos em conta, pode produzir, pode fazer, como escreve Badiou, "advir um estado último do ser (que) não seja o último"[1293], vale dizer, um ser que não mais se fixa a não ser na ex-sistência que por ser ex não apenas está fora como deixou de ser no mesmo instante em que se disse.

E fica a pergunta: será que a psicanálise, realmente, pode levar a isso? E mais outra: será que de um discurso histérico que a embalou desde o início, rompendo com suas certezas e quebrando com suas verdades ela se deixou dormitar nos braços de uma obsessivação tanto mais resistente quanto menos é dita?

Pois será em cima dessas questões que trabalharei de agora em diante.

[1291] LACAN, Jacques. *O Seminário, Livro 20, Mais Ainda*. Rio de Janeiro: Jorge Zahar Editor, 1985, p. 190.

[1292] LACAN, Jacques. *Televisão,* in *Outros Escritos*. Rio de Janeiro: Jorge Zahar Editor, 2003, p. 529.

[1293] BADIOU, Alain. *Pequeno Manual da Inestética*. São Paulo: Estação Liberdade, 2002, p. 162.

"Só quando falha a construção, é que obtenho o que ela não conseguiu".
Clarice Lispector[1294]

"A violação do princípio de causalidade é uma coisa muito
mais assustadora do que um exército inteiro de fantasmas"
Irmãos Strugátski[1295]

"E a ladainha
intermitente foi transfinneganswakeada"
Anthony Burgess[1296]

[1294] LISPECTOR, Clarice. *A Paixão Segundo G. H.* Rio de Janeiro: Rocco, 1998, p. 176.
[1295] STRUGÁTSKI, Arkádi; STRUGÁTSKI , Boris. *Piquenique na Estrada.* São Paulo: Aleph, 2017, p. 222.
[1296] BURGESS, Anthony. *Enderby, Por Dentro.* São Paulo: Companhia das Letras, 1990, p. 183.

A psicanálise não pode declarar ingenuidade diante de um risco que a espreita a cada instante e em cada canto e que, para tomar de empréstimo uma expressão francesa, poderia chamar de folie a deux. Efetivamente não é de se espantar que ela possa descambar, mesmo, numa loucura a dois, já que, como diz Lacan em 1954, "toda interrogação é essencialmente uma tentativa de acordo de duas palavras, o que implica que haja inicialmente um acordo das linguagens. Nenhuma troca é possível senão através da identificação recíproca de dois universos completos da linguagem."[1297]. E qual lugar é o mais propício para que essas condições – acordo, troca, identificação, reciprocidade – se dêem senão exatamente nos encontros semanais entre analisante e analista?

Isso constitui muito especificamente um problema – abordado pelos psicanalistas, quando muito, lateralmente – já que sessão após sessão, semana seguida de semana e ano que chama ano tem o efeito de produzir, de uma forma difícil de combater, um caldo de cultura próprio, um "caldo de linguagem"[1298] comum a esses dois que durante um tempo, então, freqüentam, como Lacan enfatiza em As Formações do Inconsciente, a mesma paróquia[1299]. O problema é tão graúdo e ao mesmo tempo tão interno a prática psicanalítica que Lacan em 1977 chegará a declarar, mesmo que em tom de hipótese e ironia, que a psicanálise poderia se transformar, se não fizermos algo na direção contrária, não apenas numa folie mas um autismo a dois[1300] pois nesse trânsito característico de uma psicanálise implementando por um, como escreve Amarante, "doiscifrar"[1301], por um doisciframento, uma lalíngua, um idioma, uma linguisteria compartilhada acaba por se fixar.

Se o que escrevi até agora tem algum fundamento é necessário concluir que não é por essa via que uma análise pode caminhar se quer

---

[1297] LACAN, Jacques. *O Seminário, Livro 1, Os Escritos Técnicos de Freud*. Rio de Janeiro: Jorge Zahar Editor, 1986, p.284.

[1298] LACAN, Jacques. *Semináire L'Insu-que-Sait de L'Une-Bévue S'Aile a Mourre*, 1976-1977, aula de 19/04, s/p in http://www.valas.fr/Jacques-Lacan-l-insu-que-sait-de-l-une-bevue-s-aile-a-mourre-1976-1977 (minha tradução)

[1299] LACAN, Jacques. *O Seminário, Livro 5, As Formações do Inconsciente*. Rio de Janeiro: Jorge Zahar Editor, 1999, p. 43.

[1300] LACAN, Jacques. *Semináire L'Insu-que-Sait de L'Une-Bévue S'Aile a Mourre*, 1976-1977, aula de 11/01, s/p in http://www.valas.fr/Jacques-Lacan-l-insu-que-sait-de-l-une-bevue-s-aile-a-mourre-1976-1977 (minha tradução)

[1301] AMARANTE, Dirce Waltrick do. *James Joyce, Finnegans Wake (Por um Fio)*. São Paulo: Iluminuras, 2018, p. 85.

libertar-se inclusive de si mesma e quando a concordância inventa de surgir precisamos inserir a "discórdia das línguas"[1302] pois uma psicanálise é um trabalho, precisa ser um trabalho, anti-gozo. Anti-gozo da lalíngua, sem dúvida, como afirmei no capítulo anterior e que acabei de mencionar, mas também anti-gozo do sintoma, como marquei em tantos outros e, como unindo essas duas possibilidades de ex-sistência, para dar-lhes um nome comum, anti-gozo do sentido.

Contudo, se abrimos os textos freudianos não encontraremos muito disso. Na realidade Freud procura muito mais desencavá-lo, esclarecê-lo e/ou estabelecê-lo. Mesmo que Millot[1303] diga que Freud vai na direção contrária ao Aufklãrung é muito difícil não encontrar, seja no pé curvo de Gradiva[1304] ao tocar levemente o chão, nas mãos razoavelmente titubeantes do Moises de Michelangelo[1305] ao segurar as tábuas da Lei ou na cauda do abutre que fustiga os lábios[1306] de Leonardo da Vinci na infância, um mundo "repleto de significados"[1307]. Assim, muito mais que resquícios dessa filosofia que fez o século XVIII encontramos, antes, um ímpeto, eu diria, incontrolável e incontornável[1308] de lançar luz sobre todas as coisas . Exemplos clínicos disso abundam em seus escritos como, por exemplo, na idéia de uma homossexualidade

---

[1302] LACAN, Jacques. *Função e Campo da Fala e da Linguagem em Psicanálise*, in *Escritos*. Rio de Janeiro; Jorge Zahar Editor, 1998, p. 186.

[1303] MILLOT, Catherine. *Freud Antipedagogo*. Rio de Janeiro: Jorge Zahar Editor, 1987, p. 103.

[1304] FREUD, Sigmund. *Delírios e Sonhos na Gradiva de Jensen*, in *Edição Standard Brasileira das Obras Psicológicas Completas de Sigmund Freud*, Volume XIV. Rio de Janeiro: Imago, 1987, p. 59.

[1305]FREUD, Sigmund. *O Moises de Michelângelo*, in *Edição Standard Brasileira das Obras Psicológicas Completas de Sigmund Freud*, Volume XIII. Rio de Janeiro: Imago, 1987, p. 269.

[1306]FREUD, Sigmund. *Leonardo da Vinci e uma Lembrança de sua Infância*, in *Edição Standard Brasileira das Obras Psicológicas Completas de Sigmund Freud*, Volume XI. Rio de Janeiro: Imago, 1987, p. 76. É interessante notar que Freud, usando uma tradução alemã dos cadernos de da Vinci toma *nibbio* por abutre quando indicaria milhafre e, como escreve Rodrigué, "com essa gafe, para não dizer mancada, descoberta em 1923, a construção mãe-abutre, com todas as suas mirabolantes implicações, ficou capenga". RODRIGUÉ, Emilio. *Sigmund Freud, O Século da Psicanálise, 1895-1995, vol. 2*. São Paulo: Escuta, 1995, p. 178.

[1307]FREUD, Sigmund. *Leonardo da Vinci e uma Lembrança de sua Infância*, in *Edição Standard Brasileira das Obras Psicológicas Completas de Sigmund Freud*, Volume XI. Rio de Janeiro: Imago, 1987, p. 64.

[1308] Joel Birman compartilha comigo essa perspectiva ao declarar que há uma marca iluminista insofismável em Freud. BIRMAN, Joel . *Estilo e Modernidade Em Psicanálise*. São Paulo: Editora 34, 1997, p. 54.

reprimida como origem da paranóia[1309]e, pitorescamente, como relata Eva Rosenfeld, "quando (Freud) fazia alguma boa interpretação, estabelecendo a relação entre um problema da vida adulta com outro no início da infância, levantava-se e dizia: "Agora eu mereço um charuto!""[1310]. Ele exulta com isso, regozija-se nisso e se o lemos com atenção vemos que Freud sempre vai na direção das causas[1311] com quem precisa delas e as supõe como estando lá e, dessa maneira, é possível ver nele não tanto um iconoclasta, como preconiza Paul Ricoeur[1312], muito menos como um semioclasta[1313], para usar um termo tomado de empréstimo de Barthes, mas, antes e em vários de seus momentos, um criador de ídolos, de um ídolo extremamente semiológico, mais especificamente falando, que posso chamar de εἴδωλον[1314], de etiologia .

Freud vai tão longe nisso, segue tanto a via da αιτία, da causa, que, em 1937, dois anos antes de sua morte e quando a psicanálise já está bem madura sob a sua pena, publica o texto Construções em Análise. E porque esse artigo é importante nessa altura do campeonato? Porque ele estabelece que quando uma fala é intercalada por lacunas e por incompreensões o trabalho do analista passa a ser o de preenchimento, de complementação, de locupletação. Como lemos na página 293 da Edição Standard, "sua tarefa (a do analista) é a de

---

[1309]FREUD, Sigmund. *Notas Psicanalíticas sobre um Relato Autobiográfico de um Caso de Paranóia (Dementia Paranoides)*, in *Edição Standard Brasileira das Obras Psicológicas Completas de Sigmund Freud*, Volume XII. Rio de Janeiro: Imago, 1987, p. 85. Curiosamente o próprio Freud diagnosticou o homossexual irreprimido e irrecalcado Buno Veneziani como paranóico o que, como escreve Borch-Jacobsen, contradita estruturalmente sua tese. BORCH-JACOBSEN, Mikkel. *Os Pacientes de Freud – Destinos*. Lisboa: Texto e Grafia, 2011, p. 154-155.

[1310] ROAZEN, Paul. *Como Freud Trabalhava – Relatos Inéditos de Pacientes*. São Paulo: Companhia das Letras, 1999, p. 215.

[1311] Como bem destaque Rodrigué, "Freud era determinista ao postular que, no domínio do psíquico, tudo é passível de interpretação". RODRIGUÉ, Emilio. *Sigmund Freud, O Século da Psicanálise, 1895-1995*, vol. 3. São Paulo: Escuta, 1995, p. 252..

[1312] RICOEUR, Paul. *Freud: una Interpretación de la Cultura*. San Ángel: Siglo XXI Editores, 2004, p. 198.

[1313] Barthes, no prefácio redigido em 1970 a seu *Mitologias* usa esse neologismo – "semioclastia" – para designar um movimento de quebra daquilo que ocidentalmente, e não acidentalmente, se estabelece como uma mesmerização em torno do significado. BARTHES, Roland. *Mitologias*. Rio de Janeiro: Difel, 1980, p. 15.

[1314] Ídolo, em grego, para enfatizar seu caráter de simulacro, de εἶδος, de aparência, de semblante.

completar aquilo que foi esquecido (pelo analisante) a partir dos traços que deixou atrás de si ou, mais corretamente, construí-lo"[1315]. Trata-se, então e como diz Lacan em 1952, de restabelecer a "historicidade do acontecimento"[1316], delineá-lo, garatujá-lo dentro de uma ordem permitindo que o analisante possa ter acesso àquilo que perdeu acercando-se de quem é naquilo que não disse e fazendo assim, sua paz com o passado, seu "pazsado"[1317].

Não fosse o fato de que "a história não é o passado. A história é o passado na medida em que é historiado no presente – historiado no presente porque foi vivido no passado"[1318], o que desvirtua qualquer achado, deveríamos, nós, contribuir com o enredo de alguém, com a novelização de um trama que justificaria quem ele é ou, partindo de uma lembrança fugidia, como a de um analisante que organizou sua vida sexual à partir de uma experiência que teve com sua empregada – ela lhe dava beijos na bunda quando sua mãe não estava em casa – passar da verdade de uma formulação – "isso se deu!" – a uma incerta concretude – "não sei mais se isso pode mesmo ter sido assim!" – até que se chegue a um "isso não mais importa"?

Vou insistir um pouco mais nisso: deveríamos, como analistas, contribuir para que um sujeito se mitifique ou, ao contrário, para que o que diz-mitifique nele mesmo até que pela sua própria impossibilidade se desmitifique? Será que é com a língua que podemos quebrar alguma coisa que se fixa precisamente nela compactuando? E quais são os riscos de fornecermos esse material que servirá deste tempo em diante de guia para uma associação que efetivamente não gozará mais de nenhuma liberdade? Não vamos por aí na direção do "fetiche da determinação"[1319], da fetichização da causa que calça o que se calca como falha na fala? E mais, dar a peça que falta ou que o analista acha que falta – pois supõe uma "bahnung, (um) trilhamento"[1320] – a alguém não é dar o que não se

---

[1315] FREUD, Sigmund. *Construções em Análise,* in *Edição Standard Brasileira das Obras Psicológicas Completas de Sigmund Freud*, Volume XXIII. Rio de Janeiro: Imago, 1987, p. 295.

[1316] LACAN, Jacques. *Seminário sobre o "Homem dos Lobos",* in http://www.campopsicanalitico.com.br/media/1173/seminario-sobre-o-homem-dos-lobos.pdf, p. 04.

[1317] SCHÜLER, Donaldo. *Finnegans Wake/Finnicius Revém, Livro II, Capítulos 9, 10, 11 e 12.* Cotia: Ateliê Editorial, 2002, p. 47.

[1318] LACAN, Jacques. *O Seminário, Livro 1, Os Escritos Técnicos de Freud.* Rio de Janeiro: Jorge Zahar Editor, 1983, p. 21.

[1319] BARTHES, Roland. *Dez Razões para Escrever,* in *Inéditos, vol. 1 – Teoria.* São Paulo: Martins Fontes, 2004, p. 102.

tem a quem não quer[1321], que foi como Lacan definiu o amor? E o amor, mesmo que seja "o amor à verdade"[1322] que Freud diz ser a base da análise, não é a permissão para que o gozo condescenda ao desejo[1323], ou seja, que o sujeito ceda, transija, renuncie a falta propriamente dita? Nosso trabalho então seria um trabalho amoroso e por isso mesmo não anelante mas alienante? Não é um jogo perigozo, ao redor do gozo[1324] construir ou mesmo reconstruir? Como se questiona Lacan em 1954, "qual o valor do que é reconstruído?"[1325] já que promover a causa no exato instante em que ela manca não seria apagar sua falta e cair na esparrela freudiana de afirmar que devemos devolver ao ego do analisante "o domínio sobre as regiões perdidas de sua vida mental"[1326]?

E mais, ainda: ao lhe darmos o que não temos nem poderíamos ter não é desconsideração de um pedido mais importante do que a demanda de amor, ou seja, o tão bem formulado por Lacan mas aprendido das bocas de seus analisantes, "peço-te que me recuses o que te ofereço, porque não é isso"[1327]? Não fica evidente que nessa procura dos traços o analista apenas retraça o que lhe interessa destacar

---

[1320] LACAN, Jacques. *O Seminário, Livro 7, A Ética da Psicanálise*. Rio de Janeiro: Jorge Zahar Editor, 1991, p. 50.

[1321] Lacan formula em 1957 que "amar é dar o que não se tem". LACAN, Jacques. *A Instância da Letra ou a Razão desde Freud*, in *Escritos*. Rio de Janeiro: Jorge Zahar Editor, 1998, p. 519. Em 1964 ele reformula essa declaração e a complementa em "amar é dar o que não se tem a alguém que não o quer". LACAN, Jacques. *Problemas Cruciais para a Psicanálise, Seminário 964-1965*. Recife: CEF, 2006, p. 94.

[1322] FREUD, Sigmund. *Análise Terminável e Interminável*, in *Edição Standard Brasileira das Obras Psicológicas Completas de Sigmund Freud*, Volume XXIII. Rio de Janeiro: Imago, 1987, p. 282. Adendo: Freud, no seu "amor à verdade" espera freqüentemente encontrar a certeza.

[1323] Jogo com o aforismo lacaniano: "só o amor permite ao gozo condescender ao desejo." LACAN, Jacques. *A Angústia*, Seminário 1962-1963. Recife: CEF, 2002, p. 193.

[1324] Vale lembrar que o prefixo "peri-" indica, na língua portuguesa, "em redor de, à volta de". *Dicionário infopédia da Língua Portuguesa com Acordo Ortográfico* [em linha]. Porto: Porto Editora, 2003-2018. [consult. 2018-01-29 12:04:10]. Disponível na Internet: https://www.infopedia.pt/dicionarios/lingua-portuguesa/peri-

[1325] LACAN, Jacques. *O Seminário, Livro 1, Os Escritos Técnicos de Freud*. Rio de Janeiro: Jorge Zahar Editor, 1983, p. 22.

[1326] FREUD, Sigmund. *Esboço de Psicanálise*, in *Edição Standard Brasileira das Obras Psicológicas Completas de Sigmund Freud*, Volume XXIII. Rio de Janeiro: Imago, 1987, p. 200.

[1327] LACAN, Jacques. *O Seminário, Livro 19, ... ou Pior*. Rio de Janeiro: Jorge Zahar Editor, 2012, p. 79.

apagando com o mesmo instrumento – " o lápis vêm com borracha"[1328], diria o cineasta Mahesh Bhatt – o que se recusa a apreender e que não cai sob o jugo de uma verneinung, ou seja, não se acomoda no princípio de uma mera negação[1329]? Seguir na contramão dessa formulação, desse não é isso, não é seguir uma via eminentemente anti-analítica que descamba inevitavelmente para "heads I win, tails you lose"[1330]? Construir não é insuportar a falta, intolerar aquilo que por ser inoriginado produz esse não é isso que se destaca em qualquer formulação, e, por isso, querer ganhar?

Bem, mas de onde o inventor da psicanálise tira essa idéia construtivista? Para voltar ao seu texto é possível dizer que em parte ele justifica esse processo, que diz não seguir o caminho da sugestão[1331] ao mesmo tempo que lhe chama de "inferências"[1332] por uma certa logicidade frasal – seu exemplo é o encontro de um Gauner (trapaceiro, velhaco[1333]) em um insosso mas inofensivo Jauner[1334] – que permitiria ao analista, seguindo as filigranas de um discurso diacrônica e sincronicamente, prever. Vou dar um exemplo tolo: digamos que alguém enuncie algo e de uma hora para outra interrompa o que iria dizer, tipo "O menino estava no campo de futebol e diante do gol chutou a ________ ". Qual é o significante que lhe convém? Seria bola? Ou qualquer outra coisa? Pois se como escreveu Freud a fala deixa traços[1335] eles não estariam aí para justificar a rotundez da pelota? Mas o menino poderia, ainda seguindo sua série de catálise[1336], chutar a canela, a cabeça, o chão, a grama, a trave, o goleiro, o ar...

[1328] TILLMAN, Olivia. *Mahesh Bhatt Handbook – Everything you Need*. Emereo Publishing: Canada, 2016, p. 57.

[1329] LACAN, Jacques. *Introdução ao Comentário de Jean Hippolitte sobre a Verneinung" de Freud*, in *Escritos*. Rio de Janeiro: Jorge Zahar Editor, 1998, p. 371.

[1330] FREUD, Sigmund. *Construções em Análise*, in *Edição Standard Brasileira das Obras Psicológicas Completas de Sigmund Freud*, Volume XXIII. Rio de Janeiro: Imago, 1987, p. 291.

[1331] Idem, p. 296.

[1332] Idem, p. 293.

[1333] Afirmar que alguém não passa de um velhaco era, para a Viena fim-de-século, no mínimo, imoral. Por isso o seu escamoteamento num comum nome próprio. SCORSKE, Carl. *Viena Fin-de-Siécle: Cultura e Política*. São Paulo.: Cia das Letras, 1988.

[1334] FREUD, Sigmund. *Construções em Análise*, in *Edição Standard Brasileira das Obras Psicológicas Completas de Sigmund Freud*, Volume XXIII. Rio de Janeiro: Imago, 1987, p. 299.

[1335] Idem, p. 293.

E mais um, para ficarmos ainda com Freud e algumas frases do Presidente Daniel Paul Scherber destacadas por Lacan em Mais, Ainda: "Num will ich mich... (agora eu vou me...)"[1337], me o quê: Matar? Amar? Completar? Ou esta outra "Sie sollen nänlich... (Vocês devem, quanto a vocês...)"[1338] fazer o quê? É possível saber o que vem depois a não ser que inventemos, por uma construção que, por menos arbitrária que a desejemos, isto é, por mais que esteja enlaçada com o material oferecido pelo falasser, ainda assim anexará o que não necessariamente estaria ali como complemento?

E se lembrarmos da charada do "bardo pavoroso" de Ulisses[1339] alguém poderia prever que haveria uma raposa enterrando uma avó sob o azevinho[1340] que evoquei no capítulo quatro desse trabalho? Pois não é possível sequer saber de quem é a avó! E, para não abandonar o Wake, o que poderia vir depois do escarnecedor "I shall explex what you ougth to mean by this with its proper whem em where and why and how in the subsequente sentence"[1341]? Alguém seria mesmo capaz de prever, mesmo que logicamente um "are alternatiovomentally harrotage and arrogate, as the gates may be"[1342]? E de "Yed he med leave to many a door beside of Oxmanswold for"[1343]? Algum traço dessa frase prepararia para o "so witness his chambered cairms a cloudletlitter silent"[1344]? Ou só acessamos as sentenças subseqüentes depois que, abrindo suas portas ou portões, elas aparecem?

E já que falei em logicamente não é demais lembrar que Lacan, no início de seu ensino, também caminhará por essa sendas de previsibilidade, de "possibilidades e impossibilidade de sucessão"[1345], mais especificamente, e que "tem (ou teriam) em seu presente o futuro

---

[1336] Do grego *katálysis* e que indica que, para determinados significantes apenas um número reduzido de outros significantes se lhe podem, sem grandes prejuízos à semântica, acoplar. O exemplo que Barthes usa é: para cachorro se pode catalisar "dorme, come, morde, corre, etc, mas não costura, voa, varre, etc." BARTHES, Roland. *Sobre o Cinema*, in *O Grão da Voz*. São Paulo: 2004, p. 26.

[1337] LACAN, Jacques. *O Seminário, Livro 20, Mais Ainda*. Rio de Janeiro: Jorge Zahar Editor, 1985, p. 173.

[1338] Idem, p. 173.

[1339] JOYCE, James. *Ulisses*. Rio de Janeiro: Objetiva, 2007, p. 31.

[1340] Idem, p. 54.

[1341] JOYCE, James. *Finnegans Wake*. Londres: Penguim Uk, 1999, p. 149.

[1342] Idem, Ibidem.

[1343] Idem, p. 73.

[1344] Idem, Ibidem.

[1345] LACAN, Jacques. *O Seminário sobre "A Carta Roubada"*, in *Escritos*. Rio de Janeiro: Jorge Zahar Editor, 1998, p. 52.

anterior"[1346]. Fará isso, particularmente, com as cadeias ou correntes criadas pelo matemático russo Andrei Markov que nO Seminário sobre a "Carta Roubada" recebe esta formatação:

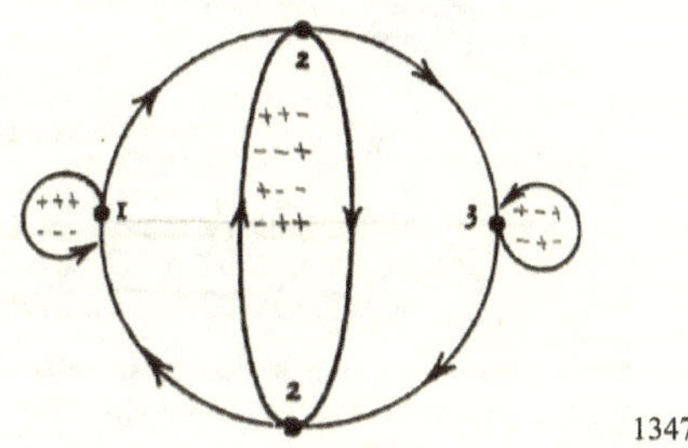

1347

Com ela Lacan fixará primeiramente três grupos (simetria da constância (+++, ---) chamado grupo 1), simetria da alternância (+-+, -+-), grupo 2) e dissimetria pelo ímpar (++-. --+, +--. -++, o grupo 3). Os conjugará, em seguida, entre si, formando subgrupos: simetria com simetria, simetria com dissimetria, dissimetria com disimetria e dissimetria com simetria nomeando-os como, α, β, γ e δ, respectivamente. No cômputo geral as coisas ficam assim:

$$\alpha = [(1) - (1)], [(3) - (3)], [(1) - (3)], [(3) - (1)]$$
$$\beta = [(1) - (2)], [(3) - (2)]$$
$$\gamma = [(2) - (2)]$$
$$\delta = [(2) - (1)], [(2) - (3)]$$

E o que fará com eles? Afirmando que desse enlace é possível fazer "emergir leis extremamente precisas"[1348]e, atenção para os termos, "unidades significativas"[1349], concluirá que depois de, por exemplo um α ou um δ só se poderia obter um α ou β e que a partir de β ou de um γ só se poderia obter um γ ou um δ[1350] e assim por diante. Eis as seqüências

---

[1346] Idem, p. 55.

[1347] Idem, p. 52.

[1348] LACAN, Jacques. *O Seminário, Livro 2, O Eu na Teoria de Freud e na Técnica da Psicanálise*. Rio de Janeiro: Jorge Zahar Editor, 1987, p. 243.

[1349]Idem, p. 244.

[1350] LACAN, Jacques. *O Seminário sobre "A Carta Roubada"*, in *Escritos*. Rio de Janeiro: Jorge Zahar Editor, 1998, p. 53 e 54.

possíveis desse imbróglio e, logo abaixo delas, os termos que Lacan considera necessariamente excluídos.

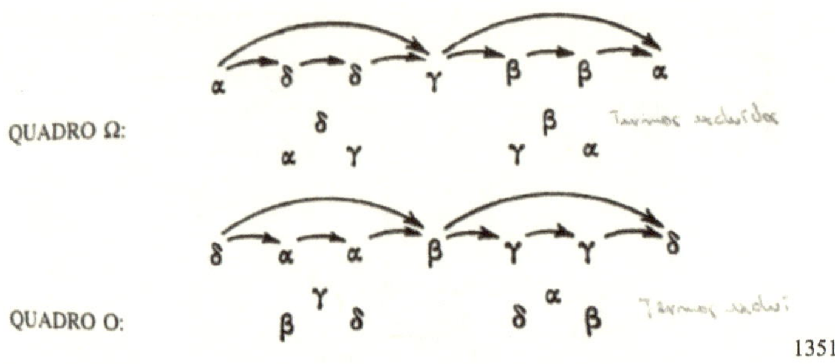

Complicado, não é? Mas o importante é que os axiomas aí contidos, como diria Godel, "não são consistentes"[1352], e mesmo que se faça uma "arimetização da análise"[1353], que é o que Lacan pretende – "independentemente do suporte humano"[1354], diz ele em 1955 – seus achados, por mais interessantes que possam ser, não se sustentam. Como me escreveu certa vez o professor Sobottka:

> Cadeias de Markov não são previsíveis, isto é, não podemos predizer em que estado a cadeia vai estar em um dado momento. O que se pode é calcular qual a probabilidade de ela estar em um estado em um dado momento. Isto acontece porque cadeias de Markov são processos estocásticos (aleatórios).[1355]

Lacan, portanto e nessa sua empreitada, está, como Freud em seus constructos de prognose, completamente equivocado. Mas ele,

---

[1351] Idem, p. 54.

[1352] NAGEL, Ernest; NEWMAN, James R. *Prova de Godel*. São Paulo: Perspectiva, 1973, p. 84.

[1353] BELNA, Jean-Pierre. *Cantor*. São Paulo: Estação Liberdade, 2011, p. 64.

[1354] LACAN, Jacques. *O Seminário, Livro 2, O Eu na Teoria de Freud e na Técnica da Psicanálise*. Rio de Janeiro: Jorge Zahar Editor, 1987, p. 243.

[1355] Em um e-mail que trocamos 24/08/2015. Há, para os interessados, um trabalho dele com um colega que versa sobre o assunto de maneira mais detalhada: M. Sobottka and L.P.L. de Oliveira. *Periodicity and predictability in chaotic systems*. Amer. Math. Monthly (2006). 113, 5, 415-424.

Lacan, notará isso com o tempo e numa introdução posterior aos Escritos afirmará que os efeitos do discurso – a aritmética é também um discurso – são impossíveis de calcular[1356]. Em outras palavras, não há sucessão aquilatável, computável, determinável ou, como escreve Allouch", "não existe (sequer) lei de sucessão"[1357].

Mas as construções não se restringem a essa falácia de supor que "o futuro está escondido no presente, para quem puder ler"[1358], nessa inexistência de uma lei sucessória. Lembre-se que Freud, sobre elas diz que a tarefa do psicanalista "é a de completar aquilo que foi esquecido" [1359] ou seja, não apenas aquilo que poderia dar sequência a uma frase mas aquilo que, sobretudo, a precederia, a antecederia, a ancestralizaria. Para não esquecer do exemplo tolo que dei acima, teríamos algo como isso: "______________ estava no campo de futebol e diante do gol chutou a bola", e trataríamos de encontrar-lhe a peça faltante .

No caso de Freud, seu exemplo mais categórico é dado sobre aquilo que de Sergei Pankejeff[1360], seu complicado paciente russo, surge como lapso, furo, hiância e ele, Freud, se esforça para "encontrar respostas satisfatórias para todas as questões levantadas"[1361] mesmo que diga, um pouco mais adiante, que os esforços construtivos do psicanalista "são habitualmente inadequados"[1362]. E as perguntas são: haviam seis ou sete lobos sobre a nogueira[1363]? E se eram seis ou sete, porque no desenho que ele oferece a Freud apenas cinco aparecem[1364]? E a árvore era uma nogueira ou como Sergei afirma depois, "era uma árvore de Natal"[1365]? E ultrapassado esse limiar proposto pelo conteúdo

---

[1356]LACAN, Jacques. Introdução à Edição Alemã de um Primeiro Volume dos Escritos, in Outros Escritos. Rio de Janeiro: Jorge Zahar Editor, 2003, p. 550.

[1357] ALLOUCH, Jean. *Letra a Letra: Transcrever, Traduzir, Transliterar*. Rio de Janeiro: Companhia de Freud, 1994, p. 220.

[1358] ATWODD, Margareth. *Vulgo, Grace*. São Paulo: Marco Zero, 1997, p. 255.

[1359] FREUD, Sigmund. *Construções em Análise*, in *Edição Standard Brasileira das Obras Psicológicas Completas de Sigmund Freud*, Volume XXIII. Rio de Janeiro: Imago, 1987, p. 295.

[1360] Como escrevem os Strachey, o caso do homem dos lobos "gira todo em torno de uma construção". STRACHEY, James; STRACHEY, Alix. Comentário sobre Construções em Análise, in *Edição Standard Brasileira das Obras Psicológicas Completas de Sigmund Freud*, Volume XVIII. Rio de Janeiro: Imago, 1987, p 290.

[1361] FREUD, Sigmund. *História de uma Neurose Infantil* , in *Edição Standard Brasileira das Obras Psicológicas Completas de Sigmund Freud*, Volume XVII. Rio de Janeiro: Imago, 1987, p. 53.

[1362] Idem, p. 114.

[1363] Idem, p. 45.

[1364] Idem, p. 46.

manifesto do sonho, como é que Freud encontra o que chama de cena primária, a famosa cena do coitus a tergo[1366] e que ele faz centralizar toda essa história? E ela teria mesmo relação com esse lobos que parecem raposas e que silenciosas olham para o menino[1367]?

Como escreve Coutinho o fato é que "as pesquisas sexuais infantis" – Pankejeff , no relato que Freud lhe faz, está sempre e desde muito pequeno envolvido com questões sexuais[1368] – "que o menino empreendia à época do sonho e a história do avô que forneceu seu elemento essencial dos lobos sobre a árvore" – a história do avô unida com um livro de figuras da irmã, que continha também um lobo em pé – " levam Freud a afirmar que o sonho se relacionava com o tema da castração e que o lobo seria um substituto do pai ameaçador"[1369]. Mas de onde vem isso? Seria mesmo possível encontrar naquilo que se apresenta nos dias atuais uma seqüela daquilo que seria originado numa precocidade temporal que linkadas fariam o sintoma desaparecer? Ou teríamos nessas construções uma "narrativa da história adoentada"[1370] que sequer é uma narrativa já que ela passa a existir apenas com as intervenções construtivas – ou "construções especulativas"[1371] – de Freud, com seu trabalho de cosutura?

Não quero contar o caso clínico todo, que é longo e cheio de enigmas como esses, mas apontar apenas para o fato de que Freud, "do caos dos traços de memória inconscientes do sonhador"[1372] descaotiza,

---

[1365] Idem, p. 52.

[1366] Idem, p. 76.

[1367] Num mundo onde, na procura incansável pelo sentido, tudo parece ser permitido, não é demais evocar a interpretação feita por Otto Rank que vê nos lobos arborizados de Pankejeff os sete discípulos de Freud que, numa foto ricamente emoldurada, ficava na parede de seu consultório. RANK, Otto. *El Trauna Del Nacimiento*. Buenos Aires: Paidos, 1972, p. 81.

[1368] Essa precocidade é relativamente rebatida por Pankejeff quando é entrevistado por Obholzer. OBHOLZER, Karin. *Conversa com o Homem dos Lobos*. Rio de Janeiro: Jorge Zahar Editor, 1993, p. 161-164.

[1369] COUTINHO, Alberto Henrique Soares de Azeredo. *O Lobo dos Homens*, in Reverso v.28 n.53 Belo Horizonte set. 2006, s/p.

[1370] GUIRADO, Marlene; AFONSO, Felipe Martins. *Homem dos Lobos: Cenas de uma Neurose Infantil*, in Anais do III Simpósio Nacional Discurso, Identidade e Sociedade (III SIDIS) DILEMAS E DESAFIOS NA CONTEMPORANEIDADE.

[1371] BORCH-JACOBSEN, Mikkel. *Os Pacientes de Freud – Destinos*. Lisboa: Texto e Grafia, 2011, p. 115.

[1372] FREUD, Sigmund. *História de uma Neurose Infantil* , in *Edição Standard Brasileira das Obras Psicológicas Completas de Sigmund Freud*, Volume XVII. Rio de Janeiro: Imago, 1987, p. 53.

planifica e pensando que aquilo que escuta são retalhos de um todo maior, não titubeia em pegar sua agulha para fazer deles uma colcha ou um manto que, ao fim de seu relato, transforma-se numa historicização cheia de sentido e pretensamente coerente. Mas vale a pena perguntar: se fosse isso, se fossem justas essas construções freudianas porque seu analisante teria, ao encontrar aquilo que o causava, recorrido a Ruth Marck Brunswick e, em seguida a Muriel Gardiner[1373]? Essas construções, que aliás nunca convenceram nem tocaram o próprio Serguei[1374], não são, na realidade, torções ou mesmo contorções para que o significado advenha? O "antes", como afirma Butler, "não é sempre imaginário"[1375], um esforço de imaginarização para sempre insustentável?

E isso não é o mesmo que fazem os leitores e estudiosos do *Wake*? Eles não ficam tentados "a levar o grande sonho para cima, na direção da luz"[1376] completando as lacunas, preenchendo os hiatos e, em suma, historicizando-o numa "trama básica"[1377] inteligível? Quando se está diante, por exemplo, de um intrincado "H_2CE_3"[1378] não é mesmo tentador ver nele "algum tipo de ácido"[1379] e encadeá-lo com outros elementos – os caracteres HCE aparecem no texto 475 vezes – até que se crie uma fórmula olfativamente[1380] assimilável e daí em diante transmissível?

Portanto construir é, de fato, fazer correlações em prol da inteligibilidade. É dizer, na prática, que até pode ser que não foram exatamente essas as palavras usadas mas esse foi o sentido delas. É tentar pegar a coisa deixando o detalhe de lado. E para uma queda ébria

---

[1373] TIRONI, Angélica Cantarella. *O Caso Paradigmático de O Homem dos Lobos*, in Revista aSEPHallus de Orientação Lacaniana, Núcleo Sephora de Pesquisa sobre o Moderno e o Contemporâneo 9(17), 43-66. Rio de Janeiro, nov. 2013 a abr. 2014, p.46.

[1374] BORCH-JACOBSEN, Mikkel. *Os Pacientes de Freud – Destinos*. Lisboa: Texto e Grafia, 2011, p. 142 e 150.

[1375] BUTLER, Judith. *Problemas de Gênero – Feminismo e Subversão da Identidade*. Rio de Janeiro: Civilização Brasileira, 2017, p. 73.

[1376] BURGESS, Anthony. *Homem Comum Enfim, Uma Introdução a James Joyce para o Leitor Comum*. São Paulo: Companhia das Letras, 1994, p. 221.

[1377] AMARANTE, Dirce Waltrick do. *Para Ler Finnegans Wake de James Joyce*. São Paulo: Iluminuras, 2009, p. 100.

[1378] JOYCE, James. *Finnegans Wake*. Londres: Penguim Uk, 1999, p. 95.

[1379] VIZIOLI, Paulo. *James Joyce e sua Obra Literária*. São Paulo: EPU, 1991, p. 107.

[1380] Escrevi olfativamente porque o que antecede esse H_2CE_3 é "well I can telesmell him". JOYCE, James. *Finnegans Wake*. Londres: Penguim Uk, 1999, p. 95.

logo no início do Wake associá-la[1381] com a queda de Solness, de Ibsen[1382] a quem Joyce admirava[1383] é só um passo, um pas-de-sens[1384], como evoquei no terceiro capítulo deste trabalho. Um pas-de-sens que é padecer mas que, dado, se pode chegar, por exemplo, ao polido e burilado:

> - Nosso pai caiu. - Estava bêbado? - Não, bêbado estava o outro. - Outro? - O pedreiro, isto é, o podreiro, o pedreiro podre de bêbado, o construtor de imagifícios. Ele sonhou muito alto. Vivia ébrio de grandifícios. Ele quis construir solzinho. Caiu. Outros construíram, outros caíram. Prédios caíram.[1385]

Nessa reconstrução já não temos as intermitências hiantes de

> The great fall of the offwall entailed at such short notice the pftjschute of Finnegan, erse solid man, that the humptyhillhead of humself prumptly sends an unquiring one well to the west in quest of his tumptytumtoes: and their upturnpikepointandplace is at the knock out in the park where oranges have been laid to rust upon the green since dev- linsfirst loved livvy.[1386]

---

8   [1381] "Bigmester Finnegan, of the Sttutering Hand refers both to Tim Finnegan and to the main character of Ibsen`s Marterbuilder, Bygmester Solness". BOLDRINI, Lucia. *Joyce, Dante, and the Poetics of Literary Relation.* Massachusetts: Cambridge USA, 2001, p. 86.

[1382] "Senhora Solness (e as senhoras ao mesmo tempo) – Ele caiu! Ele caiu!/ Hilda (como que petrificada, continua a olhar o alto da torre, e diz:) – Meu mestre!...". IBSEN, Henrik. *Solness, o Construtor.* Rio de Janeiro: Globo, 1984, p. 283.

[1383] ELLMANN, Richard. *James Joyce.* Porto Alegre: Globo, 1982, p. 789.

[1384] LACAN, Jacques. *O Seminário, Livro 5, As Formações do Inconsciente.* Rio de Janeiro: Jorge Zahar Editor, 1999, p. 87.

[1385] SCHÜLER, Donaldo. *Finnício Riovém.* Rio de Janeiro: Lamparina, 2004, p. 21. Não está em questão, aqui, o valoroso e corajoso trabalho de Donaldo. Tornar, como escreve Amarante, "acessível ao público-alvo, no caso, o infantil" (in http://literaturainfantiljuvenilsc.ufsc.br/obras/finnicio-riovem) uma obra como o *Wake* é antes de mais nada, uma idéia brilhante.

[1386] JOYCE, James. *Finnegans Wake.* Londres: Penguim Uk, 1999, p. 03.

Ou, como uma espécie de continuidade, de

> Bygmester Finnegan, of the Stuttering Hand, freemen's mau-rer, lived in the broadest way immarginable in his rushlit toofar- back for messuages before joshuan judges had given us numbers or Helviticus committed Deuteronomy (…)[1387]

E, como ela evoca o pai, um pretenso "signficante de base"[1388] que ainda por cima está caído, tema importante para a psicanálise, seja em Freud ou em Lacan[1389], poderíamos tirar uma série de conclusões que, é lícito destacar, nada devem ao material original. E por falar em originalidade, o encontro da cena primária, da urzenen tão perseguida por Freud e que evoquei no caso do Homem dos Lobos – mas que aparece na pena freudiana desde pelo menos 1897[1390] – não é também uma redução dessa ordem, ou melhor, uma ordenação da desordem que preconiza uma mitologização que visa explicar o que por sua própria estrutura não se explica[1391] dando-lhe um ponto, um "middlepoint"[1392] que servirá de alavanca para uma penca de elucubrações que beiram a alucinação?

Se não queremos alucinar, se não queremos ficar com a idéia e na idéia de que "o sujeito quis dizer isso" encarando que na verdade "o que

---

[1387] Idem, p. 04.

[1388] LACAN, Jacques. *O Seminário, Livro 3, As Psicoses*. Rio de Janeiro: Jorge Zahar Editor, 1985, p. 226.

[1389] Freud fala disso a todo instante e Lacan à partir de A Família terá muita dificuldade em prescindir desse ponto de vista. Mas, na realidade e como procura demonstrar Marty, toda a intelectualidade européia moderna está às voltas com essa temática da decadência paterna – MARTY, Éric. *Roland Barthes, O Ofício de Escrever*. Rio de Janeiro: Difel, 2009, p. 173 – que encontra seu ápice nos anos 60 e redundará, mais contemporaneamente, nos trabalhos do sociólogo Zygmunt Bauman.

[1390] FREUD, Sigmund. *A Correspondência Completa de Sigmund Freud para Wilhelm Fliess*, 1887-1904. Rio de Janeiro: Imago, 1986, p. 289.

[1391] Diz Lacan em *Les Non-Dupes Errent*: "A explicação não morde o inexplicável". LACAN, Jacques. *Os Não-Tolos Erram / Os Nomes-do-Pai, Seminário 1973-1974*. Porto Alegre: Editora Fi, 2018, p. 182.

[1392] JOYCE, James. *Finnegans Wake*. Londres: Penguim Uk, 1999, p. 38.

há de certo é que ele não o disse"[1393] é preciso se defrontar com o fato de que não há nenhuma garantia de qualquer continuidade para uma frase que se interrompe, para uma sentença que não se completa ou se cala na origem. Seja em seu início, no meio ou seja em seu fim construir não é senão agir de forma ficcional ou ficcionalizante, novelar – com todo o peso que novela tem para a psicanálise[1394] – e enovelante. Construir é fantasmatizar, é mitificar, é mitologizar, como acabei de escrever. É fazer uma ópera de sabão, uma soup opera que entretém, que inventa que entre, tem. O que se constrói é, assim, o que se fixa e isso, no final das contas, só alimenta, nutre, incrementa "a grande paixão do ser falante: a ignorância"[1395]. Ignorância que se estabelece ao fazer signo do que escorre como significante e se abole em letra.

O problema das construções, continuo, é que se acrescenta história onde ela falta. É efetivar algo como "uma suplência dos enunciados"[1396] e cumular e acumular nossa prática de contra-sensos pois pontuaríamos a falta para em seguida suturá-la e recobrí-la com nossa, eis um termo problemático mas que é recorrente entre psicanalistas, arte[1397]. Assim, a construção é sempre uma inferência que, pela experiência concentrada pelo analista, até tem grandes chances de ser verdadeira, mas acaba por sempre fazer parte de um contexto narrativo, ou seja, procura fazer linearidade frente a hiância. Ou pior: por essa prática se crê que é possível fazer re-ligação entre elementos discretos e tal como a religião[1398], que aponta sempre para o Um,

---

[1393] LACAN, Jacques. *O Seminário, Livro 3, As Psicoses*. Rio de Janeiro: Jorge Zahar Editor, 1985, p. 31.

[1394] LACAN, Jacques. *O Mito Individual do Neurótico*. Lisboa: Assírio e Alvim, 1981, p. 58-59.

[1395] LACAN, Jacques. *Introdução à Edição Alemã de um Primeiro Volume dos Escritos*, in *Outros Escritos*. Rio de Janeiro: Jorge Zahar Editor, 2003, p. 555.

[1396] LACAN, Jacques. *Da Psicanálise em suas Relações com a Realidade*, in *Outros Escritos*. Rio de Janeiro: Jorge Zahar Editor, 2003, p. 353.

[1397] Problemático porque se o analista opera com arte o analisante não seria sua obra? Um grande exemplo dessa discussão pode ser encontrada em Herrmann, Fabio. *Clínica Psicanalítica: A Arte da Interpretação*. São Paulo: Empório do Livro, 1980. Contudo vale lembrar que, como destaca Hanns, Freud usou algumas vezes o termo *Deutungkunst* que significa, literalmente, arte de interpretação. HANNS, Luiz. *Dicionário Comentado do Alemão de Freud*. Rio de Janeiro: Imago, 1996, 291.

[1398] Barthes oferece a imagem do círculo como aquilo que é propriamente da ordem da religião (BARTHES, Roland. *O Adjetivo é o "Dizer do Desejo"*, in *O Grão da Voz*. São Paulo: Martins Fontes, 2004, p. 245) e se isto está certo – não sei porque não estaria! – pensar o *Wake*, como se faz no mais das vezes, numa circularidade é fazer dele uma prática de crença ecumênica. Aos poucos, e nesse texto, venho

248

"produz sentido de modo que se fique realmente atolado nele"[1399]. Atolado e atoleimado!

E nosso trabalho é, muito pelo contrário – sempre vale lembrar a indicação de Lacan no seminário Os Quatro Conceitos Fundamentais da Psicanálise – não entender, não compreender, não apreender[1400]. O analista é por excelência e contra a psicológica miséria do sujeito[1401], aquele que se recusa a alcançar o bom entendimento, a boa palavra, le bon mot. Como ele diz também no seminário que originalmente chamava-se Estruturas Freudiana das Psicoses[1402], "comecem por não crer que vocês compreendem. Partam da idéia do mal-entendido fundamental"[1403]. Arrematado em 17 de junho de 1964 por: devemos "isolar no sujeito um coração, um kern[1404], para exprimir como Freud, de non-sense"[1405]. E por quê? Porque, como declara Fink, "compreender significa localizar ou encaixar uma configuração significante dentro de outra"[1406] e nesse encaixe um número sem par e sem parar pode ser concebido alheando o sujeito desse kern, desse núcleo, desse cerne, desse caroço[1407] que faz do falasser um falta-a-ser e com o qual ele se embaraça desde sempre. Não podemos querer fazer de um trumain[1408]u

---

combatendo essa ânsia pelo Um – que é uma das formas de se ler o conceito grego de οἰκουμένη (oikouméne) e, junto a isso, a idéia de que *the*, significante final do *Wake*, se re-ligaria, se re-legionaria, se re-legeria com *riverrun*. Tratarei mais especialmente desse trabalho no capítulo *A dês-interpretação testemunhada*, o último desse texto.

[1399] LACAN, Jacques. *Entrevista do Dr. Lacan à Imprensa*, in *Cadernos Lacan*, Volume 2 (Publicação não comercial). Porto Alegre: APOA, 2002, p. 24.

[1400] LACAN, Jacques. *O Seminário, Livro 11, Os Quatro Conceitos Fundamentais da Psicanálise*. Rio de Janeiro: Jorge Zahar Editor, 1988, p. 141.

[1401] Idem, p. 136.

[1402] ROUDINESCO, Elisabeth. *História da Psicanálise na França – A Batalha dos Cem Anos, Volume 2: 1925-1985*. Rio de Janeiro: Jorge Zahar Editor, 1988, p. 613.

[1403] LACAN, Jacques. *O Seminário, Livro 3, As Psicoses*. Rio de Janeiro: Jorge Zahar Editor, 1985, p. 30.

[1404] Freud fala desse *kern*, desse centro, desse âmago em . *Esboço de Psicanálise*, in *Edição Standard Brasileira das Obras Psicológicas Completas de Sigmund Freud*, Volume XXIII.. Rio de Janeiro: Imago, 1987, p. 225.

[1405] LACAN, Jacques. *O Seminário, Livro 11, Os Quatro Conceitos Fundamentais da Psicanálise*. Rio de Janeiro: Jorge Zahar Editor, 1988, p. 236.

[1406] FINK, Bruce. *O Sujeito Lacaniano - Entre A Linguagem e Gozo*. Rio de Janeiro: Jorge Zahar Editor, 2000, p. 95.

[1407] Segundo o dicionário *Pons* o vocábulo *kern* também indica núcleo, cerne, caroço, miolo, âmago. KERN. Dicionário on-line Pons, 03 Fev.2018 . Disponível em https://pt.pons.com/. Acesso em 03 Fev. 2018.

[1408] LACAN, Jacques. *O Momento de Concluir*, Seminário 25, aula de 17/01/1978,

m humain, de um hollow men[1409] um full men pois é disso que ele padece, é dessa ânsia em ser completo, de sua avidez por essa completude que sua neurose é construída. Sendo assim, o analista não arrolha a falta, não compactua com essa "espécie de engodo"[1410] que engorda o nó górdio que ata o sujeito. E não erige contruções que suplantem essa hiância fundamental mas, ao contrário, empurra o sujeito na sua direção, como diz Lacan, "é nesse ponto da falta que o sujeito tem que se reconhecer"[1411]. Tem! É um imperativo, uma condição, um ethos irrevogável... que, é a conclusão lógica, as construções revogam, derrogam, infirmam.

Mas o que dizer da associação livre? Será que por ela temos mais chance de caminhar na direção dessa falta? Dito de outra forma, se procuramos levar nossos analisantes a esse trou, a "esse real que padece do significante"[1412] e o constitui, com a associação livre, com uma "leafy speafing"[1413] estaríamos melhor aparelhados? Será que pedindo para que alguém fale – "use the tongue mor!"[1414] – associando conseguimos que o ser desfaleça? Será mesmo que passando pela linguagem, "que tem uma estrutura de ficção"[1415] conseguimos desficcionalizar ou será que só conseguimos girar em círculo e afirmar, como o faz Azevedo: "cuidado: ficção é verdade."[1416]? Aqui entra, então, o problema dessa regra que Freud estabeleceu como fundamental[1417] e que, como diria Joyce, no Wake, é pretensamente "whithout impediments"[1418] mas que assim não se constitui já que "passing of order and order's coming"[1419] ou seja, tão logo se passa, se ultrapassa, se

---

s/p in http://www.psicomundo.org/lacan/textos.htm
[1409]ELIOT, T. S. *Poesia*. Rio de Janeiro: Nova Fronteira, 2006, p. 133.
[1410] LACAN, Jacques. *Alocução sobre as Psicoses da Criança*, in *Outros Escritos*. Rio de Janeiro: Jorge Zahar Editor, 2003, p. 360.
[1411]LACAN, Jacques. *O Seminário, Livro 11, Os Quatro Conceitos Fundamentais da Psicanálise*. Rio de Janeiro: Jorge Zahar Editor, 1988, p. 255.
[1412] LACAN, Jacques. *O Seminário, Livro 7, A Ética da Psicanálise*. Rio de Janeiro: Jorge Zahar Editor, 1989, p. 149.
[1413] JOYCE, James. *Finnegans Wake*. Londres: Penguim Uk, 1999, p. 619.
[1414] Idem, p. 87.
[1415] LACAN, Jacques. *24 de Novembro de 1975, Entrevista com os Estudantes na Yale University*, in *Lacan in North Armorica*. Porto Alegre: Editora Fi, 2016, p. 54.
[1416] AZEVEDO, Francisco. *O Arroz de Palma*. Rio de Janeiro: Record, 2017, p. 360.
[1417] FREUD, Sigmund. *Sobre o Início do Tratamento (Novas Recomendações sobre a Técnica da psicanálise I)*, in *Edição Standard Brasileira das Obras Psicológicas Completas de Sigmund Freud*, Volume XII. Rio de Janeiro: Imago, 1987, p. 175.
[1418] JOYCE, James. *Finnegans Wake*. Londres: Penguim Uk, 1999, p. 596.
[1419] Idem, p. 277.

trespassa uma ordem outra surge, e mais outra e outra a ponto de fazer "dizência"[1420], uma espécie de discência do dizer, de discência ao dizer, no lugar de uma deiscência muito mais fundamental.

Me permita detalhar um pouco mais essa problemática que é interna a indispensabilidade dessa regra que é tão cara a Freud, principalmente em seus Artigos sobre a Técnica. Usei, no capítulo 7 deste trabalho, a alegoria do viajante num trem e que Freud recorre para elucidá-la mas, como Lacan, menos pomposo nesse quesito, a define, por exemplo, em 1973? Em O Aturdito ele a escancara para dizer que "o dizer não é livre"[1421] mas extremamente ligado, conectado, unido. A quê? O melhor seria perguntar a quem, já que ele, dificilmente e mesmo impossivelmente, principalmente dentro dessa técnica feita de "uma troca ritualizada de palavras"[1422], consegue se depreender daquele que o enuncia. Por isso, no mesmo ano só que num local diferente Lacan dirá também que a associação livre não passa de um mero "blá-blá-blá"[1423] que está, nessa medida, inteiramente dentro do lustprinzip, de acordo, portanto, com o ordenamento próprio do princípio de prazer e de sua correlativa satisfação. E porque isso é um problema? Primeiro é necessário saber o que é o princípio do prazer.

Freud é categórico quanto à sua definição: diante de qualquer acúmulo tensional, que com Lacan sabemos que é dado pelo advento inexorável do simbólico, se principia uma "redução de tensão"[1424] que tenderá a homeo (similar) stasis (estático), a estaticidade de estados igualitários. Portanto, no espaço do desconforto produzido pela linguagem se erige, com toda a força um "whol"[1425] que é uma acomodação, uma assimilação, uma absorção de todo e qualquer impacto visando o que Freud chamou, em outro texto, de "repouso

---

[1420] MILLER, Jacques-Alain. *Perspectivas do Seminário 23 de Lacan: O Sinthoma.* Rio de Janeiro: Jorge Zahar Editor, 2009, p. 45.

[1421] LACAN, Jacques. *O Aturdito,* in *Outros Escritos*. Rio de Janeiro: Jorge Zahar Editor, 2003, p. 454.

[1422] LACAN, Jacques. *Os Não-Tolos Erram / Os Nomes-do-Pai, Seminário 1973-1974*. Porto Alegre: Editora Fi, 2018, p. 243.

[1423] LACAN, Jacques. *O Seminário, Livro 20, Mais Ainda*. Rio de Janeiro: Jorge Zahar Editor, 1985, p. 77.

[1424] FREUD, Sigmund. *Além do Princípio do Prazer,* in *Edição Standard Brasileira das Obras Psicológicas Completas de Sigmund Freud*, Volume XVIII. Rio de Janeiro: Imago, 1987, p. 17.

[1425] "O princípio do prazer é a lei do bem que é o *whol*". LACAN, Jacques. *Kant com Sade,* in *Escritos*. Rio de Janeiro: Jorge Zahar Editor, 1998, p. 777. *Whol*, em alemão, designa precisamente o bem.

psíquico"[1426]. Não é à toa, então, que o ato de falar tenha sido considerado, desde o início como cure, como curativo. De quê, mais especialmente? De um lado da insistência da significância, daquilo que é preciso significar mesmo que de significação se careça. Se estabelece aí uma certa soltura que, claro, produz gozo, gozo de "dizer não importa o quê"[1427] pois o que pretensamente estaria fixado como verdade se desfixaria e se mostraria, ao menos assim parece, como "varidade, como verdade variável"[1428] . Mas, se ficamos na e com a linguagem é possível não importar, ou seja, é possível não fazer migrar de algum lugar o que se diz e junto a isso varietar ? Dito de uma outra maneira, esse gozo varietadeiro não se reduz, em última instância, a uma espécie de júbilo do analisante, de uma "assunção jubilatória" [1429] que, não podemos esquecer, está sempre conectada, como lemos em O Estadio do Espelho, a um reconhecimento de si, "de si de ser"[1430], como escreveu Guimarães Rosa, mesmo que seja como outro?

Por isso mesmo e como Janus, essa prática da associação livre oferece-nos a sua outra face, menos cintilante e maravilhosa, já que ao jubilar consigo mesmo o analisante, que começa a colecionar os seus achados e a identificar-se a cada nova fala que dispara, descamba para uma "objetivação psico-sociológica"[1431] renhida que se mostrará curativa porque essa fala, que se queria solta, acaba por fazer significação, acaba por decantar um sentido, por fixar um código. Dito de outro modo: o que a associação livre acaba, no final das contas, por produzir, inevitavelmente e a despeito da sua liberalidade, é um ser. Ela se torna ou é uma estrutura de recorrência, imprescindível durante um bom tempo da análise mas que carrega em seu ventre, tal como o ketos, Jonas[1432], ou o crocodilo , Ivan Matviétch[1433], um ser, vale dizer, do

---

[1426] FREUD, Sigmund. *Formulações sobre os dois Princípios do Funcionamento Mental*, in *Edição Standard Brasileira das Obras Psicológicas Completas de Sigmund Freud*, Volume XII. Rio de Janeiro: Imago, 1987, p. 278.
[1427] LACAN, Jacques. *O Seminário, Livro 20, Mais Ainda*. Rio de Janeiro: Jorge Zahar Editor, 1985, p. 77.
[1428] LACAN, Jacques. *Semináire L'Insu-que-Sait de L'Une-Bévue S'Aile a Mourre*, 1976-1977, aula de 19/04, s/p in http://www.valas.fr/Jacques-Lacan-l-insu-que-sait-de-l-une-bevue-s-aile-a-mourre-1976-1977 (minha tradução)
[1429] LACAN, Jacques. *O Estadio do Espelho como Formador da Função do Eu tal como nos é Revelada na Experiência Psicanalítica*, in *Escritos*. Rio de Janeiro: Jorge Zahar Editor, 1998, p. 97.
[1430] ROSA, João Guimarães Rosa. *Grande Sertão: Veredas*. Rio de Janeiro: Nova Fronteira, 1985, p. 11.
[1431] LACAN, Jacques. *A Coisa Freudiana ou o Sentido do Retorno a Freud em Psicanálise*, in *Escritos*. Rio de Janeiro: Jorge Zahar Editor, 1998, p. 436.

levantamento momentâneo do ser, de seu aparente desaparecimento se retorna para uma ontologia que não há porque não denominá-la de "gozo idiota"[1434] já que promove, no interior de sua prática, uma sideração, tanto mais difícil de quebrar quanto mais certeza ele implica. E como diria Joyce ou, mais especificamente, Stephen Dedalus, que não cansam de dizer que é seu alter-ego[1435], se na análise "lapsos são tolerados"[1436] encorajados e por fim aceitos porque quebram, partem, ferem o narciso que nos habita, mostrando que, como escreve Freud, não somos donos de nossa própria casa[1437], esses próprios lapsos indicam, no limite, quem os fez. E do eu, que pela experiência psicanalítica doeu ao partir de um não saber o que se diz se conclui num dizer transformado num dito que é sempre do eu não importa o que se diga pois é aonde se chega.

Por favor, eu não estou dizendo que a associação livre não é importante e que, para retomar uma diferenciação que data de pelo menos 1953, nosso trabalho não seja mesmo o de separar o enunciado da enunciação, ou, em termos mais atualizados, permitir que o dizer, que é como Lacan chama a enunciação em 1976[1438] tome o lugar do dito. É mesmo fundamental o nosso convite ao dizer e não ao ditado e corroboro, portanto, com a afirmação lacaniana de que "o dizer escapa ao dito"[1439], escapa àquilo que já está dado, àquilo que já está feito e que desimplica qualquer ineditismo por ser, como escreve Lasnik-Penot, "ecolálico"[1440]. Corroboro, também com outra asserção de Lacan, de que

[1432] BÍBLIA DE JERUSALÉM, 2010, p. 431. No texto original não se fala em baleia, como habitualmente é traduzido *ketos*, que literalmente quer dizer um "grande peixe".

[1433] DOSTOIÉVSKI, Fiódor. *O Crocodilo e Notas de Inverno sobre Impressões de Verão*. São Paulo: Ed. 34, 2000.

[1434] LACAN, Jacques. *O Seminário, Livro 20, Mais Ainda*. Rio de Janeiro: Jorge Zahar Editor, 1985, p. 109 e 127.

[1435] Incluído nesse rol questionável de asserções o próprio Lacan que diz, com um leve deslizamento, que "Stephen é o Joyce que Joyce imagina". LACAN, Jacques. *O Seminário, Livro 23, O Sitnhoma*. Rio de Janeiro: Jorge Zahar Editor, 2007, p. 65.

[1436] JOYCE, James. *Ulisses*. Rio de Janeiro: Objetiva, 2007, p. 617.

[1437] FREUD, Sigmund. Conferências Introdutórias, XVIII, in *Edição Standard Brasileira das Obras Psicológicas Completas de Sigmund Freud*, Volume XVI. Rio de Janeiro: Imago, 1987, p. 336.

[1438] LACAN, Jacques. *Séminaire L'Insu-que-Sait de L'Une-Bévue S'Aile a Mourre*, 1976-1977, aula de 11/01, s/p in http://www.valas.fr/Jacques-Lacan-l-insu-que-sait-de-l-une-bevue-s-aile-a-mourre-1976-1977 (minha tradução)

[1439] LACAN, Jacques. *O Aturdito*, in *Outros Escritos*. Rio de Janeiro: Jorge Zahar Editor, 2003, p. 452.

"o "significado" do dizer", significado entre aspas, "não é nada senão a ex-sistência do dito"[1441] ou seja, é nele que algo além das fixações, das paradas, das cimentações pode se veicular já que "o dizer ultrapassa o dito"[1442], e é esse ultrapassamento, que está sempre em movimento, que convidamos nosso analisante a realizar. Tudo isso está certo. Não há nada de errado em esperar o sujeito no campo da enunciação[1443] ou, o que dá no mesmo, no campo do dizer.

Mas não podemos esquecer que dizer é ainda fazer cadeia, como bem demonstra Lacan, por exemplo, em 69:

$$S_1 \; (\quad S_2 \; (\quad S_3 \qquad {}^{1444}$$

Nem que essa cadeia, que linka S_1 a S_2 e a S_3 possa muito bem se fechar na crença de que no início haveria alguma coisa a ser desvelada e que a associação livre, em sua invectiva de aliança, poderia levar a algum lugar que não seja o eu, que não seja uma "eu-cracia"[1445] repleta de "omnitude"[1446].

Aliás, não é assim que deveríamos ler as asserções freudianas que já destaquei aqui sobre o fortalecimento do eu? Freud não nos diz, com todas as letras, que a associação livre, fundamento indispensável da análise, leva o sujeito, inquieto, insatisfeito, inconformado, ao domínio do eu, mesmo que "torcido"[1447] ou retorcido? Ele não pleiteia que a análise deve ir "em assistência do ego"[1448] e nesse processo ajudá-lo a se reestruturar? E o que é a estrutura senão o que destaca Benveniste, "o arranjo de um todo em partes e a solidariedade demonstrada entre as partes do todo, que se condicionam mutuamente"[1449]?

[1440] LASNIK-PENOT, Marie-Christine. *Rumo à Palavra – Três Crianças Autistas em Psicanálise*. São Paulo: Escuta, 1997, p. 237.

[1441] LACAN, Jacques. *O Aturdito*, in *Outros Escritos*. Rio de Janeiro: Jorge Zahar Editor, 2003, p. 473.

[1442] Idem, p. 483.

[1443] LACAN, Jacques. *O Seminário, Livro 11, Os Quatro Conceitos Fundamentais da Psicanálise*. Rio de Janeiro: Jorge Zahar Editor, 1988, p. 133.

[1444] LACAN, Jacques. *De um Outro ao outro*, Seminário 1968-1969. Recife: CEF, 2004, p. 303 e 348.

[1445] LACAN, Jacques. *O Seminário, Livro 17, O Avesso da Psicanálise*. Rio de Janeiro: Jorge Zahar Editor, 992, p. 59.

[1446] LACAN, Jacques. *O Engano do Sujeito Suposto Saber*, in *Outros Escritos*. Rio de Janeiro: Jorge Zahar Editor, 2003, p. 335.

[1447] LACAN, Jacques. *A Direção do Tratamento e os Princípios de seu Poder*, in *Escritos*. Rio de Janeiro: Jorge Zahar Editor, 1988, p. 635.

[1448] FREUD, Sigmund. *Análise Terminável e Interminável*, in *Edição Standard Brasileira das Obras Psicológicas Completas de Sigmund Freud*, Volume XXIII. Rio de Janeiro: Imago, 1987, p. 262.

Nada, então, de deixar espaço para o fragmento, para o incontínuo, para o lacunar. A associação livre pede que algo como "in the name of the former and of the latter and their holocaust, Allmen."[1450] se conecte com "in the name of the Father nd the Son and the Holy Ghost. Amem"[1451] e que o eu se persigne de todo mal daí em diante. Associar é fazer de "weedwastewoldwevild"[1452] "verdesvagasvarasuniversais"[1453] e assim prosseguir com a vida. É um trabalho de taylorização, de "efabulação dalfaiate"[1454], como escreve Schuller e que não passa de "um figurino psicologista"[1455]. E que o mundo do sujeito fique daí por diante um "taylorised world"[1456] sem aquilo que o atravancava. Eis aonde o dizer se encontra com o dito! Se encontram para excluir "o que não cessa de se repetir para entravar a marcha"[1457], para eliminar o que há de falido no lido[1458].

A fala, desde esse ponto de vista, não visa outra coisa senão o ser[1459] e está repleta de "pareser"[1460], de pareceres que o indicam[1461]. Como hereticamente enfatiza Lacan, "dizer é se fiar em algo que nos engana"[1462] e para tomar emprestada uma expressão de Campos, essa "ginástica com

---

[1449] BENVENISTE, Émile. *Problemas de Lingüística Geral*, Campinas, Universidade Estadual de Campinas, 2 v. 1988 , p. 09.

[1450] JOYCE, James. *Finnegans Wake*. Londres: Penguim Uk, 1999, p. 419.

[1451] VIZIOLI, Paulo. *James Joyce e sua Obra Literária*. São Paulo: EPU, 1991, p. 94.

[1452] JOYCE, James. *Finnegans* Wake. Londres: Penguim Uk, 1999, p. 613.

[1453] SCHÜLER, Donaldo. *Finnegans Wake/Finnicius Revém, Livro III e IV, Capítulos 13, 14, 15 16 e 17*. Cotia: Ateliê Editorial, 2003, p. 491.

[1454] SCHÜLER, Donaldo. *Finnegans Wake/Finnicius Revém, Livro I, Capítulos 2, 3 e 4*. Cotia: Ateliê Editorial, 2004, p. 61.

[1455] LACAN, Jacques. *A Direção de Cura e Os Princípios de seu Poder,* in *Escritos*. Rio de Janeiro: Jorge Zahar Editor, 1998, p. 622.

[1456] JOYCE, James. *Finnegans* Wake. Londres: Penguim Uk, 1999, p. 356.

[1457] LACAN, Jacques. *A Terceira*, in *Cadernos Lacan*, Volume 2 (Publicação não comercial). Porto Alegre: APOA, 2002, p. 46.

[1458] SCHÜLER, Donaldo. *Finnegans Wake/Finnicius Revém, Livro II, Capítulos 9, 10, 11 e 12*. Cotia: Ateliê Editorial, 2002, p. 381.

[1459] LACAN, Jacques. *Joyce, O Sintoma,* in *Outros Escritos*. Rio de Janeiro: Jorge Zahar Editor, 2003, p. 561.

[1460] LACAN, Jacques. *O Aturdito*, in *Outros Escritos*. Rio de Janeiro: Jorge Zahar Editor, 2003, p. 490.

[1461] O Wake tira sarro desses pareceres assim: "seem to seemself to seem semming of". JOYCE, James. *Finnegans Wake*. Londres: Penguim Uk, 1999, p. 142.

[1462] LACAN, Jacques. *Séminaire R.S.I, 1974-1975, aula 08/04, s/p, in* http://staferla.free.fr/S22/S22%20R.S.I..pdf(minha tradução) Escrevi hereticamente porque *R.S.I* homofoniza com *hérésie*, heresia, em francês.

a palavra"[1463] que vai encadeando um significante após o outro, como prega Freud desde muito cedo, é o lugar por excelência dessa méprise-en-scène que traz o eu, no final das contas, como seu eterno protagonista[1464]. E o que se descobre numa análise é que o que se conta não passa de uma "armação"[1465] , uma arapuca que tenta prender o que não se prende e que por isso mesmo não tem nenhuma consistência. Nessa tagarelice – vou voltar a isso no capítulo seguinte – que Rotterdam diz ser "prazer supremo da vida"[1466], nesse blá-blá-blá o sujeito acaba fazendo para si um escabelo, um "S.K. belo"[1467] que serve de trono para se sentar, se asertar e se ase(r)ntar. E a análise não pode ser um refinamento nem uma refinaria que faz gotejar o precioso líquido do ser. A psicanálise não é uma psicobiografia!

Se, como diz Lacan em Yale, "o simbólico é o lugar onde se papeia"[1468], é, em duas palavras, o papo furado, fica evidente que ele precisaria ser, também, cortado. E mesmo que Freud diga que a associação livre difira do diálogo comum[1469] ela não escapa dessa tagarelice que faz o mundo, daquilo que Joyce chama genialmente de "the dumb speak"[1470]. Bastaria lembrarmos da conversa inicial de Bloom com Molly: para onde leva a "metempsicose" da Sra. Marion? Para o kock de Paul iniciado pelo "mete em quê?" de Leopold[1471].

[1463] CAMPOS, Augusto; CAMPOS, Haroldo. *Panaroma do Finnegans Wake*. São Paulo: Perspectiva, 1971, p. 21.

[1464] Em carta a Jung Freud declara que "o ego é um verdadeiro palhaço que está sempre metendo o nariz onde não é chamado". FREUD, Sigmund. *Correspondência Completa de Freud-Jung*. Rio de Janeiro: Imago, 1976, p. 459. Mas acontece que nesse processo de associação livre ele é, incontornavelmente, chamado, evocado, convocado como, escrevi acima citando Lacan, para dar seu pareser.

[1465] LACAN, Jacques. *Seminálire L'Insu-que-Sait de L'Une-Bévue S'Aile a Mourre*, 1976-1977, aula de 14/12, s/p in http://www.valas.fr/Jacques-Lacan-l-insu-que-sait-de-l-une-bevue-s-aile-a-mourre-1976-1977 (minha tradução)

[1466] ROTTERDAM, Erasmo. *Elogio da Loucura*. São Paulo: Martins Fontes, 1990, p. 13.

[1467] LACAN, Jacques. *Joyce, o Sintoma*, in *Outros Escritos*. Rio de Janeiro: Jorge Zahar Editor, 2003, p. 561.

[1468] LACAN, Jacques. *2ª Conferência na Yale University , em 25 de Novembro de 1976, (Law School Auditorium)*, in *Lacan in North Armorica*. Porto Alegre: Editora Fi, 2016, p. 62.

[1469]FREUD, Sigmund. *Sobre o Início do Tratamento (Novas Recomendações sobre a Técnica da psicanálise I)*, in *Edição Standard Brasileira das Obras Psicológicas Completas de Sigmund Freud*, Volume XII. Rio de Janeiro: Imago, 1987, p. 177.

[1470] JOYCE, James. *Finnegans* Wake Londres: Penguim Uk, 1999, p. 195.

[1471] JOYCE, James. *Ulysses*. São Paulo: Penguim Classics Companhia das Letras,

Temos aí um puro encadeamento significante que se cose e que nisso ignora, como diz Lacan em O Sinthoma, que é "a falha que exprime a vida da linguagem"[1472].

Para ir encerrando esse capítulo e preparando o próximo: precisamos colocar em colapso o próprio lapso e chegar a não associação. Precisamos desvarolizá-la indicando-a sua impredicabilidade, a sua indefinibilidade, sua "indeterminabilidade"[1473] mais fulcral. É preciso, se somos coerentes com o discurso psicanalítico, ir mais além desse princípio do prazer e, portanto, precisamos furar essa frey association, também derivada da semichut (associação de palavras) rabínica e que tanto gozo oferece. A ênfase no simbólico delimita um espaço que é formulado da seguinte maneira por Lacan: "penso, logo se goza"[1474] o que no final das contas acaba fazer cerzidura e elisão do hiato que vige inexoravelmente entre significantes. É preciso, portanto, ultrapassar a regra fundamental da psicanálise exatamente pela conexão, pela Um-nião que pleiteia. É preciso fazer uma inflexão na infinitização do simbólico e mostrar que por mais longe que vá ele não se encontra nada a não ser, como lembra Barthes, uma espécie de papa[1475], de papinha pseudo alimentícia. É aí, tão longe quanto possível do mingau da linguagem, que se mostra a incidência do real[1476] e se ruma "para uma espécie de infinito sem significação"[1477]. Como diz Lacan em Encore, "não, há em parte alguma, última palavra, se não for no sentido em que a última palavra é nem palavra"[1478].

É preciso chegar , por exemplo, ao "shuit"[1479] do Wake, que segundo Attridge não é sequer uma palavra[1480]. Ou ao "quark"[1481], que,

---

2012, p. 175 e 176.

[1472] LACAN, Jacques. *O Seminário, Livro 23, O Sinthoma*. Rio de Janeiro: Jorge Zahar Editor, 2007, p. 144.

[1473] BARTHES, Roland. *"L 'Express" vai mais Longe... com Roland Barthes*, in *O Grão da Voz*. São Paulo: Martins Fontes, 2004, p. 150.

[1474] LACAN, Jacques. *A Terceira*, in *Cadernos Lacan*, Volume 2 (Publicação não comercial). Porto Alegre: APOA, 2002, p. 40.

[1475] "Papear" (em francês: *papoter*) vem de *"pappa*, mingau, *pappare"*. BARTHES, Roland. *Fragmentos de um discurso amoroso*. São Paulo: Martins Fontes, 2003, p. 65.

[1476] LACAN, Jacques. *O Aturdito*, in *Outros Escritos*. Rio de Janeiro: Jorge Zahar Editor, 2003, p. 492.

[1477] MARTY, Éric. *Roland Barthes, O Ofício de Escrever*. Rio de Janeiro: Difel, 2009, p. 200.

[1478] LACAN, Jacques. *O Seminário, Livro 20, Mais Ainda*. Rio de Janeiro: Jorge Zahar Editor, 1985, p. 106.

[1479] JOYCE, James. *Finnegans Wake*. Londres: Penguim Uk, 1999, p. 620.

de acordo com Schüler "é a palavra mais misteriosa do Finnegans Wake e (que) resiste a todas as interpretações"[1482]. Ou ao "poordjeli"[1483] do paciente de Lecraire, que não é sequer um significante. Uma psicanálise visa, como escreve Lacan um "significante sem nenhum sentido"[1484] que deixa, por isso mesmo, de ser significante. Torna-se um som e como diz o corvo de Poe, "nada mais"[1485]. Aí está a derradeira direção de cura. "Joyce disse o que disse"[1486] e nada mais. O analisante disse, também, o que disse, e "nevermore"[1487] e nada há, mais, o que se dizer.

E se "a vertente do sentido é aquela que se acreditava ser o da análise"[1488] – e por isso ela se confundia com uma prática hermenêutica[1489] – se passou para uma prática onde os sujeitos podem tirar um sarro com o verbo[1490] se trata, desse ponto em diante, de tirar sarro do verbo e perceber, na própria carne, "que ça cause, que ça cause mas que é só o que sabe fazer"[1491], causar (cause) e falar (cause) sem chegar a nenhum lugar.

[1480] ATTRIDGE, Derek. *Desfazendo as Palavras-Valise ou Quem tem Medo de Finnegans Wake, in Riverrun, Ensaios sobre James Joyce*. Rio de Janeiro: Imago, 1992, p. 351

[1481] JOYCE, James. *Finnegans Wake*. Londres: Penguim Uk, 1999, p. 382.

[1482] SCHÜLER, Donaldo. *Joyce era Louco?* Cotia: Ateliê Editorial, 2017, p. 160.

[1483] LECLAIRE, Serge. *Psicanalisar*. São Paulo: Perspectiva, 1977, p. 81.

[1484] LACAN, Jacques. *Posição do Inconsciente no Congresso de Bonneval*, in *Escritos*. Rio de Janeiro: Jorge Zahar Editor, 1998, p. 856.

[1485] POE, Edgar Allan. *O Corvo – seguido de A Entrevista*. Lisboa: INH - In House, n/d, p. 14.

[1486] SCHÜLER, Donaldo. *Finnegans Wake/Finnicius Revém, Livro I, Capítulos 5, 6, 7 e 8*. Cotia: Ateliê Editorial, 2004, p. 58.

[1487] POE, Edgar Allan. *The Raven – Illustrated*. Canadá: Top Five Books, 2013, p. 45.

[1488] LACAN, Jacques. *Televisão,* in *Outros Escritos*. Rio de Janeiro: Jorge Zahar Editor, 2003, p. 512.

[1489] Há quem continue a achar que psicanálise e hermenêutica estão enlaçadas no sagrado matrimônio, como por exemplo declara : "O gesto inaugural de Lacan consiste em esposar incondicionalmente a hermenêutica: desde sua tese de doutorado de 1933, e especialmente no Discurso de Roma, ele se opõe ao determinismo em nome da psicanálise como pesquisa hermenêutica". ZIZEK, Slavoj. *Suversions du Sujet: Psychanalyse, Philosophie, Politique*. Rennes: Presses Universitaires de Rennes, 1999, p. 125. (minha tradução). Zizek, pelo jeito, esquece que Lacan é um crítico da hermenêutica e a opõe a psicanálise, como na aula de 29 de abril de 1964: "A hermenêutica objeta ao que chamei de aventura psicanalítica". LACAN, Jacques. *O Seminário, Livro 11, Os Quatro Conceitos Fundamentais da Psicanálise*. Rio de Janeiro: Jorge Zahar Editor, 1988, p. 146.

[1490] LACAN, Jacques. *Entrevista do Dr. Lacan à Imprensa*, in *Cadernos Lacan*, Volume 2 (Publicação não comercial). Porto Alegre: APOA, 2002, p. 30.

É preciso, enfim, e depois de todo um percurso, desestimular o dizer e moer a fala ficando apenas com suas migalhas, com sua posfacelação[1492]! E se durante tanto tempo se apregoou a morte do autor[1493] que ecoando autoriza que se diga que "a prosa de Joyce mata o autor"[1494] este trabalho conclamará, de agora em diante, a morte do leitor já que em "She thought she's sankh neathe the ground with nymphant shame when he gave her the tigris eye !"[1495] não há nada para, como enfatiza Lacan, se ler[1496]. Seja em "Throw the cobwebs from your eyes, woman, and spread your washing proper!"[1497] ou, o que dá na mesma, no "esp de um laps"[1498] nada existe de decifrável e, sobretudo, nada aí pede, porque parou de pedir faz um tempo, decifração. Nada, portanto, da cansativa – e inócua – necessidade de "um estudo especial"[1499] pois não há nada por

---

[1491] LACAN, Jacques. *O Aturdito*, in *Outros Escritos*. Rio de Janeiro: Jorge Zahar Editor, 2003, p. 468.

[1492] LACAN, Jacques. *Posfácio ao Seminário 11*, in *Outros Escritos*. Rio de Janeiro: Jorge Zahar Editor, 2003, p. 503.

[1493] Só para enfatizar a que me refiro cito, aqui, dois trechos de dois textos que discutem a morte do autor e que fizeram escola: "(...) a morte do homem é um tema que permite esclarecer a maneira como o conceito de homem funcionou no domínio do saber. (...) Não se trata de afirmar que o homem está morto (ou que vai desaparecer, ou será substituído pelo super-homem), trata-se, a partir desse tema, que não é meu e que não cessou de ser repetido desde o final do século XIX, de ver de que maneira e segundo que regras se formou e funcionou o conceito de homem . Fiz a mesma coisa para a noção de autor. Contenhamos, pois, as lágrimas". FOUCAULT, Michel. *O que é um autor?* Lisboa: Passagens/Vega, 2002, p. 81. "Começamos hoje a deixar de nos iludir com essa espécie de antífrases pelas quais a boa sociedade recrimina soberbamente em favor daquilo que precisamente põe de parte, ignora, sufoca ou destrói; sabemos que, para devolver à escrita o seu devir, é preciso inverter o seu mito: o nascimento do leitor tem de pagar-se com a morte do Autor". BARTHES, Roland. *A Morte do Autor*, in *O Rumor da Língua*. São Paulo: Martins Fontes, 2004, p. 73. E para contrariar essa turma e mostrar que as coisas nunca são tão simples quando se pleiteia, eis a voz de um autor que, mesmo morto, agora, se recusa a morrer: diz Saramago: "a figura do narrador não existe (...) só o Autor exerce função narrativa real na obra de ficção". LOPES, Marques. *Saramago, Biografia*. São Paulo: Leya, 2010, p. 216.

[1494] SCHÜLER, Donaldo. *Joyce era Louco?* Cotia: Ateliê Editorial, 2017, p. 145.

[1495] JOYCE, James. *Finnegans Wake*. Londres: Penguim Uk, 1999, p. 202.

[1496] O "se", em "um escrito (...) é feito para não se ler" deve ser tomado como um pronome pessoal reflexivo. LACAN, Jacques. *Posfácio ao Seminário 11*, in *Outros Escritos*. Rio de Janeiro: Jorge Zahar Editor, 2003, p. 503.

[1497] JOYCE, James. *Finnegans Wake*. Londres: Penguin Uk, 1999, p. 214.

[1498] LACAN, Jacques *Prefácio à Edição Inglesa do Seminário 11*, in *Outros Escritos*. Rio de Janeiro: Jorge Zahar Editor, 2003, p. 567.

[1499] OLIVEIRA, Albéris Eron Flávio de; SILVA, Joanna Angélica Borges

trás nem pela frente, não há aí nenhuma especialidade. Chega de ficar afirmando, nessa espécie de ritornelo embriagador e imobilizador que "Finnegans Wake parece não ter nível superficial: só tem outros níveis"[1500] e que precisaríamos,   como analistas de alguma textualidade, nos dirigirmos a eles. Se alguma coisa precisa se impor aqui é que o sonho de uma "letterread"[1501] , que o devaneio de uma cartaletra para ser lida e que implica um "loveletter"[1502] e alguns "loveletters[1503]" deve cair. E, de um "Now tell me, tell me, tell me them! What was it ?"[1504] que demos início no início suportarmos, quer dizer, darmos suporte para que a resposta, as respostas, no fim, sejam como o Wake as oferece:

        "A..............!
        ?.............O!"[1505].

---

da. *Words, Worlds, Warlds: A Força das Palavras em Finnegans Wake, O Último Romance de James Joyce,* in Revista dEsEnrEdoS, ano VII - número 24 - Teresina - Piauí - outubro de 2015, p. 13.

[1500] ALEXANDER, Ian. *Os Limites da Tradução nos Limites do Texto, Como ler Finnegans Wake e Escrever Finnícius Revém*, in Letras de Hoje, Porto Alegre, v. 40, n° 4, Dezembro de 2006, p. 103.

[1501] JOYCE, James. *Finnegans Wake*. Londres: Penguim Uk, 1999, p. 425.

[1502] Idem, p. 80.

[1503] Idem, p. 183 e 430.

[1504] Idem, p. 93.

[1505] Idem, p. 93.

9   O DISCURSO DERROCADO OU O "MOEDOR DA FALA"[1506]

> "Ainda que eu pensasse em dizer,
> não haveria palavras."
> Chagdud Tulku Rimpoche [1507]

> "Sua palavras derrapavam pela terra esburacada de seu discurso em movimento."
> Chigozie Obioma[1508]

> "Agora só espero a despalavra."
> Manoel de Barros[1509]

[1506] POMMIER, Gérard. *Da Passagem Literal do Objeto ao Moedor do Significante*, in *O Significante, a Letra e o Objeto*. Rio de Janeiro: Companhia de Freud, 2004, p. 119.

[1507] RINPOCHE, Chagdud Tulku. *Portões da Prática Budista – Ensinamentos Essenciais de um Lama Tibetano*. Três Coroas: Makara, 2013, p. 240.

[1508] OBIOMA, Chigozie. *Os Pescadores*. São Paulo: Globo, 2016, p. 206.

[1509] BARROS, Manoel de. *Retrato do Artista Quando Coisa*. Rio de Janeiro: Record, 2002, p. 53.

Besta Humana! Assim chamará Emile Zola, através de Jacques Lantier[1510], todo e qualquer sujeito que seja atormentando por desejos irreconciliáveis com o processo civilizatório e sua conseqüente per sonare[1511]. Um pouco antes dele, Stevenson, na Irlanda e com seu O Estranho Caso do Dr. Jekyll e Sr. Hide, havia também se dedicado a elocubrar que "o homem não é realmente um só, mais dois"[1512] que estão em constante conflito entre o bem e o mal. E eis que, como eco dessa zeitgeist[1513] duradoura, Freud, em 1929, declarará que o humano está freqüentemente numa luta[1514] inglória desse tipo a ponto de, quase no final de seu Das Ubenhagen in Der Kultur , afirmar que "a questão fatídica para a espécie humana parece-me ser saber se, e até que ponto, seu desenvolvimento cultural conseguirá dominar a perturbação de sua vida comunal causada pelo instinto"[1515] – o significante que Freud usa aqui é trieb, e não instinkt – "humana de agressão e autodestruição"[1516] .

E fica a pergunta: seria mesmo essa a questão sinistra que a psicanálise propõe ao homem, ou seja, a razão de nosso mal-estar seria originada e perpetuada por apresentarmos em nós mesmos "criaturas independentes e incompatíveis"[1517] que, em nome de uma comum-unidade se refugiam na Lison[1518] ou, pelo contrário, deixam que, como escreverá Sade, o mal possa florescer[1519] até tornar-se eloquente[1520]? E mais outra: seríamos mesmo bestas enjauladas pela cultura[1521] que de

---

[1510] ZOLA, Emilio. *A Bêsta Humana*. Lisboa: Guimarães e Cia, 1968.

[1511] *Per sonare*, soar através de. É a origem do significante latino *persona*, máscara, e de onde deriva pessoa.

[1512] STEVENSON, Robert Louis. *O Estranho Caso do Dr. Jekyll e Sr. Hide*. Curitiba: Arte & Letra, 2010, p. 83.

[1513] Espírito da época, em alemão, e que se tornou um conceito, principalmente nas mãos de Hegel. HEGEL, *Georg* Wilhelm Friedrich. *Filosofia da História*. Brasília: UNB, 2008, p. 33, 35 e 40.

[1514] FREUD, Sigmund. *O Mal Estar na Civilização*, in *Edição Standard Brasileira das Obras Psicológicas Completas de Sigmund Freud*, Volume XXI. Rio de Janeiro: Imago, 1987, p. 146.

[1515] Idem, p. 178.

[1516] Idem, Ibidem.

[1517] STEVENSON, Robert Louis. *O Estranho Caso do Dr. Jekyll e Sr. Hide*. Curitiba: Arte & Letra, 2010, p. 131.

[1518] A locomotiva que Jacques Lantier utiliza para se refugiar de seus impulsos feminicidas. ZOLA, Emilio. *A Bêsta Humana*. Lisboa: Guimarães e Cia, 1968, p. 124.

[1519] SADE, Marques de. *A Filosofia na Alcova*. São Paulo: Iluminuras, 2000, p. 167.

[1520] SADE, Marques de. *Os 120 Dias em Sodoma ou A Escola da Libertinagem*. São Paulo: Iluminuras, 2006, p. 167.

[1521] É interessante registrar aqui algumas palavras de Foucault e que ajudam a

tempos em tempos urram pela liberdade tentando encontrar uma espécie de rationem[1522] para esse dilema ou, para ultrapassarmos essa problemática que embalará Marcuse e toda uma geração, haveria muito antes disso algum outro tipo de bestialidade que nos definiria e que, essa sim, deveria ser encarada para além do binômio repressão –"libertação instintiva"[1523]? Não deveríamos encarar, de uma vêz por todas que somos antes desse impasse que se inicia em 1886 e vai pelo menos até 1955[1524], meras "bestas falantes"[1525], como diz Lacan em R.S.I.? E que conseqüências há em oferecer um lugar – com a oferta se cria a demanda, escreve Lacan[1526] – para que esta besta fale, destrambelhe, destramele?

Pois neste capítulo quero mesmo dar ênfase a essa imbecilidade, a essa estupidez, a essa azemolice da fala que não faz mais do que "chatchatchat"[1527], como enfatizei quando discorri sobre a associação livre e as construções em análise. Quero mostrar que a fala, qualquer que seja, mas sobretudo essa que se dá na análise, é conversa fiada, "parolagem"[1528] e que mesmo que se a desfie ou por ela se afie ela sempre se fia na ilusão do encontro, numa espécie de "speechform"[1529] final, formal e tantas vezes floral[1530] que precisamos combater. Neste

---

desmitificar as simplicidades de concepções acerca do sujeito: "(...) descobrimos que a filosofia e as ciências humanas viviam sobre uma concepção muito tradicional o sujeito humano e que não bastava dizer, ora com uns, que o sujeito era radicalmente livre e, ora com outros, que ele era determinado por condições sociais. Nos descobrimos que era preciso procurar libertar tudo o que se esconde por trás do uso aparentemente simples do pronome "eu" (je). O sujeito: uma coisa complexa, frágil, de que é tão difícil falar, e sem a qual não podemos falar". FOUCAULT, Michel. *Lacan, o "Libertador" da Psicanálise*, in *Ditos e Escritos 1, Problematização do Sujeito: Psicologia, Psiquiatria e Psicanálise*. Rio de Janeiro: Forense Universitária, 2014, p. 329 e 330.

[1522] De *ratio*, em latim, e que significa medida, conta, regra, cálculo.

[1523] MARCUSE, Herbert. *Eros e Civilização*. Rio de Janeiro: Zahar, 1972, p. 143.

[1524] *O Estranho Caso do Dr. Jekyll e Sr. Hide* é de 1886. *A Besta Humana* de 1890. *O Mal Estar na Cultura* é publicado em 1930, mas foi escrito em 29 e *Eros e Civilização* vê a luz em 1955.

[1525] LACAN, Jacques. *Séminaire R.S.I, 1974-1975, aula 17/12, s/p, in* http://staferla.free.fr/S22/S22%20R.S.I..pdf(minha tradução)

[1526] LACAN, Jacques. *A Direção do Tratamento e os Princípios de seu Poder*, in *Escritos*. Rio de Janeiro: Jorge Zahar Editor, 1988, 541.

[1527] JOYCE, James. *Finnegans Wake*. Londres: Penguim Uk, 1999, p. 43.

[1528] *Parlotte*, no origonal. LACAN, Jacques. *Le Séminaire de Caracas 12 - VII – 1980*, in http://www.valas.fr/IMG/pdf/lacan_caracas_12_7_1980_bis_.pdf , s/p.

[1529] JOYCE, James. *Finnegans Wake*. Londres: Penguim Uk, 1999, p. 149.

[1530] No *Wake*, "flores of speech". JOYCE, James. *Finnegans Wake*. Londres:

capítulo quero me dedicar a insuficiência de qualquer prática discursiva, a fala, portanto, instituída e que, como escreve Nietszche, vincula um objeto a um fato ou a "tal ou qual vocábulo e dessa forma tomam posse dele"[1531] ou ao menos pressupõe algo dessa ordem. Vou tentar mostrar que, como Lacan enfatiza, todo discurso só pode fazer semblante[1532], só pode jogar[1533] com isso, só pode fazer-de-conta[1534] e que por isso mesmo precisamos encontrar alguma coisa que possa prescindir dele, que possa prescindir da, como bem escreve Jorge, "pá. Lavra"[1535], da palavra que lavra e que amanha esperança. Quero, se não mais se trata de achar o significado oculto das palavras, para citar Foucault, "suspender (...) a soberania do significante"[1536] e, aproximando-se "do não-conceitual"[1537] como escreve Adorno, deixar muito claro que a psicanálise só pode prosperar se ela, no meio dos dizeres, e se afirmando como uma "prática da tagarelice"[1538], vale dizer, uma prática do esvaziamento inclusive e como não canso de repetir, do próprio significante[1539], esvazia a si mesma como discurso. Se há futuro para essa prática é porque ela "alfabestificando-se"[1540] e alfabestificando desalfabestifica se desalfabesticando. Ela, enfim, se dirige, aliás, como o Wake, para – congregando, segundo Alves "toilet (privada), twillight (crepúsculo) e twaddle (tagarelice, tolice)"[1541] para o "twalette"[1542], para

---

Penguim Uk, 1999, p. 142.

[1531] NIETZCHE, Friedrich. *A Genealogia da Moral*. Petrópolis: Vozes, 2013, p. 33.

[1532] LACAN, Jacques. *De Um Discurso que Não Seria do Semblante, Seminário 1971*. Recife: CEF, 1996, p. 142.

[1533] "Não há um só discurso onde o semblante não conduza o jogo". LACAN, Jacques. *A Terceira*, in *Cadernos Lacan*, Volume 2 (Publicação não comercial). Porto Alegre: APOA, 2002, p. 45.

[1534] "Não há discurso que não seja do faz-de-conta, do semblante." LACAN, Jacques. *Televisão*. Rio de Janeiro: Jorge Zahar Editor, 1993, p. 66.

[1535] JORGE, Marco Antonio Coutinho. *Sexo e Discurso em Freud e Lacan*. Rio de Janeiro: Jorge Zahar Editor, 1988, p. 77.

[1536] FOUCAULT, Michel. *A Ordem do Discurso, Aula Inaugural no Collége de France Pronunciada em 2 de Dezembro de 1970*. São Paulo: Loyola, 2011, p. 51.

[1537] ADORNO, Theodor W. *Dialética Negativa*. Rio de Janeiro: Jorge Zahar Editor, 2009, p. 16.

[1538] LACAN, Jacques. *Séminaire R.S.I, 1974-1975, aula 14/12, s/p*, in http://staferla.free.fr/S22/S22%20R.S.I..pdf(minha tradução)

[1539] Vale Lembrar que Lacan dá o mesmo status de semblante ao significante: "o significante é idêntico ao status como tal do semblante". LACAN, Jacques. *O Seminário, Livro 18, De um Discurso que Não Fosse Semblante*. Rio de Janeiro: Jorge Zahar Editor, 2009, p. 15.

[1540] LACAN, Jacques. *Posfácio ao Seminário 11*, in *Outros Escritos*. Rio de Janeiro: Jorge Zahar Editor, 2003, p. 504.

o crepúsculo da tagarelice, da "logomaquia"[1543], da logorréia que não vale sequer uma merda, que não vale sequer uma ida a "Dungbin"[1544].

Vamos, então, a ciranda, com brinca Lacan, do "disco-urso"[1545], do diz-curso e àquilo que, dele ou deles, inevitavelmente, faz corredor, que é diz-corredor.

Uma análise definitivamente não é um processo natural. Se bem que seja algo da ordem da "novação"[1546] em relação aquilo que a antecede, ela ainda está dentro ou se fundamenta dentro de um artifício e é necessário que o analisante entre nele de uma maneira tal que tenha, como contrapartida, um outro para que isso comece e possa andar. Não há análise, por exemplo, com esse discurso:

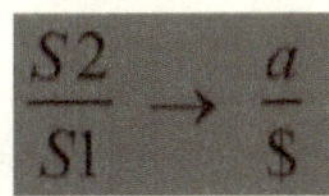

Chamado por Lacan de discurso universitário[1547] ele desimplica qualquer possibilidade de análise pois nele o que se pede ao Outro ou mesmo o que se lhe impõe não é nada além da produção de um sujeito impotente – S – que é o corolário, por exemplo, do estudante, "do explorado"[1548] pela academia que um suas ginásticas lhe faz viver apenas de citações e ex-citações de que jamais poderá se adonar, que jamais poderá se assenhorar[1549].

[1541] ALVES, Francisco. *Advertências do Tradutor, in Vidas Literárias: James Joyce*. Rio de Janeiro: Jorge Zahar Editor, 1989, p. 132.

[1542] JOYCE, James. *Finnegans Wake*. Londres: Penguim Uk, 1999, p. 344.

[1543] LACAN, Jacques. *Pequeno Discurso na ORTF*, in *Outros Escritos*. Rio de Janeiro: Jorge Zahar Editor, 2003, p. 230.

[1544] Trocadilho com Dublin, a cidade de onde Joyce não sai mesmo que seja, dela, um exilado, e *dung*, bosta, merda., em inglês. JOYCE, James. *Finnegans Wake*. Londres: Penguim Uk, 1999, p. 370.

[1545] LACAN, Jacques. *A Terceira*, in *Che Vuoi? – Psicanálise e Cultura*, ano um, número zero, outono de 1986. Porto Alegre: Cooperativa Cultural Jacques Lacan: 1986, p. 16.

[1546] LACAN, Jacques. *Radiofonia*, in *Outros Escritos*. Rio de Janeiro: Jorge Zahar Editor, 2003.

[1547] O *Wake* escarnece da discursividade universitária da seguinte maneira: "fact that it was pierced butnot punctured (in the university sense of the term) by numerous stabs and foliated gashes made by a pronged instrument". JOYCE, James. *Finnegans Wake*. Londres: Penguim Uk, 1999, p. 123.

[1548] LACAN, Jacques. *O Seminário, Livro 17, O Avesso da Psicanálise*. Rio de Janeiro: Jorge Zahar Editor, 1992, p. 139.

[1549] Idem, p. 166.

Nem com esse, crente no e do unívoco[1550]:

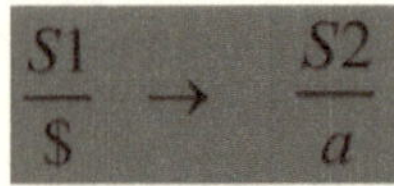

Pois se, para o mestre, o saber está no Outro – S_2, que é o campo habitado por quem está à direita desse e dos outros quadrípodos[1551], o que ele produz é um quimera que acaba por confirmar a mestria de quem organiza o jogo em sua mais cabal ignorância daquilo que, na verdade, o sustenta.

E a análise não funciona, também, apenas com esse, chamado de discurso histérico:

Que é por excelência o discurso que organiza a filosofia socrática e mesmo que Lacan, por vezes, chame Sócrates de "o primeiro analista"[1552]é bom que se diga que de analítico ele nada tem já que ao saber que nada sabe à priori[1553], o sileno[1554] convoca seu interlocutor para que, por identificação, saiba também que nada sabe, o que, convenhamos e para citar Lacan em sua Proposição, não basta[1555]. Não será a toa que o mesmo Lacan mais tarde colocará os pingos nos iis e reconhecerá "em Sócrates a figura da histeria"[1556] e como diz Foucault em uma de suas aulas no Collège de France, nos diálogos socráticos "trata-se de um jogo no qual o mestre finge não saber e conduz o discípulo a formular o que este não sabia saber"[1557] e que nem saberá pois é para ignorar o que faz

---

[1550] Idem, p. 96.

[1551] Idem, p. 179.

[1552] LACAN, Jacques. *O Seminário, Livro 8, A Transferência*. Rio de Janeiro: Jorge Zahar Editor, 1994, p. 157.

[1553] PLATÃO. *Apologia de Sócrates*, in *Os Pensadores*. São Paulo: Nova Cultural, 1999, p. 71.

[1554] PLATÃO. *O Banquete*. São Paulo: Atena Editôra, 1955, p. 63.

[1555] "Isto não autoriza de modo algum o psicanalista a se bastar em saber que ele nada sabe." LACAN, Jacques. *Proposição de 9 de Outubro de 1967 sobre o Psicanalista da Escola*, in *Outros Escritos*. Rio de Janeiro: Jorge Zahar Editor, 2003, p. 259.

[1556] LACAN, Jacques. *Alocução Sobre o Ensino, in Outros Escritos*. Rio de Janeiro: Jorge Zahar Editor, 2003, p. 307.

[1557] FOUCAULT, Michel. *O Governo de Si e dos Outros*. São Paulo: WMF Martins

causa a esse movimento que ambos se encontram para banharem-se nas águas do amor e do esquecimento. Como diz Lacan, a bem-amada[1558] verdade, aletheia, aqui, só se produz com lethe, com esquecimento[1559].

Esse discurso, só, e por mais que force "a matéria significante"[1560] muitas vezes até seu limite, não faz análise, portanto. Esse a/S/S₁/S₂ precisa, para que seja quebrado em seus efeitos de pregnância "industriosa"[1561] e alienante[1562], em suas modalidades de captação das incapacidades uma contra-partida que Lacan chamará, propriamente, de discurso do analista. Ei-lo, como "um lapso"[1563], agenciado pelo a e suportado por um saber que antes de o termos, nos sabe[1564], como diz Lacan em Les Non-Dupes Errent:

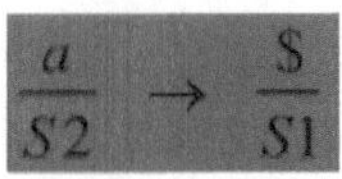

Sendo assim, fica evidente que para que haja análise o analista não pode estar nem em S, nem em S_1 nem em S_2 que só confirmariam o já sabido e já concebido. Resta-lhe, portanto, estar in effigie ou in absentia, como escreveu Freud em *A Dinâmica da Transferência*[1565],

---

Fontes, 2010, p. 54.

[1558] É assim, como bem-amada, que Lacan traduz também ἀλήθεια. LACAN, Jacques. *Os Não-Tolos Erram / Os Nomes-do-Pai, Seminário 1973-1974*. Porto Alegre: Editora Fi, 2018, p. 140.

[1559] "Há em toda entrada do ser na sua habitação de palavra uma margem de esquecimento, uma λήθη complementar de toda ἀλήθεια". LACAN, Jacques. *O Seminário, Livro 1, Os Escritos Técnicos de Freud*. Rio de Janeiro: Jorge Zahar Editor, 1986, p. 223.

[1560] LACAN, Jacques. *2ª Conferência da Universidade de Yale 25 de Novembro de 1976 - Law School Auditorium*, in *Lacan in North Armorica*. Porto Alegre: Editora Fi, 2016, p. 53.

[1561] LACAN, Jacques. *O Seminário, Livro 17, O Avesso da Psicanálise*. Rio de Janeiro: Jorge Zahar Editor, 1992, p. 31.

[1562] LACAN, Jacques. *O Seminário, Livro 17, O Avesso da Psicanálise*. Rio de Janeiro: Jorge Zahar Editor, 1992, p. 88.

[1563] LACAN, Jacques. *Semináire L'Insu-que-Sait de L'Une-Bévue S'Aile a Mourre*, 1976-1977, aula de 15/03, s/p in http://www.valas.fr/Jacques-Lacan-l-insu-que-sait-de-l-une-bevue-s-aile-a-mourre-1976-1977 (minha tradução)

[1564] "O que vocês fazem, sabe, sabe, s-a-b-e, o que vocês são, sabe vocês". LACAN, Jacques. *Os Não-Tolos Erram/ Os Nomes do Pai, Seminário entre 1973 e 1974*. Porto Alegre: Editora Fi, 2018, p. 53.

[1565] FREUD, Sigmund. *A Dinâmica da Transferência*, in *Edição Standard Brasileira das Obras Psicológicas Completas de Sigmund Freud*, Volume XII. Rio de Janeiro:

nesse despossuído a que tem como contrapartida a sujestiva implicação de colocar o outro na posição de sujeito à procura de um S_1 que por sua vez engatilhará a transferência pois, essa mestria imposta, demandará ao analista a decantação de um S_2 ou, para dar nome aos bois, um saber sobre o que escapa ao analisante. É claro que desse saber suposto, desse saber sugerido porque transferido, o analista declina, desinveste, se exonera e voltando ao que o agencia refaz a operação que dessa maneira incidirá mais uma vez na implicação de um sujeito com seus S_1s, com seus esses uns e assim por diante. Dessa maneira temos de um lado o discurso do analista

$$\frac{a}{S2} \rightarrow \frac{\$}{S1}$$

que alimenta diretamente esse, do outro lado, discurso que lhe é complementar, o chamado discurso histérico, que destaquei acima, mas que aqui retomo para indicar o melhor possível esse laço de complementariedade.

$$\frac{\$}{a} \rightarrow \frac{S1}{S2}$$

Assim, um a que implica $\not{S}$ que chama S_1 para que um S_2 surja e que a não produz, é o jogo em grande parte da análise, o jogo que faz um "work your progress"[1566]. E, como afirmei, esse laço é completamente artificial, como diz Lacan em O Avesso da Psicanálise[1567], an "artificial tongue with a natural curl"[1568], como se dá a ler no Wake pois não se estabelece sem um certo esforço de ambas as partes, sem uma certa ondulação (curl) aparentemente natural e anelante (curl) mas, não há porque não re-afirmar, não passa de um artifício[1569], mesmo que verossímil[1570]. Para quê? Para que o inconsciente possa ser dito, ser "dito que não"[1571], como escreve Bairrão mas, é a pergunta que faço em

---

Imago, 1987, p. 143.

[1566] JOYCE, James. *Finnegans Wake*. Londres: Penguim Uk, 1999, p. 473.

[1567] Trata-se da"introdução estrutural, mediante condições artificiais, do discurso da histérica". LACAN, Jacques. *O Seminário, Livro 17, O Avesso da Psicanálise*. Rio de Janeiro: Jorge Zahar Editor, 1992, p. 31.

[1568] JOYCE, James. *Finnegans Wake*. Londres: Penguim Uk, 1999, p. 169.

[1569] Aliás, lembrei-me agora de um pequeno artigo de Nestrovski, que afirma, com toda razão, que no *Wake* o artificial prevalece sobre qualquer pretensa naturalidade. NESTROVSKI, Arthur. *Mercius (De Seu Mesmo): Notas Sobre uma Tradução Brasileira de Finnegans Wake*, in Scientia Traductionis, n.8, 2010, p. 94.

[1570] "O mais verossímil". LACAN, Jacques. *O Seminário, Livro 23, O Sinthoma*. Rio de Janeiro: Jorge Zahar Editor, 2007, p. 118.

seguida, não é assim, esse jogo, essa partida, esse play, no final das contas, um enxerto, um acréscimo, um suplemento que piormente se ouspiora[1572] ao receber uma assinatura compartilhada[1573]? Não há aí uma decantação, uma condensação[1574], uma acumulação e que por isso mesmo precisará ser cindida em seu seio mais radical para não cair num "display"[1575], num diz-play sem fim?

Dito de uma outra maneira: se o inconsciente só existe na medida em que alguém lhe dá ouvidos, em que alguém esteja lhe escutando[1576] e por isso mesmo prestando-se-lhe como "destinatário"[1577] por quanto tempo será necessário que o ouça principalmente se levarmos em conta que ele não tem mais nada a dizer? E sua existência, sua "ex-sistência"[1578] sempre implicará esse Outro que o aponta ou em algum momento será preciso que se corte , para retomar Lacan ao mesmo tempo que Foucault, "a ordem do discurso"[1579] e se nos lance para fora de qualquer "ritualização da palavra" [1580], de qualquer, diz Burroghs, "reverência supersticiosa pela palavra"[1581]?

[1571] BAIRRÃO, José Francisco Miguel Henriques. *O Impossível Sujeito: Implicações da Irredutibilidade do Inconsciente, v. 1*. São Paulo: Edições Rosari, 2003, p. 132.

[1572] LACAN, Jacques. *O Seminário, Livro 20, Mais, Ainda*. Rio de Janeiro: Jorge Zahar Editor, 1985, p. 10.

[1573] "A proposição de um inconsciente que se produz em análise implica analista e analisante de uma forma inextrincável na medida em que ambos compartilham a assinatura desta produção". RICKES, Simone Moschen. *Uma Clínica que se Estende: Novos Desafios aos Analistas*, in http://www.unijui.edu.br/arquivos/clinicapsicologia/informativos/falandonisso21/art igo2.pdf, p. 02.

[1574] "O discurso analítico - discurso que se anunciou por uma decantação de sentido. O que quer dizer decantação, neste caso? Isso se diz propriamente - é aqui que se sustenta a metáfora da decantação - da condensação, do que, do sentido, se concentra por meio desse discurso". LACAN, Jacques. *Os Não-Tolos Erram/ Os Nomes do Pai, Seminário entre 1973 e 1974*. Porto Alegre: Editora Fi, 2018, p. 88 e 89.

[1575] JOYCE, James. *Finnegans Wake*. Londres: Penguim Uk, 1999, p. 206, 495 e 569.

[1576] LACAN, Jacques. *O Seminário, Livro 5, As Formações do Inconsciente*. Rio de Janeiro: Jorge Zahar Editor, 1999, p. 341.

[1577] LACAN, Jacques. *Posição do Inconsciente*, in *Escritos*. Rio de Janeiro: Jorge Zahar Editor, 1988, p. 854.

[1578] LACAN, Jacques. *A Direção do Tratamento e os Princípios de seu Poder*, in *Escritos*. Rio de Janeiro: Jorge Zahar Editor, 1988, p. 635.

[1579] LACAN, Jacques. *O Aturdito*, in *Outros Escritos*. Rio de Janeiro: Jorge Zahar Editor, 2003, p. 462.

E qual textualidade implica uma atextualidade e por isso mesmo opera esse corte na ordem mais do que o Wake? O Wake não faz ruptura a qualquer rito já que é, em si mesmo, sem "pretext"[1582] e sem "contexts"[1583]? E como perspectiva para a análise não teríamos aí a indicação da subversão da "estrutura que ela (a psicanálise) acolhe originalmente"[1584] a ponto de conseguirmos inverter a máxima lacaniana proposta em 1977, isto é, a de que "o real é o extremo oposto de nossa prática"[1585] exatamente porque pararíamos de discursar ou de querer que alguém discurse?

Vejamos melhor como isso se dá no Wake fazendo a seguinte pergunta: se "um discurso, seja ele qual for, funda-se ao excluir o que a linguagem introduz de impossível"[1586], dentro dos 4 ou 5 [1587] propostos por Lacan qual seria, em primeiro lugar, aquele em que se organiza a literatura e faz, como declara Faulkner, uma detenção do "movimento que é a vida"[1588]? Ou, formulada de um outro modo, qual é a realidade

---

[1580] FOUCAULT, Michel. *A Ordem do Discurso, Aula Inaugural no Collége de France Pronunciada em 2 de Dezembro de 1970*. São Paulo: Loyola, 2011, p. 44.

[1581] BURROUGHS, William. *Entrevista*, in Os *Escritores, As Históricas Entrevistas da Paris Review*. São Paulo: Compnhia das Letras, 1988, p. 141.

[1582] JOYCE, James. *Finnegans Wake*. Londres: Penguim Uk, 1999, p. 69 e 161.

[1583] Idem, p. 115..

[1584] LACAN, Jacques. *O Aturdito*, in *Outros Escritos*. Rio de Janeiro: Jorge Zahar Editor, 2003, p. 479.

[1585] LACAN, Jacques. *Propos sur L'Hysterie, Intervention de Jacques Lacan à Bruxelles*, 26/02/1977, s/p, in http://ecole-lacanienne.net/wp-content/uploads/2016/04/1977-02-26.pdf (minha tradução).

[1586] LACAN, Jacques. *O Aturdito*, in *Outros Escritos*. Rio de Janeiro: Jorge Zahar Editor, 2003, p. 489.

9 [1587] O leitor atento terá notado que elenquei até esse momento, apenas 4. Acontece que em 1972, em Milão, Lacan, partindo do discurso do mestre, propõe um quinto, chamado de discurso capitalista. Sua escrita, que só coloco aqui como adendo informativo é:

Discurso do capitalista

$$\begin{array}{ccc} \$ & \longrightarrow & S_2 \\ \uparrow & \times & \downarrow \\ S_1 & \blacktriangle & a \end{array}$$

LACAN, Jacques. *Do Discurso Psicanalítico (Conferência de Lacan em Milão em 12 de Março de 1972)*, in https://trilhardotorg.wordpress.com/2015/03/04/do-discurso-psicanalitico-conferencia-de-lacan-em-milao-em-12-de-maio-de-1972-parte-1-2/, s/d, s/p.

[1588] FAULKNER, William. *Entrevista*, in Os *Escritores, As Históricas Entrevistas da Paris Review*. São Paulo: Compnhia das Letras, 1988, p. 50.

que a literatura circunscreve ou que propicia e que por isso mesmo desenclui o real?

Diferenças modais à parte parece que não erro muito em dizer que o discurso que sustenta a literatura, a literatura de modo geral é o discurso histérico pois quem escreve é sujeito a um elán que desconhece – os escritores, criativos, num quase uníssono dizem que não sabem porque escrevem o que escrevem, nem porque os personagens fizeram o que fizeram[1589] – é sujeito a um impulso que apesar de o colocar em movimento resiste a explicar-se. Então, $\not S$, no lugar do agente, na ignorância do que o causa, vale dizer, o objeto a.

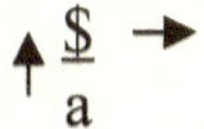

E para quem lê, é evidente que significantes, novos, produzem , saber[1590], também novo que é, inclusive, o que a crítica literária atesta a todo instante, como, por exemplo, à partir do quase axioma de Pound,

---

[1589] Aqui vai uma pequena coleção disso, encontrável em *Entrevista*, in Os *Escritores, As Históricas Entrevistas da Paris Review*. São Paulo: Compnhia das Letras, 1988. Diz E. M Foster: "Aquela coisa maravilhosa, uma personagem que escapa do seu controle – o que acontece com todo mundo – isso já aconteceu comigo". E continua, "As personagens escapam do seu controle e aí não se enquadram no que está por vir" (p. 17) e arremata, "O ato de escrever me inspira"(p. 19). E Faulkner, com seu δαίμων, atesta: "um artista é uma criatura arrastada por demônios" (p. 39) até concluir com "comigo há sempre um ponto no livro em que os próprios personagens se erguem , tomam conta e completam a tarefa" (p. 43). Sobre o não saber, diz Simenon: "Não sei nada acerca dos acontecimentos quando inicio um romance" (p. 59). Pound, por sua vez, diz a Donald Hall: "Não sei nada acerca do método" (p. 71) e Burroughs dispara "Não sei para onde a ficção normalmente se dirige" (p. 139). Singer, por sua vez, declara que se "A história exige ser escrita, então a escrevo" (p. 234). Gore Vidal diz que seu *Mary* "se escreveu sozinho"(p. 277).
Escrevi, acima, quase em uníssono porque há quem não corrobore essas prerrogativas, como John Cheever, que a Annette Grant diz: "A lenda de que as personagens fogem dos seus autores – começam a tomar drogas, se submetem a operações para mudar de sexo e se tornam presidentes – implica que o escritor é um tolo, sem conhecimento nem domínio de seu ofício. Isso é um absurdo"(p. 245). Ele precisaria ter lido Lacan para saber que ser tolo não é nenhum deselogio.
[1590] "Literatura é conhecimento (gnose)". SCHÜLER, Donaldo. *Finnegans Wake/Finnicius Revém, Livro I, Capítulos 2, 3 e 4*. Cotia: Ateliê Editorial, 2004, p. 72.

"literatura é novidade que PERMANECE *novidade"*[1591]. Assim S_1 que gera S_2 que, na boa literatura, tende a se inscrever como inédito, ao menos na forma, no modo, na maneira em que aparece.

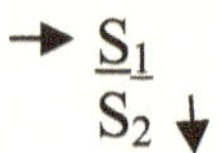

Pois o Wake, é assim que o estou pensando, não está nesse discurso, não funciona à partir da, como dirá Lacan em L'*envers* de *La* Psychanalyse, "histerização"[1592] que como tal é, eis a sua fundamental característica, "analisável"[1593]. Se conseguimos, nele, encontrar significantes novos, como "wonderstruck"[1594], "Donnaurwatteur"[1595] ou "bryllupswibe"[1596] achar-lhe um saber novidadeiro correspondente ou conseqüente, mesmo que queiramos transformá-los em metáforas ao estilo *portmanteau word* , não liquida a questão. Podemos remetê-los – pego como exemplo apenas o "Donnaurwatteur" – ao germânico donnerwetter que expletivamente se encaixa com thunderweather, ao também germânico Donau, Danubio, em português, ou ainda a Donar, que no <u>alto-alemão antigo</u> designava o deus Thor, mas fica nítido que esse saber, esses saberes, nada têm de novo e lhe são essencialmente indeterminantes e, no limite, inanalisáveis já que, por mais que façamos de "Donnaurwatteur" um "blending"[1597] – que é um outro nome para as palavras-valises consagradas por Carroll – palavreiro ele, "Donnaurwatteur", faiscante e cintilante[1598], não se desfaz e permanece enquanto tal, resistente a qualquer elisão, mesmo que se leve em conta as circunvizinhanças.

9.1   [1591] POUND, Ezra. *Abc da Literatura*. São Paulo: Cultrix, 2014, p. 28.

[1592] LACAN, Jacques. *O Seminário, Livro 17, O Avesso da Psicanálise*. Rio de Janeiro: Jorge Zahar Editor, 1992, p. 31.

[1593] LACAN, Jacques. *Seminaire L'Insu-que-Sait de L'Une-Bévue S'Aile a Mourre*, 1976-1977, aula de 14/12, s/p in http://www.valas.fr/Jacques-Lacan-l-insu-que-sait-de-l-une-bevue-s-aile-a-mourre-1976-1977 (minha tradução)

[1594] JOYCE, James. *Finnegans Wake*. Londres: Penguim Uk, 1999, p. 57.

[1595] Idem p. 78.

[1596] Idem, p. 547.

[1597] ROSA, Maria Carlota. *É Morfologia?*, in *Revista de Estudos Lingüísticos da Universidade do Porto*. Porto: Universidade do Porto, 2009, p. 49.

[1598] LACAN, Jacques. *Joyce, O Sintoma*, in *O Seminário, Livro 23, O Sinthoma*. Rio de Janeiro: Jorge Zahar Editor, 2007, p. 161.

Se isto está certo o Wake , com sua força de inanalisibilidade, com sua potência de, diria Pommier, "impredicabilidade"[1599] faz um "earthquake"[1600], um earthWake que antes de estar ou entrar na tradição que, segundo Ian Watt, começa com Defoe, Richardson e Fielding[1601] derroga o que é literariamente considerado um romance. Joyce mesmo parece ter declarado que não o expressaria em inglês para não se encerrar numa tradição[1602], nessa tradição que, como afirma Georg Lukács, é a da epopéia fora dos trilhos[1603]. Assim, se como afirma Levin o Ulisses é "um romance para acabar com todos os romances"[1604] o Wake é um não-romance que acaba com toda a estrutura romanesca, com toda "a conversa phiada romanesca"[1605] pois, por mais que se queira, ao menos num instante, uma "nightynovel"[1606] ou afirme, também num lampejo que em seu interior há um romance[1607] ele consegue, mesmo, deixar o leitor sem o que trilhar, sem um saber que desse processo de leitura possa se depurar. O Wake, então, seria o "desnudamento do processo"[1608] romanesco e por isso mesmo não implicaria qualquer interpretabilidade, qualquer comentário, qualquer pontuação a não ser em um viés inferente que é digno de apodo, de jocozidade, de joycosidade.

Mas ele também não é poesia, já que a esfacela em sua estrutura mais basal por não se pautar nas "estruturas oposicionais da tradição literária"[1609] como claro/escuro, forte/fraco, bom/mal e assim por diante.

[1599] POMMIER, Gerárd. *O Inconsciente e o Id*. Niterói: Escola de Psicanálise de Niterói, s/d, p.08.

[1600] JOYCE, James. *Finnegans Wake*. Londres: Penguim Uk, 1999, p. 133.

[1601] WATT, Ian. *A Ascensão do Romance*. São Paulo: Companhia das Letras, 2007,p. 11.

[1602] AMARANTE, Dirce Waltrick do. *James Joyce e seus Tradutores*. São Paulo: Iluminuras, 2015, p. 98.

[1603] "O Romance é a epopéia de um mundo que saiu dos trilhos". LUKÁCS, George. *A Teoria do Romance*. São Paulo: Duas Cidades/Editora 34, 2000, p. 62.

[1604] LEVIN, Harry. *James Joyce*. Norfolk: New Directions, 1941, p. 105.

[1605] AMARANTE, Dirce Waltrick do. *James Joyce, Finnegans Wake (Por um Fio)*. São Paulo: Iluminuras, 2018, p. 159.

[1606] JOYCE, James. *Finnegans Wake*. Londres: Penguim Uk, 1999, p. 54.

[1607] "novel inside". JOYCE, James. *Finnegans Wake*. Londres: Penguim Uk, 1999, p. 145.

[1608] CAMPOS, Haroldo. *Miramar na Mira*, in *Memórias Sentimentais de João Miramar*. Rio de Janeiro: Civilização Brasileira, 1971, p. 12.

[1609] ATTRIDGE, Derek. *Desfazendo as Palavras-Valise ou Quem tem Medo de Finnegans Wake, in Riverrun, Ensaios sobre James Joyce*. Rio de Janeiro: Imago, 1992, p. 349.

O Wake a arruína por contrariar idéias, por exemplo, monterinas[1610] e não se ajustar a nenhuma realidade. Ele a estraga por não permitir um pautamento seja de série, seja de círculo, para evocar Bosi[1611], não implicando por si mesmo qualquer interligação. Ele destrói o princípio básico da "unidade sonora"[1612] que segundo Cândido é uma das características principais da poesia. O Wake, com suas "whirlworlds"[1613], com suas sentenças torvelínicas faz uma deposição do epos[1614], um "Deposed"[1615] da poesia, uma espécie de clinamem, de desleitura de desapropriação[1616] que torna-se como consequência, inapropriável.

É claro que podemos devolvê-lo ao que se faz no campo literário – talvez seja o que mais se faz, inclusive, como o aponta o filósofo franco-magrebino Derrida ao falar em "legibilidade necessária"[1617] – mas seria retirá-lo de sua condição máxima de ex-sistência, de r-ex-sistência ininclusiva. Poderíamos considerá-lo, numa espécie de relação de compromisso, de cunhagem de um meio termo, como um "poema em prosa"[1618] ou como prosa poêmica e assim lhe incutiríamos seu quinhão de μοῦσα[1619]. Mas, como disser certa vez a Sra. Colum acertadamente, o Wake está precisamente fora da literatura[1620] e por essa razão se revela, se monstra, se prova, antes, como "lixeratura"[1621], como escreveu Schüller, como "litterery"[1622], como "litterarum"[1623], como

---

[1610] "A poesia é um ajuste de contas com a realidade". MONTERO, Luis Gárcia. *Confesiones poéticas*. Granada: Diputación Provincial, 1993, p. 37.

[1611] BOSI, Alfredo. *Céu e Inferno, Ensaios de Crítica Literária e Ideológica*. São Paulo: Ática, 1988, p.280.

[1612] CÂNDIDO, Antônio. *O Estudo Analítico do Poema*. São Paulo: Humanitas Publicações / FFLCH/USP, 1996, p. 59.

[1613] JOYCE, James. *Finnegans Wake*. Londres: Penguim Uk, 1999, p. 17. *Whirl* traduz-se por turbilhão, redemoinho, rodopio, vórtice, azáfama, atropelo.

[1614] *Epos* remete à poesia épica.

[1615] JOYCE, James. *Finnegans Wake*. Londres: Penguim Uk, 1999, p. 72.

[1616] "*Clinamem*, é a desleitura ou desaporpriação poética". BLOOM, Harold. *A Angústia da Influência, Uma Teoria da Poesia*. Rio de Janeiro: Imago, 2002, p. 37.

[1617] DERRIDA, Jacques. *Duas Palavras por Joyce, in Riverrun, Ensaios sobre James Joyce*. Rio de Janeiro: Imago, 1992, p. 24..

[1618] AMARANTE, Dirce Waltrick do. *Posfácio, in James Joyce, Finnegans Wake (Por um Fio)*. São Paulo: Iluminuras, 2018, p. 167.

9.2   [1619] *Mousa*, que culminará em Musa, é a palavra grega, de uso comum, e que significa poema. KURY, Mario da Gama. *Dicionario de Mitologia Grega e Romana*. Rio de Janeiro: Jorge Zahar Editor, 2009, p. 135.

[1620] "Joyce, eu acho que isso está fora da literatura". ELLMANN, Richard. *James Joyce*. Porto Alegre: Globo, 1982, p. 782.

[1621] SCHÜLER, Donaldo. *Finnegans Wake/Finnicius Revém, Livro II, Capítulos 9, 10, 11 e 12*. Cotia: Ateliê Editorial, 2002, p. 173.

"litteringture"[1624], como sublinha Joyce em mais de um trecho de seu caroço[1625]. E dessa maneira deixa um resto, produz-se como escória exatamente dessa literatura canônica e, no sentido de Calvino, clássica[1626]. Dito de uma outra maneira: o Wake, se é pra ser alguma coisa é um waste[1627], um Finnegans Waste marcado pelas "wastersways"[1628] que são em si mesmas "illitterettes"[1629]. Se o Wake é alguma coisa ele é um "litterydistributer"[1630] e dessa maneira, é o que, da literatura, resta, é o que dela, sobra, e, como diz Lacan, temos, nele, o seu fim[1631] pois o que resta a fazer com "jibberweek's joke"[1632] se mesmo um joke como Jabberwocky[1633] não lhe faz saber?

Finnegans Wake, então, não está no discurso comum da literatura, dessa literatura que é "tida como educadora (pois se lhe espera) que ordene a vida"[1634] e a via. O Wake não está no discurso da literatura, da literatura que histeriza, que histerifica, que histeriliza e por isso mesmo torna-a interpretável, torna-a acondicionável a uma análise. Mais do que alimentar esse discurso que convoca um exame, uma glosa, uma exegese ele o esquiza, o quebra, o rompe ao mostrar que com palavras é possível não contar uma história mesmo que de história vivamos nós. O Wake põe tudo isto, toda essa discursividade, em crise e usando a palavra a põe, como escreve Piglia, em "exílio"[1635] e revela...

[1622] JOYCE, James. *Finnegans Wake*. Londres: Penguim Uk, 1999, p. 422.

[1623] Idem, p. 495.

[1624] Idem, p . 570.

[1625] "Joyce, em lugar da história, construiu, na força da arte, Finnegans Wake. Real é o caroço do romance". SCHÜLER, Donaldo. *Joyce era Louco?* Cotia: Ateliê Editorial, 2017, p. 201.

[1626] "Um clássico é um livro que nunca terminou de dizer aquilo que tinha para dizer". CALVINO, Italo. *Por que Ler os Clássicos*. São Paulo: Companhia das Letras, 1993, p. 11.

[1627] *Waste* designa, em inglês, lixo, resto, refugo, assim como *litter*, que aparece em *litter*ery, como *litter*arum , como *litter*ingture

[1628] JOYCE, James. *Finnegans Wake*. Londres: Penguim Uk, 1999, p. 153.

[1629] Idem, p. 284.

[1630] Idem, p. 530.

[1631] LACAN, Jacques. *Joyce, O Sintoma,* in *Outros Escritos*. Rio de Janeiro: Jorge Zahar Editor, 2003, p. 566.

[1632] JOYCE, James. *Finnegans Wake*. Londres: Penguim Uk, 1999, p. 565.

[1633] CARROLL, Lewis. *Jabberwocky*, in *Panaroma de Finnegans Wake*. São Paulo: 1971, p. 102.

[1634] SCHÜLER, Donaldo. *Finnegans Wake/Finnicius Revém, Livro I, Capítulos 5, 6, 7 e 8*. Ateliê Editorial, 2001, p. 240.

[1635] "Não é o Finnegans Wake o grande texto da língua exilada?". PIGLIA, Ricardo. *Formas Breves*. São Paulo: Companhia das letras, 2004, p.65.

revela o quê? Revela um Isso sem secrets mas com "secrest"[1636]! Ele empobrece os "purports"[1637] e declara que "it is of no significance at all"[1638]. E da realidade, que o poeta almeja, fica-nos o real. "Let us, the real Us"[1639] mas sem identidade ou, para usar a tradução inglesa que virou brasileira e que optou pela pseudo cientificidade do termos gregos para os corriqueiros ich, überich e es, sem Id-entidade.

Logo, temos aqui em "being elſewhere as tho' th' had paſs'd in our ſuſpens"[1640] e aqui em "Tickle, tickle. Lotus spray. Till herenext"[1641], só para ficar com alguns excertos, um Isso sem entificação possível, um id sem ente que nada mais é senão, é isso que estou afirmando até aqui, o literal Das Es freudiano. Aliás, é por aí que Lacan , com todas as lixoletras e numa conferência que dá na Yale University, diz-corre: "O isso de Freud é o Real"[1642] e é para lá que uma análise, sem correr, escorrega. E o que se encontra no Isso? Alguns elementos estruturantes e estruturáveis que de um tipo de reservatório[1643], de uma vasilha elementar, de uma cisterna alicerçante, aguardam fluir?

Até pode ser, se nos fiarmos em certas elaborações de Freud que dando, ao contrário do que estou procurando fazer aqui, entidade ao Isso – uma "entidade mental inconsciente"[1644] , como ele escreve em O Mal-Estar na Cultura – o vê como "repleto de energias"[1645] pulsionais que pedem passagem por entre uma intrincada rede psicodinâmica. Aliás, se andarmos só com Freud, sós, com Freud, podemos ir bastante longe nessa questão e numa espécie de tomada delirante que deixou

---

[1636] JOYCE, James. *Finnegans Wake*. Londres: Penguim Uk, 1999, p. 23.

[1637] Idem p. 341.

[1638] Idem, p. 487.

[1639] Idem, p. 446.

[1640] Idem, p. 238.

[1641] Idem, p. 598.

[1642] LACAN, Jacques. *2ª Conferência na Yale University , em 25 de Novembro de 1976, (Law School Auditorium)*, in *Lacan in North Armorica*. Porto Alegre: Editora Fi, 2016, p. 62.

[1643] Lembre-se que Freud designa o eu como o "verdadeiro e original reservatório da libido". FREUD, Sigmund. *O Ego e o Id*, in *Edição Standard Brasileira das Obras Psicológicas Completas de Sigmund Freud*, Volume XIX. Rio de Janeiro: Imago, 1987, p. 81.

[1644] FREUD, Sigmund. *O Mal-Estar na Civilização*, in *Edição Standard Brasileira das Obras Psicológicas Completas de Sigmund Freud*, Volume XXI.. Rio de Janeiro: Imago, 1987, p. 83.

[1645] FREUD, Sigmund. *A Decisão da Personalidade Psíquica*, in *Edição Standard Brasileira das Obras Psicológicas Completas de Sigmund Freud*, Volume XXII.. Rio de Janeiro: Imago, 1987, p. 94.

rastros que ele mesmo quis apagar[1646] nada nos impediria de achar no Isso "tudo o que é herdado e que se acha presente (desde) o nascimento"[1647].

Mas é preciso fazer uma escolha, pautada inclusive e sobretudo na prática clínica, e, ainda sobre o Isso, não apenas ver nele um "núcleo dificilmente acessível"[1648], o que implica certa esperança de acessibilidade, como na afirmação de que a "psicanálise é instrumento que capacita o eu a conseguir uma progressiva conquista do Isso"[1649], mas como "o âmago do nosso ser"[1650] que não faz ser e por isso mesmo não se acessa. Desse modo o Isso, que é como escolhi trabalhá-lo, é o que não se ajusta a estrutura[1651] e que nada reserva, que nada porta, que nada carrega e alicerça e que, por essas características, está alhures ao discurso, algures à qualquer discurso ou discursividade.O Isso é o que demarca a "ausência da relação"[1652], da associação, da conjunção e é, como afirma Freud, impessoal[1653], ou seja, não pertencente a ninguém e, consequentemente, sem sujeito. Nada portanto, de saber, nele e, como diz Lacan, o "Isso (apenas) goza. E isto não quer dizer que isso saiba de

---

[1646] Refiro-me ao "décimo segundo ensaio metapsicológico" retido por Freud – ele foi publicado apenas em 1984, por Isle Grubbrich-Simitis – onde grande parte de seu teor versa sobre a "disposição filogenética" e, portanto, hereditária, das neuroses. FREUD, Sigmund. *Neuroses de Transferência: Uma Síntese*. Rio de Janeiro: Imago, 1987, p. 08 e 75.

[1647] FREUD, Sigmund. *Esboço de Psicanálise*, in *Edição Standard Brasileira das Obras Psicológicas Completas de Sigmund Freud*, Volume XXIII.. Rio de Janeiro: Imago, 1987, p. 170.

[1648] Idem, p. 188.

[1649] FREUD, Sigmund. *O Ego e o Id*, in *Edição Standard Brasileira das Obras Psicológicas Completas de Sigmund Freud*, Volume XIX.. Rio de Janeiro: Imago, 1987, p. 72..

[1650] FREUD, Sigmund. *Esboço de Psicanálise*, in *Edição Standard Brasileira das Obras Psicológicas Completas de Sigmund Freud*, Volume XXIII.. Rio de Janeiro: Imago, 1987, p. 227.

[1651] Lacan chama de oculto os "fatos que não se ajustam a sua estrutura", a estrutura científica, mais precisamente, e que Freud sempre perseguiu. LACAN, Jacques. *Os Não-Tolos Erram / Os Nomes-do-Pai, Seminário 1973-1974*. Porto Alegre: Editora Fi, 2018, p. 29.

[1652] LACAN, Jacques. *Os Não-Tolos Erram / Os Nomes-do-Pai, Seminário 1973-1974*. Porto Alegre: Editora Fi, 2017, p. 42.

[1653] FREUD, Sigmund. *O Ego e o Id*, in *Edição Standard Brasileira das Obras Psicológicas Completas de Sigmund Freud*, Volume XIX. Rio de Janeiro: Imago, 1987, p. 37 e FREUD, Sigmund. *A Decisão da Personalidade Psíquica*, in *Edição Standard Brasileira das Obras Psicológicas Completas de Sigmund Freud*, Volume XXII.. Rio de Janeiro: Imago, 1987, p. 92.

coisa alguma"[1654]. Mas nada, também, de qualquer possibilidade de subjetividade ou subjetivação já que aqui um significante deixa de representar um sujeito para outro significante.

Esse é um ponto importante de destacar porque ir na direção desse Isso, desse Real, desse insaber e que tanto tenho insistido nesse escrito implica a necessária insuficiência de um trabalho, a inevitável pouquidade do " job"[1655] – como diz com certa ironia Lacan nos EUA em 1976 – do analista ao ficar envolvido seja com o inconsciente ou seja com suas formações. Isso porque o inconsciente, como se expressa Lacan, não supõe o Real[1656], sequer o denota e não o faz precisamente porque ele, está sobre o Real, enconbrindo-o, dando-lhe aparência de realidade, sendo-lhe prevalecente ou, como se dá a ler em Propos sur L´Hysterie: "a preeminência do simbólico sobre o real é o que constitui propriamente falando o inconsciente"[1657]. Por que? Porque o inconsciente é um "trabalhador ideal"[1658] e incansável em seu labor implica conectividades nem que sejam por homonímias ou homofonias, por parononímias ou homografias, enquanto o Real "consiste em não se ligar a nada"[1659] a, repete Lacan no mesmo dia, "nada se ligar"[1660]. Por isso, como ele mesmo destaca "é preciso que o real se sobreponha ao simbólico. É muito precisamente do que se trata na análise, de fazer com que o Real se sobreponha ao simbólico"[1661] e toquemos, assim, aquilo que se desmembra e se inconecta. Eis a travessia que de nós é exigida: o Real, que sempre esteve subjugado pelo Simbólico – lembre-se do que já pontuei aqui: Lacan diz na Conferência no Hospital Sainte-Anne em 1978 que "o inconsciente é o simbólico"[1662] – deixa de ser seu súdito,

---

[1654] LACAN, Jacques. *O Seminário, Livro 20, Mais Ainda.* Rio de Janeiro: Jorge Zahar Editor, 1985, p. 156.

[1655] LACAN, Jacques. *Conferência de 24 de Novembro de 1976, Yale University (Seminário Kanzer),* in *Lacan in North Armorica.* Porto Alegre: Editora Fi, 2016, p. 16.

[1656] LACAN, Jacques. *O Seminário, Livro 23, O Sinthoma.* Rio de Janeiro: Jorge Zahar Editor, 2007, p. 128.

[1657] LACAN, Jacques. *Propos sur L´Hysterie, Intervention de Jacques Lacan à Bruxelles,* 26/02/1977, s/p, in http://ecole-lacanienne.net/wp-content/uploads/2016/04/1977-02-26.pdf (minha tradução).

[1658] LACAN, Jacques. *Televisão,* in *Outros Escritos.* Rio de Janeiro: Jorge Zahar Editor, 2003, p. 517.

[1659] LACAN, Jacques. *O Seminário, Livro 23, O Sinthoma.* Rio de Janeiro: Jorge Zahar Editor, 2007, p. 119.

[1660] Idem, p. 120.

[1661] LACAN, Jacques. *Séminaire R.S.I, 1974-1975, aula 14/12, s/p,* in http://staferla.free.fr/S22/S22%20R.S.I..pdf(minha tradução)

cessa de ser seu vassalo e se realiza em sua inadequabilidade, em sua impropriedade, em sua "intraductibilidade"[1663] que nem verte nem reverte. É preciso cortar o interminável, o "isto nunca está acabado"[1664] organizado pelo simbólico, organizado latidu e longitudinalmente pelo simbólico e sua concomitante ilusão de um, retomo o que escrevi no capítulo sete, scilicet[1665]. É claro que fica claro que para alcançarmos algo dessa monta, algo que rompa com essa infindabilidade que sustenta uma continuidade cheia de contigüidade, os discursos devem ceder e de um "dizcarta"[1666] só nos resta dizcartar. É claro que fica claro que o Real é "o impasse da formalização"[1667], de qualquer formularização e que esse impossível que não se formulariza não se deixa "ditar pela realidade"[1668] e por isso não podemos insistir em apelar ao discurso, nas possibilidades do discurso, mas naquilo que, dele, é um ponto estruturalmente de fuga, que é, como lemos no Wake, "unwordy"[1669], "desparolado"[1670] e desparolável.

O discurso, portanto, nunca é demais insistir, por mais elaborado que seja, por mais intricado e arquitetado que seja, tem, sempre, "um efeito de sugestão"[1671], é feito de sugestão e nela faz substância, "sub-

---

[1662] LACAN, Jacques. *Conférence chez le Professeur Deniker – Hôpital Sainte-Anne – Objets et Représentations*, 11/10/1978, in http://ecole-lacanienne.net/wp-content/uploads/2016/04/1978-11-10.pdf (minha tradução), s/p.

[1663] MICHAUD, Ginette. *Aschenglorie, de Paul Celan: "ponto de intraductibilidade", as questões de uma tradução "relevante" de Jacques Derrida a partir do poema Aschenglorie de Paul Celan*, in Revista Cerrados, 2012 - periodicos.unb.br , p. 281.

[1664] BARTHES, Roland. *A Crise da Verdade*, in *O Grão da Voz*. São Paulo: Martins Fontes, 2004, p. 355.

[1665] LACAN, Jacques. *Introdução de Scilicet no Título da Revista da Escola Freudiana de Paris*, in *Outros Escritos*. Rio de Janeiro: Jorge Zahar Editor, 2003, p. 288.

[1666] AMARANTE, Dirce Waltrick do. James Joyce, Finnegans Wake (Por um Fio). São Paulo: Iluminuras, 2018, p. 67.

[1667] LACAN, Jacques. *O Seminário, Livro 20, Mais Ainda*. Rio de Janeiro: Jorge Zahar Editor, 1985, p.125.

[1668] FREUD, Sigmund. *A Perda da Realidade na Neurose e na Psicose*, in *Edição Standard Brasileira das Obras Psicológicas Completas de Sigmund Freud*, Volume XIX. Rio de Janeiro: Imago, 1987, p. 231.

[1669] JOYCE, James. *Finnegans Wake*. Londres: Penguim Uk, 1999, p. 408.

[1670] AMARANTE, Dirce Waltrick do. *James Joyce, Finnegans Wake (Por um Fio)*. São Paulo: Iluminuras, 2018, p. 129.

[1671] LACAN, Jacques. *Semináire L'Insu-que-Sait de L'Une-Bévue S'Aile a Mourre*, 1976-1977, aula de 17/05, s/p in http://www.valas.fr/Jacques-Lacan-l-insu-que-sait-de-l-une-bevue-s-aile-a-mourre-1976-1977 (minha tradução).

stância"[1672] e subsistência. E como Lacan diz em 1977, por elas, um discurso, seja ele qual for, não passa de algo " hipnótico (...), adormecedor"[1673] enquanto o Real é o que fura esse, para soar com happy, "nappy"[1674], com essa, para ecoar diaphanous e manter o cochilo, o nap, "dianaphous"[1675].

E por falar nessa, como diz Freud, "sujeição humilde"[1676] a algo instituído e por isso mesmo, hibernante, a essa ânsia propriamente "rhumanasant"[1677], humanamente ruminante, ruminantescente que inverna mesmo no verão e aponta para um "dreamlifeboat"[1678], para um "onirobarco da vida"[1679] que faria surreição das velas pelo infinito das novelas, lembra-se que no começo desse trabalho fiz uma pergunta, uma que disse que iria perseguir porque ela trazia uma dificuldade? Refiro-me àquela que articulava o que Joyce dizia querer para seu Wake, ou seja, an "ideal reader suffering from na ideal insomnia"[1680] e por isso, no final das contas, ele lhe ou nos negaria um wake? Em qual medida ele nos faria esse desfavor? Pois já que falei na sugestão inerente aos discursos que formam e formatam, que definem "relações estáveis"[1681] e fazem uma espécie de sulco na terra que doravante engole aquilo que lhe é circunvizinho, que lhe é "Environs"[1682], posso dizer que esse desfavor é feito exatamente por essa sugestionabilidade, por essa incentividade, por essa estimulosidade que empurra, inventa, cria, produz para, por exemplo, "os doze apóstrofes"[1683], a existência – há

[1672] Lacan cinde *substance* para enfatizar que nisso que faz matéria, fundamento, base, haveria, mas não há, "uma outra coisa por trás". LACAN, Jacques. *Os Não-Tolos Erram / Os Nomes-do-Pai, Seminário 1973-1974*. Porto Alegre: Editora Fi, 2018, p. 106.

[1673] LACAN, Jacques. *Seminàire L'Insu-que-Sait de L'Une-Bévue S'Aile a Mourre*, 1976-1977, aula de 17/05, s/p in http://www.valas.fr/Jacques-Lacan-l-insu-que-sait-de-l-une-bevue-s-aile-a-mourre-1976-1977 (minha tradução).

[1674] JOYCE, James. *Finnegans Wake*. Londres: Penguim Uk, 1999, p. 11.

[1675] Idem, p. 261.

[1676] FREUD, Sigmund. *Psicologia de Grupo e Análise do Ego*, in *Edição Standard Brasileira das Obras Psicológicas Completas de Sigmund Freud*, Volume XVIII. Rio de Janeiro: Imago, 1987, p. 144.

[1677] JOYCE, James. *Finnegans Wake*. Londres: Penguim Uk, 1999, p. 84.

[1678] Idem, p. 65.

[1679] SCHÜLER, Donaldo. *Finnegans Wake/Finnicius Revém, Livro I, Capítulos 2, 3 e 4*. Cotia: Ateliê Editorial, 2004, p. 123.

[1680] JOYCE, James. *Finnegans Wake*. Londres: Penguim Uk, 1999, p. 120.

[1681] LACAN, Jacques. *O Seminário, Livro 17, O Avesso da Psicanálise*. Rio de Janeiro: Jorge Zahar Editor, 1992, p. 11.

[1682] JOYCE, James. *Finnegans Wake*. Londres: Penguim Uk, 1999, p. 03.

quem vista esse manto com maestria – de apóstolos a postos. Ou que para "Hunkalus Childared Easterheld"[1684] hajam possibilidades semânticas – exemplarmente Burgess lhe encontra "heróis de Páscoa, mas de Ester"[1685] – e por isso mesmo poderíamos dormitar na ilusão de encontrá-las e, em seguida, niná-las já que estariam entronadas e, sem mais jejum, esterificadas.

Pois deixar que o Real rompa com o Simbólico e com o Imaginário, com esse, "tesouro depositado pela prática da fala em todos os indivíduos"[1686], para lembrar de Saussure , deixar que o Real prorrompa com aquilo que "aspirando ao infinito (faz) exílio do finito"[1687] é um processo de desabono, de desestimação desse discursugestionabilidade que o inconsciente implica como realidade. Permitir que o Real fure o Simbólico e o Imaginário é avançar para o desapossamento, portanto, desse inconsciente, ficando, nesse processo, com um despojo inindexável, inatribuível, inqualificável tão bem monstrada pelos restos[1688] inexoráveis[1689] da Balada de Perse O'Reilly que se iniciando assim:

[1683] BURGESS, Anthony. *Homem Comum Enfim: Uma Introdução a James Joyce para o Leitor Comum*. São Paulo: Companhia das Letras, 1994, p. 230.
[1684] JOYCE, James. *Finnegans Wake*. Londres: Penguim Uk, 1999, p. 480.
[1685] BURGESS, Anthony. *Homem Comum Enfim: Uma Introdução a James Joyce para o Leitor Comum*. São Paulo: Companhia das Letras, 1994, p. 270.
[1686] SAUSSURE, Ferdinand de. *Curso de Lingüística Geral*. São Paulo: Cultrix, 1972, p. 21.
[1687] ALMEIDA, João José R.L. *O Cantor do Infinito*, in *Pulsional Revista de Psicanálise* 7, ano XV, n. 159, jul./2012. Disponível em http://www.editoraescuta.com.br/pulsional/159_01.pdf. Acesso em 13.08.2013, p. 12.
[1688] "Da balada só há restos." SCHÜLER, Donaldo. *Finnegans Wake/Finnicius Revém, Livro I, Capítulos 2, 3 e 4*. Cotia: Ateliê Editorial, 2004, p. 76.
[1689] Fargnoli e Gillespie enfatizam isso ao escrever que "Putting the shredded pieces of his reputation together again" – que é o que pretensamente se faz por essa balada – "becomes impossible for Earwicker.", para o Sr. Erawicker, e para o leitor, claro. FARGNOLI, A. Nicholas; GILLESPIE, Michael Patrick. *James Joyce - A Literary Reference to His Life and Work*. New York: Facts on File, 2006, p. 97.

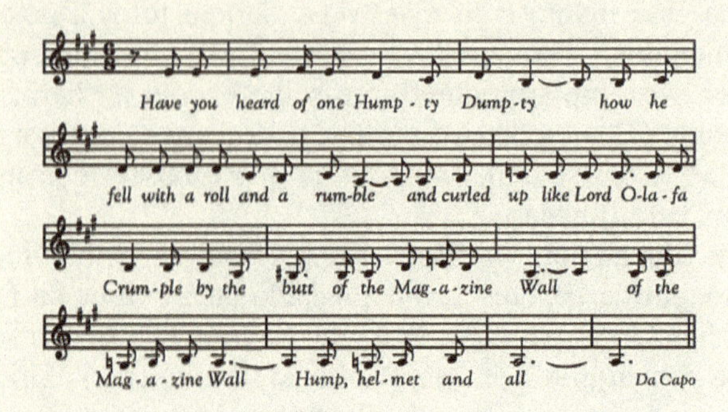

1690

Se conclui, inconclusivamente[1691], dessa maneira[1692]:

Suffoclose!   Shikespower!   Seudodanto!
Anonymoses!

Then we'll have a free trade Gael's band and mass
meeting
For to sod him the brave son of Scandiknavery.
And we'll bury him down in Oxmanstown
Along with the devil and the Danes,
(Chorus) With the deaf and dumb Danes,
And all their remains.

And not all the king's men nor his horses
Will resurrect his corpus
For there's no true spell in Connacht or hell
(bis) That's able to raise a Cain.[1693]

[1690] JOYCE, James. *Finnegans Wake*. Londres: Penguim Uk, 1999, p. 44.
[1691] "A conclusão é inconclusão, não esclarecimento". SCHÜLLER, Donaldo.
Finnegans Wake/Finnicius Revém, Livro I, Capítulos 5, 6, 7 e 8. Ateliê Editorial,
2001, p. 308.
[1692] Vide, como indiquei no capítulo 2 desse trabalho, o apêndice, para se ter o
contrário do que afirmo aqui.
[1693] JOYCE, James. *Finnegans Wake*. Londres: Penguim Uk, 1999, p. 47.

É Isso, somente isso, o que pode fazer-nos acordar desse estado letárgico que fazendo-nos caminhar na circularidade viconiana torna condicionável a possibilidade de um dizer a mais, de um dizer que uma vez mais una as palavras mágicas do Wake – the e riverrun, por exemplo – e relance toda a operação, toda a ópera ação. Pois deixar que o Real quebre com essa, como escreve Cioran, "vigília ininterrupta e sem trégua"[1694], essa espécie de "lucidez vertiginosa"[1695] que nos adormece em relação a não relação é deixar entrar aquilo que indica que as palavras não se destinam a fazer sentido[1696], que não estão para aí para Isso e como lemos em L′Insu-que-Sait de L′Une-Bévue S′Aile a Mourre, "Só é certo que haja despertar quando o que se apresenta e representa não tenha nenhuma espécie de sentido"[1697] e que por essa mesma razão não se liga nem se ligará a mais nada.

O Isso, esse outro nome para o Real é, portanto, o que resta dessas operações inconscientes que deslocando condensam e condensando deslocam e a análise, portanto, para seguir essa via de restificação – e não retificação, como até mais ou menos 1961[1698] Lacan queria – não poderá mais implicar um discurso. É preciso, nela, fazer cessar o "palavreado"[1699] ou como escreve Joyce, a verdade sai do papo cacarejador: "that's the truth now out of the caclink bag for trully sure"[1700]. Sai porque a verdade está fora, agora está fora, desse palavrório, desse palavrear e é, como o Real, "impossível de penetrar"[1701], "é impossível

[1694] CIORAN, Emil. *Nos Cumes do Desespero*. São Paulo: Hedra, 2011, p. 15.

[1695] Idem, Ibidem.

[1696] LACAN, Jacques. *Séminaire R.S.I, 1974-1975, aula 08/04, s/p, in* http://staferla.free.fr/S22/S22%20R.S.I..pdf(minha tradução)

[1697] LACAN, Jacques. *Semináire L′Insu-que-Sait de L′Une-Bévue S′Aile a Mourre*, 1976-1977, aula de 17/05, s/p in http://www.valas.fr/Jacques-Lacan-l-insu-que-sait-de-l-une-bevue-s-aile-a-mourre-1976-1977 (minha tradução)

[1698] LACAN, Jacques.. *O Seminário, Livro 8, A Transferência*. Rio de Janeiro: Jorge Zahar Editor, 1994, p.287.

[1699] LACAN, Jacques. *Semináire L′Insu-que-Sait de L′Une-Bévue S′Aile a Mourre*, 1976-1977, aula de 11/01, s/p in http://www.valas.fr/Jacques-Lacan-l-insu-que-sait-de-l-une-bevue-s-aile-a-mourre-1976-1977 (minha tradução)

[1700] JOYCE, James. *Finnegans Wake*. Londres: Penguim Uk, 1999, p. 452. Traduzido por Schüler como "esta é a verdade que sai agora deste papo cacarejador". SCHÜLER, Donaldo. *Finnegans Wake/Finnicius Revém, Livro III e IV, Capítulos 13, 14, 15 16 e 17*. Cotia: Ateliê Editorial, 2003, p. 123.

[1701] LACAN, Jacques. *Conferência no Instituto Tecnológico de Massachusetes em 02 de Dezembro de 1976, (Auditório da Escola de Assuntos Internacionais)*, in *Lacan in North Armorica*. Porto Alegre: Editora Fi, 2016, p. 88.

de encontrar"[1702]. Com ela, ou com ele, dá na mesma, só podemos colidir. Colidir sem coligir!

Assim, posso dizer que, distantemente desse sono que mesmo em vigília adormece, sempre impetrado pelo casal Simbólico/Imaginário, que o Real é o "imarginável"[1703] . E se insistimos em margeá-lo como o faz o discurso analítico ao por "a verdade em seu lugar"[1704], ele resiste e faz "uma abertura entre o semblante (esse semblante sonante) resultante do simbólico, e a realidade tal como ela se baseia no concreto da vida humana"[1705] e aparece, já que se fala tanto em rio no Wake, como uma terceira margem[1706] inencontrável.

Pergunto: é possível imaginar ou simbolizar para, como pleiteia Bishop "over a thousand of the world's rivers embedded in its prose"[1707], para mais de mil rios incorporados ao texto, uma margem terceira? Indago isso porque até é viável, exeqüível, factível – para retomar algo que evoquei no capítulo feito de "womanage"[1708], de "feminagem"[1709] – por exemplo, sustentar que "Reeve Gootch was right and Reeve drughad was sinistrous"[1710], que "A Margem Esquerda era direita e o Direito era sinistro"[1711]. Assim:

[1702] LACAN, Jacques. *Semináire L'Insu-que-Sait de L'Une-Bévue S'Aile a Mourre*, 1976-1977, aula de 19/04, s/p in http://www.valas.fr/Jacques-Lacan-l-insu-que-sait-de-l-une-bevue-s-aile-a-mourre-1976-1977 (minha tradução)

[1703] AMARANTE, Dirce Waltrick do. *James Joyce, Finnegans Wake (Por um Fio)*. São Paulo: Iluminuras, 2018, p. 21.

[1704] LACAN, Jacques. *O Seminário, Livro 20, Mais Ainda*. Rio de Janeiro: Jorge Zahar Editor, 1985, p. 147.

[1705] Idem, p. 128.

[1706] ROSA, João Guimarães. *A Terceira Margem do Rio*, in *Primeiras Estórias*. Rio de Janeiro: Nova Fronteira,2001, p.14-48

[1707] BISHOP, John. *Joyce's Book of the Dark: Finnegans Wake*. Madison: The University of Wisconsin Press, 1993, p. 200.

[1708] JOYCE, James. *Finnegans Wake*. Londres: Penguim Uk, 1999, p. 270.

[1709] SCHÜLER, Donaldo. Finnegans Wake/Finnicius Revém, Livro II, Capítulos 9, 10, 11 e 12. Cotia: Ateliê Editorial, 2002, p. 137.

[1710] JOYCE, James. *Finnegans Wake*. Londres: Penguim Uk, 1999, p. 197.

[1711] AMARANTE, Dirce Waltrick do. *Para Ler Finnegans Wake de James Joyce*. São Paulo: Iluminuras, 2009, p. 115.

R

Direto   I   Esquerdo

O

  E até é possível, concebível, executável fazer de "Winnie, Olive and Beatrice, Nelly and Ida, Amy and Rue."[1712] um "WOBNIAR"[1713], um Rainbow[1714] acronômico que tomando como margem inicial o W passa também da esquerda à direita facilmente[1715]. Mas dá para, simbolizando, para "symbolising"[1716], tornar "imarginábil"[1717], para tornar pelo uso hábil do simbólico, imaginável, algo que francamente inexiste?

  Por essa razão não é demais destacar, junto com Lacan, que o Real só aparece "pelo discurso da análise, para confirmar nesse discurso (...) que esse real se revela ex-sistir"[1718], que se revela como estando fora assim como essa imarginabilidade oferecida brilhantemente por Guimarães Rosa. E que o discurso analítico, como qualquer discurso, acaba por fazer substância, matéria, hipóstase enquanto o Real, impropriamente dito, aparece, se insurge, se levanta como aquilo que

---

[1712] JOYCE, James. *Finnegans Wake*. Londres: Penguim Uk, 1999, p. 227.

10 [1713] ANDERSON, John P. *Joyce's Finnegans Wake: The Curse of Kabbalah*, Volume 4. Florida: Universal-Publishers, 2010, p. 302.

[1714] Como Burgess procura demonstrar se enfatizarmos as primeiras letras de "Winnie, Olive and Beatrice, Nelly and Ida, Amy and Rue.", ou seja, W-O-B-N-I-A-R, temos um "A-R-C-O-Í-R-I-S" invertido. BURGESS, Anthony. *Homem Comum Enfim: Uma Introdução a James Joyce para o Leitor Comum*. São Paulo: Companhia das Letras, 1994, p. 241.

[1715] Joyce escolhe operar de um modo semelhante com *Talmud*, que no Livro I, capítulo 1, se escreve "Dumlat".. E faz o mesmo com um restaurador de cabelo (Harlene) que vira "Enel-Rah" e com um sabão (Cuticura) que reverte-se em "Aruc-Ituc". Joyce os faz serem aplicáveis a *mani belle* ("Ellebe Inam") e a *petit peton* ("Titep Notep"). JOYCE, James. *Finnegans Wake*. Londres: Penguim Uk, 1999, p. 30,

[1716] JOYCE, James. *Finnegans Wake*. Londres: Penguim Uk, 1999, p. 31 e 237.

[1717] SCHÜLLER, Donaldo. *Finnegans Wake/Finnicius Revém, Livro I, Capítulos 1*. Cotia: Ateliê Editorial, 2000, p. 33.

[1718] LACAN, Jacques. *O Aturdito*, in *Outros Escritos*. Rio de Janeiro: Jorge Zahar Editor, 2003, p. 479.

285

ex-cede, como aquilo que está fora e que não tem como fazer entrar pois é, como tal, insituável.

Assim, o Isso, o Real, é o que não faz discurso, não faz prédica, que não predica. O Real, o Isso, é aquilo que escorrega "dos braços do discurso que o estreita"[1719] e quanto mais se o abraça, quanto mais se o enlaça, quanto mais se o arrocha mais ele escapa. Eis aí a sua definição! E o Wake, sendo Isso e não Isto, sendo o Real e não a realidade, é o que se segrega e não mais se segreda e assim não mais se deixa abarcar, abraçar, alcançar. Nada mais, então, de discurso que "polinize"[1720], fertilize e depois floresça ou frutifique. Nem o do analista e nem o da histérica, nem o do universitário nem o do mestre. O Wake issofica a própria linguagem e desanca a "necessidade de criar e recriar pontos de referência"[1721] pois se mostra como impossível e por Isso nos serve de norteamento, serve para a própria psicanálise como um norte se queremos sair desse "curto-circuito (...) pelo sentido"[1722] que com aparência de mobilidade é essencialmente imóbil, imóvel.

Isso é elevante porque se queremos que o Real surja, se queremos que o Isso apareça e limite, nesse surgimento, nessa manifestação, a insistência da conjugação simbólico-imaginária, o próprio discurso analítico precisará ceder, precisará silenciar, precisará se deslegitimar como ponto de referência e como trabalho investigativo pois, para evocar Dedalus em Ulysses, que por sua vez lembra de Walt Whitman[1723], pouco importa se há contradição já que ela ou mesmo elas, que são tradicionalmente legião, são essencialmente insolúveis e não desembocam em nada a não ser em mais contradições[1724] contornando o que não faz dicção. Assim, quando alguém lhes as aponta, quando insiste em as apontar, em as instituir como portadoras de alguma realidade, como devedoras de alguma "ligação averiguável"[1725] diz: "Eu

---

[1719] Idem, p. 478.

[1720] SCHÜLLER, Donaldo. *Finnegans Wake/Finnicius Revém, Livro I, Capítulos 5, 6, 7 e 8*. Ateliê Editorial, 2001, p. 61.

[1721] AMARANTE, Dirce Waltrick do. *Posfácio*, in *James Joyce, Finnegans Wake (Por um Fio)*. São Paulo: Iluminuras, 2018, p. 174.

[1722] LACAN, Jacques. *O Seminário, Livro 23, O Sinthoma*. Rio de Janeiro: Jorge Zahar Editor, 2007, p. 118.

[1723] "Do I contradict my self/ Very well them I contradict my self." WHITMAN, Walt. *Song of Myself*, in Leaves of Grass. USA: Penguim, 1986, p. 71.

[1724] Sobre isso lembrei-me do que escreveu Graciliano Ramos: "Uma figura humana é uma contradição humana exatamente por ser contradição". RAMOS, Graciliano. *Sobre o Cangaço*, in *Linhas Tortas*. São Paulo: Record, 1983, p. 134.

[1725] FREUD, Sigmund. *Psicopatologia da Vida Cotidiana*, in *Edição Standard*

me contradigo? Pois bem, eu me contradigo"[1726]... e daí!? E continua: como diz Lacan, "só há contradição"[1727], só há, só existe, só é, mesmo, contradição. E nunca se chegará, falando, a um denominador comum, a um valor calculável. Chega, continua, de ficarmos, nisso que foi solilóquio[1728] e que virou diálogo beirando um estado autístico insistindo que algo em mim se diz. Disso eu já sei, disso eu já experimentei. "Alcançar, como se nos assinala a perder de vista, é signo de nada"[1729]. Agora eu quero é o que não se diz, o que não se ichscreve mas o que se Escreve como impossível. Eu quero, continua o analisante, seja do Wake ou seja de seu psiquismo, ir contra a analisibilidade, quero a desinterpretação, a despalavra, a desanálise. E o analista, quieto, aceita essa condição, afinal, quem cala consente. E ele precisa calar e precisa consentir com Isso!

Vou tratar mais especificamente dessas questões, tentando situar o que faz ou pode fazer o analista quando se chega a esse ponto que ele mesmo indicou ao, como escrevi acima, issoficar, ao wakezar seu analisante do sonho dogmático da inteligibilidade, no próximo e último capítulo. Neste ainda quero destacar mais alguns elementos sobre as problemáticas envolvidas nas discursividades, particularmente nessa que é, como diz Lacan, um feu follet, "um fogo fátuo"[1730].

E porque quero insistir nisso? Porque é bom nunca se esquecer que mesmo o discurso analítico, essa espécie de queridinho inquestionável de tantos analistas – tão queridinho que tornou-se ideológico num campo onde se esperaria uma desideologização – é, ele mesmo, "uma instituição"[1731], isto é, institui algo e por isso mesmo escaloneia e organiza, estabelece e fixa[1732], ficça[1733]. Ele situa certas

---

Brasileira das Obras Psicológicas Completas de Sigmund Freud, Volume VI. Rio de Janeiro: Imago, 1987, p. 19.

[1726] JOYCE, James. *Ulisses*. Rio de Janeiro: Objetiva, 2007, p. 533.

[1727] LACAN, Jacques. *O Seminário, Livro 23, O Sinthoma*. Rio de Janeiro: Jorge Zahar Editor, 2007, p. 132.

[1728] "His dream monologuye was over", escreve Joyce. JOYCE, James. *Finnegans Wake*. Londres: Penguim Uk, 1999, p. 474.

[1729] LACAN, Jacques. *Os Não-Tolos Erram / Os Nomes-do-Pai, Seminário 1973-1974*. Porto Alegre: Editora Fi, 2018, p. 48.

[1730] Idem, p. 195.

[1731] LACAN, Jacques. *Televisão,* in *Outros Escritos*. Rio de Janeiro: Jorge Zahar Editor, 2003, p. 529.

[1732] Me parece, nesse contexto, lícito lembrar das lúcidas palavras de Butler: "As fronteiras analíticas sugerem os limites de uma experiência discursivamente condicionada". BUTLER, Judith. *Problemas de Gênero – Feminismo e Subversão da Identidade*. Rio de Janeiro: Civilização Brasileira, 2017, p. 30.

coisas, as faz advir, mas depois que elas surgem, que elas brotam pois estavam como que em estado de espera[1734] e por isso mesmo ex-sistiam, não se as pode mais conectar se é para o Real que apontamos nossa escuta. Aqui é fundamental que se o encare – falo do discurso do analista, já que o da histérica desde muito cedo já foi tomado dentro do enquadre da mascarada[1735] – como "escroqueria"[1736], como burla, como fraude. Uma escroqueria que se estrutura numa promessa estúpida mas durante um grande tempo imprescindível e incontornável: a de que um "S_1 parece prometer um S_2"[1737] mas que seria de um S_1 sem S_2 aquilo do que se viveria se revela como fachada, destituída durante o processo e liquidada nesse ponto onde o Real toma a frente da operação já que não há mais nada a se dizer, mais nada a se insistir no dizer. Eis o momento onde o work de uma "wordsharping"[1738] cessa e "as palavras caem como palavras-via"[1739], como "waywords"[1740].

Dessa maneira, reafirmo, se o que se esperava de uma análise era a produção de um S_1, que "é tudo o que ela pode produzir"[1741], se "o discurso analítico trazia uma promessa: introduzir o novo"[1742] e desse modo podíamos passar pelo tempo onde visávamos o sentido para fazê-lo surgir como "aparência"[1743] – na versão schülleriana do Wake: "o

---

[1733] *Ficça* por que é pelo "discurso que tem-se a ficção". BARTHES, Roland. *Suplemento [ao Prazerr do Texto]*, in *Inéditos, vol. 1 – Teoria*. São Paulo: Martins Fontes, 2004, p. 256.

[1734] LACAN, Jacques. *O Seminário, Livro 11, Os Quatro Conceitos Fundamentais da Psicanálise*. Rio de Janeiro: Jorge Zahar Editor, 1988, p. 63.

[1735] LACAN, Jacques. *A Significação do Falo*, in *Escritos*. Rio de Janeiro: 1988, p.674.

[1736] LACAN, Jacques. *Propos sur L'Hysterie, Intervention de Jacques Lacan à Bruxelles*, 26/02/1977, s/p, in http://ecole-lacanienne.net/wp-content/uploads/2016/04/1977-02-26.pdf (minha tradução).

[1737] LACAN, Jacques. *Séminaire L'Insu-que-Sait de L'Une-Bévue S'Aile a Mourre*, 1976-1977, aula de 15/03, s/p in http://www.valas.fr/Jacques-Lacan-l-insu-que-sait-de-l-une-bevue-s-aile-a-mourre-1976-1977 (minha tradução)

[1738] JOYCE, James. *Finnegans Wake*. Londres: Penguim Uk, 1999, p. 422. Lembrando que *harp*, tomado como verbo, indica uma fala ou uma escrita persistente e tediosa de um tópico específico.

[1739] SCHÜLLER, Donaldo. *Finnegans Wake / Finnicius Revém*, Livro II, Capítulos 9, 10, 11 e 12. Cotia: Ateliê, 2002, p. 400.

[1740] JOYCE, James. *Finnegans Wake*. Londres: Penguim Uk, 1999, p. 369.

[1741] LACAN, Jacques. *O Seminário, Livro 20, Mais Ainda*. Rio de Janeiro: Jorge Zahar Editor, 1985, p. 126.

[1742] LACAN, Jacques. *Televisão*, in *Outros Escritos*. Rio de Janeiro: Jorge Zahar Editor, 2003, p. 529.

[1743] LACAN, Jacques. *O Seminário, Livro 20, Mais Ainda*. Rio de Janeiro: Jorge

sentido o qual embora legível de cabo a rabo, é da cabeça aos pés tecidos falsos, antibellulosa e inegociável e isso se aplica a todo o volume"[1744], na amarantina, "a qual, graças a uma leitura de ponta a puncto, é do colmeço ao finis tudo falsidade, antilibelus e impugnotáveis e isso se aplaca a todo esse wohlume"[1745] – e na sequência reduzi-la[1746]não mais bastará confirmá-lo como sem significado[1747] . Todo esse edifício que tomou tanta energia precisa soçobrar[1748] fazendo só sobrar o que nada diz, só sobrar um Isso ineloquente. E é Isso que o Wake realiza! Com suas mais de duzentas mil palavras[1749], algumas partituras , desenhos e diagramas paragrafados em torno de 2135 vezes ele mostra que elas, fundamentalmente elas, são, no fim, depois de toda uma falação, adiscursivas. O Wake mostra que isso, tudo isso que nunca é tudo, "não quer dizer nada"[1750] e que as palavras não se destinam a fazer sentido[1751], como destaca Lacan em R.S.I.

Nada a dizer para alguém ou ninguém. O Wake, como escreve Schüler, "não fala a ninguém sobre nada"[1752] o que subverte a televisiva prédica lacaniana de que "o inconsciente é que em suma se fala completamente só. Fala-se completamente só porque não se diz jamais senão uma só e mesma coisa – salvo se nos abrimos à dialogar com um psicanalista"[1753]! Subverte porque o diálogo, depois desse longo tempo,

Zahar Editor, 1985, p. 106.

[1744]SCHÜLER, Donaldo. *Finnegans Wake/Finnicius Revém, Livro I, Capítulos 2, 3 e 4*. Cotia: Ateliê Editorial, 2004, p. 89.

[1745]AMARANTE, Dirce Waltrick do. *James Joyce, Finnegans Wake (Por um Fio)*. São Paulo: Iluminuras, 2018, p. 41.

[1746] LACAN, Jacques. *Séminaire R.S.I, 1974-1975, aula 10/12, s/p,* in http://staferla.free.fr/S22/S22%20R.S.I..pdf(minha tradução)

[1747] LACAN, Jacques. *O Seminário, Livro 20, Mais Ainda*. Rio de Janeiro: Jorge Zahar Editor, 1985, p. 127.

[1748] LACAN, Jacques. *O Aturdito*, in *Outros Escritos*. Rio de Janeiro: Jorge Zahar Editor, 2003, p. 459.

[1749] Se minha conta, com a ajuda do Word, está certa o *Wake* nos oferece, contando com "*PARIS, 1922–1939*.", 219.359 palavras.

[1750] LACAN, Jacques. *O Seminário, Livro 20, Mais Ainda*. Rio de Janeiro: Jorge Zahar Editor, 1985, p. 125.

[1751] LACAN, Jacques. *Séminaire R.S.I, 1974-1975, aula 08/04, s/p,* in http://staferla.free.fr/S22/S22%20R.S.I..pdf(minha tradução)

[1752] SCHÜLER, Donaldo. *Joyce era Louco?* Cotia: Ateliê Editorial, 2017, p. 130.

[1753] LACAN, Jacques. *Seminárie L'Insu-que-Sait de L'Une-Bévue S'Aile a Mourre, 1976-1977, aula de 11/01, s/p* in http://www.valas.fr/Jacques-Lacan-l-insu-que-sait-de-l-une-bevue-s-aile-a-mourre-1976-1977 (minha tradução)

deixa de se inscrever pois se lhe escapa o que não cessa de não se inscrever. E, como o Real retorna "sempre ao mesmo lugar"[1754], um lugar eminentemente de silêncio é preciso, mesmo, dar-lhe espaço e, como dirá Mallarmé, nesse fim, nesse fim que busco aqui, nessa cessão da sessão, nessa cessação da sensação, ficará evidente que "nada terá tido lugar senão o lugar"[1755], esse τόπος intapável[1756].

Assim a linguagem, a linguisteria que é "campo operatório do psicanalista"[1757], ao menos até esse ponto, deixa de ter importância já que o máximo que se pode dizer nela é um "não é isso""[1758] e o de que se trata de agora em diante é de um Isso inflexível e sem ressonâncias, inafirmável seja positiva ou negativamente, como no famoso paradoxo de Russell enunciado assim:

> Num vilarejo existe um barbeiro que barbeia todos aqueles que não se barbeiam a si mesmos. A pergunta é: ele faz a própria barba?[1759]

Ou no pseudómenos logos provavelmente surgido pela primeira vez em Creta, que organizando uma frase tão curta quanto "eu minto" exclui qualquer qualificação "como verdadeira ou falsa"[1760], de acordo com Pommier.

[1754] LACAN, Jacques. *A Terceira*, in *Cadernos Lacan*, Volume 2 (Publicação não comercial). Porto Alegre: APOA, 2002, p. 46.

[1755] MALLARMÉ, Stephanie. *Um Lance de Dados, in Mallarmé*. São Paulo: Perspectiva, 1974, p. 168 e 169. E para complementar o que escreve o poeta francês, vale a pena lembrar que para Lacan "o Real é o que volta ao mesmo lugar". LACAN, Jacques. *Os Não-Tolos Erram / Os Nomes-do-Pai, Seminário 1973-1974*. Porto Alegre: Editora Fi, 2018, p. 217.

[1756] *Τόπος*, do grego antigo, que pode ser vertido para lugar, e que Lacan, bem mallarmeano, evoca para dizer que "no centro" no centro dessa busca, de qualquer busca "está esse τόπος que não se pode mais tapar". LACAN, Jacques. *Os Não-Tolos Erram / Os Nomes-do-Pai, Seminário 1973-1974*. Porto Alegre: Editora Fi, 2018, p. 193.

[1757] LACAN, Jacques. *O Seminário, Livro 20, Mais Ainda*. Rio de Janeiro: Jorge Zahar Editor, 1985, p. 190.

[1758] Idem, p. 152.

[1759] Segundo Cohen o paradoxo da barbearia é uma criação de Carroll matematizada bem depois por Russell. COHEN, Morton N. *Lewis Carroll, uma Biografia*. Rio de Janeiro: Record, 1998, p. 575.

[1760] POMMIER, Gerard. *O Inconsciente e o Isso*. Niterói: Escola de Psicanálise de Niterói, s/d, p. 08.

Ambos tem a mesma estrutura da terceira margem roseana e a mesma estrutura de, para retornar a Balada – mais um trecho dela – de, como a traduz Schüler, "Estour. A. Tim Panos"[1761]:

> Where from? roars Poolbeg. Cookingha'pence, he bawls
>
> Donnez-moi scampitle, wick an wipin'fampiny
>
> Fingal Mac Oscar Onesine Bargearse Boniface
>
> Thok's min gammelhole Norveegickers moniker
>
> Og as ay are at gammelhore Norveegickers cod.
>
> (Chorus) A Norwegian camel old cod.
>
> He is, begod.[1762]

Ou da escória wakeana intitulada de "*Mookse and the Gripes*"[1763] que se referindo a fábula de Esopo[1764] A Raposa e as Uvas – em inglês, *The Fox and the Grapes* – ao mesmo tempo em que retoma The Mock-Turtle and the Griphon, de Carroll – em português, "A Tartaruga Falsa e o Grifo"[1765] – se desrefere e se desretoma. Ela até pode virar "O Romapose e o Uivos"[1766] ou "O Rapomposo e o Uivas"[1767] mas isso pouco importa já que nada, seja em "Your temple, sus in cribro! *Semperexcommunicambi*ambi-*sumers*. Tugurios-in-Newrobe or Tukurias-in-Ashies"[1768] ou seja em "*While that Mooksius* with preprocession and with proprecession, duplicitly and diplussedly, was promulgating ipsofacts and sadcontras this raskolly Gripos he had

[1761] SCHÜLER, Donaldo. *Finnegans Wake/Finnicius Revém, Livro I, Capítulos 2, 3 e 4*. Cotia: Ateliê Editorial, 2001, p. 51.

[1762] JOYCE, James. *Finnegans Wake*. Londres: Penguim Uk, 1999, p. 46.

[1763] Idem, p. 152.

[1764] Lembra-se que escrevi que Esopo, no *Wake*, virava isopor? Pois com Carroll o *Wake* pede uma licença ao escrever para *if he'd a licence* um "ifidalicence" que descontêm Alice. JOYCE, James. *Finnegans Wake*. Londres: Penguim Uk, 1999, p. 40.

[1765] CARROLL, Lewis. *Alice: Edição Comentada*. Rio de Janeiro: Jorge Zahar, 2002, p. 97.

[1766] CAMPOS, Augusto; CAMPOS, Haroldo. *Panaroma do Finnegans Wake*. São Paulo: Perspectiva, 1971, p. 84.

[1767] SCHÜLLER, Donaldo. *Finnegans Wake/Finnicius Revém, Livro I, Capítulos 5, 6, 7 e 8*. Ateliê Editorial, 2001, p. 133.

[1768] JOYCE, James. *Finnegans Wake*. Londres: Penguim Uk, 1999, p. 155.

allbust seceded in monophysicking his illsobordunates"[1769] , nada, efetivamente, diz. E por mais que se dance ou se contradance, a uva, seja lá com que uivo for, nunca se alcança pois não está aí para ser alcançada[1770].

E, como numa análise, onde o sujeito cambiante entre o lugar de agente e o lugar do Outro desfalece, quem lê o Wake por um tempo, depois de ter precisado interpretá-lo, reinscrevê-lo, rearticulá-lo precisará sacá-lo desses engramas, dessas impressões abauladas de imprecisões, pois ele já não guarda coisas[1771], ele já não oferece nenhuma convocatória a um "keykeeper"[1772] ou seeker . E não bastará, portanto, saber que "o significado é um efeito da linguagem (não uma presença por dentro ou por detrás dela)"[1773], como escreve Attridge, nem de chegar a um significante non-sense – que de tanto Lacan repetir chega a cansar pois oferece um sense – mas de ficar advertido que todos eles o são e que o sonho de encontrar alguma chave para a interpretabilidade, logicamente, se interrompe, como a frase emblemática do Wake: "The keys to."[1774].

Dessa forma, ficar a espera de um S_2 para um S_1 ou mesmo de um S_1 que agora seria sem S_2 e por isso mesmo seria fecundante de uma singularidade mostra, enfim, seu caráter charlatanesco, farmacopolesco e burlesco. Aqui é o tempo onde se saca que a plasticidade oferecida pelo simbólico, a tão elogiada elasticidade significante wakeana que se condimenta[1775] é "apotropaica"[1776] do Real, afastadora do Real e sua

---

[1769] Idem p. 156.

[1770] As referências dessa última sentença é a dança encenada em *The Mock-Turtle and the Griphon* – *"Quer me dar esta contradança? Você quer, ou não quer, quer ou não quer hoje comigo dançar?"* e a uva inalcançada, por estar verde, de *A Raposa e as Uvas*. CARROLL, Lewis. *Alice: Edição Comentada*. Rio de Janeiro: Jorge Zahar, 2002, p. 99 e ESOPO. *Fábulas*. Porto Alegre: LP&M, 1997, p. 125.

[1771] "A língua é, qualquer que ela seja, chiclete. O inusitado é que ela guarda suas coisas". LACAN, Jacques. *Seminaire L'Insu-que-Sait de L'Une-Bévue S'Aile a Mourre*, 1976-1977, aula de 11/01, s/p in http://www.valas.fr/Jacques-Lacan-l-insu-que-sait-de-l-une-bevue-s-aile-a-mourre-1976-1977 (minha tradução)

[1772] JOYCE, James. *Finnegans Wake*. Londres: Penguim Uk, 1999, p. 377.

[1773] ATTRIDGE, Derek. *Desfazendo as Palavras-Valise ou Quem tem Medo de Finnegans Wake, in Riverrun, Ensaios sobre James Joyce*. Rio de Janeiro: Imago, 1992, p. 348.

[1774] JOYCE, James. *Finnegans Wake*. Londres: Penguim Uk, 1999, p. 628.

[1775] Uso aqui a brincadeira ou o *pun* de Lacan com a expressão *"qu'on dit ment"*, o que se diz mente e "condiment", condimenta. LACAN, Jacques. *O Seminário, Livro 23, O Sinthoma*. Rio de Janeiro: Jorge Zahar Editor, 2007, p. 52.

[1776] BLACKLEDGE, Catherine. *A História da V*. São Paulo: Degustar, 2004, p. 19.

fecundidade, como escreve Clarice Lispector "no final das contas, só sufoca"[1777]. É chegada a hora onde se chama por algo além desse eterno tramar, e como escreve Orwell, se clama por um pouco de ar[1778], de ar sem par, que o analista precisa escutar! "Hark!"[1779], gritam o analisante e o Wake para seus analistas, para seus a que agora não fazem mais listas, que se tornaram, enfim, nãonalistas. Escutem o que não se escuta, escutem o que está "desamparado do tecido verbal"[1780], o analisante e o Wake pedem. Escutem!, chega de tanto se embrenhar nos encadeamentos possibilitados pelo simbólico. Escutem que chega de afirmar que "repetidas leituras não esgotam a reserva de criações joyceanas"[1781] pois é com aquilo que não se cria que efetivamente um savoir-faire poderá advir, que um saber-fazer, sem um ou dois "rewritemen"[1782] poderá imparitariamente acontecer sem que seja preciso entender, sem que seja preciso qualquer "Intendite!"[1783] ou qualquer intendente.

Dessa maneira o Real do fim de análise derroga a própria análise tornando-a, enfim, prescindível, descartável. Ele deixa evidente que "por mais que nos aprofundemos não saímos do leito do discurso"[1784] e por isso, se não queremos mais nos deitar nisso que já chamaram tão atrapalhadamente de "leito de fazer amor de transferência"[1785] precisaremos deixar de lado as profundezas, deixar de lado o Acheronte movente, o sonho de um "ex profundis"[1786] vigente . É claro que ir na direção desse real não é transcender o imaginário e o simbólico. Não é encontrar a transcendência das imagens e da linguagem mas encarar

---

[1777] LISPECTOR, Clarice. *O Lustre*. Rio de Janeiro: Francisco Alves, 1995, p. 189.

[1778] ORWELL, George. *Um Pouco de Ar, por Favor!, na Sombra de 1984*. São Paulo: Hemus, 1978.

[1779] JOYCE, James. *Finnegans Wake*. Londres: Penguim Uk, 1999, p. 403.

[1780] SCHÜLLER, Donaldo. *Finnegans Wake / Finnicius Revém*, Livro II, Capítulos 9, 10, 11 e 12. Cotia: Ateliê, 2002, p. 441.

[1781] SCHÜLER, Donaldo. *Finnegans Wake - Finnícius Revém, Livro I, Capítulo 1*. Cotia: Ateliê Editorial, 2004, p. 16.

[1782] JOYCE, James. *Finnegans Wake*. Londres: Penguim Uk, 1999, p. 59.

[1783] Em itálico, no original. JOYCE, James. *Finnegans Wake*. Londres: Penguim Uk, 1999, p. 54. Segundo Slepon o significante *intendite* pelo latim invoca atenção e pelo italiano (*intendete*) conduz a escuta e ao entendimento. SLEPON, Raphael. *Finnegans Wake Extensible Elucidation Tresury*, in http://www.fweet.org/

[1784] SCHÜLER, Donaldo. *Finnegans Wake/Finnicius Revém, Livro I, Capítulos 5, 6, 7 e 8*. Ateliê Editorial, 2001, p. 304.

[1785] QUINET, Antonio. *As 4 + 1 Condições da Análise*. Rio de Janeiro: Jorge Zahar Editor, 2009, p. 45.

[1786] JOYCE, James. *Finnegans Wake*. Londres: Penguim Uk, 1999, p. 75.

que, como escreve Miller, "a prática analítica é uma prática sem valor, na medida em que seus valores são semblantes"[1787] que, como tais, não se sustentam a não ser em seu aspecto de fachada. Ir na direção do real é verificar aquilo que limita a semblantização, a imaginarização, a simbolização que vigem inclusive no âmago do discurso psicanalítico. Ir na direção do real é se deparar com o que se inarra, com o que se apresenta como inimaginário e insimbolizável, com o que é exterior ao sentido e exterior à linguagem e, nesse limite, pois se trata de um limite, mais que produzir um savoir-faire, mais que efetuar um saber-fazer abre um espaço para um "gay sçavoir"[1788], um gaio issaber[1789], na tradução de Vera Ribeiro, que é saber jovialmente, alegremente, soltamente issoficado, um ipsum[1790] que não faz cola nem es-cola.

Destaco isso porque a clínica do Real, que vários psicanalistas não param de repetir como se fosse um lema, um lema do "último Lacan"[1791], que não param de repisar como se fosse um mantra, um mantra do "derradeiro Lacan"[1792] não é clinicar o Real. Aliás, se fosse isso se faria o que se faz normalmente pelo mundo afora, isto é, algo da ordem de uma clinicação do que sendo, para citar Kant, "noumenon"[1793], transmuta-se em número, contável, contabilizável e que, como escreve Foucault, faz uma "reorganização epistemológica"[1794] que produz, sempre, agora é Lacan quem diz, a "exclusão do real"[1795]. Mas a análise é sua inclusão entre os dizeres e os ditos, para retomar um assunto que já

[1787] MILLER, Jacques-Alain. *Perspectivas do Seminário 23 de Lacan, O Sinthoma.* Rio de Janeiro: Jorge Zahar Editor, 2009, p. 170.

[1788] LACAN, Jacques. *Televisão, in Outros Escritos.* Rio de Janeiro: Jorge Zahar Editor, 2003, p. 525.

[1789] Note-se que Lacan dialoga com o dionisíaco *Die Fröliche Wissenchaft, de* Nietzsche mas lhe propõe, mantendo-lhe o *fröhliche,* a gaicidade, um isso ao *wisse,* ao saber. NIETZSCHE, Frederich. *A Gaia Ciência.* São Paulo: Companhia das Letras, 2012.

11 [1790] *Ipsum* é e forma neutra, latina, para escrever isso. REZENDE, Antonio Martinez de; BIANCHET, Sandra Braga. *Dicionário do Latim Essencial.* Belo Horizonte: Autêntica, 2014, p. 82.

[1791] MILLER, Jacques-Alain. *Perspectivas dos Escritos e Outros Escritos de Lacan – Entre o Desejo e o Gozo.* Rio de Janeiro: Zahar, 2011, p. 10.

12 [1792] FORBES, Jorge. *Psicanálise: a Clínica do Real.* São Paulo: Manole, 2014, p. 304.

[1793] THOUARD, Denis. *Kant.* São Paulo: Estação Liberdade, 2004, p. 89.

[1794] FOUCAULT, Michel. *O Nascimento da Clínica.* Rio de Janeiro: Forense Universitária, 2013, p. 216.

[1795] LACAN, Jacques. *O Aturdito, in Outros Escritos.* Rio de Janeiro: Jorge Zahar Editor, 2003, p. 475.

desenvolvi por aqui. É um deixa entrar ao inumerável, um deixa entrar ao não enumerável.

Talvez o melhor exemplo disso seja mesmo aquele a que me referi no terceiro capítulo, vale dizer, quando ditando Finnegans Wake a Beckett, Joyce escuta baterem na porta e diz " – Entre". E Beckett que não havia ouvido a batida escreve isso, "entre". "Depois lê o que escrevera e Joyce diz: - O que é esse entre?". " – Sim, você disse isso", diz Beckett. Joyce reflete um momento e diz: " – Deixe ficar""[1796]. Pois a clínica do Real é a aceitação do acaso no ocaso do sentido ou, como Joyce dirá mais tarde, "o acaso me dá o que preciso"[1797], o que preciso sem nenhuma precisão. E deixá-lo entrar, deixá-lo fazer "enterruption"[1798] sem que ele faça liame – lembrando que um discurso é antes de mais nada um "liame social"[1799], um "liame entre aqueles que falam"[1800] – societário é atravessar o inconsciente que até então fornecia à psicanálise uma estrutura para operar.

Dito de um outro modo: se o que fazia o discurso psicanalítico era o inconsciente – é "de onde partimos"[1801], diz Lacan em Encore – ele, aqui, se parte e se desfaz e chegamos ao tempo, portanto, da defecção, do abandono, da deserção do processo interpretativo que dava forma ao que se chama comumente de psicanálise. Se, como escreve Schüler, "a busca analítica progride em leitura cuidadosa rumo ao escondido"[1802] esse entre que sem vir de Joyce ou de Beckett tão a flor da pele, tão a céu aberto deixa a sintaxe devastada. E o analista que era peça fundamental dos descortinamentos, dos desvelamentos, dos desrecobrimentos deixa de sê-lo. É nessa entrada do real como categoria impossível de dominar que "o analista encontra seu fim"[1803], seu fim inclusive como analista de si mesmo ou de sua própria experiência[1804], para lembrar de algo que Lacan evocou em 1970 . Ele, o analista, se

---

[1796] ELLMANN, Richard. *James Joyce*. Porto Alegre: Globo, 1982, p. 799.

[1797] Idem, p. 814.

[1798] JOYCE, James. *Finnegans Wake*. Londres: Penguim Uk, 1999, p. 332.

[1799] LACAN, Jacques. *O Seminário, Livro 20, Mais Ainda*. Rio de Janeiro: Jorge Zahar Editor, 1985, p. 41.

[1800] Idem, p. 43.

[1801] Idem, p. 143.

[1802] SCHÜLER, Donaldo. *Joyce era Louco?* Cotia: Ateliê Editorial, 2017, p. 176.

[1803] LACAN, Jacques. *O Aturdito*, in *Outros Escritos*. Rio de Janeiro: Jorge Zahar Editor, 2003, p. 489.

[1804] LACAN, Jacques . *Discurso na Escola Freudiana de Paris*, in *Outros Escritos*. Rio de Janeiro: Jorge Zahar Editor, 2003, p. 271.

desinstrumentaliza. E ela, a análise, como um bom fellow lhe faz follow, lhe segue o passo[1805].

Qual passo? O passo "que vai além do inconsciente"[1806], o passo que ultrapassa "o saber inconsciente que é um conjunto aberto"[1807]. O passo, portanto, que faz ruptura ao e no inconsciente por não ser passível de interpretação, como o procura dar Lacan no seminário dado em 1976-1977. Um passo além da equivocação e, consequentemente do amor que brota para aplacá-la. O que Lacan martela incessantemente em 1978 é que "o saber, o saber inconsciente, tem uma relação com o amor"[1808]. Qual? A da categoria do encontro possível. O saber inconsciente, por não ser pleno, por não ser sabedoria, implica para o falasser a suposição de plenitude, de achado e por isso precisamos dar um passo a mais, um "overstep"[1809] que implica o silêncio, o cut the bullshit já implicado na escuta lógica do analista e extremado nesse tempo final pela própria perspectiva do analisante. Para brincarmos um pouco, para fazermos algo como um "jogjoy"[1810], the talking cure ou como se expressa Joyce, the "talk save"[1811] vira aqui the cure is no talk furado and the save is not in the words. Ou, mais explicitamente, falar não faz cura à ex-sistência e mesmo que por inadvertência, vale a pena citar Carpeaux quando escreve que "SILENCE" é a última palavra de Finnegnas Wake".[1812] Não é, literalmente, mas poderia ser pois é no Real que se faz silêncio, "silêncio que não é mudez"[1813]. É no real que se se depara com, teria dito Eliot sobre Joyce, "a futilidade de todo estilo"[1814] falante. É no real

---

[1805] Freud chama isso de "trabalho conjunto". FREUD, Sigmund. *Análise Terminável e Interminável,* in *Edição Standard Brasileira das Obras Psicológicas Completas de Sigmund Freud,* Volume XXIII. Rio de Janeiro: Imago, 1987, p. 268.

[1806] LACAN, Jacques. *Seminaire L'Insu-que-Sait de L'Une-Bévue S'Aile a Mourre,* 1976-1977, aula de 14/12, in http://www.valas.fr/Jacques-Lacan-l-insu-que-sait-de-l-une-bevue-s-aile-a-mourre-1976-1977 (minha tradução)

[1807] LACAN, Jacques. *Os Não-Tolos Erram / Os Nomes-do-Pai, Seminário 1973-1974.* Porto Alegre: Editora Fi, 2018, p. 113.

[1808] LACAN, Jacques. *Propos sur L'Hysterie, Intervention de Jacques Lacan à Bruxelles,* 26/02/1977, s/p, in http://ecole-lacanienne.net/wp-content/uploads/2016/04/1977-02-26.pdf (minha tradução).

[1809] JOYCE, James. *Finnegans Wake.* Londres: Penguim Uk, 1999, p. 16.

[1810] Idem, p. 245.

[1811] Idem, p. 341.

[1812] CARPEAUX, Otto Maria. *História da Literatura Ocidental,* vol. 4. São Paulo: Leya, 2011, p. 2581. Não é, pois "SILENCE", com letra maiúscula, aparece no Livro III, na página 501.

[1813] CESAR, Ana Cristina. *Poética.* São Paulo: Companhia das Letras, 2013, p. 95.

[1814] O'BRIEN, Edna. *James Joyce.* Rio de Janeiro: Objetiva, 1999, p. 117.

que a idéia de que "o estilo é o próprio homem"[1815] sucumbe ao próprio peso pois sequer há, nele, homem ou mulher e como o mesmo Lacan diz, agora sem Buffon, ser homem ou mulher é sempre uma questão de discurso[1816] e, no Real, foi como acabei intitulando esse capítulo, o discurso, colocado em krisis, com Joyce, em "joysis"[1817], é derrocado.

E com a derrocada desse discurso, com "o cerramento de uma experiência estruturada como um discurso"[1818] que mais se pareceu, se percebe agora, com uma espécie de "PROLEGO-MENA TO IDEAREAL HYSTORY"[1819] sem história averiguável e sem idéias e ideais sustentáveis sobra ao nãonalista o trabalho de testemunhar o arranjo que o então nãonalisante faz não de seu sinthoma que por portar sinn[1820] ainda é sentido. Nem de um saber lidar com o inconsciente, que, se reduz o sinthoma[1821] por uma questão absolutamente algébrica, já foi deixado para trás por sua equacionabilidade. Mas um testemunhar aquilo que da vida irrompe sem aviso e sem semblante como impossível. O analista, então passa, a testemunhar o cabal "des-ser"[1822], mas não sem antes, des-serterpretar, des-sinnterpretar.

10   A DES-INTERPRETAÇÃO TESTEMUNHADA[1823]

[1815] LACAN, Jacques. *Abertura desta Coletânea*, in *Escritos*. Rio de Janeiro: Jorge Zahar Editor, 1998, p. 09.

[1816] LACAN, Jacques. *O Seminário, Livro 23, O Sinthoma*. Rio de Janeiro: Jorge Zahar Editor, 2007, p. 147.

[1817] JOYCE, James. *Finnegans Wake*. Londres: Penguim Uk, 1999, p. 395.

[1818] LACAN, Jacques. *Os Não-Tolos Erram / Os Nomes-do-Pai, Seminário 1973-1974*. Porto Alegre: Editora Fi, 2018, p. 245.

[1819] Em caixa alta, no original. JOYCE, James. *Finnegans Wake*. Londres: Penguim Uk, 1999, p. 262.

[1820] Frege, procurando fazer uma distinção entre sentido e referência separa para o primeiro o significante *sinn* e para o segundo *bedeutung*. Para maiores detalhes ver MIRANDA, Sérgio R. N. *O artigo "Sobre o sentido e a referência" de Frege* , in http://www.repositorio.ufop.br/bitstream/123456789/5385/1/ARTIGO_ArtigoSobre Sentido.pdf

[1821] LACAN, Jacques. *Seminàire L'Insu-que-Sait de L'Une-Bévue S'Aile a Mourre*, 1976-1977, aula de 15/02, s/p in http://www.valas.fr/Jacques-Lacan-l-insu-que-sait-de-l-une-bevue-s-aîle-a-mourre-1976-1977 (minha tradução).

[1822] LACAN, Jacques. *Proposição de 9 de Outubro de 1967 sobre o Psicanalista da Escola*. Rio de Janeiro: Jorge Zahar Editor, 2003, p. 259.

[1823] Há uma controvérsia sobre a origem do significante testemunhar pois alguns estudiosos afirmam que ela vem de *testiculu* (testículo) e refere-se ao gesto de levar a mão a coxa e assim fazer um juramento. Outros indicam que ele deriva de *tristis* e

297

"Também tentei, e tentei de novo, entender!"
Samuel Beckett[1824]

"Descia repetindo ao gritos uma palavra impossível".
Glauber Rocha[1825]

"Nunca vi um fanático com senso de humor ou então
alguém com senso de humor se tornar um fanático"
Amós Oz[1826]

A interpretação é, para a psicanálise e desde pelo menos 1900, uma *deutung*[1827] perolada. Tão perolada que análise e interpretação são, nela, pergolados sinônimos e mesmo que Lacan diga , num esforço enorme, que ela "não é a interpretação do sentido, mas jogo com os

---

que o processo testemunhal invoca um tri, um terceiro. Contudo, aqui, uso-o como derivado do latim *testis* que literalmente designa teste. COROMINAS, Joan. *Breve Diccionario Etimológico de La Lengua Castellana*. Madrid: Editoial Gredos, 1987, p. 567.
[1824] BECKETT, Samuel. *Murphy*. São Paulo: Cosac Naify, 2013, p. 19.
[1825] ROCHA, Glauber. *Riverão Sussuarana*. Florianópolis: UFSC, 2012, p. 172.
[1826] OZ, Amós. *Como Curar um Fanático*. São Paulo: Companhia das Letras, 2016, p. 89.
[1827] "*Deutung* quer dize sentido". LACAN, Jaques. *Os Não-Tolos Erram/Os Nomes do Pai*, Seminário 1973-1974. Porto Alegre: Fi, 2018, p. 33.

equívocos"[1828] e que "o equívoco comporta a abolição de sentido"[1829] ela, que Freud também chamará, por vezes de "interpretieren"[1830] sempre descamba para, como escreve Hanns, a "descoberta dos sentidos não evidentes, dos significados adicionais"[1831].

Lacan, de fato, procura lhe dar um outro estatuto, como por exemplo ao dizer, em Yale, que "a interpretação analítica não é feita para ser compreendida, é feita para produzir vagas"[1832], vagas como as do mar e que rompam com a compreensibilidade estável do continente mas ei-la, mesmo que equivocante e depois de bater com força na praia, invadindo, invariavelmente, a orla, deixando na areia algo para se pescar ou catar com as mãos que remetendo sempre a outra coisa reafirma e reconduz o processo.

Pois é também isso que se faz com o *Wake*. Se o considera opaco – como se toda a literatura não o fosse[1833] – obscuro, desalumiado e eis seu leitores a fazerem da interpretação, como diz Foucault, "um procedimento interminável"[1834] sempre supondo, pois não se a pode dissociar da linguagem, que aquilo que se achou refere-se a algo mais elementar e que se pode ir cada vez mais perto daquilo que o causou. Mais perto e, no entanto, tão mais longe!

Quer um exemplo disso? E mais, um exemplo que mostra que, como diz Lacan em Nice, "o real não tem nenhuma espécie de sentido"[1835] e se é para tê-lo, falo do sentido, tudo vale?

[1828] LACAN, Jacques. *O Seminário, Livro 20, Mais, Ainda.* Rio de Janeiro: Jorge Zahar Editor, 1985, p. 31.

[1829] LACAN, Jacques. *A Terceira,* in *Cadernos Lacan,* Volume 2 (Publicação não comercial). Porto Alegre: APOA, 2002, p. 66.

[1830] HANNS, Luiz. *Dicionário Comentado do Alemão de Freud.* Rio de Janeiro: Imago, 1996, p. 292.

[1831] Idem, p. 285

[1832] LACAN, Jacques. *Entrevista com os Estudantes na Yale University em 24 de Novembro de 1976,* in *Lacan in North Armorica.* Porto Alegre: Editora Fi, 2016, p. 53.

[1833] "A literatura se define precisamente por uma espécie de opacidade". BARTHES, Roland. *Algo Novo na Crítica,* in *Inéditos, vol. 1 – Teoria.* São Paulo: Martins Fontes, 2004, p. 24.

[1834] FOUCAULT, Michel. *Nietzsche, Freud, Marx,* in *Arqueologia das Ciências e História dos Sistemas de Pensamento.* Rio de Janeiro: Forense Universitária, 2005, p. 76.

[1835] LACAN, Jacques. *Conférence: De James Joyce Comme Symptôme, prononcée au Centre Universitaire Méditerranéen de Nice,* 24/01/1976, s/p, in http://ecole-lacanienne.net/wp-content/uploads/2016/04/1976-01-24.pdf(minha tradução).

Aqui vai um, então, que um eminente estudioso da obra joyceana, diante de uma carta escrita por Jim[1836] a Nora – pois tudo o que se refere a Joyce parece ter a necessidade de interpretação, uma inevitabilidade de "escre(ver)"[1837] o que não se vê nem se escreve[1838] – nos oferece:

> Guia-me, minha santa, meu anjo (...) Meu corpo logo estará penetrando no teu. Ó, se minha alma também o pudesse! Se eu pudesse me aninhar em teu útero, como uma criança gerada de tua carne e de teu sangue, ser alimentado pelo teu sangue, dormir na cálida e secreta escuridão de teu corpo![1839]

E Chester G. Anderson interpreta:

> Na carta a identidade de Joyce está curiosamente centrada em seu pênis, que é também, ao mesmo tempo, seu filho, seu filho e ele mesmo, enquanto Nora é ela mesma e sua mãe, de forma que a fantasia de incesto é duas vezes dobrada, em seguida elevada a poderes mais altos pelos componentes religioso e patriótico[1840].

Não temos aí, mesmo que confusamente, "um dito esclarecedor"[1841], que é como Lacan define a interpretação em *La* <u>Direction de la Cure</u>?

[1836] De acordo com Brenda Maddox a única pessoa que podia e chamava James Joyce de Jim era Nora. MADDOX, Brenda. *Nora: Uma Biografia de Nora Joyce.* São Paulo: Martins Fontes, 1991, p. 230.

[1837] OTERO, Ana Flávia Ribeiro. *Escre(ver) Ulysses: a escritura de Joyce atravessada pela visão*, in http://repositorio.unb.br/handle/10482/21202

13   [1838] Nessa linha de raciocínio o poeta irlandês Billy Mills, para o jornal britânico *The Guardian*, escreve, com muita razão, que o *Wake* "is a book more written about than read", um livro mais escrito do que lido. MILLS, Billy. *Finnegans Wake – The Book the Web was Invented For*, in https://www.theguardian.com/books/booksblog/2015/apr/28/finnegans-wake-james-joyce-modern-interpretations

[1839] ANDERSON, Chester G. *Vidas Literárias: James Joyce.* Rio de Janeiro: Jorge Zahar Editor, 1989, p. 76.

[1840] Idem, Ibidem,

Ou melhor, uma pura inventividade, florescente e fosforescente, já que só há clareza para a invencionice e que é, nessa empreitada metatextual e até hipertextual[1842], uma charlatanice, como escrevi acima, pois procura enxertar sentido, um sentido que cá entre nós apenas repete a dicotomia, estereotipada e cristã, da puta e da santa, da prostituta e da mãe que faz Freud, escrever, por exemplo, *Um Tipo Especial de Escolha de Objeto Feita pelos Homens[1843]* e na sequência *Sobre a Tendência Universal à Depreciação na Esfera do Amor[1844]*, todos os dois completamente imersos nessa chave de leitura global que para ele é o Édipo. Mas dicotomizar a mulher nesses pólos não é chover num molhado datado[1845] e bastante digno de suspeição[1846]? E isso está, mesmo, na carta? Ou há, da parte de Chester um encherstamento? E esse todo Joyce pênis? É mesmo possível pensá-lo em "meu corpo logo estará penetrando no teu. Ó, se minha alma também o pudesse!"[1847] ? Ou

---

[1841] LACAN, Jacques. *A Direção do Tratamento e os Princípios do seu Poder*, in *Escritos*. Rio de Janeiro: Jorge Zahar Edito, 1998, p. 599.

[1842] David Gold afirmou que *Ulisses* constituía "o perfeito objeto para o estudo do hipertexto". Se *Ulisses* se prestava e ainda se presta a isso, imagine o *Wake*, com suas palavras dobradas e redobradas e seu "unnecessary attention to errors"! GOLD, David. *Ulysses: A Case Study in the Problems of Hypertextualization of Complex Documents*. Computers,Writing, Rhetoric and Literature. Ejournal, v. 3 (1977): http:www.cwrl. utexas.edu, p. 01 (minha tradução) e JOYCE, James. *Finnegans Wake*. Londres: Penguim Uk, 1999, p. 120.

[1843] FREUD, Sigmund.*Um Tipo Especial de Escolha de Objeto Feita pelos Homens - Contribuições à Psicologia do Amor I*, in *Edição Standard Brasileira das Obras Psicológicas Completas de Sigmund Freud* Volume *XI*. Rio de Janeiro: Imago, 1987.

[1844] FREUD, Sigmund. *Sobre a Tendência Universal à Depreciação na Esfera do Amor - Contribuições à Psicologia do Amor II*, in *Edição Standard Brasileira das Obras Psicológicas Completas de Sigmund Freud Volume XV*. Rio de Janeiro: Imago, 1987.

[1845] Ercília Nogueira Cobra já em 1924 (os artigos de Freud supracitados são de 1910 e 1912, respectivamente) e aqui no Brasil, chamou o dilema do macho entre a mãe e a prostituta de "desgastado" e de "ultrapassado". COBRA, Ercília Nogueira. *Virgindade Anti-higiênica - Preconceitos e convenções hipócritas*. São Paulo: Ed. da Autora, 1924, p. 56.

[1846] Como escreve Mary Del Priori, com "uma linguagem renovada, a psicanálise acabava por justificar os papeis prescritos pela sociedade para as mulheres" – sociedade eminentemente cristã – e que "separava as mulheres puras das impuras". O tom, pretérito, claro, precisa ser ouvido, inclusive por aqueles que fazem, dele, profissão. PRIORI, Mary Del. *Histórias íntimas - Sexualidade e Erotismo na História do Brasil*. São Paulo: Planeta, 2011, p. 122 e 125.

[1847] ANDERSON, Chester G. *Vidas Literárias: James Joyce*. Rio de Janeiro: Jorge Zahar Editor, 1989, p. 76.

em "ser alimentado pelo teu sangue, dormir na cálida e secreta escuridão de teu corpo![1848]? Há, na "penisole"[1849] de Joyce uma *penis-soul[1850]* ou temos de tomar as declarações de Anderson como um "insoult"[1851] inventado, "invented"[1852]? E essa idéia de incesto com quem sempre lhe foi "pr*incest*"[1853] ? Ela é viável mesmo que Joyce lhe insira um *bug* "insetuoso"[1854] que salta como um grilo assim que tentamos pegá-lo? Teríamos de ser muito crédulos para aceitarmos tais elucubrações pois, como lemos no *Wake* "the meaning of every word" – o sentido de cada palavra – "of a phrase" – de uma frase – "so far deciphered" – que até agora foi decifrado – "out of it"[1855], o foi fora dela pois nela não há nada a não ser se lhe padronizam, se lhe fazem *standard*, nesse caso "Standerson"[1856].

Agora veja o que colhi no blog chamado *Joyce's Book of the Dead*, num texto intitulado *10 Alternatives to the Dream Interpretation of Finnegans Wake*[1857]. Vamos a elas:

> The "rare view" is the view from behind, and Beckman shows the ubiquity of this view of things and people in a variety of guises and glimpses throughout *Finnegans Wake* — an "exercise in getting things backwards" — concluding that Joyce aimed to induce the epistemological (Kant, Hume, Berkeley) perspective of skepticism as the truth of things and people and as the source of an ethical freedom that triumphs over dogmatism.

[1848] Idem, Ibidem.

[1849] JOYCE, James. *Finnegans Wake*. Londres: Penguim Uk, 1999, p. 622. Península, em italiano e que, desmembrada, faz surgir não o *pene,* da língua de Dante, mas o *penis,* da de Joyce.

[1850] Penis-alma, que escrevi em inglês para soar com *penisole*.

[1851] JOYCE, James. *Finnegans Wake*. Londres: Penguim Uk, 1999, p. 10. Um insulto (*insult*) com alma (*soul*).

[1852] Idem, p. 374, 423 e 605.

[1853] Idem, p. 254 e 397. O itálico é meu.

[1854] BURGESS, Anthony. *Homem Comum Enfim: Uma Introdução a James Joyce para o Leitor Comum*. São Paulo: Companhia das Letras, 1994, p. 220.

[1855] JOYCE, James. *Finnegans Wake*. Londres: Penguim Uk, 1999, p. 118.

[1856] Idem, p. 413.

[1857] Joyce's Book of the Dead. 10 Alternatives to the Dream Interpretation of Finnegans Wake, in https://billhord.wordpress.com/2015/03/10/10-alternatives-to-the-dream-interpretation-of-finnegans-wake/

Ele tira essa idéia, sem necessariamente compactuar com ela, do livro de Richard Beckman, *Joyce's Rare View: The Nature of Things in Finnegans Wake*[1858], publicado em 2007 pela University Press of Florida. Se nota, então, que para Beckman Joyce, com o *Wake,* queria induzir uma perspectiva epistemológica (baseada em Kant, Hume e Berkeley) do ceticismo como a verdade das coisas e das pessoas e como a fonte de uma liberdade ética que triunfa sobre o dogmatismo. Mas Joyce era cético? E seu *Wake* foi escrito para ser empiricamente ético? Parece que com Beckman, mesmo que se encontrem paralelismos com Kant, Hume ou Berkeley, ainda estamos "out of it" e como escreve Johnson, "fora dos limites da página escrita as histórias tornam-se maleáveis"[1859].

E o que nos oferece, na sequência, <u>10 Alternatives to the Dream Interpretation of Finnegans Wake</u>? Baseado em *The Ethics of Love: An Essay on James Joyce*[1860], de Benjamin Boysen, ele nos dá o seguinte resumo:

> Boysen shows that Joyce, writing self-consciously in our post-metaphysical time, offered a fully human ethics of love. In the second half of this long book — the part of it devoted to *Finnegans Wake —* Boysen draws on 20th-century philosophy to argue that Joyce shows how love of the radically other in a world where metaphysical certainties are absent is the performative core of *FW*[1861].

Interpretação curiosa, já que Boysen pleiteia, então e para o *Wake* um "núcleo performativo", que irradia de seu centro uma elocubração ética sem Schopenhauer[1862], uma espécie de ária ao amor físico e

---

[1858] BECKMAN, Richard. *Joyce's Rare View: The Nature of Things in Finnegans Wake*. Florida: University Press of Florida, 2007.
[1859] JOHNSON, Celia Blue. *Conversando com Mrs. Dalloway*. Rio de Janeiro: Casa da Palavra, 2013, p. 59.
[1860] BOYSEN, Benjamin. *The Ethics of Love: An Essay on James Joyce*. Denmark: University Press of Southern Denmark, 2013.
[1861] FW, ou seja, *Finnegans Wake*. Outros autores que evocarei aqui também o nomeiam, você verá, assim.
[1862] SCHOPENHAUER, Arthur. *A Metafísica do Amor*. São Paulo: Coisas de Ler, 2006.

demasiadamente humano, sem laivos transcendentes "em um mundo onde as certezas metafísicas estão ausentes". Aí está mais uma *deutung* invadindo o *Wake*. Uma *deutung* que encontra um centro feito de "physical life"[1863]anti "motophosically"[1864] para o que não se concentra.

Na sequência temos acesso a síntese feita sobre o livro *Narrative Design in Finnegans Wake: The Wake Lock Picked*[1865], de Harry Burrell:

> Burrell believes the "simple text" that is the key to the meaning of Finnegans Wake is the Bible, and particularly Genesis 3, involving four central characters: God, Adam, Eve, and the Serpent. Joyce has thus re-written the Bible, and in his version (FW), the vengeful God "is vanquished, buried, and replaced by a Mother Goddess, who foils death by sex and procreation".

Essa interpretação é mais curiosa ainda, pois Burrell encontra no *Wake* uma re-escrita da *Bíblia*, particularmente da parte, no *Gênesis*, dedicada a Deus, Adão, Eva e a serpente até o ponto em que escreve que o Deus vingativo, o Deus que é organizado por uma "feroz ignorância"[1866], "é vencido, sepultado e substituído por uma Deusa Mãe, que frustra a morte por meio do sexo e da procriação". Diante dos devaneios que fazem do *Wake* uma nova teologia[1867] faço das palavras do próprio *Wake* as minhas: "That was what?"[1868] "With for what?"[1869]

E o que encontra Barbara DiBernard, com seu *Alchemy and Finnegans Wake*[1870]?

[1863] JOYCE, James. *Finnegans Wake*. Londres: Penguim Uk, 1999, p. 35.

[1864] Idem, p. 319.

[1865] BURRELL, Harry. *Narrative Design in Finnegans Wake: The Wake Lock Picked*. Florida: University Press of Florida, 1996.

[1866] JULIEN, Philippe. *O Estranho Gozo do Próximo – Ética e Psicanálise*. Rio de Janeiro: Jorge Zahar Editor, 1996, p. 144.

[1867] BURRELL, Harry. *Narrative Design in Finnegans Wake: The Wake Lock Picked*. Florida: University Press of Florida, 1996, p. 07.

[1868] JOYCE, James. *Finnegans Wake*. Londres: Penguim Uk, 1999, p. 19.

[1869] Idem, p. 145.

[1870] DIBERNARD, Barbara. *Alchemy and Finnegans Wake*. New York: State University of New York Press, 1980.

> *Finnegans Wake* is not about alchemy, though
> Joyce consciously used the language of alchemy,
> says DiBernard, but a "rubbish heap" which its
> alchemist-author transforms into a work of art
> through the joining of opposites. As such,
> the *Wake* compensates for the onesidednesses of
> existence, consciousness, and the unconscious; of
> Christian dogma; of the physical and the spiritual;
> of the literal and the symbolic; and of the mythical
> and the archetypal.

A professora emérita da Universidade de Nebraska vai, como se dá a ler no trecho recortado, numa direção amplamente diferente da de Burrell, se bem que em certos trechos ande junto com Boysen, por exemplo, ao afirmar que, numa frase que junta de tudo um pouco, o *Wake* "compensa as parcialidades da existência, da consciência e do inconsciente; do dogma cristão; do físico e do espiritual; do literal e do simbólico; e do mítico e do arquetípico". Mas o ponto mais importante de sua interpretação provavelmente seja o de que Joyce faz arte do lixo, de um "monte de lixo" ("rubbish heap"). Isso não casa com a leitura que Lacan faz de Joyce, por exemplo? Com a leitura de Lacan e mais de tantos outros que já destaquei aqui? Mas se faz, mesmo, algo com o lixo? Há mesmo "spiceries for her (for his, for my, for this, for those, for their)[1871] garbage"[1872]?

Não é demais lembrar da carta desenterrada do "fatal midden or chip factory or comicalbottomed copsjute (dump for short)"[1873] pela galinha Biddy Doran ou "Belinda of the Dorans"[1874]. Como escreve Amarante, ela, a carta, "é analisada à exaustão ao longo de todo o romance sem que se consiga chegar a uma conclusão a respeito de seu conteúdo, ou mesmo de seu real autor"[1875], quer dizer, da carta no lixo, da carta do lixo ninguém faz efetivamente nada a não ser uma falácia, uma fala e Cia, limitada, evidentemente, pelo ardil retórico que morde, em *retour*, em "retourious"[1876] sempre o próprio rabo e "nunca é

[1871] Acréscimo meu.

[1872] JOYCE, James. *Finnegans Wake*. Londres: Penguim Uk, 1999, p. 550.

[1873] Idem, p. 110. Na tradução de Schüler, "fatal monturo de entulho ou de lascas de indústria ou estanho montão de esterco (lixo pra ser breve)". SCHÜLER, Donaldo. *Finnegans Wake/Finnicius Revém, Livro I, Capítulos 5, 6, 7 e 8*. Ateliê Editorial, 2001, p. 25.

[1874] JOYCE, James. *Finnegans Wake*. Londres: Penguim Uk, 1999, p. 110.

[1875] AMARANTE, Dirce Waltrick do. *James Joyce e seus Tradutores*. São Paulo: Iluminuras, 2015, p. 68.

concluído"[1877] já que é disso, desses "drawbreeches", desses aspiradores desenhos bundanos[1878] que se alimentam. Pelo jeito tudo é válido no campo da interpretação. E todo o cuidado é pouco com ela pois, ela, pode facilmente descambar para o empetramento, no inter, de um sentido que na verdade não passa do lugar de um hiato inexorável, de um lapso incosturável. Ela se quer como uma ordem sub e nisso faz subordinação e subornação para aqueles que Beckett chama de "traficantes de analogias"[1879] Por isso, por Isso, ela deve cair!

Se não cai, para retomar as *10 Alternatives to the Dream Interpretation of Finnegans Wake*, dá em mais isso:

> Epstein's chapter-by-chapter guide (...) is built around the idea that the Wake culminates in "a complete act of love" between feminine Nature and masculine Spirit. All the characters in the book are aspects of these two principles. Epstein argues that the setting for this dramatic action is first described in the spatial first book before it is dramatized in the temporal second and third (and part of the fourth) books, a flow that matches the tidal ebb and flow of the Liffey.

E eis Edmund L. Epstein – que também publicou *The Ordeal of Stephen Dedalus: The Conflict of the Generations in James Joyce's A Portrait of the Artist as a Young Man*[1880], para demonstrar o conflito de gerações no *Retrato* – com seu *A Guide Through Finnegans Wake*[1881] encontrando a relação sexual que sabemos inexistir. Ele vê, inter-vê(m) no *Wake* um "ato completo de amor entre a natureza feminina e os espírito masculino" – porque há na mulher natureza e no homem espírito

---

[1876] JOYCE, James. *Finnegans Wake*. Londres: Penguim Uk, 1999, p. 340.

[1877] SCHÜLER, Donaldo. *Finnegans Wake/Finnicius Revém, Livro I, Capítulos 5, 6, 7 e 8*. Ateliê Editorial, 2001, p. 63.

[1878] Em referência a *draw*, que tanto designa desenhar como aspirar e *breech*, que refere-se a bunda, nádega, rabo.

[1879] BECKETT, Samuel. *Dante... Bruno. Vico... Joyce, in Riverrun, Ensaios sobre James Joyce*. Rio de Janeiro: Imago, 1992, p. 323.

[1880] EPSTEIN, Edmund L. *The Ordeal of Stephen Dedalus: The Conflict of the Generations in James Joyce's "A Portrait of the Artist as a Young Man"*. Illinois: Southenr Illinois UN, 1973.

[1881] EPSTEIN, Edmund L. *A Guide Through Finnegans Wake*. Florida: University Press of Florida, 2009.

fica inexplicado – e cai na tradicional interpretação da união entre o rio Liffey, que percorrendo 125 km pelos condados de Wicklow, Kildare e Dublin – principalmente por Dublin, se pensamos no dublinense Joyce – deságua no Mar da Irlanda. Epstein ver-e-fica, então, uma "reconjungation"[1882] uma re-com-Jung-ação entre *Anima* e *Animus* e temos o *Wake* como uma "cura da dissociação"[1883], como a cura da falha, do muro, do precipício que há entre o homem e a mulher. Pelo visto o celebrado estudioso de Joyce esqueceu-se de que o *Wake* põe em cheque tal encontrabilidade ao perguntar se a Co-Educação de Animus e Anima é Totalmente Desejável, se "Is the Co-Education of Animus and Anima Wholly Desirable?"[1884]. As runas e ruínas, do *Wake*, "desafiam decifradores"[1885].

E nesse tom de desafio, mirado muitas vezes de cima de um "Belvedarean"[1886] eis que Finn Fordham, praticando uma muito mais bem vinda "folisophie"[1887] toca o solo com seu *Lots of Fun at Finnegans Wake: Unravelling Universals[1888]* e desenrola ou desvenda que no *Wake* não há desvendamento de nada e as categorias universais perdem a sua sustentação não porque ele flerta com o caos mas, sim, porque resiste a totalizações, a interpretações totalizantes.

> Fordham applies "genetic exegesis" to the Wake and finds in its "spirit of diversity, divagation, and digression" — reflecting Joyce's methods of composing — a process in which the universals established through correspondence and repetition are through revision "unraveled." The outcome of

---

[1882] JOYCE, James. *Finnegans Wake*. Londres: Penguim Uk, 1999, p. 143. O itálico é meu.

[1883] JUNG, Carl Gustav. *O Homem e seus Símbolos*. Rio de Janeiro: Nova Fronteira, 2008, p. 129.

[1884] JOYCE, James. *Finnegans Wake*. Londres: Penguim Uk, 1999, p. 307.

[1885] SCHÜLER, Donaldo. *Finnegans Wake / Finnicius Revém*, Livro II, Capítulos 9, 10, 11 e 12. Cotia: Ateliê, 2002, p. 217.

[1886] JOYCE, James. *Finnegans Wake*. Londres: Penguim Uk, 1999, p. 205. "Belvedarean" contêm belvedere (torre de observação) e *dare*, que traduz-se comumente por desafio.

[1887] LACAN, Jacques. *O Seminário, Livro 23, O Sinthoma*. Rio de Janeiro: Jorge Zahar Editor, 2007, p. 124. *Folisophie*, que soa com *folie*, loucura. Na tradução de Sérgio Laia está "loucusofia" mas, muito mais simples e sem esse ar de latim, seria melhor vertido para loucosofia.

[1888] FORDHAM, Finn. *Lots of Fun at Finnegans Wake: Unravelling Universals*. Oxford: Oxford University Press, 2007.

this unraveling is not, Fordham suggests, simple chaos, but rather "a popular mass uprising" in which details and difference arise — "Finnegans [do] Wake" — to resist any totalization (or totalizing interpretation).

Ponto importante pois é o mesmo que dizer é que não há tesouros no *Wake,* seja qual for a exegese aplicada. Aliás, a exegese seria mesmo uma "epexegesis"[1889] que no dizer de Slepon, por esse *ep,* se furta a qualquer explanação[1890]. O *Wake* não seria, então, um livro para *gourmets* que apreciam iguarias raras, que gostam de "spiceries" – usei esse significante a pouco – de especiarias apimentadas. E por esse viés ele se insurgiria, faria o que Fordham chama de *uprising* contra e no limite qualquer interpretação. Sua interpretação seria, então, impossível já que o inter supõe e impõe um Outro e esse Outro não haveria. E é por isso que ele, o *Wake*, precisa interessar aos psicanalistas, tão crentes numa *arrière pensée[1891]* pois lhe revelaria que interpretar, na psicanálise também, é absolutamente impossível. Desse modo a psicanálise passaria a uma prática do desentendimento, do incompreendimento, do dessaber. E o analista desinterpretaria não para, como preconiza Miller, preservar o "lugar do que não se diz"[1892], o que sempre sugere sua colocação de lado, seu ausentamento, mas para incitar o *trumains[1893]* à ascenção a esse lugar, não como quer Soler em seu *Interpretação: as Respostas do Analista,* de um "dizer nada"[1894] mas um nada dizer .Voltarei a isso em breve pois ainda quero argumentar com as 4 *Alternativas para a Interpretação do Sonho ou do Sonho da Interpretação de Finnegans Wake* que ainda restam.

Vou direto a mais estapafúrdia de todas, vale dizer, aquela que supõe ou mesmo impõe ao *Wake* uma base nas ritualísticas pré-cristãs e druídas realizadas na antiga capital da Irlanda, Tara, no tempo da

---

[1889] JOYCE, James. *Finnegans Wake.* Londres: Penguim Uk, 1999, p. 511.

[1890] SLEPON, Raphael. *Finnegans Wake Extensible Elucidation Tresury*, in http://www.fweet.org/cgi-bin/fw_grep.cgi?srch=exegesis&cake=&icase=1&accent=1&beauty=1&hilight=1&t scope=1&rscope=1&dist=4&ndist=4&fontsz=100&shorth=0

[1891] Segunda intenção, intenção não manifestada mas manifestável.

[1892] MILLER, Jacques-Alain. *Silet.* Rio de Janeiro: Jorge Zahar, 2005, p. 91.

[1893] LACAN, Jacques. *O Momento de Concluir*, Seminário 25, aula de 17/01/1978, s/p in http://www.psicomundo.org/lacan/textos.htm

[1894] SOLER, Colette. *Interpretação: as respostas do analista.* In: *Opção Lacaniana.* São Paulo: Eolia, 1995, v.13, p. 31.

desinvestidura e do falecimento do rei num evento chamado de Teamhur Feis que, como tal sequer é evocado no livro de Joyce. Eis o resumo do que Gibson escreve:

> Gibson argues that FW enacts the ancient pre-Christian Irish/Druidic rituals carried out at Tara — the Teamhur Feis — and that FW focuses on the rituals and Patrick's cooptation of those rituals to introduce Christianity into Ireland: "the Teamhur Feis is the secret structure of Finnegans Wake, and Finnegans Wake is James joyce's deliberate re-creation of the most important and sacred event of Irish paganism".

Gibson é daqueles que procuram – e acham, o que é pior – a estrutura secreta do *Wake*. Ele faz isso no *Wake Rites: The Ancient Irish Rituals of Finnegans Wake*[1895] e se poupo o leitor dos detalhes desse evento ocorrido em 433 d.C envolvendo São Patrício e o confrontado Arquidruida da Irlanda é porque não vale à pena se debruçar sobre uma afirmação tão impersuadível como a de que, para "Joyce, the most crucial moment in all of Irish history and the climactic and talismanic point in his own magnum opus are one and the same"[1896].

Passo então ao utilitarismo de Hofheinz em *Joyce and the Invention of Irish History: Finnegans Wake in Context*[1897] que sintetizado por *Joyce's Book of the Dead* pleiteia o seguinte:

> Hofheinz argues for the usefulness of FW, by showing not that it is a narrative of Irish history, but rather that in it Joyce portrays the conflicted nature of historiography itself — "history as invention" — with Irish history as

---

[1895] GIBSON, George Cinclair. *Wake Rites: The Ancient Irish Rituals of Finnegans Wake*. Florida: University Press of Florida, 2005.

[1896] GIBSON, George Cinclair. *Wake Rites: The Ancient Irish Rituals of Finnegans Wake*. Florida: University Press of Florida, 2005, Apud GOLD, Moshe. *Irish Rituals & The Wake*, in https://muse.jhu.edu/article/220191/summary . Tradução: para Joyce, o momento mais crucial em toda a história irlandesa e o ponto culminante e talismânico em sua própria obra magna são uma só e mesma coisa.

[1897] HOFHEINZ, Thomas C. *Joyce and the Invention of Irish History: Finnegans Wake in Context*. Cambridge: Cambridge University Press, 1995.

his exemplar. In this way, Hofheinz proposes, Joyce prepared for us readers a deeply human space of insight into the nature of "history" and historical narrative in general.

Traduzo, porque ao contrário do mítico, místico e – porque não? - mitomaníaco George Cinclair Gibson, o professor da Universidade do Texas diz coisas interessantes e que me sevirão – assim como as de Fordham – mais para frente: Hofheinz defende a utilidade do FW, mostrando não tanto que seja ele uma narrativa da história irlandesa mas sim que Joyce retrata a natureza conflituosa da própria historiografia – "a história como invenção" – tendo a história da Irlanda como seu exemplo. Dessa forma, propõe Hofheinz, Joyce preparou para nós leitores um espaço profundamente humano de percepção da natureza da "história" e da narrativa histórica em geral.

O que me interessa, particularmente nessa leitura de Hofheinz, é a ênfase que ele dá a história, à partir do *Wake*, não mais, como consta nos manuais historiográficos, como algo ocorrido e por isso mesmo verídico e fidedigno mas como algo criado e recriado, criável e recriável. Joyce, escreve <u>Mary Lowe-Evans</u> sobre o trabalho de Hofheinz "nos equipa" – aí está o *usefulness* – "com as ferramentas para desmontar toda a história"[1898] e, dessa maneira, "desestabiliza os modos habituais de interpretar a história" – desestabiliza, dessaranja, desordena a história – "e permite aos leitores interrogar as "testemunhas" tradicionais dos fenômenos históricos vivenciados coletivamente e ao mesmo tempo questionar os chamados "fatos" – a fatualidade vira fatuidade no *Wake* – "de sua própria existência histórica privada"[1899]. Isso tem força ou não tem?

Pergunto porque, para citar Lacan, fica evidente que "a categoria do que é verdadeiro é da ordem do dizer" [1900] e, sendo assim, sendo um dizer, é a própria possibilidade de historizar que fica

---

[1898] "Joyce equips us with the tools for disassembling all history". LOWE-EVANS, Mary. Joyce & Irish History, in https://muse.jhu.edu/article/367895/summary

[1899] "Destabalizes one's habitual ways of interpreting history and enables readers to cross-examine traditional "witnesses" to collectively experienced historical phenomena while simultaneously questioning the so-called "facts" of their own private historical existence". LOWE-EVANS, Mary. Mary. Joyce & Irish History, in https://muse.jhu.edu/article/367895/summary

[1900] LACAN, Jacques. *O Seminário, Livro 23, O Sinthoma*. Rio de Janeiro: Jorge Zahar Editor, 2007, p. 77.

prejudicada pois, ainda com Lacan, só que em Nice, "o verdadeiro nada tem a ver com o real"[1901]. Isso é relevante pois se "só é verdadeiro o que tem um sentido"[1902] o *Wake*, solapando o sentido, esburaca a categoria de veracidade – lembra-se de que o chamei, no capítulo 6 e junto com Schüller, de perspectiva "veritracida"[1903] do *Wake*? – e mostra, com suas interrogações , que a interpretação dos dados, de qualquer dado, é também inventiva. "O que se diz", diz Lacan em *R.S.I*, "é sempre transitório"[1904] e não se lhe pode dar, por isso mesmo, fé. O que seria *faithful*[1905] torna-se *faithfool*[1906] já que "tudo o que se diz é uma escroqueria"[1907], uma invectiva para compreender[1908] o que não se compreende. E aos que são *κερδαιλεόφρσν* , aos que tem inteligência ardilosa[1909], resta nada mais, nada menos que um empobrecimento da astúcia. Como o *Wake* escreve, os *κερδαιλεόφρσν* viram "poorusers"[1910].

Em resumo, para poder trabalhar um pouco com *The Role Of Thunder In Finnegans Wake*[1911], as interpretações criativas, brilhantes, ardilosas só fazem brilhar o intérprete, que faz aqui o papel de sábio em sua "worldwise"[1912] quando o do que se trata é de seu paulatino apagamento. Como escreve Beckett, "coar rapidamente (ou lentamente, não importa)[1913] e absorver a nata superficial do sentido torna-se

---

[1901] LACAN, Jacques. *Conférence: De James Joyce Comme Symptôme, prononcée au Centre Universitaire Méditerranéen de Nice*, 24/01/1976, in http://ecole-lacanienne.net/wp-content/uploads/2016/04/1976-01-24.pdf (minha tradução)

[1902] LACAN, Jacques. *O Seminário, Livro 23, O Sinthoma*. Rio de Janeiro: Jorge Zahar Editor, 2007, p. 112.

[1903] SCHÜLER, Donaldo. *Finnegans Wake/Finnicius Revém, Livro I, Capítulos 2, 3 e 4*. Cotia: Ateliê Editorial, 2004, p. 160.

[1904] LACAN, Jacques. *Séminaire R.S.I, 1974-1975, aula 08/04, s/p, in* http://staferla.free.fr/S22/S22%20R.S.I..pdf (minha tradução)

[1905] Fiel.

[1906] Algo como um atoleimamento da fé.

[1907] LACAN, Jacques. *Semin'aire L'Insu-que-Sait de L'Une-Bévue S'Aile a Mourre*, 1976-1977, aula de 11/01, s/p in http://www.valas.fr/Jacques-Lacan-l-insu-que-sait-de-l-une-bevue-s-aile-a-mourre-1976-1977 (minha tradução)

[1908] Idem, aula de 10/05, s/p, in http://www.valas.fr/Jacques-Lacan-l-insu-que-sait-de-l-une-bevue-s-aile-a-mourre-1976-1977 (também minha tradução)

[1909] ROSA, Alexandre dos Santos. *O Discurso de Odisseu: Um Diálogo entre Homero e Sófocles, em Filoctetes*. Rio de Janeiro: UFRJ / Faculdade de Letras, 2009, p. 350.

[1910] JOYCE, James. *Finnegans Wake*. Londres: Penguim Uk, 1999, p. 60. *Ruse*, ardil, *poor*, pobre.

[1911] McLUHAN, Eric. *The Role Of Thunder In Finnegans Wake*. Toronto: University of Toronto Press, 1997.

[1912] JOYCE, James. *Finnegans Wake*. Londres: Penguim Uk, 1999, p. 314.

possível pelo que poderei chamar de processo contínuo de copiosa salvação intelectual"[1914]. Mas do Real, que é "unwisdom"[1915], insensato, disparatado, incompreensível, ninguém se salva!

Vamos, então, ao livro de Eric McLuhan, teórico norte americano da comunicação. O que me chama a atenção nele ou no condensado dele que está assim?:

> McLuhan presents Finnegans Wake as a Menippean satire — the philological or grammatical arm of satire, he says, and a "cynical" call to "wake up, idiots!" The ten thunderwords in the Wake epitomize this genre and Joyce's creation in their riotousness, their mimesis and performativity, their musicality, "the play of senses and styles and genres and wit" and their intended impact on the reader.

Não tanto esse gênero literário – já escrevi aqui que o *Wake* está fora do discurso literário – constituído basicamente por sátiras em prosa chamado – por seu talvez criador Menipo – de menipéia, mas o que dele, Bakhtin, por exemplo, destaca, ou seja, nele "o objeto é quebrado, desnudado (o seu arranjo hierárquico é retirado): despido ele é ridículo, como também é ridícula a sua roupa 'vazia', retirada e separada de sua pessoa"[1916]. E porque isso me chama a atenção? Porque esse despimento, esse s do objeto sobre o qual se debruçam os intérpretes os desordena – *riotousness*, como escreve McLuhan – e os joga num "muddlecrass"[1917] de que é preciso se libertar nem que seja com o grito cínico tão wakeano: "acordem, idiotas!"[1918]. Acordem de seu "idiotism"[1919]

[1913] Meu acréscimo.

[1914] BECKETT, Samuel. *Dante... Bruno. Vico... Joyce, in Riverrun, Ensaios sobre James Joyce*. Rio de Janeiro: Imago, 1992, p. 331. E sobre esse coamento que mais parece uma coação vale lembrar que Lacan define o sentido, ao mencionar o *Talmud*, como uma espuma, uma espuma que precisa ser soprada para longe se almejamos o Real. LACAN, Jaques. *Os Não-Tolos Erram/Os Nomes do Pai*, Seminário 1973-1974. Porto Alegre: Fi, 2018, p. 213.

[1915] JOYCE, James. *Finnegans Wake*. Londres: Penguim Uk, 1999, p. 439.

[1916] BAKHTIN, Mikhail. *Questões de Literatura e de Estética: a Teoria do Romance*. São Paulo: Hucitec, 1988, p. 414.

[1917] JOYCE, James. *Finnegans Wake. Londres: Penguim Uk, 1999, p. 152. Muddle*, desordem, confusão, trapalhada e *crass*, crassa, grosseira.

[1918] Pensei, agora, que pode causar certa confusão o fato de eu, junto com McLuhan,

pois o que o *Wake* mostra é que a linguagem não apreende nada a não ser a si mesma. O *Wake* mostra que pela linguagem não se chega a nada a não ser "paraidioticamente"[1920]. E chega a hora de acordarmos do sonho colorido, do "Dreamcolohour"[1921] de que com ela podemos, por exemplo, nos comunicar e de que ela é, em si mesma, uma mensagem[1922] que se está truncada, cortada, cifrada, poderíamos, com esforço, com labor, com labuta, decifrar. Esse sonho, esse "dreamskhwindel"[1923], esse drømskvindel[1924] precisa parar de girar em espiral.

O *Wake*, no final das contas, quebra então com a ideia de que se fala para se comunicar e realiza o que Blanchot chama de "incomunicação"[1925] ou o que Lacan destaca em *O Sinhoma*: "a

---

contrariar a idiotia quando, um pouco antes, combati, evocando *Ulisses in absentia*, a inteligência ardilosa. E como, em alguns parágrafos a frente discutirei a idéia de um insaber necessário ao fim de análise, me parece de bom tom apontar, aqui, algumas coisas: idiota, de ἴδιος *(ídhios)*, é quem se priva de qualquer combate, intelectual ou não e, por isso mesmo, não sai do cômodo lugar onde está. Já a inteligência – inter (entre) e legere (escolher) – designa aquele que tem a habilidade de entender entre as múltiplas escolhas aquilo que convém o que é, tendo em conta o *Wake*, o que chamei, seguindo Lacan, de escroqueria. E que aqui, também, lembremo-nos de Ulisses que depois de um périplo homérico só alcança o retorno ao mesmo ponto. E o insaber ou issaber? Já falei um pouco dele no capítulo precedente que pode ser consultado a seu alvitre. E, para maiores informações, por favor, siga esse texto!

[1919] JOYCE, James. *Finnegans Wake*. Londres: Penguim Uk, 1999, p. 299.

[1920] SCHÜLER, Donaldo. *Finnegans Wake/Finnicius Revém, Livro III e IV, Capítulos 13, 14, 15 16 e 17*. Cotia: Ateliê Editorial, 2003, p. 495.

[1921] JOYCE, James. *Finnegans Wake*. Londres: Penguim Uk, 1999, p. 176.

[1922] A psicanalista Maria Aparecida Leite Holthausen da Silva lembra que aquilo que caracteriza as chamadas literaturas de vanguarda, da qual se pode dizer que o *Wake*, em certa medida, faz parte, "deixa(m) de dissimular (e) desvincula(m) o texto do compromisso preconizado anteriormente por toda uma literatura, relativamente a ser ela portadora de uma mensagem, a veicular um determinado sentido ou mesmo um certo saber". SILVA, Maria Aparecida Leite Holthausen da. *O des-curso Cínico: A poética de Glauco Mattoso*, in https://repositorio.ufsc.br/bitstream/handle/123456789/92919/275609.pdf?sequence =1&isAllowed=y , p. 22.

[1923]JOYCE, James. Finnegans Wake. Londres: Penguim Uk, 1999, p. 426.

[1924] Segundo Slepon "dreamskhwindel" evoca o dinamarquês *drømskvindel*, que significa um sonho em espiral. SLEPON, Raphael. *Finnegans Wake Extensible Elucidation Tresury*, in http://www.fweet.org/cgi-bin/fw_grep.cgi?srch=dreamskhwindel&cake=&icase=1&accent=1&beauty=1&hi light=1&tscope=1&rscope=1&dist=4&ndist=4&fontsz=100&shorth=0

[1925] BLANCHOT, Maurice. *A Conversa Infinita I*. São Paulo: Escuta, 2001, p. 21.

linguagem não é, ela mesma, uma mensagem"[1926] e não adianta procurar nela, ela.

E já que evoquei Lacan nesse seminário em certa medida dedicado a Joyce me parece lícito demarcar que enfatizar que a linguagem não faz mensagem é uma avanço importante pois no início de seu percurso esse mesmo Lacan – ou, como alguns fiéis a ordem e ao progresso gostam de nomeá-lo, o primeiro Lacan[1927] – vai focar com certa intensidade na ideia de mensagem, seja na construção de seu grafo[1928] ou seja na ideia de que a intervenção analítica se firma no recebimento, por parte do analisante, de sua própria mensagem de forma invertida[1929]. Lacan, então, diante do Wake, se decompõe e se repensa já que nele, no Wake, a linguagem faz furo e apresenta – não representa, portanto – o real. A linguagem não é, assim, para o Lacan dos anos 70 e 80, um objeto nem mesmo um órgão[1930] pois ela não apreende nada e também não é apreensível. E se ela "insinua a ideia do todo"[1931], como Lacan escreve no Prefácio a O Despertar da Primavera, se ela sugere que com ela se pode totalizar eis que surge o Wake para mostrar que qualquer via que tomemos será um deslize e que nunca chegaremos a dizer a verdade, a última verdade, sobre o que quer que seja. Com a linguagem, e o Wake mostra isso incessantemente, só podemos atingir a linguagem e isso de forma sempre inconclusiva. A linguagem não é portanto um instrumento, um organon[1932] para se captar algo, para se apreender alguma coisa. Ela é o contrário disso. Ela é um buraco e mesmo que faça sentido, mesmo que com ela, alijada de suas arestas e amansada de seus

---

[1926] LACAN, Jacques. *O Seminário, Livro 23, O Sinthoma*. Rio de Janeiro: Jorge Zahar Editor, 2007, p. 32.

[1927] TORRES, Mónica. *Semblante e Sinthoma*, VII Congresso da Associação Mundial de Psicanálise, *in* http://2010.congresoamp.com/pt/template.php?file=textos/noche_01/torres_semblan ts.html Mas Torres não está só, nessa empreitada.Junto com ela há toda uma mundialidade que, pretensamente em nome da psicanálise, se associou para dizer coisas dessa ordem.

[1928] "O resultado (da) conjunção do discurso com o significante (...) é a mensagem". LACAN, Jacques. *O Seminário, Livro 5, As Formações do Inconsciente*. Rio de Janeiro: Jorge Zahar Editor, 1999, p. 20.

[1929] LACAN, Jacques. *O Seminário, Livro 3, As Psicoses*. Rio de Janeiro: Jorge Zahar Editor, 1985, p. 47.

[1930] LACAN, Jacques. *O Seminário, Livro 23, O Sinthoma*. Rio de Janeiro: Jorge Zahar Editor, 2007, p. 35 e 36.

[1931] LACAN, Jacques. *Prefácio a O Despertar da Primavera*, in *Outros Escritos*. Rio de Janeiro: Jorge Zahar Editor, 2003, p. 558.

[1932] ὄργανον, em grego, e que significa instrumento.

entraves, possamos insistir que ela produz estabilidade, ao nos procumbirmos sobre ela só conseguimos encará-la como fazendo furo[1933] , furo que chamamos de real. A linguagem é feita essencialmente de "empty words"[1934], como ressalta John Cage, hollow words que estabelecem um homem vazio, heróis e heroínas vazias – "hollow heroines"[1935] – num vale oco – "Vale Hollow"[1936] – que ecoa uma "hollow voice"[1937].

E já que falei em estabilidade, passo rapidamente para a última interpretação da série que, algumas páginas acima, decidi usar para dialogar. Trata-se do On the Void of to Be: Incoherence and Trope in Finnegans Wake[1938] de Susan Shaw Sailer. Como ela lê o Wake?

> Sailer reads the Wake (with the Letter foregrounded) as an incoherent text that nonetheless "constructs a dynamic stability" through the participation of writer and reader over an abiding absence; a text that exemplifies Kristevan and Derridean notions of language and deferred meaning; and which everywhere enacts this dynamic stability in "the tropic processes of metaphor, metonymy, synecdoche, and irony".

Pois ela diz que o Wake é um texto incoerente mas que mesmo assim constrói uma estabilidade dinâmica e ao contrário do que tenho afirmado desde o começo desse texto, Sailer, com o auxílio de Julia Kristeva e Jacques Derrida, insiste num tropismo significante e significável produzido por metáfora, metonímia, sinédoque e ironia. Não tenho a intenção de entrar na semiótica intertextual de Kristeva que considera "a palavra literária como um cruzamento de superfícies textuais"[1939] pois isso me levaria longe demais e não passaria, como lemos no Wake, de um "recital of the rigmarole"[1940], um "recital de

---

[1933] LACAN, Jacques. *Seminàire L'Insu-que-Sait de L'Une-Bévue S'Aile a Mourre*, 1976-1977, aula de 17/05, s/p in http://www.valas.fr/Jacques-Lacan-l-insu-que-sait-de-l-une-bevue-s-aile-a-mourre-1976-1977 (minha tradução)
[1934] CAGE, John. *Empty Words*. Londres: Marion Boyars, 1980.
[1935] JOYCE, James. *Finnegans Wake*. Londres: Penguim Uk, 1999, p. 67.
[1936] Idem, p. 156..
[1937] Idem, p. 192.
[1938] SAILER, Susan Shaw. *On the Void of to Be: Incoherence and Trope in Finnegans Wake*. Ann Arbor: University of Michigan, 1993.
[1939] KRISTEVA, Júlia. *Introdução à Seminálise*. São Paulo: Debates, 1969, p. 58.

chorumela"[1941], na versão de Schüler[1942] . Nem quero me enfiar nas questões que deferred, no francês de Derrida "différance"[1943] – no lugar de differénce – poderiam abrir. O ponto, aqui, é que para a especialista em literatura irlandesa, cito Derrida, o Wake "tenta fazer aflorar na maior sincronia possível, a toda velocidade, a maior força de significações dissimuladas em cada fragmento silábico"[1944] ou, para citar Kristeva comentando o outro grande livro de Joyce na invasiva e invazia "contransmagnificandjewbangtantiality"[1945] que traz à tona, para a pensadora búlgura, "com a condensação entre "trindade" e "transubstanciação" a obsessão joyceana (pelo) tema da Eucaristia"[1946].

E o que esse trio quer senão a semântica quando, exatamentemente, estou a tentar combater a, como escreve Lacan, "semantofilia"[1947] que impregna, ensopa, empapa os intérpretes? Só para ficarmos com "contransmagnificandjewbangtantiality", é mesmo admissível quebrar essa palavra e ver em trans uma *transubstanciação, em* magnific o hino eclesiástico *Magnificat* e em jew um judeu que lhe fecharia a série? E o con que significa, entre outras coisas, vigarista? E o and? E o bang? O bang, que Gifford "sugere tanto a controversa origem do cristianismo quanto a controvérsia sustentada sobre o arianismo"[1948] não quebra contudo com tudo? Ficar nesse jogo em prol da semântica é intoleravelmente tantalizante[1949]. Mas o mesmo serve – direito e avesso

---

[1940] JOYCE, James. *Finnegans Wake*. Londres: Penguim Uk, 1999, p. 174.

[1941] SCHÜLER, Donaldo. *Finnegans Wake/Finnicius Revém, Livro I, Capítulos 5, 6, 7 e 8*. Ateliê Editorial, 2001, p. 193.

[1942] *Rigmarole* designa mais pecisamente uma ladainha.

[1943] DERRIDA, Jacques. *Margens da Filosofia*. Campinas: Papirus, 1991, p. 33.

[1944] DERRIDA, Jacques. *Duas Palavras por Joyce, in Riverrun, Ensaios sobre James Joyce*. Rio de Janeiro: Imago, 1992, p. 24.

[1945] JOYCE, James. *Ulysses*. Londres: Penguim Uk, 2015, p. 51.

14   [1946] KRISTEVA, Julia. *Joyce: The Gracehoper, ou o Retorno de Orfeu,in Riverrun, Ensaios sobre James Joyce*. Rio de Janeiro: Imago, 1992, p. 391. Lembrando que foi Joseph Campbell que inspirou a leitura dessa palavra como uma chave para os mistérios teológicos de Ulisses. CAMPBELL, Joseph. *Mythic Worlds, Modern Words: on the Art of James Joyce*. Novato: New World Library, 2008, p. 138.

[1947] LACAN, Jacques. *O Aturdito*, in *Outros Escritos*. Rio de Janeiro: Jorge Zahar Editor, 2003, p. 497.

15   [1948] ""Bang" suggests both the controversial origin of Christianity and the sustained controversy over Arianism". (minha tradução) GIFFORD, Don; SEIDMAN, Robert J. *Ulysses Annotated: Revised and Expanded Edition*. Los Angeles: University of California Press, 2008, p. 47.

[1949] Esse jogo não tem fim pois *tantiality* pode significar intolerância ao mesmo tempo que evoca os suplícios de Tântalo.

tem topologicamente a mesma e única face – para a perspectiva de afirmar um nonsense, ou ab-sense (ausência e privação)[1950].

Me explico recorrendo àquele que tantas vezes Joyce recorreu[1951]: um ou mais significantes nonsense[1952] são, por exemplo, os que recheiam o famoso poema de Charles Ludwig Dodgson, Jabberwocky, aqui apresentado em suas quatro primeiras estrofes:

> Twas brillig, and the slithy toves
> Did gyre and gimble in the wabe;
> All mimsy were borogoves
> And the mome raths outgrabe.[1953]

E o que é detectável, mesmo que in effigie, mesmo nessa barafunda cheia de incoherence? Não é o tropismo saileriano que detecta no fundo de bryllig o verbo bryl ou broil (grelhar) que em português virou, com o twas do início, solumbrava[1954] e, sem o twas, briluz[1955]? Não é a bela différance que permite ver em slythy a composição de slimy e lithe, que indicam por intertextualidades aquilo que é liso e ativo[1956] e que na versão camposiana é vertido, contrariando

---

[1950] LACAN, Jacques. *O Aturdito*, in *Outros Escritos*. Rio de Janeiro: Jorge Zahar Editor, 2003, p. 451.

[1951] Se meus cálculos, com a ajuda do *FWEET*, estão certos no *Wake* há 108 referências a Carroll e suas obras. Indico aqui as páginas e linhas onde isso ocorre: 004.18; 004.28; 048.04; 050.26; 057.24; 057.24; 057.25; 057.25; 057.26 ; 057.26; 057.28; 083.01; 106.21; 113.02; 115.22; 125.19. 146.17; 148.08; 152.15; 207.26; 214.24; 226.04; 226.06; 226.07; 226.07; 226.29; 227.09; 227.14; 227.19; 228.16; 231.05; 232.21; 234.15; 234.18; 234.34; 235.03; 235.28; 240.36; 242.10; 242.14; 242.14; 242.15; 242.18; 242.18; 242.19; 242.19; 249.27; 258.24; 268.14; 270.20; 270.21; 270.21; 276.F12; 277.14; 294.07; 294.08; 294.11; 301.09; 311.12; 315.05; 333.01; 337.17; 353.11; 354.23; 358.21; 361.21; 361.22; 366.13; 366.18; 374.01; 374.02; 374.03; 374.03; 393.11; 405.16; 440.18; 448.25; 459.03; 459.04; 460.10; 460.10; 461.34; 466.12; 481.36; 481.36; 482.01; 494.02; 501.28; 501.34; 502.10; 526.35; 526.36; 527.29; 528.17; 528.18; 534.18; 534.25; 556.09; 565.14; 567.14; 571.01; 576.07; 596.27; 601.17; 613.06; 618.22; 619.30; 628.12.

[1952] LACAN, Jacques. *O Seminário, Livro 11, Os Quatro Conceitos Fundamentais da Psicanálise*. Rio de Janeiro: Jorge Zahar Editor, 1988, p. 236.

[1953] CARROLL, Lewis. *Jabberwocky and Other Poems*. Berkshire: Neeland Media LLC, 2012.

[1954] Na tradução de Maria Luiza X. de A. Borges. Alice Edição Comentada. Rio de Janeiro: Jorge Zahar Editor, 2002, p. 143

[1955] Na tradução de Augusto de Campos. CAMPOS, Augusto. *Jaguadarte*, in *Panaroma de Finnegans Wake*. São Paulo: Perspectiva, 1971, p. 103.

a atividade proposta por Carroll, para lesmolisas[1957] e mais recentemente para um duvidoso lubriciosos[1958]? Pois é isso o que estou dizendo. O sem sentido torna-se, depois de uma volta e na mão dos intérpretes, semtido e, numa outra volta mas ainda na mesma mão, sentido, o que, aliás, é um procedimento que o próprio Carroll destaca "no mais longo poema em nonsense escrito em língua inglesa"[1959], The Hunting of the Snark que termina, numa caça infrutífera, assim:

> They hunted till darkness came on, but they found
> Not a button, or feather, or mark,
> By which they could tell that they stood on the ground
> Where the Baker had met with the Snark.
>
> In the midst of the word he was trying to say,
> In the midst of his laughter and glee,
> He had softly and suddenly vanished away—
> For the Snark was a Boojum, you see.[1960]

Deixando-nos a pergunta: o que é ou quem é o Snark? E como Carroll mesmo indica, Snark pode aceitar "como significado correto todos os bons significados que forem encontrados no livro"[1961]. Ele já havia escrito algo parecido, por exemplo, quando Humpty Dumpty diz "Quando uso uma palavra (...) ela significa exatamente o que quero que signifique (...) A questão é saber quem vai mandar"[1962]. E quem é que

---

[1956] Essas indicações são dadas pelo próprio Carroll em 1855 como anota Martin Gardener. *Alice Edição Comentada*. Rio de Janeiro: Jorge Zahar Editor, 2002, p.145. Mas é interessante notar que *lithe* não indica atividade mas sim aquilo que é delgado ou esbelto.

[1957] Augusto de Campos ao impor uma lesma naquilo que Carroll quer ativo refunda o significante na sua concepção mais literal já que *slimy* indica lamacento, gosmento, pegajoso.

[1958] Duvidoso porque Maria Luiza X. de A. Borges evoca inevitavelmente uma lubricidade inencontrável no significante original.

[1959] COHEN, Morton N. *Lewis Carroll, uma Biografia*. Rio de Janeiro: Record, 1998, p.17

[1960] CARROLL, Lewis *The Hunting of the Snark*. London: Penguin UK, 1997, p. 123.

[1961] COHEN, Morton N. *Lewis Carroll, uma Biografia*. Rio de Janeiro: Record, 1998, p 478.

manda? Quem quer ser seu mestre e insiste em ver em Snark um "semiological agglutinative"[1963] de snail e snake e do nonsense faz ouisense, um simsenso que sinceramente lhe é inerente pois se se "troca d'ilhas"[1964] sempre se ruma à uma Pangeia firme e sólida.

Dessa forma, se não queremos girar em círculos, se não queremos ficar num "vicious circle"[1965] que torna-se, pelo processo constante, "domestic circles"[1966] precisamos rumar para o que Lacan chama em O Aturdito de "significante assemântico"[1967] de significante fora de qualquer semantização e que por isso mesmo mostra-se como insignificante.

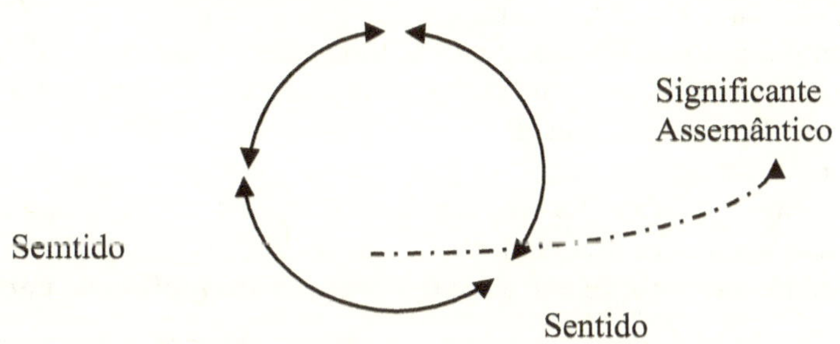

E esse significante assemântico[1968], então, está alhures ao circuito, fora das côrtes circuísticas, das "courts circuits"[1969] e não faz

---

[1962] CARROLL, Lewis. *Alice: Edição Comentada*. Rio de Janeiro: Jorge Zahar, 2002, p. 204.

[1963] Aglutinante semiológico. JOYCE, James. *Finnegans Wake*. Londres: Penguim Uk, 1999, p. 465.

[1964] BURGESS, Anthony. *Homem Comum Enfim: Uma Introdução a James Joyce para o Leitor Comum*. São Paulo: Companhia das Letras, 1994, p. 201.

[1965] JOYCE, James. *Finnegans Wake*. Londres: Penguim Uk, 1999, p. 98.

[1966] Idem, p. 280.

[1967] LACAN, Jacques. *O Aturdito*, in *Outros Escritos*. Rio de Janeiro: Jorge Zahar Editor, 2003, p. 458..

[1968] Relendo esse texto pensei que, talvez, a diferença entre significante *nonsense* e significante assemântico necessite de uma volta a mais – como diz Lacan em 1978, é preciso dar "duas voltas para se desaprisionar, para se desapear" (LACAN, Jacques. *O Momento de Concluir*, Seminário 25, aula de 10/01/1978, inhttp://www.psicomundo.org/lacan/textos.htm) – e por isso lhe apresento assim: o *nonsense* tende, pelas suas próprias revira-voltas, a significar-se, pois, como diz Barthes, ele, o significante *nonsense*, é seu "adversário" (BARTHES, Roland. *Digressões*, in *O Grão da Voz*. São Paulo: Martins Fontes, 2004, p. 174) e, portanto,

319

remissão a nenhuma significação, nem mesmo sob um fundo de ausência. Ele está fora do perímetro sem sentido – semtido –sentido e por isso não há nenhuma seta que o faça retornar, que faça nachträglich, já que está só. Esse significante assemântico é, como escreve Schüler, "ilexical"[1970] pois está fora do léxico – "out of the lexinction"[1971] – de qualquer léxico. E sendo o léxico um conjunto de <u>palavras</u> existente em um determinado <u>idioma,</u> a qual pertenceria um livro que como vimos apresenta 50, 64 ou 70[1972] desses conjuntos e que oferece "uma gama enorme e disparatada de sentidos"[1973] que por si geram heteróclise? Não dá para, já que falei em Pangeia, considerar o Wake como um pan-idioma pois "panbpanungopovengreskey"[1974] que, ao que tudo indica, fala latim, alemão, romani e russo não se une num quinto idioma mais amplo e novo. No Wake não adianta falar "yappanoise"[1975] pois há um noise inassimilável que rompe com o japanese. Nem upanishad que ao pan faz pane e shade, sombra, num "upanishadem"[1976]. Nele os significantes são, todos, assemânticos e, como escreve Galindo, "se no início o verbo fez-se carne, no fim o Wake descarnou-se"[1977] desencarnou-se e é, com ele "disincarnated"[1978] de qualquer suporte, de aporte, de consorte que devemos tomá-lo. Insignificante, portanto.

---

está dirigido a, em frente a, contrário ao que lhe faz dorso. Já o assemântico nada deveria a essa calafetagem – que se nota, é bastante especular, bem aos moldes do "F ▨" (JOYCE, James. *Finnegans Wake*. Londres: Penguim Uk, 1999, p. 266) que destaquei no já longínquo segundo capítulo – pois, como tentei esboçar com meu esquema, estaria fora desse jogo não tendo nem verso nem reverso, nem frente nem costas.

[1969] JOYCE, James. *Finnegans Wake*. Londres: Penguim Uk, 1999, p.. 442.

[1970] SCHÜLER, Donaldo. *Finnegans Wake/Finnicius Revém, Livro I, Capítulos 5, 6, 7 e 8*. Ateliê Editorial, 2001, p. 237.

[1971] JOYCE, James. *Finnegans Wake*. Londres: Penguim Uk, 1999, p. 83.

[1972] 70, para Burgess, 64 para Amarante e 50 para Schüler. BURGESS, Anthony. *Homem Comum Enfim: Uma Introdução a James Joyce para o Leitor Comum*. São Paulo: Companhia das Letras, 1994, p. 202. AMARANTE, Dirce Waltrick. *Para Ler Finnegans Wake de James Joyce*. São Paulo: Iluminuras, 2009, p. 36. SCHÜLER, Donaldo. *Finnegans Wake/Finnicius Revém, Livro III e IV, Capítulos 13, 14, 15 16 e 17*. Cotia: Ateliê Editorial, 2003, p. 525.

[1973] LACAN, Jacques. *Televisão*, in *Outros Escritos*. Rio de Janeiro: Jorge Zahar Editor, 2003, p. 515.

[1974] JOYCE, James. *Finnegans Wake*. Londres: Penguim Uk, 1999, p. 56.

[1975] Idem, p. 90.

[1976] Idem p. 303.

[1977] GALINDO, Caetano. *Nota do Tradutor*, in *Finn's Hotel, de James Joyce*. São Paulo: Companhia das Letras, 2014, p. 12.

[1978] JOYCE, James. *Finnegans Wake*. Londres: Penguim Uk, 1999, p. 535.

Entramos no campo, então, do "Die Grenzen der Deutbarkeit, dos limites da interpretação"[1979] e consequentemente no campo de um impossibilidade de análise, e como Lacan disse certa vez a uma mulher, anônima, até onde eu sei, e que veio lhe procurar depois de já ter passado, como era e é comum[1980], por alguns divãs e se afogado , por isso mesmo, nesse mar que indo e voltando não faz mais do que um "cycloannalism"[1981]: "– É de uma desanálise que você precisa".[1982]

Uma desanálise e não uma "reanálise"[1983], como Freud recomendava partindo de outros pressupostos. Uma desanálise que desafirma o famoso tempo de compreender cheio de "escanções suspensivas"[1984] que claramente faz cárcere ao perenizar-se na insistência da interminabilidade do simbólico. Uma desanálise que desfazendo a coincindência entre "pesquisa e tratamento"[1985] opere por uma "desvestigação"[1986], significante usado por Schüler, pois, como diz Lacan radiofonicamente, em 1970 e ao intelectual belga Robert Georgin

---

[1979] LACAN, Jaques. *Os Não-Tolos Erram/Os Nomes do Pai*, Seminário 1973-1974. Porto Alegre: Fi, 2018, p. 31.

[1980] Para se ter uma idéia de a quantas anda essa prática vale a pena ler esse parágrafo do texto *Coisas de Fineza em Psicanálise*, de Fernando Coutinho: "Da mesma forma que Freud aconselhava o retorno ao divã a cada cinco anos, Miller aconselha aos analistas a dar testemunho de seus interesses e amor a seus inconscientes no interior do enclave da Escola. Miller nos incentiva a dar testemunho de nossos inconscientes pós-analíticos, como ele mesmo o faz, uma vez por semana, em seu curso." COUTINHO, Fernando. *Coisas de Fineza em Psicanálise*, in Latusa Digital – ano 6 – N° 37 – junho de 2009, p. 07. Amor a seus inconscientes?! Dentro de um conclave?! Eis a psicanálise tornando-se seita! E, como lembra Clément, "haverá religião desde que um grupo se apegue a um sentido, seja ele divino ou humano, que se proponha como finalidade última um mundo melhor". CLÉMENT, Catherine. *Vidas e Lendas de Jacques Lacan*. São Paulo: Moraes, 1983, p. 145 e 146.

[1981] JOYCE, James. *Finnegans Wake*. Londres: Penguim Uk, 1999, p. 254.

[1982] ALLOUCH, Jean. – *Alô, Lacan? – É claro que não*. Rio de Janeiro: Companhia de Freud, 1999, p. 44.

[1983] A cada cinco anos. FREUD, Sigmund. *Análise Terminável e Interminável*, in *Edição Standard Brasileira das Obras Psicológicas Completas de Sigmund Freud*, Volume XXIII. Rio de Janeiro: Imago, 1987, p. 251.

[1984] LACAN, Jacques. *O Tempo Lógico e a Asserção de Certeza Antecipada, um Novo Sofisma*, in *Escritos*. Rio de Janeiro: Jorge Zahar Editor, 1998, p. 201.

[1985] FREUD, Sigmund. *Recomendações aos Médicos que Exercem a Psicanálise*, in *Edição Standard Brasileira das Obras Psicológicas Completas de Sigmund Freud*, Volume XII. Rio de Janeiro: Imago, 1987, p. 152.

[1986] SCHÜLER, Donaldo. *Joyce era Louco?* Cotia: Ateliê Editorial, 2017, p. 130.

"pela análise, não há na lise"[1987], não há declínio, afrouxamento daquilo que, pela inscrição, não cessa de não se inscrever.

E se foi pelo viés de fazer falar o que antes se fazia calar, se foi pelo viés de fazer vir à tona o que outrora se repelia[1988] e se repudiava[1989], se foi pelo viés de desinterditar os significantes que analista e analisante avançaram, se foi na discursividade, na discocividade[1990] que visava "um outro dizer do texto"[1991] que eles puderam fazer seu lancée, seu andarr[1992] não será com mais hánálise que atingiremos o que não faz lise, o que não se quebra. Não mais interpretaremos, portanto, the world made by words ou as words in worlds pois "intérpretes proclamam o infinito das interpretações"[1993] e queremos, agora, a ágora impalpável do real. Queremos "uma fala sem mais além"[1994], como escreve Lacan em O Aturdito, sem mais porém e sem mais aquém, sem mais um "tomorrowmorn"[1995] pois essa é realmente a única coisa que se pode esperar de um fim de uma análise. Uma fala sem transcendentalidade, sem complementaridade, sem comentabilidade. Uma fala que se sabe como escroqueria pura pois se sabe como fazedora de buracos[1996] impreenchíveis e realmente inintrepretáveis. Uma fala que faz derrisão da própria fala ao condizer-se como "wolk in process"[1997]. Uma fala que não é mais phala pois trabalhando com a linguagem ela enfim se esvaziou e o saber, que perdeu qualquer referencialidade[1998] e que dela

---

[1987] LACAN, Jacques. *Radiofonia*, in *Outros Escritos*. Rio de Janeiro: Jorge Zahar Editor, 2003, p. 445. Lembrando que lise, um termo médico-biológico indica quebra, destruição, dissolução.

[1988] FREUD, Sigmund. *Repressão*, in *Edição Standard Brasileira das Obras Psicológicas Completas de Sigmund Freud*, Volume XIV. Rio de Janeiro: Imago, 1987, p. 172.

[1989] Idem, p. 174.

[1990] Cividade vem do latim *civitas* e significa cidade, portanto, com discocividade quero designar a cidade palavreira que, como num disco, toca sempre a mesma música, mesmo que sejam outros os seus intérpretes.

[1991] LACAN, Jacques. *Radiofonia*, in *Outros Escritos*. Rio de Janeiro: Jorge Zahar Editor, 2003, p. 439.

[1992] LACAN, Jacques. *Os Não-Tolos Erram / Os Nomes-do-Pai, Seminário 1973-1974*. Porto Alegre: Editora Fi, 2018, p. 12.

[1993] SCHÜLER, Donaldo. *Joyce era Louco?* Cotia: Ateliê Editorial, 2017, p. 156.

[1994] LACAN, Jacques. *O Aturdito*, in *Outros Escritos*. Rio de Janeiro: Jorge Zahar Editor, 2003, p. 482.

[1995] JOYCE, James. *Finnegans Wake*. Londres: Penguim Uk, 1999, p. 558.

[1996] "O significante faz buraco". LACAN, Jacques. *Séminaire R.S.I, 1974-1975, aula 15/04, s/p, in* http://staferla.free.fr/S22/S22%20R.S.I..pdf(minha tradução)

[1997] JOYCE, James. *Finnegans Wake*. Londres: Penguim Uk, 1999, p. 609.

[1998] LACAN, Jacques. *Televisão,* in *Outros Escritos*. Rio de Janeiro: Jorge Zahar

poderia advir perde qualquer consistência e no lugar de to know surge, como brinca Jonh Bishop[1999] ao discutir o Wake, um to no.

To no que contraria, então, "a vontade de sentido"[2000], a vontade de saber, a vontade de poder de seja lá o que for. To no que deixa evidente que interpretar não passa de uma busca insustentável por um suplemento[2001] que só vem se lhe injetamos. To no que escancara que interpretar "é apenas uma conjuntura"[2002], que produz-se como conjectura e sendo fruto de um tempo e de uma circunstância delimitada é a todo instante invalidada. To no que escancara que a interpretação mesmo não querendo-se "modal mas apofântica"[2003] ainda implica a ilusão de uma veracidade que na realidade faz "lubricitous conjugation"[2004], uma conjugação lúbrica e tantas vezes lúdica que pedirá o auxílio do predicado tornando-se viciosamente modal[2005] novamente. Precisamos, portanto, quebrar com o " processo interpretativo interminável"[2006], com a "ligação no infinito permutatório da linguagem"[2007] que tanto os críticos literários quanto os psicanalistas sustentam como prática fazendo, eles, de tudo para ignorar que "é o amor que se dirige ao saber"[2008].

Editor, 2003, p. 514. Em consonância com isso Galindo, sobre as palavras do *Wake*, escreve: "Elas não tem referente". GALINDO, Caetano Waldrigues. *Finnegans Wake/Finnícius Revém*, in *Cult – Revista Brasileira de Cultura*, São Paulo, ano 16, N. 176, Fevereiro de 2013, p. 29.

[1999] BISHOP, Jonh. *Joyce's Book of the Dark: Finnegans Wake*. Madison: The University of Wisconsin Press, 1993, p. 121.

[2000] LACAN, Jacques. *Semináire L'Insu-que-Sait de L'Une-Bévue S'Aile a Mourre*, 1976-1977, aula de 15/03, s/p in http://www.valas.fr/Jacques-Lacan-l-insu-que-sait-de-l-une-bevue-s-aile-a-mourre-1976-1977 (minha tradução)

[2001] Lacan define assim a interpretação: "um suplemento de significante. É o que chamamos de interpretação". LACAN, Jacques. *O Seminário, Livro 19, ... ou Pior*. Rio de Janeiro: Jorge Zahar Editor, 2012, p. 149.

[2002] LACAN, Jacques . *Conferência de 24 de Novembro de 1976, Yale University (Seminário Kanzer)*, in *Lacan in North Armorica*. Porto Alegre: Editora Fi, 2016, p. 33.

[2003] LACAN, Jacques. *O Aturdito*, in *Outros Escritos*. Rio de Janeiro: Jorge Zahar Editor, 2003, p. 474.

[2004] JOYCE, James. *Finnegans Wake*. Londres: Penguim Uk, 1999, p. 121.

[2005] Na lógica aristotélica *apophantikós* refere-se aos enunciados possíveis de serem falsos ou verdadeiros. Já modal, em lingüística, refere-se à classe de verbos ditos auxiliares pelos quais o predicado da frase é interpretado como necessário ou contingente, provável ou possível.

[2006] SCHÜLER, Donaldo. *Joyce era Louco?* Cotia: Ateliê Editorial, 2017, p. 154.

[2007] BARTHES, Roland. *Sobre "S/Z" e "O Império dos Signos"*, in *O Grão da Voz*. São Paulo: Martins Fontes, 2004, p. 103.

[2008] LACAN, Jacques *Introdução à Edição Alemã de um Primeiro Volume dos*

Desamar, então, para se dessaramarrar dessa "chicana infinita"[2009] , desse "slove" [2010], desse amorpalavra[2011] pois não há saber a ser conquistado nessa assemanticidade que procurei destacar acima e não se pode se apoderar daquilo que por definição escapa[2012].

Eis, assim, a maior lição do Wake: se "a estrutura do mundo consiste em conseguir palavras"[2013] achando-as, criando-as, forjando-as elas muito simplesmente não produzem saber pois "o real é sem lei, não tem ordem"[2014], não tem sentido e como Lacan declara em Yale, "podemos estar satisfeitos, estar seguros que tratamos de algo real só quando já não há nenhum sentido"[2015] . A lição do Wake é portanto mostrar, pelo uso e abuso das palavras que, "o real (...) está completamente desprovido de sentido"[2016] e que ele resiste a qualquer invectiva nessa direção, nesse direcionamento. A lição do Wake é mostrar que "o real se esboça excluindo o sentido"[2017], se esboça, apenas, pois se acharmos que o capturamos ele deixa de ser real. A lição que o Wake dá é que "o sentido do sentido se capta por escapar"[2018] ao virar "the maymeaminning of maimoomeining"[2019] e assumi-lo como tal é se defrontar com a verdade de que "o real é o que impede que se diga toda a verdade"[2020]. A lição do Wake e que a psicanálise

---

Escritos, in *Outros Escritos*. Rio de Janeiro: Jorge Zahar Editor, 2003, p. 555.

[2009] Idem, p. 553.

[2010] JOYCE, James. *Finnegans Wake*. Londres: Penguim Uk, 1999, p. 253.

[2011] Segundo Slepon *slove* remete ao russo *slovo* – palavra – ao mesmo tempo que carrega *love* – amor. SLEPON, Raphael. *Finnegans Wake Extensible Elucidation Tresury*, in http://www.fweet.org/cgi-bin/fw_grep.cgi?srch=slove&cake=&icase=1&accent=1&beauty=1&hilight=1&tscope=1&rscope=1&dist=4&ndist=4&fontsz=100&shorth=0

[2012] LACAN, Jacques *Introdução à Edição Alemã de um Primeiro Volume dos Escritos*, in *Outros Escritos*. Rio de Janeiro: Jorge Zahar Editor, 2003, p. 556.

[2013] LACAN, Jacques. *Séminaire R.S.I, 1974-1975, aula 15/04, s/p,* in http://staferla.free.fr/S22/S22%20R.S.I..pdf(minha tradução)

[2014] LACAN, Jacques. *O Seminário, Livro 23, O Sinthoma*. Rio de Janeiro: Jorge Zahar Editor, 2007, p. 133.

[2015] LACAN, Jacques. *Conferência de 24 de Novembro de 1976, Yale University (Seminário Kanzer)*, in *Lacan in North Armorica*. Porto Alegre: Editora Fi, 2016, p. 42.

[2016] Idem, Ibidem.

[2017] LACAN, Jacques. *Semináire L´Insu-que-Sait de L´Une-Bévue S´Aile a Mourre*, 1976-1977, aula de 15/03, s/p in http://www.valas.fr/Jacques-Lacan-l-insu-que-sait-de-l-une-bevue-s-aile-a-mourre-1976-1977 (minha tradução)

[2018] LACAN, Jacques *Introdução à Edição Alemã de um Primeiro Volume dos Escritos*, in *Outros Escritos*. Rio de Janeiro: Jorge Zahar Editor, 2003, p. 55º.

[2019] JOYCE, James. *Finnegans Wake*. Londres: Penguim Uk, 1999, p. 267.

compartilha ou deve compartilhar é que a interpretação é impossível e aquilo que nós podemos fazer é, apontando para "o sentido não-sentido"[2021] fazer o sentido ceder. O Wake mostra que por trás dos sentidos achados que podem ser re-achados porque re-arranjados e re-inventados há um re-al que não se captura pois "é totalmente impossível que a linguagem veja o real"[2022]

Dessa forma, como no Wake, que Joyce nos fez o favor de escrever e mostrar o que não se escreve ao "provocar transbordamentos da infinitude de significações em direção a uma nulidade de significado"[2023] precisamos desfazer as palavras e depois nos desfazemos delas pois elas fazem parte da "ficção e canto da fala e da linguagem"[2024] e o que visamos é como escreve Lacan no Prefácio à Edição Inglesa do Seminário 11, o "nenhum impacto de sentido ou interpretação"[2025]. "Uma prática sem valor, eis o que se trataria para nós de instituir"[2026], uma prática que não vale nada e que, inclusive, não serve para nada e que "implica a evacuação completa de sentido e, portanto, de nós como interpretantes"[2027].

"A análise faz emergir o incurável"[2028] e, como diz Badiou, é só "com o esgotamento de sua própria infinitude"[2029], da infinitude das palavras interpretáveis porque intercambiáveis e intercambiáveis porque interpretáveis que chegaremos a intransitividade do real onde "não há

[2020] LACAN, Jacques. *Televisão,* in *Outros Escritos*. Rio de Janeiro: Jorge Zahar Editor, 2003, p. 532.

[2021] LACAN, Jaques. *Os Não-Tolos Erram/Os Nomes do Pai*, Seminário 1973-1974. Porto Alegre: Fi, 2018, p. 38.

[2022] LACAN, Jacques. *Conférence chez le Professeur Deniker – Hôpital Sainte-Anne – Objets et Représentations*, 11/10/1978, s/p, in http://ecole-lacanienne.net/wp-content/uploads/2016/04/1978-11-10.pdf (minha tradução)

[2023] KRISTEVA, Julia. *Joyce: The Gracehoper, ou o Retorno de Orfeu,in Riverrun, Ensaios sobre James Joyce*. Rio de Janeiro: Imago, 1992, p. 390.

[2024] LACAN, Jacques. *O Aturdito*, in *Outros Escritos*. Rio de Janeiro: Jorge Zahar Editor, 2003, p. 461.

[2025] LACAN, Jacques *Prefácio à Edição Inglesa do Seminário 11*, in *Outros Escritos*. Rio de Janeiro: Jorge Zahar Editor, 2003, p. 567.

[2026] LACAN, Jacques. *Seminaire L'Insu-que-Sait de L'Une-Bévue S'Aile a Mourre*, 1976-1977, aula de 19/04, s/p in http://www.valas.fr/Jacques-Lacan-l-insu-que-sait-de-l-une-bevue-s-aile-a-mourre-1976-1977 (minha tradução)

[2027] Idem, Ibidem.

[2028] MILLER, Jacques-Alain. *Perspectivas dos Escritos e Outros Escritos, Entre Desejo e Gozo*. Rio de Janeiro: Jorge Zahar Editor, 2011, p. 87.

[2029] BADIOU, Alain. *Pequeno Manual de Inestética*. São Paulo: Estação Liberdade, 2002, p. 77.

nenhuma ordem de existência"[2030]. Precisamos cortar o "blá-blá-blá que é a psicanálise"[2031] porque "o ser, por falar, acredita no ser. Ele acredita que, porque fala, está aí a salvação. É um erro"[2032], um errar que o analista precisa não mais lhe compactuando, cortar. Pouco importa, então, a "plotty existence"[2033], a existência narrada que só nos faz entramar numa espécie de compulsão a dizer. E se somos, desde que nascemos, compelidos a falar, impelidos a dizer, obrigados, geralmente com amor, a comunicar e quando conseguimos ter um certo domínio sobre a língua, quando chegamos a crer que é isso que nos pedem, saímos pelo mundo falando a torto e a direito, falando aos borbotões e sem cessar e todas as vezes em que há oportunidade, eis-nos de boca aberta a "tagarela(r)"[2034] eis que o silêncio do fim de análise se insurge como a possibilidade de interromper essa compulsão a dizer, de diz-ser. E da possibilidade passamos a impossibilidade pois "de real não há senão o impossível"[2035]. Impossível de conjugar, de "conjogar"[2036], de combinar e de aglutinar.

É como diz Lacan em Propos sur L´Hysterie: o real é o ponto de fuga para a faceta interpretativa da psicanálise[2037] que "blefa", a faceta interpretativa, "e deslumbra com palavras que são uma farsa"[2038]. E aqui, o nãonalista a quem Harari chamará acertadamente de "intradutor"[2039] mostra, porque Isso se mostra, que há, houve e haverá

[2030] LACAN, Jacques. *O Seminário, Livro 23, O Sinthoma*. Rio de Janeiro: Jorge Zahar Editor, 2007, p. 130.

[2031] LACAN, Jacques. *O Seminário, Livro 23, O Sinthoma*. Rio de Janeiro: Jorge Zahar Editor, 2007, p. 130.

[2032] LACAN, Jacques. *Séminaire R.S.I, 1974-1975, aula 08/04, s/p, in* http://staferla.free.fr/S22/S22%20R.S.I..pdf(minha tradução)

[2033] JOYCE, James. *Finnegans Wake*. Londres: Penguim Uk, 1999, p. 76.

[2034] AMARANTE, Dirce Waltrick do. *James Joyce, Finnegans Wake (Por um Fio)*. São Paulo: Iluminuras, 2018, p. 81.

[2035] LACAN, Jacques. *Seminâire L´Insu-que-Sait de L´Une-Bévue S´Aile a Mourre*, 1976-1977, aula de 10/05, s/p in http://www.valas.fr/Jacques-Lacan-l-insu-que-sait-de-l-une-bevue-s-aile-a-mourre-1976-1977 (minha tradução)

[2036] LACAN, Jacques. *Os Não-Tolos Erram / Os Nomes-do-Pai, Seminário 1973-1974*. Porto Alegre: Editora Fi, 2018, p. 139.

[2037] LACAN, Jacques. *Propos sur L´Hysterie, Intervention de Jacques Lacan à Bruxelles*, 26/02/1977, s/p, in http://ecole-lacanienne.net/wp-content/uploads/2016/04/1977-02-26.pdf (minha tradução).

[2038] Idem.

[2039] HARARI, Roberto. *O Psicanalista, O que é isso?* Rio de Janeiro: Companhia de Freud, 2008, p. 33.

uma "farced epistol"[2040], uma carta farsante e farsária que nunca chegará a seu destinatário já que o real se destina a nada.

Assim, posso dizer, citando Lacan em Encore, que "o real é o mistério do inconsciente"[2041], é o que da cifração e do conseqüente deciframento resta como impossível de apreender. Dito de uma outra maneira: se interpreta suas formações mas o que se encontra é um "parafuso sem fim. Não se chega jamais a desrrecalcar tudo: Urverdrängung: há um furo"[2042]. E é esse Urverdrängt que "introduz como tal a categoria de impossível"[2043] para quem é definitivamente um "gapman"[2044], um hiatomem. O "urvedrangung é o que Freud designa como inacessível do inconsciente"[2045] o que do inconsciente resta como "irredutível"[2046] e do que "jamais será interpretado"[2047]. O real é anti-métrico, ou seja, é anti-proporcional e anti-proposicional. É a fratura[2048] no código, a desagregração da constituição. Logo ele não se formula, só se verifica.E a análise, enfim, "reveals the unconnouth"[2049]. E o que é unconnouth? É o Boojum, o Snark, o "cryptoconchoidsiphonostomata"[2050] "unmansionables"[2051] e que sendo assemânticos não se endereçam, não se vetorizam, não se vetorializam.

É o tempo, aqui, aonde "o real ascende ao simbólico"[2052], realmente alça-se sobre o simbólico mostrando sua ineficácia e ineficiência. É o tempo de "nem uma palavra"[2053] e, portanto, do

---

[2040] JOYCE, James. *Finnegans Wake*. Londres: Penguim Uk, 1999, p. 228.

[2041] LACAN, Jacques. *O Seminário, Livro 20, Mais Ainda*. Rio de Janeiro: Jorge Zahar Editor, 1985, p. 178.

[2042] LACAN, Jacques. *Conferência no Instituto Tecnológico de Massachusetes em 02 de Dezembro de 1976, (Auditório da Escola de Assuntos Internacionais)*, in *Lacan in North Armorica*. Porto Alegre: Editora Fi, 2016, p. 93.

[2043] LACAN, Jacques. *Séminaire R.S.I, 1974-1975, aula 17/12, s/p, in* http://staferla.free.fr/S22/S22%20R.S.I..pdf(minha tradução)

[2044] JOYCE, James. *Finnegans Wake*. Londres: Penguim Uk, 1999, p. 136.

[2045] Idem, *aula 18/02, s/p, in* http://staferla.free.fr/S22/S22%20R.S.I..pdf(minha tradução)

[2046] Idem, *aula 08/04, s/p, in* http://staferla.free.fr/S22/S22%20R.S.I..pdf(minha tradução)

[2047] LACAN, Jacques. *A Terceira*, in *Cadernos Lacan*, Volume 2 (Publicação não comercial). Porto Alegre: APOA, 2002, p. 67.

[2048] LACAN, Jacques. *O Seminário, Livro 23, O Sinthoma*. Rio de Janeiro: Jorge Zahar Editor, 2007, p. 37.

[2049] JOYCE, James. *Finnegans Wake*. Londres: Penguim Uk, 1999, p. 227.

[2050] Idem, p. 135.

[2051] Idem, p. 52.

[2052] LACAN, Jacques. *O Seminário, Livro 20, Mais Ainda*. Rio de Janeiro: Jorge Zahar Editor, 1985, p. 126.

silêncio. Pouco importa, dessa forma, que se encontre "uma série interminável de níveis que se encaixam em outros e assim por diante"[2054], pois a noção de real desconstitucionaliza inclusive esse engavetamento sem fim impondo um fim. A análise termina quando não há mais nada para analisar, quando se passa, como brinca Lacan, do evidente (evident) ao esvaziamento (é-vider)[2055]. É quando se morde, "bit on 'alices"[2056] e se quebra o to be continued com "to be the contonuation"[2057] pois não há mais continuation nem combination.

A análise, então, faz um "exprogressive process"[2058] no que se refere a interpretação, uma progressão processual que é ex e se de Finnegans Wake se pôde dizer, com tempo, "Timeagen, Wake!"[2059], com voltas para o fim[2060], "Funnycoon's Week[2061]", as semanas terminaram e o pavio, acesso outrora, finda com "Funnycoon's Wick"[2062]. Se pôde fazê-lo tremer em "Quinnigan's Quake!"[2063] mas não há mais espaço para ser-lhe fã com "fanagan's week"[2064] nem no afã gemânico de "Fanagan's Weck"[2065]. "Flannagan, a wake"[2066] ficou velho[2067] de tanto ser usado não adianta mais usar fenergan[2068] para "Fenegans Wick"[2069]. Isso chega porque Isso chega e não se diz . E se se insiste num apostrafado e musicado "Finnegan's Wake"[2070] mesmo que nos remetamos ao 𐤀𐤍𐤏𐤍 [2071] de "Phoenican wakes"[2072] ou ao espectro

---

[2053] Idem, p. 101.

[2054] AMARANTE, Dirce Waltrick do. *Para Ler Finnegans Wake de James Joyce.* São Paulo: Iluminuras, 2009, p. 46

[2055] LACAN, Jacques. *Séminaire R.S.I, 1974-1975, aula 18/03, s/p, in* http://staferla.free.fr/S22/S22%20R.S.I..pdf(minha tradução)

[2056] JOYCE, James. *Finnegans Wake.* Londres: Penguim Uk, 1999, p. 115.

[2057] Idem, p. 284.

[2058] Idem, p. 614.

[2059] Idem, p. 415.

[2060] "Lapps for Finns". JOYCE, James. *Finnegans Wake.* Londres: Penguim Uk, 1999, p. 105.

[2061] JOYCE, James. *Finnegans Wake.* Londres: Penguim Uk, 1999, p. 105.

[2062] Idem, p. 499.

[2063] Idem, p. 497.

[2064] Idem p. 351.

[2065] Idem, p. 537. *Wecken*, em alemão, significa despertar.

[2066] Idem, p. 357.

[2067] "sometimes, maybe, what has justly said of old Flannagan, a wake". JOYCE, James. *Finnegans Wake.* Londres: Penguim Uk, 1999, p. 357.

[2068] Remédio anti-alérgico.

[2069] JOYCE, James. *Finnegans Wake.* Londres: Penguim Uk, 1999, p. 358.

[2070] Idem, p. 607.

[2071] Fenícia, em fenício.

ligeiramente invertido de Shakespeare[2073] não é mais preciso pegar "Finn, again! Take"[2074] para fazer o fim em "Finnish Make"[2075] já que pouco importa se "Finn again's weak"[2076] é anglo-irlandês[2077] pois virando "Finnican"[2078] e preguiçosamente "Faynean"[2079] ele, sem o wake, perde o sabor do saber de "finnecies"[2080] e será um Isso, assemântico, agramático, insignificante e irrelevante que lhe prevalecerá.

Pouco importará, portanto, se para Finnegans encontramos, por associação, por aproximação, por correlação "Bygmester Finnegan"[2081] pois não há um masterbuilder, um mestre de obras, um empreiteiro que chamado "Mister Finnagain!"[2082] possa atender a qualquer chamado. Não resulta em nada se para again um "Finnagain"[2083], um "Fillagain's"[2084], um "tapatagain"[2085], um "rallthesameagain"[2086], um "gagainst"[2087], um "Nickagain"[2088] ou um "Egen"[2089] são acháveis, datáveis, colecionáveis. E se para Finn surge um "Finnlambs"[2090], "Finnimore"[2091], "Finny"[2092],

---

[2072] JOYCE, James. *Finnegans Wake*. Londres: Penguim Uk, 1999, p. 608.

16   [2073] Controvesrso mas segundo Slepon esse *again, take*, remete a peça *Medida por Medida*, de Shakespeare, particularmente ao IV Ato, Cena I, onde se lê: "'Take, O, take those lips away, That so sweetly were forsworn; And those eyes, the break of day, Lights that do mislead the morn; But my kisses bring again, bring again; Seals of love, but seal'd in vain, seal'd in vain'". SHAKESPEARE, Willian. *Measure for Measure*. New York: Arden Shakespeare; 1967, p. 98.

[2074] JOYCE, James. *Finnegans Wake*. Londres: Penguim Uk, 1999, p. 628.

[2075] Idem, p. 374.

[2076] Idem, p. 93.

[2077] *Weak* pode ser a corruptela anglo-irlandesa para *wake*.

[2078] JOYCE, James. *Finnegans Wake*. Londres: Penguim Uk, 1999, p. 287 e 521.

[2079] Idem, p. 481. *Faynean* soa muito próximo do francês *fainéant*, que significa preguiçoso, ocioso.

[2080] Idem, p. 377. *Finnecies*, ao que tudo indica, pode evocar a história do Salmão do Conhecimento (*Salmon of Knowledge. Bradán Feasa*, em gaélico,) que na mitologia irlandesa, no ciclo Feniano, conta como Fionn Mac Cumhail se tornou, capturando o peixe incapturável, o maior homem de toda a Irlanda. Your Irish Culure. *Fionn Mac Cumhaill and the Salmon of Knowledge*, in https://www.yourirish.com/folklore/salmon-of-wisdom

[2081] JOYCE, James. *Finnegans Wake*. Londres: Penguim Uk, 1999, p. 04.

[2082] Idem, p. 05.

[2083] Idem, p. 05.

[2084] Idem, p. 06.

[2085] Idem, p. 58.

[2086] Idem, p. 94.

[2087] Idem p. 178.

[2088] Idem p. 300.

[2089] Idem p. 604.

uma "Finntown"[2093] ou "Finnyland"[2094], "Finglas"[2095], "Hvidfinns"[2096], "Finnados"[2097], "Finneen"[2098], um "finnence"[2099] e para lembrar do primeiro encontro caliente com Nora, "Finn's Hotel"[2100] e "Finn's Hot"[2101] não há mais o que atingir. As palavras foram rasuradas[2102] e não há mais, por esse raspamento, meta! Não há mais enigma[2103]!

Acabaram-se os planos, as estruturas, os motivos, as correspondências[2104]. As chaves-mestras[2105] foram jogadas fora porque in-ex-sistiam, in-ex-sistem e in-ex-sitirão sempre. Assim como qualquer mestria que, para lembrar de Bloom, segue o destino do cavalo "Throwaway" que "throw away"[2106] não passará, nem passarão, nem passarinho[2107] de "dejeto da linguagem"[2108] . Para além das

---

2090 Idem, p. 09.

2091 Idem, p. 24.

2092 Idem, p. 65.

2093 Idem, p. 78.

2094 Idem, p. 245.

2095 Idem, p. 625.

2096 Idem, p. 99.

2097 Idem, p. 178.

2098 Idem, p. 232.

2099 Idem, p. 313.

2100 Idem, p. 330.

2101 Idem, p. 420.

2102 Para que o sentido desapareça Lacan indica que devemos fazer "a rasuração do sentido das palavras". LACAN, Jacques. *Os Não-Tolos Erram / Os Nomes-do-Pai, Seminário 1973-1974*. Porto Alegre: Editora Fi, 2018, p. 89.

2103 Discordo, portanto, de Laurent que, fã do gozo oferecido pelo simbólico, afirma que "um enigma decifrado continua a ser um enigma". LAURENT, Éric. *Versões da Clínica Psicanalítica*. Rio de Janeiro: Jorge Zahar Editor, 1955, p. 25.

2104 HART, Clive. *Structure and Motif in Finnegans Wake*. London: Faber and Faber, 1962.

2105 CAMPBELL, Joseph & ROBINSON, Henry Morton. *A Skeleton Key to Finnegans Wake: Unloking James Joyce's Masterwork*. California: New World Library, 2005.

2106 *Throwaway* e *throw away* fazem parte de um equívoco hilário entre Bloom e alguns dublinenses que pensam que, quando ele se dispunha a jogar fora um jornal indicava, ao mesmo tempo, o cavalo ganhador do derby do dia 16 de Junho de 1904. GALINDO, Caetano. *Sim, Eu Digo Sim: Uma Visita Guiada ao Ulysses de James Joyce*. São Paulo: Companhia das Letras, 2016, p. 222.

16.1 2107 Do poemimho de Quintana: "Todos esses que aí estão/ Atravancando o meu caminho,/ Eles passarão.../ Eu passarinho!". QUINTANA, Mario. *Poeminho do Contra*, in *Caderno H*. São Paulo: Globo, 2006, p.107.

2108 LACAN, Jacques. *O Aturdito*, in *Outros Escritos*. Rio de Janeiro: Jorge Zahar

metaforizações ou metonimificações que são mais uma paralaxe descartável, uma estufa que em condições normais de temperatura e pressão só faz germinar mais do mesmo e que, com novos brotos, faz pensar que tudo aí é novidade, não há mais espaço para elucidações, dilucidações ou resoluções pois não há tesouros nem tesouraria[2109] possíveis. A viagem "superamada (super-chéri) mostou-se como trapaça (supercherie)"[2110] e terminou.

Joyce queria que "os professores (ficassem) ocupados por séculos"[2111] com sua obra mais eis que ela com seu Wake que "significa despertar, acordar, velar (morto) ou ressuscitar"[2112] deixa de significar ao virar "broadawake"[2113], um "Awake Aweek"[2114], um "wideawake"[2115], um "thoughts awake"[2116] um "Whake"[2117] sem semanticidade possível e se desocupa sem pedir desculpa. A obra perde seu explendor litúrgico e túrgido e se seculariza aqui e agora, se laiciza "hicnuncs"[2118] sem mais remeter a um processo em andamento. Suas sentenças ficam suspensas, "Suspended Sen-tence[2119]", sem ter-se e sente-se para silenciosamente testemunhar o que, como Guimarães Rosa enuncia, "destas linhas, enfim o tanto e quanto se desprenderá"[2120]. Assim:

Finnegans Wake

Timeagen, Wake! / Funnycoon's Week / Funnycoon's Wick /Quinnigan's Quake! / fanagan's week / Fanagan's Weck / Flannagan, a

---

Editor, 2003, p. 477.

[2109] SLEPON, Raphael. *Finnegans Wake Extensible Elucidation Tresury*, in http://www.fweet.org/ . Tresury remete tanto a tesouro como a tesouraria

[2110] LACAN, Jacques. *Os Não-Tolos Erram / Os Nomes-do-Pai, Seminário 1973-1974*. Porto Alegre: Editora Fi, 2018, p. 25.

[2111] ELLMANN, Richard. *James Joyce*. São Paulo: Globo, 1982, p. 642.

[2112] AMARANTE, Dirce Waltrick do. *Para Ler Finnegans Wake de James Joyce*. São Paulo: Iluminuras, 2009, p. 33.

[2113] JOYCE, James. *Finnegans Wake*. Londres: Penguim Uk, 1999, p. 41.

[2114] Idem, p. 106.

[2115] Idem, p. 242.

[2116] Idem, p. 311.

[2117] Idem, p. 595.

[2118] Idem, p . 407. Possível modificação de *hic et nunc*.

[2119] Idem, p. 106.

[2120] ROSA, João Guimarães. *Os Chapéus Transeuntes*, in *Estas Estórias*. Rio de Janeiro: José Olympio Editôra, 1969, p. 37

wake / Fenegans Wick / Finnegan's Wake / Phoenican wakes / Finn,
again! Take /Finnish Make /
Finn again's weak

Finnegans Wake

Finnagain / Fillagain's / Wideawake /
thoughts awake / Tapatagain/ Whake

finnegans wake
finnegans Wak
finnnegans Wa

finnegans W

finnegans
finnegan
finnega
finneg

finne
finn
fin
fi

fi

F

f

ъ[2121]

[2121] Senti a tendência para, aqui, escrever Ø, símbolo historicamente e sabidamente
ligado ao conjunto vazio, já que é de esvaziamento que se trata. Se não o fiz foi,
primeiro, porque, sendo a marca de um conjunto, ele poderia congregar elementos
ou pedir preenchimento – mais evidente quando se usa o { } para representá-lo

É mesmo o mesmo processo da análise! O mesmo processo que faz "da verdade um valor vazio"[2122]. Da Traumdeutung feita de "reveries"[2123] também se irá do conteúdo manifesto para os limitados e irrelevantes[2124] restos diurnos que desembocarão da riqueza simbólica dos amplos conteúdos latentes que, se fechando, aos poucos, naquilo que encobre... encobre o quê, senão o que não faz sentido nem nunca fará porque nunca o teve nem nunca terá? Chegamos aonde, como escrevi bem no começo desse trabalho, não há nem mais rébus nem mais rebus, aonde não há mais relação, analogia, aonde não há mais segmentos e daqui em diante mergulhamos no desconhecido[2125], no incognoscível, no impredicável. Nos tibungamos no "semsabido"[2126], no semsaber, no issaber. Nos lançamos, enfim, nIsso que, como diz Lacan, é "um lugar de silêncio"[2127], um lugar do silêncio. E, como perspectiva Miller "Wo Ich was – ali onde o eu estava – sol Es werden"[2128] o Isso

---

(MIRAGLIA, Francisco. *Teoria dos Conjuntos: um Mínimo*. São Paulo: EDUSP, 1992, p. 45). E, segundo, e talvez mais importantemente, porque Ø ou { }, no campo próprio da linguagem e na lógica de sua cadência pode convocar a um sentido, decantável ou depurável, algo como: Ø é igual ou pode ser igual a ... Daí a minha crivação de um significante como ъ, roubado do russo e sem pronúncia definida a mais de 600 anos e, principalmente, sem representação ou sem representatividade em nosso cultura, um significante assemântico, portanto, como o chamei acima.

[2122] LACAN, Jacques. *Os Não-Tolos Erram / Os Nomes-do-Pai, Seminário 1973-1974*. Porto Alegre: Editora Fi, 2018, p. 195.

[2123] JOYCE, James. *Finnegans Wake*. Londres: Penguim Uk, 1999, p. 452.

[2124] FREUD, Sigmund. *A Interpretação dos Sonhos*, in *Edição Standard Brasileira das Obras Psicológicas Completas de Sigmund Freud*, Volume IV. Rio de Janeiro: Imago, 1987, p. 176.

[2125] FREUD, Sigmund. *A Interpretação dos Sonhos*, in *Edição Standard Brasileira das Obras Psicológicas Completas de Sigmund Freud*, Volume IV. Rio de Janeiro: Imago, 1987, p. 132.

[2126] LACAN, Jacques. *Os Não-Tolos Erram / Os Nomes-do-Pai, Seminário 1973-1974*. Porto Alegre: Editora Fi, 2018, p. 217.

[2127] Idem, p. 258.

[2128] MILLER, Jacques-Alain. *Perspectivas dos Escritos e Outros Escritos, Entre*

advém e o impossível se torna familiar[2129], o unheimliche, como Freud tão bem destaca em 1919, deixa cair seu un[2130] tornando-se o que sempre foi, heimiliche, familiarmente impossível de Ser.

Análise

Há-nalise/ Annálise /Amálise / Amaulise / Allnálise / Almálise / Análice/
Análiçe / Anal-ise /Canal-ise / Canalhe-se / Aná-liste /Analiste-te / A-lise-te / Afálise/ Afânise /Antonomálise/ Anagramálise /Anatomálise/
Alcoólise / Acálice

Análise
A
Nálise
análise
na-lise/ valise/ vá-lise/ não-lise
nálise
alise
Alice / alicer-ce
all-ice / all-Nice
alise
lise

Ise/ ise

se

e

Desejo e Gozo. Rio de Janeiro: Jorge Zahar Editor, 2011, p. 193.
[2129] LACAN, Jacques. *Homenagem A Lewis Carroll*, in *Ornicar?: De Jacques Lacan a Lewis Carroll*. Rio de Janeiro: Jorge Zahar Editor, 2004, p. 08.
[2130] FREUD, Sigmund. *O "Estranho"*, in *Edição Standard Brasileira das Obras Psicológicas Completas de Sigmund Freud*, Volume XVII. Rio de Janeiro: Imago, 1987, p. 305.

Assim, do que se ocupa, neste final, uma psicanálise? "Ocupa-se muito especialmente daquilo que não funciona"[2131], daquilo que não tem função e não tem finalidade. E o que é que não funciona? É, também muito especialmente, o real[2132]. O real marcado aqui, no desfalecimento de Finnegans Wake e na síncope da Análise, pelo Ø . Ø no que antes se insistia e se inseria como ф, como f.ф[2133].

Resta ao analista, o analista inclusive como resto, testemunhar esse não funcionamento e a perda contínua e incontornável do sonho de que venha a funcionar. Testemunhar o esvaziamento da função, da fração, da facção. Testemunhar o declínio da ficção, da fixão. Testemunhar a derruição da nomenclaturação[2134], da classificação[2135], da analogização. Testemunhar, insisto, que se o sujeito é "full of temptiness"[2136] por esse t a mais não se o pega e sequer se o tempera como emptiness e que , por Isso mesmo, não leva ninguém a nenhum lugar a não ser a um extraviado[2137] "upturnpikepointandplace"[2138] que é,

---

[2131] LACAN, Jacques. *A Terceira*, in *Cadernos Lacan*, Volume 2 (Publicação não comercial). Porto Alegre: APOA, 2002, p. 20.

[2132] Idem, p. 21.

[2133] Lê-se *função de fi*.

[2134] Como diz Barthes, "assim que há nomenclatura começa o processo de sentido" (BARTHES, Roland. *Entrevista sobre o Estruturalismo*, in *Inéditos, vol. 1 – Teoria*. São Paulo: Martins Fontes, 2004, p. 83). Por isso Finnegans Wake e Análise – que inclusive preferi, nesse processo de declinação de sentido exposto acima, não prefixar com Psi – deixam de ser nomes próprios e, se em certo momento tornam-se nomes comuns – lembra-se, que em nota, evoquei a afirmação de Lacan que uma análise faz entrar, passar, reduzir o nome próprio à condição de nome comum? (LACAN, Jacques. *O Seminário, Livro 23, O Sinthoma*. Rio de Janeiro: Jorge Zahar Editor, 2007, p. 86 e 87) – como finnegans wake e análise só podemos deixá-los se dissolver até que se esvaziem num, sem o artigo mas ainda assim inspirado em Beckett, inominável. BECKETT, Samuel. *O Inominável*. Rio de Janeiro: Nova Fronteira, 1989.

[2135] Como bem articula Foucault, estabelecer classes é fabricar inteligibilidade diante do intangível. FOUCAULT, Michel. *História da Sexualidade, vol. 2, O Uso dos Prazeres*. Rio de Janeiro: Graal, 1984, p. 195.

[2136] JOYCE, James. *Finnegans Wake*. Londres: Penguim Uk, 1999, p. 434.

[2137] "misplaced". Idem, p. 79.

[2138] Idem, p. 03.

essencialmente, ъ. Como diz Lacan em 1973: "isso é o ponto, quer dizer, nenhuma parte, ou seja, nada"[2139].

E é nesse nada, nesse ponto em nenhuma parte, nesse place upturnpikepointan que não estando mais aberto terminou, certa vez, a análise de uma ex-analisante: depois de ter passado por tudo isso que descrevi aqui, depois de ter achado sentidos sem-tidos e desfeito sentidos sentidos como sem sentidos, depois de ter se amarrado e se dessamarrado incontáveis vezes, "among countless"[2140] times, deita-se no divã não mais "divane"[2141] e fica em silêncio por uns vinte minutos, inspira e diz: "- O!" Se levanta, paga a sessão e nunca mais volta pois para o the que Joyce diz ter escolhido porque era "a palavra mais escorregadia, menos acentuada, mais frágil da língua inglesa, uma palavra que nem mesmo é uma palavra, que mal-e-mal soa entre os dentes, um sopro, um nada"[2142] não há mais riverrun, riverain, riverann, riverranno, rêverons. Nem reverrons, riocorrente, correorio, correr del rio, riocorrido, rolarriuanna ou revirão[2143]! Não há recomeço possível nem viável ode para O the ъ. E quem, antes, apenas pairava sobre a vida

---

[2139] LACAN, Jacques. *Os Não-Tolos Erram / Os Nomes-do-Pai, Seminário 1973-1974*. Porto Alegre: Editora Fi, 2018, p. 16.

[2140] Entre incontáveis vezes. JOYCE, James. *Finnegans Wake*. Londres: Penguim Uk, 1999, p. 189.

[2141] Algo como divino divã. Idem, p. 536.

[2142] ELLMANN, Richard. *James Joyce*. Porto Alegre: Globo, 1982, p. 878.

[2143] Essas são algumas das traduções – duas em francês, uma em italiano – para o *riverrun*, encontráveis no chistoso *Wakepedia*, FINNEGAN, Tim. *Wakepedia, Annotated Finnegans Wake* in http://fwannotated.blogspot.com/. *Riocorrente* é a proposta de Augusto de Campos, *rolarrioanna* a de Schüler e *correorrio* a de Amarante, que já destaquei neste trabalho. *Riverann* é uma das propostas de Caetano Galindo, in *The Finnecies of Music Wed Poetry: A Música e o Finnegans Wake*, in *Scientia Traductionis*, n. 8 (2010). *Correr del rio* é a pouco inventiva tradução espanhola de Martin de Riquer e José Maria Valverde. Riquer, Martín de; Valverde, José María. *Historia de la literatura universal* - (tomo IX). Barcelona: Planeta, 1994. *Riocorrido* é a de Elizondo, também para o espanhol. ELIZONDO, Salvador. *La primera página de "Finnegans Wake"*. Casa del Tiempo. Difusión Cultural UAM, in http://www.uam.mx/difusion/casadeltiempo/89_jun_2006/casa_del_tiempo_num89_53_56.pdf. *Riverão* é a apropriação transliterativa de Glauber Rocha, in ROCHA, Glauber. *Riverão Sussuarana*. Florianópolis: UFSC, 2012. *Revirão*, que segue a mesma veia aberta pelo "dragão do cinema brasileiro" (MOTTA, Nelson. *A Primavera do Dragão – A Juventude de Glauber Rocha*. Rio de Janeiro: Objetiva, 2011, p. 162.) e que inclusive virou revista de psicanálise, é a transliteração de M. D. Magno, in *Revirão 1 – Revista da Prática Freudiana*. Rio de Janeiro: AOUTRA, s/d.

crendo que dela só existia um texto[2144] recorrente e paralisante, se fiando nele se desfia dele e não mais se desvia dela. Pronto: o sobrevivente acedeu a condição de vivente. Abocanha a vida e seu faux pas[2145] passa. Sai. E vai à rua e, como canta Chico, bebe a tempestade[2146]. Que escorre como rio que faz riso. E chega ao mar, como o Wake. E nele, nada, de braçada!

[2144] Do latim *textus* e que remete a tecido, a enlace. COROMINAS, Joan. *Breve Diccionario Etimológico de La Lengua Castellana*. Madrid: Editoial Gredos, 1987, p. 834.

[2145] Do francês, mal passo, passo em falso.

[2146] Canta Chico: "Vou pra rua e bebo a tempestade". BUARQUE, Chico. *Bom Conselho*, in *Letra e Música 1*. São Paulo: Companhia das Letras, 1997, p. 99.

REFERÊNCIAS

ADORNO, Theodor W. *Dialética Negativa*. Rio de Janeiro: Jorge Zahar Editor, 2009.

AGOSTINHO, Santo. *Confissões*, in *Os Pensadores*. São Paulo: Nova Cultural, 1987.

AGUALUSA, José Eduardo. *As Mulheres do Meu Pai*. Rio de Janeiro: Língua Geral, 2007.

ALBARET, Céleste. *Senhor Proust, Lembranças Recolhidas por Georges Belmont*. São Paulo: Nove Século, 2008.

ALLOUCH, Jean.– *Alô, Lacan? – É claro que não*. Rio de Janeiro: Companhia de Freud, 1999.

______. *Letra a Letra: Transcrever, Traduzir, Transliterar*. Rio de Janeiro: Companhia de Freud, 1994.

ALMEIDA, João José R.L. *O Cantor do Infinito*, in *Pulsional Revista de Psicanálise* 7, ano XV, n. 159, jul./2012. Disponível em http://www.editoraescuta.com.br/pulsional/159_01.pdf. Acesso em 13.08.2013.

ALVES, Francisco. *Advertências do Tradutor, in Vidas Literárias: James Joyce*. Rio de Janeiro: Jorge Zahar Editor, 1989.

AMADO, Jorge. *O ABC de Castro Alves*. São Paulo: Livraria Martins, 1978.

AMARANTE, Dirce Waltrick do. *James Joyce e seus Tradutores*. São Paulo: Iluminuras, 2015.

______. *James Joyce, Finnegans Wake (Por um Fio)*. São Paulo: Iluminuras, 2018.

______. *Para Ler Finnegans Wake de James Joyce*. São Paulo: Iluminuras, 2009.

______. *Posfácio*, in *James Joyce, Finnegans Wake (Por um Fio)*. São Paulo: Iluminuras, 2018.

AMARANTE, Dirce Waltrick do; MEDEIROS, Sérgio. *A Mecenas de James Joyce*, in *Celeuma*, Nº 4, maio de 2014.

ANDERSON, Chester G. *Vidas Literárias: James Joyce*. Rio de Janeiro: Jorge Zahar Editor, 1989.

ANDERSON, John P. *Joyce's Finnegans Wake: The Curse of Kabbalah*, Volume 4. Florida: Universal-Publishers, 2010.

ANDRADE, Carlos Drummond de. *Procura da Poesia*, in *Reunião: 10 Livros de Poesia*. Rio de Janeiro: José Olympio, 1976.

ANDRÉ, Serge. *O que quer uma Mulher?* Rio de Janeiro: Jorge Zahar Editor, 1987.

ARENDT, Hannah. *Origens do Totalitarismo*. São Paulo: Companhia das Letra, 1990.

ARISTÓTELES. *As Categorias*. Florianópolis: UFSC, 2014.

ARRIVÉ, Michel. *Linguística e Psicanálise: Freud, Saussure, Hjelmslev, Lacan e os Outros*. São Paulo: Edusp, 1994.

ASSIS, Machado. *Memórias Póstumas de Brás Cubas*. São Paulo: Abril, 1971.

ATTRIDGE, Derek. *Desfazendo as Palavras-Valise ou Quem tem Medo de Finnegans Wake, in Riverrun, Ensaios sobre James Joyce*. Rio de Janeiro: Imago, 1992.

______. *Finnegans Wake, Novel by Joyce*, in *Encyclopedia Britannica*, https://www.britannica.com/topic/Finnegans-Wake

ATWOOD, Margaret. *A Vida Antes do Homem*. Rio de Janeiro: Rocco, 2005

______. *O Conto da Aia*. Rio de Janeiro: Rocco, 2016.

______. *Vulgo, Grace*. São Paulo: Marco Zero, 1997.

ASIMOV, Isaac. *Fundação*. São Paulo: Aleph, 2009.

AZEVEDO, Francisco. *O Arroz de Palma*. Rio de Janeiro: Record, 2017.

BADIOU, Alain. *Pequeno Manual da Inestética*. São Paulo: Estação Liberdade, 2002.

BAIR, Deidre. *Jung, Uma Biografia*, Vol. 1. São Paulo: Globo, 2006.

BAIRRÃO, José Francisco Miguel Henriques. *O Impossível Sujeito: Implicações da Irredutibilidade do Inconsciente, v. 1*. São Paulo: Edições Rosari, 2003.

BAKHTIN, Mikhail. *Problemas da Poética de Dostoiévski*. Rio de Janeiro: Forense Universitária, 2005.

______. *Questões de Literatura e de Estética: a Teoria do Romance*. São Paulo: Hucitec, 1988.

BALBUENA, Monique; NESTROVSKI, Arthur. *Apresentação a Cabala e Crítica*, in BLOOM, Harold. *Cabala e Crítica*. Rio de Janeiro: Imago, 1991.

BARROS, Manoel de. *Retrato do Artista Quando Coisa*. Rio de Janeiro: Record, 2002.

BARTHES, Roland. *A Metáfora do Olho*, in *História do Olho*. São Paulo: Cosac & Naif, 2003.

______. *O Rumor da Língua*. São Paulo: Martins Fontes, 2004.

______. *Fragmentos de Um Discurso Amoroso*. São Paulo: Martins Fontes, 2003.

______. *O Império dos Signos*. São Paulo: Martins Fontes, 2007.

______. *Mitologias*. Rio de Janeiro: Difel, 1980.

______. *O Grão da Voz*. São Paulo: Martins Fontes, 2004.

______. *S/Z*. São Paulo: Edições 70, 1980.

______. *Inéditos, Vol. 1 – Teoria*. São Paulo: Martins Fontes, 2004.

BATAILLE, Georges. *A História do Olho*. São Paulo: Cosac & Naif, 2003.

BEACH, Sylvia. *Shakespeare and Company: uma Livraria na Paris do Entre-Guerras*. Rio de Janeiro: Casa da Palavra, 2004.

BECKETT, Samuel. *Dante... Bruno. Vico... Joyce, in Riverrun, Ensaios sobre James Joyce*. Rio de Janeiro: Imago, 1992.

______. *Murphy*. São Paulo: Cosac Naify, 2013.

______. *O Inominável*. Rio de Janeiro: Nova Fronteira, 1989.

BECKMAN, Richard. *Joyce's Rare View: The Nature of Things in Finnegans Wake*. Florida: University Press of Florida, 2007.

BELNA, Jean-Pierre. *Cantor*. São Paulo: Estação Liberdade, 2011.

BENVENISTE, Émile. *Problemas de Lingüística Geral*, Campinas, Universidade Estadual de Campinas, 2 v. 1988.

______. *Problèmes de Linguistique Générale*, 1. Paris: Gallimard, 1966.

BERTLAND, Alexander. *Vico, in Internet Encyclopedia of Philosophy, a Peer-Reviewed Academic Resource*. http://www.iep.utm.edu/

BÍBLIA DE JERUSALÉM. São Paulo: Paulus, 2010.

BIGGS, Norman Linstead. *Discrete Mathematics*. Reino Unido: Oxford University Press, 2002.

BIRMAN, Joel . *Estilo e Modernidade Em Psicanálise*. São Paulo: Editora 34, 1997.

BISHOP, Jonh. *Joyce's Book of the Dark: Finnegans Wake*. Madison: The University of Wisconsin Press, 1993.

BITTON, Rabino Yosef. *Decifrando a Criação: Um Estudo Sobre os Três Primeiros Versículos da Bíblia*. São Paulo: Sêfer, 2013.

BLACKLEDGE, Catherine. *A História da V*. São Paulo: Degustar, 2004.

BLANCHOT, Maurice. *A Conversa Infinita I*. São Paulo: Escuta, 2001.

BLOOM, Harold. *A Angústia da Influência, Uma Teoria da Poesia*. Rio de Janeiro: Imago, 2002.

______. *Jesus e Javé, Os Nomes Divinos*. Rio de Janeiro: Objetiva, 2006.

BOYSEN, Benjamin. *The Ethics of Love: An Essay on James Joyce*. Denmark: University Press of Southern Denmark, 2013.

BOLDRINI, Lucia. *Joyce, Dante, and the Poetics of Literary Relation*. Massachusetts: Cambridge USA, 2001.

BORCH-JACOBSEN, Mikkel. *Os Pacientes de Freud – Destinos*. Lisboa: Texto e Grafia, 2011.

BORGES, Jorge Luis. *A Biblioteca de Babel*, in *Ficções*. Porto Alegre: Globo, 1972.

______. *O Último Romance de Joyce*, in <u>Discussão</u>. São Paulo: Companhia das Letras, 2008, p. 295.

______. *Pierre Menárd, Autor do Quixote*, in *Ficções*. Porto Alegre: Globo, 1972.

BOSI, Alfredo. *A interpretação da obra literária*, in *Céu, inferno: ensaios de crítica literária e ideologia*. São Paulo: Duas Cidades; Editora 34, 2003.
______. *A Interpretação da Obra Literária*, in *Céu e Inferno, Ensaios de Crítica Literária e Ideológica*. São Paulo: Ática, 1988.

BRADBURY, Malcolm. *O Mundo Moderno*. São Paulo: Companhia das Letras, 1987.

BRASIL, Assis. *Joyce e Faulkner, O Romance da Vanguarda*. Rio de Janeiro: Imago, 1992.

BUARQUE, Chico. *Bom Conselho*, in *Letra e Música 1*. São Paulo: Companhia das Letras, 1997.

______. *Tira as Mãos de Mim*, in *Letra e Música 1*. São Paulo: Companhia das Letras, 1997.

BUENO, Alexei. *O Universo de Francisco Brennand*. São Paulo: G. Ermankoff, 2012.

BURGESS, Anthony. *Enderby, Por Dentro*. São Paulo: Companhia das Letras, 1990.

______. *Finnegans Wake: What It's All About*, in http://www.metaportal.com.br/jjoyce/burgess1.htm

______. *Homem Comum Enfim: Uma Introdução a James Joyce para o Leitor Comum*. São Paulo: Companhia das Letras, 1994.

BURRELL, Harry. *Narrative Design in Finnegans Wake: The Wake Lock Picked*. Florida: University Press of Florida, 1996.

BURROUGHS, William. *Entrevista*, in Os *Escritores, As Históricas Entrevistas da Paris Review*. São Paulo: Compnhia das Letras, 1988.

BUTLER, Judith. *Problemas de Gênero – Feminismo e Subversão da Identidade*. Rio de Janeiro: Civilização Brasileira, 2017.

BUTOR, Michel. *Repertório*. São Paulo: Perspectiva, 1974.

CAGE, John. *Empty Words*. Londres: Marion Boyars, 1980.

CALVINO, Italo. *Por que Ler os Clássicos*. São Paulo: Companhia das Letras, 1993.

CAMPBELL, Joseph. *Mythic Worlds, Modern Words: on the Art of James Joyce*. Novato: New World Library, 2008.

CAMPBELL, Joseph; ROBINSON, Henry Morton. *A Skeleton Key to Finnegans Wake: Unloking James Joyce's Masterwork.*California: New World Library, 2005.

CAMPBELL, Lyle Richard. *The History of Linguistics in The Handbook of Linguistics*. Oxford, Victoria: Blackwell Publishing, 2003.

CAMPOS, Augusto; CAMPOS, Haroldo. *Panaroma do Finnegans Wake*. São Paulo: Perspectiva, 1971.

CAMPOS, Haroldo de. *O Afreudisíaco Lacan na Galáxia de Lalíngua*, in *Afreudite – Revista Lusófona de Psicanálise Pura e Aplicada* [S. 1.], v. 1, n. 1, sep. 2009.

______. *Galáxias*. São Paulo: Editora 34, 2004.

______. *Miramar na Mira*, in *Memórias Sentimentais de João Miramar*. Rio de Janeiro: Civilização Brasileira, 1971.

CAMPOS, Augusto; CAMPOS, Haroldo; PIGNATARI, Décio. *Mallarmé: O Poeta em Greve*, in *Mallarmé*. São Paulo: Perspectiva, 1974.

CANÇADO, José Maria. *Proust - As Intermitências do Coração e outros Ensaios*. Belo Horizonte: UFMG, 2008.

CÂNDIDO, Antônio. *O Estudo Analítico do Poema*. São Paulo: Humanitas Publicações / FFLCH/USP, 1996.

CARPEAUX, Otto Maria. *História da Literatura Ocidental*, vol. 4. São Paulo: Leya, 2011.

CARROLL, Lewis. *Alice: Edição Comentada*. Rio de Janeiro: Jorge Zahar, 2002.

______. *Jabberwocky*, in *Panaroma de Finnegans Wake*. São Paulo: 1971.

______. *Jabberwocky and Other Poems*. Berkshire: Neeland Media LLC, 2012.

______. *The Hunting of the Snark*. London: Penguin UK, 1997.

______. *Sylvie e Bruno*. Lisboa: Livros do Brasil, 1991.

CASTRO, Tanira; MEDEANIC, Svetlana. *Dicionário Russo-português*. Ponta Grossa: Ediplat, 2009.

CAZOTTE, Jacques. *O Diabo Enamorado*. Rio de Janeiro: Imago, 1992.

CERVANTES, Miguel de. *El ingenioso hidalgo don Quijote de la Mancha*. Madrid: Real Academia Española y Asociación de Academias de la Lengua Española, 2004.

CESAR, Ana Cristina. *Poética*. São Paulo: Companhia das Letras, 2013. CHILE. Diccionario Etimológico castellano en Línea, in http://etimologias.dechile.net/.

CHIZIANE, Paulina. *Niketche, Uma História de Poligamia*. São Paulo: Companhia das Letras, 2004.

CHOMSKY, Noam. *Notas sobre o Anarquismo*. São Paulo: Hedra, 2011.

CIORAN, Emil. *Nos Cumes do Desespero*. São Paulo: Hedra, 2012.

______. *Silogismos da Amargura*. Rio de Janeiro: Rocco, 2011.

CLÉMENT, Catherine. *Vidas e Lendas de Jacques Lacan*. São Paulo: Moraes, 1983.

CLIETT, Bill Cole. *A Finnegans Wake Lextionary*. USA: Createspace Pub, 2011.

COBRA, Ercília Nogueira. *Virgindade Anti-higiênica - Preconceitos e convenções hipócritas*. São Paulo: Ed. da Autora, 1924.

COHEN, Morton N. *Lewis Carroll, uma Biografia*. Rio de Janeiro: Record, 1998.

COROMINAS, Joan. *Breve Diccionaio Etimológico de La Lengua Castellana*. Madrid: Editoial Gredos, 1987.

COSTA, Newton C. A. *Psicanálise e Lógica*, in *Revirão, Revista da Prática Freudiana*, 3. Rio de Janeiro: Aoutra, 1985.

COUTINHO, Alberto Henrique Soares de Azeredo. *O Lobo dos Homens*, in Reverso v.28 n.53 Belo Horizonte set. 2006.

COUTO, Mia. *Terra Sonâmbula*. São Paulo: Companhia das Letras, 2016.

CRISPI, Luca; SLOTE, Sam. *How Joyce Wrote Finnegans Wake – A Chapter-by-Chapter Genetic Guide*. Madison: University of Wisconsin Press, 2007.

CROWE, Stephen. *The Ballad of Perse Oreilly*, in http://www.wakeinprogress.com/2013/02/the-ballad-of-persse-oreilly.html

CURY, José João. *Estrutura e Ética Qorpo-Santense*, in *As relações Naturais e Outras Comédias*. São Paulo: Peixoto Neto, 2007.

D`ÁVILA, Santa Teresa. *Livro da Vida*. São Paulo: Penguim Classics Companhia das Letras, 2010.

DARMON, Marc. *Ensaios Sobre a Topologia Lacaniana*. Porto Alegre: Artes Médicas, 1994.

DEANE, Seamus. *Introduction*, in *Finnegans Wake. Great Britain: Penguin UK, 2015*.

______. *James Joyce e sua História da Irlanda, in Finn's Hotel, de James Joyce*. São Paulo: Companhia das Letras, 2014.

DERRIDA, Jacques. *Duas Palavras por Joyce, in Riverrun, Ensaios sobre James Joyce*. Rio de Janeiro: Imago, 1992.

______. *Margens da Filosofia*. Campinas: Papirus, 1991.

DIBERNARD, Barbara. *Alchemy and Finnegans Wake*. New York: State University of New York Press, 1980.

Dicionário infopédia da Língua Portuguesa com Acordo Ortográfico [em linha]. Porto: Porto Editora, 2003-2018. [consult. 2018-01-29 12:04:10]. Disponível na Internet: https://www.infopedia.pt/dicionarios/lingua-portuguesa/peri-

DICK, Philip K. *Androides Sonham com Ovelhas Elétricas?* São Paulo: Aleph, 2014.

DOLTO, Françoise. *O Evangelho à Luz da Psicanálise*. Rio de Janeiro: Imago, 1979.

DOSTOIÉVSKI, Fiódor. *O Crocodilo e Notas de Inverno sobre Impressões de Verão*. São Paulo: Ed. 34, 2000.

______. *Os Irmãos Karamázovi*. São Paulo: Círculo do Livro, 1995.

DUBOIS, Christian. *O Significante, a Letra e o Objeto, in O Significante, a Letra e o Objeto*. Rio de Janeiro: Companhia de Freud, 2004.

ECO, Humberto. *Lector in Fabula; a Cooperação Interpretativa nos Textos Narrativos*. São Paulo: Perspectiva, 1986.

______. *Obra Aberta: Forma e Indeterminação nas Poéticas Contemporâneas*. São Paulo: Perspectiva, 2005.

______. *Quase a Mesma Coisa*. Rio de Janeiro: Record, 2007.

ELIOT, T. S. *Poesia*. Rio de Janeiro: Nova Fronteira, 2006.

ELIZONDO, Salvador. *La primera página de "Finnegans Wake"*. Casa del Tiempo. Difusión Cultural UAM, in http://www.uam.mx/difusion/casadeltiempo/89_jun_2006/casa_del_tie mpo_num89_53_56.pdf.

ELLMANN, Richard. *James Joyce*. Porto Alegre: Globo, 1982.

______. *Ao Longo do Riocorrente*. São Paulo: Companhia das Letras, 1991.

EPSTEIN, Edmund L. *The Ordeal of Stephen Dedalus: The Conflict of the Generations in James Joyce's "A Portrait of the Artist as a Young Man"*. Illinois: Southenr Illinois UN, 1973.

______. *A Guide Through Finnegans Wake*. Florida: University Press of Florida, 2009.

ESOPO. *Fábulas*. Porto Alegre: LP&M, 1997.

ESTEVES, Lenita Rimole. *O que significa traduzir Finnegans Wake?*, in Scientia Traductionis, n.8, UFSC, 2010.

______. *Quando a Resenha não Critica: Um Silêncio não Inocente*, in Revista Crop, Edição 8, USP, 2010.

EVARISTO, Conceição. *Ponciá Vicêncio*. Belo Horizonte: Mazza, 2003.

FARGAN, Paul. *"Nat language at any sinse of the world": The Processes of Signification in James Joyce's Finnegans Wake*. Wien: Universität Wien, 2010.

FARGNOLI, A. Nicholas; GILLESPIE, Michael Patrick. *James Joyce - A Literary Reference to His Life and Work*. New York: Facts on File, 2006.

FARJANI, Antônio Carlos. *Édipo Claudicante, do Mito ao Complexo*. São Paulo: Edicon, 1987.

FAUVEL, John; WILSON, Robin; FLOOD, Raymond. *Mobius and his Band: Mathematics and Astronomy in Nineteenth-Century Germany.* Uk: Oxford University Press, 1993.

FERENCZI, Sandor. *O Problema do Fim de Análise*, in *Obras Completas, Psicanálise III*. São Paulo: WMF Martins Fontes, 2011.

FILHO, Raul Arruda. *Referências*. Florianópolis: Paralelo 27, 1993.

FINK, Bruce. *O Sujeito Lacaniano - Entre A Linguagem e Gozo*. Rio de Janeiro: Jorge Zahar Editor, 2000.

FINNEGAN, Tim. *Wakepedia, Annotated Finnegans Wake* in http://fwannotated.blogspot.com/

FORBES, Jorge. *Psicanálise: a Clínica do Real.* São Paulo: Manole, 2014.

______. *A Invenção do Futuro – Um Debate sobre a Pós-Modernidade e a Hipermodernidade*. São Paulo: Manole, 2006.

FORDHAM, Finn. *Lots of Fun at Finnegans Wake: Unravelling Universals*. Oxford: Oxford University Press, 2007.

FOUCAULT, Michel. *A Arqueologia do Saber*. Rio de Janeiro: Forense Universitária, 2014.

______. *A Ordem do Discurso, Aula Inaugural no Collége de France Pronunciada em 2 de Dezembro de 1970*. São Paulo: Loyola, 2011.

______. *A Hermenêutica do Sujeito*. São Paulo: Martins Fontes, 2014.

______. *As Palavras e as Coisas*. São Paulo: Martins Fontes, 2007.

______. *Aulas sobre a Vontade de Saber*. São Paulo: WMF Martins Fontes, 2014.

______. *História da Sexualidade, 1, A Vontade de Saber*. Rio de Janeiro: Graal, 1988.

______. *História da Sexualidade, vol. 2, O Uso dos Prazeres*. Rio de Janeiro: Graal, 1984.

______. *Lacan, o "Libertador" da Psicanálise*, in *Ditos e Escritos 1, Problematização do Sujeito: Psicologia, Psiquiatria e Psicanálise*. Rio de Janeiro: Forense Universitária, 2014.

______. *Microfísica do poder*. Rio de Janeiro: Graal, 1979.

______. *Nietzsche, Freud, Marx*, in *Arqueologia das Ciências e História dos Sistemas de Pensamento*. Rio de Janeiro: Forense Universitária, 2005.

______. *O Governo de Si e dos Outros*. São Paulo: WMF Martins Fontes, 2010.

______. *O Nascimento da Clínica*. Rio de Janeiro: Forense Universitária, 2013.

______. *O Olho do Poder*, in *Microfísica do Poder*. Rio de Janeiro: Graal, 1979.

______. *O que é um Autor?* Lisboa: Passagens/Vega, 1992.

______. *Os Anormais*. São Paulo: WMF Martins Fontes, 2010.

FREGE, Gottlob. *Os Fundamentos da Aritimética*. São Paulo: Abril, 1989.

FREUD, Sigmund; BREUER, Joseph. *Estudos sobre a Histeria*, in *Edição Standard Brasileira das Obras Psicológicas Completas de Sigmund Freud*, Volume II. Rio de Janeiro: Imago, 1987.

______. *Studien über Hysterie*, in Werke von Sigmund Freud. Deutschland: Ficher Verlag, 2002.

FREUD, Sigmund. *A Correspondência Completa de Sigmund Freud para Wilhelm Fliess*, 1887-1904. Rio de Janeiro: Imago, 1986.

______. *A Dinâmica da Transferência*, in *Edição Standard Brasileira das Obras Psicológicas Completas de Sigmund Freud*, Volume XII. Rio de Janeiro: Imago, 1987.

______. *A Disposição à Neurose Obsessiva - Uma Contribuição ao Problema da Escolha da Neurose*, in *Edição Standard Brasileira das Obras Psicológicas Completas de Sigmund Freud*, Volume XII. Rio de Janeiro: Imago, 1987.

______. *A Dissecção da Personalidade Psíquica*, Novas Conferências Introdutórias sobre Psicanálise, in *Edição Standard Brasileira das Obras Psicológicas Completas de Sigmund Freud*, Volume XXII. Rio de Janeiro: Imago, 1987.

______. *A Divisão do Ego no Processo de Defesa*, in *Edição Standard Brasileira das Obras Psicológicas Completas de Sigmund Freud*, Volume XXIII. Rio de Janeiro: Imago, 1987.

______. *A Feminilidade, Novas Conferências Introdutórias Sobre Psicanálise*, in *Edição Standard Brasileira das Obras Psicológicas Completas de Sigmund Freud*, Volume XXII. Rio de Janeiro: Imago, 1987.

______. *A Interpretação dos Sonhos*, in *Edição Standard Brasileira das Obras Psicológicas Completas de Sigmund Freud*, Volume IV e V. Rio de Janeiro: Imago, 1987.

______. *A Perda da Realidade na Neurose e na Psicose*, in *Edição Standard Brasileira das Obras Psicológicas Completas de Sigmund Freud*, Volume XIX. Rio de Janeiro: Imago, 1987.

______. *A Significação Antitética das Palavras Primitivas*, in *Edição Standard Brasileira das Obras Psicológicas Completas de Sigmund Freud*, Volume XI. Rio de Janeiro: Imago, 1987.

______. *Além do Princípio do Prazer*, in *Edição Standard Brasileira das Obras Psicológicas Completas de Sigmund Freud*, Volume XVIII. Rio de Janeiro: Imago, 1987.

______. *Análise de uma Fobia de um Menino de Cinco Anos,* in *Edição Standard Brasileira das Obras Psicológicas Completas de Sigmund Freud*, Volume X. Rio de Janeiro: Imago, 1987.

______. *Análise Terminável e Interminável,* in *Edição Standard Brasileira das Obras Psicológicas Completas de Sigmund Freud,* Volume XXIII. Rio de Janeiro: Imago, 1987.

______. *As Pulsões e seus Destinos.* Belo Horizonte: Autêntica, 2016.

______. *Conferências Introdutórias Sobre a Psicanálise, Conferência II, Parapraxias,,* in *Edição Standard Brasileira das Obras Psicológicas Completas de Sigmund Freud,* Volume XV. Rio de Janeiro: Imago, 1987.

______. *Construções em Análise,* in *Edição Standard Brasileira das Obras Psicológicas Completas de Sigmund Freud,* Volume XXIII. Rio de Janeiro: Imago, 1987.

______. *Correspondência Completa de Freud-Jung.* Rio de Janeiro: Imago, 1976.

______. *Dostoiévski e o Parricídio,* in *Edição Standard Brasileira das Obras Psicológicas Completas de Sigmund Freud,* Volume XXI. Rio de Janeiro: Imago, 1987.

______. *Esboço de Psicanálise,* in *Edição Standard Brasileira das Obras Psicológicas Completas de Sigmund Freud,* Volume XXIII. Rio de Janeiro: Imago, 1987.

______. *Escritores Criativos e Devaneios,* in *Edição Standard Brasileira das Obras Psicológicas Completas de Sigmund Freud,* Volume IX. Rio de Janeiro: Imago, 1987.

______. *Formulações sobre os dois Princípios do Funcionamento Mental,* in *Edição Standard Brasileira das Obras Psicológicas Completas de Sigmund Freud,* Volume XII. Rio de Janeiro: Imago, 1987.

______. *História de uma Neurose Infantil (O Homem dos Lobos), Além do Princípio do Prazer e Outros Textos, 1917-1920,* in *Obras Completas,* vol. 14. São Paulo: Companhia das Letras, 2010.

______. *Inibições, Sintoma e Ansiedade,* in *Edição Standard Brasileira das Obras Psicológicas Completas de Sigmund Freud,* Volume XX. Rio de Janeiro: Imago, 1987.

______. *Leonardo da Vinci e uma Lembrança de sua Infância,* in *Edição Standard Brasileira das Obras Psicológicas Completas de Sigmund Freud,* Volume XI. Rio de Janeiro: Imago, 1987.

______. *Luto e Melancolia,* in *Edição Standard Brasileira das Obras Psicológicas Completas de Sigmund Freud,* Volume XIV. Rio de Janeiro: Imago, 1987.

______. *Neurose e Psicose,* in *Edição Standard Brasileira das Obras Psicológicas Completas de Sigmund Freud,* Volume XIX. Rio de Janeiro: Imago, 1987.

______. *Neuroses de Transferência: Uma Síntese.* Rio de Janeiro: Imago, 1987.

______. *Notas Psicanalíticas sobre um Relato Autobiográfico de um Caso de Paranóia (Dementia Paranoides),* in *Edição Standard Brasileira das Obras Psicológicas Completas de Sigmund Freud,* Volume XII. Rio de Janeiro: Imago, 1987.

______. *O Ego e o Id,* in *Edição Standard Brasileira das Obras Psicológicas Completas de Sigmund Freud,* Volume XIX. Rio de Janeiro: Imago, 1987.

______. *O "Estranho",* in in *Edição Standard Brasileira das Obras Psicológicas Completas de Sigmund Freud,* Volume XVII. Rio de Janeiro: Imago, 1987.

______. *O Mal Estar na Civilização,* in *Edição Standard Brasileira das Obras Psicológicas Completas de Sigmund Freud,* Volume XXI. Rio de Janeiro: Imago, 1987.

______. *O Mecanismo Psíquico do Esquecimento*, in *Edição Standard Brasileira das Obras Psicológicas Completas de Sigmund Freud*, Volume II. Rio de Janeiro: Imago, 1987.

______. *O Moises de Michelângelo*, in *Edição Standard Brasileira das Obras Psicológicas Completas de Sigmund Freud*, Volume XIII. Rio de Janeiro: Imago, 1987.

______. *Observações sobre o Amor Transferencial (Novas Recomendações sobre a Técnica da Psicanálise III)*, in *Edição Standard Brasileira das Obras Psicológicas Completas de Sigmund Freud*, Volume VII. Rio de Janeiro: Imago, 1987.

______. *Os Chistes e sua Relação com o Inconsciente*, in *Edição Standard Brasileira das Obras Psicológicas Completas de Sigmund Freud*, Volume VIII. Rio de Janeiro: Imago, 1987.

______. *Prefácio a Novas Conferências Introdutórias Sobre Psicanálise*, in *Edição Standard Brasileira das Obras Psicológicas Completas de Sigmund Freud*, Volume XXII. Rio de Janeiro: Imago, 1987.

______. *Projeto para uma Psicologia Científica*, in *Edição Standard Brasileira das Obras Psicológicas Completas de Sigmund Freud*, Volume I. Rio de Janeiro: Imago, 1987.

______. *Psicologia de Grupo e Análise do Ego*, in *Edição Standard Brasileira das Obras Psicológicas Completas de Sigmund Freud*, Volume XVIII. Rio de Janeiro: Imago, 1987.

______. *Recordar, Repetir e Elaborar (Novas Recomendações sobre a Técnica da Psicanálise II)*, in *Edição Standard Brasileira das Obras Psicológicas Completas de Sigmund Freud*, Volume XII. Rio de Janeiro: Imago, 1987.

______. *Recomendações aos Médicos que Exercem a Psicanálise*, in *Edição Standard Brasileira das Obras Psicológicas Completas de Sigmund Freud*, Volume XII. Rio de Janeiro: Imago, 1987.

______. *Sobre a Concepção das Afasias, Um Estudo Crítico*, in *Obras Incompletas de Sigmund Freud*. Belo Horizonte: Autêntica, 2013.

______. *Sobre a Tendência Universal à Depreciação na Esfera do Amor - Contribuições à Psicologia do Amor II,* in *Edição Standard Brasileira das Obras Psicológicas Completas de Sigmund Freud Volume XV.* Rio de Janeiro: Imago, 1987.

______. *Sobre a Transitoriedade,* in *Edição Standard Brasileira das Obras Psicológicas Completas de Sigmund Freud,* Volume XIV. Rio de Janeiro: Imago, 1987.

______. *Sobre o Início do Tratamento (Novas Recomendações sobre a Técnica da psicanálise I),* in *Edição Standard Brasileira das Obras Psicológicas Completas de Sigmund Freud,* Volume XII. Rio de Janeiro: Imago, 1987.

______. *Sobre o Mecanismo Psíquico dos fenômenos Histéricos: Comunicação Preliminar, Casos Clínicos, Katharina,* in *Edição Standard Brasileira das Obras Psicológicas Completas de Sigmund Freud,* Volume II. Rio de Janeiro: Imago, 1987.

______. *Sobre o Narcisismo: Uma Introdução,* in *Edição Standard Brasileira das Obras Psicológicas Completas de Sigmund Freud,* Volume XIV. Rio de Janeiro: Imago, 1987.

______. *Sobre os Sonhos,* in *Edição Standard Brasileira das Obras Psicológicas Completas de Sigmund Freud,* Volume V. Rio de Janeiro: Imago, 1987.

______. *Três Ensaios sobre a Teoria da Sexualidade,* in *Edição Standard Brasileira das Obras Psicológicas Completas de Sigmund Freud,* Volume VII. Rio de Janeiro: Imago, 1987.

______. *Totem e Tabu,* in *Edição Standard Brasileira das Obras Psicológicas Completas de Sigmund Freud,* Volume XIII. Rio de Janeiro: Imago, 1987.

______. *Um tipo Especial de Escolha de Objeto feita pelos Homens – Contribuições à Psicologia do Amor I,* in *Edição Standard Brasileira das Obras Psicológicas Completas de Sigmund Freud,* Volume XI. Rio de Janeiro: Imago, 1987.

FRIEDBERG, Solomon. *Multiple Dirichlet Series, L-functions and Automorphic Forms*. EUA: Birkhauser Publisher, 2012.

FROMM, Erik. *A Arte de Amar*. Belo Horizonte; Itatiaia, 1991.

GALINDO, Caetano. *Nota do Tradutor, in Finn's Hotel, de James Joyce*. São Paulo: Companhia das Letras, 2014.

______. *O Finnegans Wake e as Coisas como São (Paulo: per speculum in aenigmate)*, in http://www.abralic.org.br/eventos/cong2008/AnaisOnline/simposios/pdf/056/CAETANO_GALINDO.pdf , 2008.

______. *Finnegans Wake/Finnícius Revém*, in *Cult – Revista Brasileira de Cultura*, São Paulo, ano 16, N. 176, Fevereiro de 2013.

______. *Sim, Eu Digo Sim: Uma Visita Guiada ao Ulysses de James Joyce*. São Paulo: Companhia das Letras, 2016.

______. *The Finnecies of Music Wed Poetry: A Música e o Finnegans Wake*, in *Scientia Traductionis*, n. 8 (2010).
______. *Um Fragmento de Finnegans Wake*, in http://www1.folha.uol.com.br/ilustrissima/2013/11/1374886-um-fragmento-de-finnegans-wake.shtml, acesso em 26 de setembro de 2017.

GIBSON, George Cinclair. *Wake Rites: The Ancient Irish Rituals of Finnegans Wake*. Florida: University Press of Florida, 2005.

GIFFORD, Don; SEIDMAN, Robert J. *Ulysses Annotated: Revised and Expanded Edition*. Los Angeles: University of California Press, 2008.

GOETHE, *Johann Wolfgang. Fausto. São Paulo: Abril, 1976.*

GOLD, David. *Ulysses: A Case Study in the Problems of Hypertextualization of Complex Documents*. Computers,Writing, Rhetoric and Literature. Ejournal, v. 3 (1977): http:www.cwrl.utexas.edu

GOLD, Moshe. *Irish Rituals & The Wake*, in
https://muse.jhu.edu/article/220191/summary

GOLDBERG, Jacob Pinheiro. *Psicologia e Reflexões do Inconsciente*.
São Paulo: OINA, 1978.
GOLDING, William. *Senhor das Moscas*. Rio de Janeiro: Objetiva,
2014.

GONÇALVES, Ana Maria. *Um Defeito de Cor*. Rio de Janeiro: Record,
2015.

GORDIMER, Nadine. *Entrevista*, in Os *Escritores, As Históricas
Entrevistas da Paris Review*. São Paulo: Compnhia das Letras, 1988.
GORDON, John. *Finnegans Wake: A Plot Summary*. New York:
Syracuse, 1986.

GRANON-LAFONT, Jeanne. *A Topologia de Jacques Lacan*. Rio de
Janeiro: Jorge Zahar Editor, 1996.

GROSS, John. *Joyce*. Barcelona: Grijalbo, 1974.

GUERRA, Andréa Máris Campos. *Impacto Clínico da Topologia
Borromeana no Estruturalismo Lacaniano*, in Ágora (Rio
J.) vol.20 no.1 Rio de Janeiro Jan./Mar. 2017.

GUIRADO, Marlene; AFONSO, Felipe Martins. *Homem dos Lobos:
Cenas de uma Neurose Infantil*, in Anais do III Simpósio Nacional
Discurso, Identidade e Sociedade (III SIDIS) DILEMAS E DESAFIOS
NA CONTEMPORANEIDADE.

HARARI, Roberto. *Como se chama James Joyce? À partir do
Seminário Le Sinthome de J. Lacan*. Salvador: Ágalma; Rio de Janeiro:
Campo Matêmico, 2002.

______. *O Psicanalista, O que é isso?* Rio de Janeiro: Companhia de
Freud, 2008.

______. *O que Acontece no Ato Psicanalítico? A Experiência da
Psicanálise*. Rio de Janeiro: Companhia de Freud, 2001.

HANNS, Luiz. *Dicionário Comentado do Alemão de Freud*. Rio de Janeiro: Imago, 1996.

HART, Clive.*Structure and Motif in Finnegans Wake*. London: Faber and Faber, 1962.
HEGEL, Georg Wilhelm Friedrich. *Filosofia do Direito*. São Paulo: Loyola, 2012.

______. *Filosofia da História*. Brasília: UNB, 2008.

HEIDEGGER, Martin. *A Coisa*. In DE SOUZA, E. Mitologia. Lisboa: Guimarães Editores, 1984.

HERMANN, Fabio. *Clínica Psicanalítica: A Arte da Interpretação*. São Paulo: Empório do Livro, 1980.

HESÍODO. *Teogonia, A Origem dos Deuses*. São Paulo: Iluminuras, 1995.

HOFHEINZ, Thomas C. *Joyce and the Invention of Irish History: Finnegans Wake in Context*. Cambridge: Cambridge University Press, 1995.

HOMERO. *Odisséia*. São Paulo: Cultrix, 1993.

IBSEN, Henrik. *Solness, o Contrutor*. Rio de Janeiro: Globo, 1984.

JONES, Ernest. *Hamlet e o Complexo de Édipo*. Rio de Janeiro: Zahar Editores, 1949.

______. *Vida e Obra de Sigmund Freud*. Rio de Janeiro: Jorge Zahar Editor, 1979.

JOHNSON, Celia Blue. *Conversando com Mrs. Dalloway*. Rio de Janeio: Casa da Palavra, 2013.

JOYCE, James. *Cartas Escogidas, vol. II*. Barcelona: Lumen, 1982.
______. *Epifanias*. São Paulo: Iluminuras, 2012.

______. *Epifanias*, in Revista da Letra Freudiana, Rio de Janeiro, Relume –Dumará, ano XII, nº 13, 1993.

______. *Giacomo Joyce*. São Paulo: Iluminuras, 1999.

______. *Música de Câmara*. São Paulo: Iluminuras, 1998.

______. *Querida Nora!*. Lisboa: Hiena, 1994.

______. *Finnegans Wake*. Londres: Penguim Uk, 1999.

______. *Finn's Hotel*. São Paulo: Companhia das Letras, 2014.

______. *Os Mortos, in Dublinenses*. Rio de Janeiro: Civilização Brasileira, 2003.

______. *Retrato do Artista Quando Jovem*. São Paulo: Abril Cultural, 1971.

______. *Um Retrato do artista Quando Jovem*. São Paulo: Penguin e Companhia das Letras, 2016.

______. *Ulisses*. Rio de Janeiro: Objetiva, 2007.

______. *Ulysses*. Londres: Penguim Uk, 2015.

______. *Ulysses*. São Paulo: Penguim Classics Companhia das Letras, 2012.

______. *Chamber Music*. Londres: Penguim Uk, 2017.

Joyce's Book of the Dead. 10 Alternatives to the Dream Interpretation of Finnegans Wake, in https://billhord.wordpress.com/2015/03/10/10-alternatives-to-the-dream-interpretation-of-finnegans-wake/

JORGE, Marco Antonio Coutinho. *Sexo e Discurso em Freud e Lacan*. Rio de Janeiro: Jorge Zahar Editor, 1988.

JULIEN, Philippe. *O Estranho Gozo do Próximo – Ética e Psicanálise*. Rio de Janeiro: Jorge Zahar Editor, 1996.

JURANVILLE, Alain. *Lacan e a Filosofia*. Rio de Janeiro: Jorge Zahar Editor, 1995.

KANT, Immanuel. *Prolegómenos a Toda Metafísica Futura*. Lisboa: Edições 70 – Brasil, 2008.

KAWABATA, Yasunari. *A Casa das Belas Adomecidas*. São Paulo: Estação Libedade, 2004.

KERN. Dicionário on-line Pons, 03 Fev.2018 . Disponível em https://pt.pons.com/. Acesso em 03 Fev. 2018.

KRAMER, Heinrich; SPRENGER, James. *O Martelo das Feitiçeiras, Malleus Malleficarum*. Rio de Janeiro: Rosa dos Tempos, 2011.

KRISTEVA, Julia. *Introdução à Seminálise*. São Paulo: Debates, 1969.

______. *Joyce: The Gracehoper, ou o Retorno de Orfeu,in Riverrun, Ensaios sobre James Joyce*. Rio de Janeiro: Imago, 1992.

KURY, Mario da Gama. *Dicionario de Mitologia Grega e Romana*. Rio de Janeiro: Jorge Zahar Editor, 2009.

LISPECTOR, Clarice. *O Lustre*. Rio de Janeiro: Francisco Alves, 1995.

LACAN, Jacques. *A Agressividade em Psicanálise*, in *Escritos*. Rio de Janeiro: Jorge Zahar Editor, 1988.

______. *A Coisa Freudiana ou o Sentido do Retorno a Freud em Psicanálise*, in *Escritos*. Rio de Janeiro: Joge Zahar Editor, 1998.

______. *A Direção do Tratamento e os Princípios de seu Poder*, in *Escritos*. Rio de Janeiro: Jorge Zahar Editor, 1988.

______. *A Família*. Lisboa: Assírio e alvim, 1981.

______. *A Identificação, Seminário 1961 – 1962* (Publicação não comercial). Porto Alegre: APOA, 2003.

______. *A Lógica do Fantasma, Seminário 1966-1967*. Recife: CEF, 2008.

______. *A Psicanálise. Razão de um Fracasso*, in *Outros Escritos*. Rio de Janeiro: Jorge Zahar Editor, 2003.

______. *A Terceira*, in *Cadernos Lacan*, Volume 2 (Publicação não comercial). Porto Alegre: APOA, 2002.
______. *A Terceira*, in *Che Vuoi?* (Publicação não comercial). Porto Alegre: Cooperativa Cultural Jacques Lacan, 1986.

______. *A Topologia e o Tempo, Seminário de 1978 – 1979*, Aula 4 09 de Janeiro de 1979, in Acheronta, Nº 30.

______. *A Lógica do Fantasma, Seminário 1966 – 1967* (Publicação não comercial). Recife: CEF, 2008.

______. *A Significação do Falo*, in *Escritos*. Rio de Janeiro: Jorge Zahar Editor, 1998.

______. *Abertura desta Coletânea*, in *Escritos*. Rio de Janeiro: Jorge Zahar Editor, 1998.

______. *Alocução Sobre as Psicoses da Criança, in Outros Escritos*. Rio de Janeiro: Jorge Zahar Editor, 2003.

______. *Alocução Sobre o Ensino, in Outros Escritos*. Rio de Janeiro: Jorge Zahar Editor, 2003.

______. *Conclusion du 9º e Congrès de l'École Freudienne de Paris sur La Transmission*, 09/07/1978, in http://ecole-lacanienne.net/wp-content/uploads/2016/04/1978-07-09.pdf (minha tradução)

______. *Conferência de 24 de Novembro de 1976, Yale University (Seminário Kanzer)*, in *Lacan in North Armorica*. Porto Alegre: Editora Fi, 2016.

______. *Conferência na Universidade de Columbia, em 01 de Dezembro de 1976, (Auditório da Escola de Assuntos Internacionais)*, in *Lacan in North Armorica*. Porto Alegre: Editora Fi, 2016.

______. *Conférence chez le Professeur Deniker – Hôpital Sainte-Anne – Objets et Représentations*, 11/10/1978, in http://ecole-lacanienne.net/wp-content/uploads/2016/04/1978-11-10.pdf

______. *Conférence: De James Joyce Comme Symptôme*, prononcée au *Centre Universitaire Méditerranéen de Nice*, 24/01/1976, in http://ecole-lacanienne.net/wp-content/uploads/2016/04/1976-01-24.pdf
______. *Conferência no Instituto Tecnológico de Massachusetes em 02 de Dezeembro de 1976, (Auditório da Escola de Assuntos Internacionais)*, in *Lacan in North Armorica*. Porto Alegre: Editora Fi, 2016.

______. *Da Psicanálise em suas Relações com a Realidade*, in *Outros Escritos*. Rio de Janeiro: Jorge Zahar Editor, 2003.

______. *De um Discurso que não seria do Semblante*. Recife: CEF, 1996.

______. *De um Outro ao outro*, Seminário 1968-1969. Recife: CEF, 2004.

______. *De uma Questão Preliminar a todo Tratamento Possível da Psicose*, in *Escritos*. Rio de Janeiro: Jorge Zahar Editor, 1998.

______. *Diretrizes para um Congresso sobre a Sexualidade Feminina*, in *Escritos*. Rio de Janeiro: Jorge Zahar, 1998.

______. *Discurso aos Católicos, in O Triunfo da Religião*. Rio de Janeiro: Jorge Zahar Editor, 2005.

______. *Discurso na Escola Freudiana de Paris*, in *Outros Escritos*. Rio de Janeiro: Jorge Zahar Editor, 2003.

______. *Do Discurso Psicanalítico (Conferência de Lacan em Milão em 12 de Março de 1972)*, in https://trilhardotorg.wordpress.com/2015/03/04/do-discurso-psicanalitico-conferencia-de-lacan-em-milao-em-12-de-maio-de-1972-parte-1-2/, s/d, s/p.

______. *Entrevista com os Estudantes na Yale University em 24 de Novembro de 1976,* in *Lacan in North Armorica.* Porto Alegre: Editora Fi, 2016.

______. *Entrevista do Dr. Lacan à Imprensa,* in *Cadernos Lacan,* Volume 2 (Publicação não comercial). Porto Alegre: APOA, 2002.

______. *Função e Campo da Palavra e da Linguagem,* in *Escritos.* São Paulo: Perspectiva, 1992.

______. *Função e Campo da Fala e da Linguagem em Psicanálise,* in *Escritos.* Rio de Janeiro: Jorge Zahar Editor, 1998.

______. *Homenagem A Lewis Carroll,* in *Ornicar?: De Jacques Lacan a Lewis Carroll.* Rio de Janeiro: Jorge Zaahar Editor, 2004.

______. *Introdução ao Comentário de Jean Hippolitte sobre a "Verneinung" de Freud,* in *Escritos.* Rio de Janeiro: Jorge Zahar Editor, 1998.

______. *Introdução de Scilicet no Título da Revista da Escola Freudiana de Paris,* in *Outros Escritos.* Rio de Janeiro: Jorge Zahar Editor, 2003.

______. *Introdução à Edição Alemã de um Primeiro Volume dos Escritos,* in *Outros Escritos.* Rio de Janeiro: Jorge Zahar Editor, 2003.

______. *Joyce, O Sintoma,* in *O Seminário, Livro 23, O Sinthoma.* Rio de Janeiro: Jorge Zahar Editor, 2007.

______. *Joyce, O Sintoma,* in *Outros Escritos.* Rio de Janeiro: Jorge Zahar Editor, 2003.

______. *Juventude de Gide ou a Letra e o Desejo,* in *Escritos.* Rio de Janeiro: Jorge Zahar Editor, 1998.

______. *Kant com Sade,* in *Escritos.* Rio de Janeiro: Joge Zahar Editor, 1998.

______. *Le Séminaire de Caracas 12 - VII – 1980,* in http://www.valas.fr/IMG/pdf/lacan_caracas_12_7_1980_bis_.pdf

______. *L'Insu-que-Sait de L'Une-Bévue S'Aile a Mourre*, 1976-1977, in http://www.valas.fr/Jacques-Lacan-l-insu-que-sait-de-l-une-bevue-s-aile-a-mourre-1976-1977

______. *Lituraterra*, in *Outros Escritos*. Rio de Janeiro: Jorge Zahar Editor, 2003.

______. *Meu Ensino*. Rio de Janeiro: Jorge Zahar Editor, 2006.

______. *O Ato Psicanalítico, Seminário 1967-1968*. Porto Alegre: Escola de Estudos Analíticos, 2001.

______. *O Aturdito, in Outros Escritos*. Rio de Janeiro: Jorge Zahar Editor, 2003.

______. *O Desejo e sua Interpretação, Seminário 1958 – 1959* (Publicação não comercial). Porto Alegre: APOA, 2002.

______. *O Engano do Sujeito Suposto Saber*, in *Outros Escritos*. Rio de Janeiro: Jorge Zahar Editor, 2003.

______. *O Estadio do Espelho como Formador da Função do Eu tal como nos é Revelada na Experiência Psicanalítica*, in *Escritos*. Rio de Janeiro: Jorge Zahar Editor, 1998.

______. *O Mito Individual do Neurótico*. Lisboa: Assírio e Alvim, 1981.

______. *O Momento de Concluir*, Seminário 25, in http://www.psicomundo.org/lacan/textos.htm

______. *O Saber do Psicanalista, Seminário 1971-1972* (Publicação não comercial). Recife: CEF, 1997.

______. *O Seminário sobre a Carta Roubada, Introdução,* in *Escritos*. Rio de Janeiro: Jorge Zahar Editor, 1988.

______. *O Seminário, Livro 1, Os Escritos Técnicos de Freud*. Rio de Janeiro: Jorge Zahar Editor, 1986.

______. *O Seminário, Livro 2, O Eu na Teoria de Freud e na Técnica da Psicanálise.* Rio de Janeiro: Jorge Zahar Editor, 1987.

______. *O Seminário, Livro 3, As Psicoses*. Rio de Janeiro: Jorge Zahar Editor, 1985.

______. *O Seminário, Livro 4, As Relações de Objeto*. Rio de Janeiro: Jorge Zahar Editor, 1991.

______. *O Seminário, Livro 5, As Formações do Inconsciente*. Rio de Janeiro: Jorge Zahar Editor, 1999.
______. *O Seminário, Livro 7, A Ética da Psicanálise*. Rio de Janeiro: Jorge Zahar Editor, 1991.

______. *O Seminário, Livro 8, A Transferência*. Rio de Janeiro: Jorge Zahar Editor, 1994.

______. *O Seminário, Livro 11, Os Quatro Conceitos Fundamentais da Psicanálise*. Rio de Janeiro: Jorge Zahar Editor, 1988.

______. *O Seminário, Livro 16: De um Outro ao outro*. Rio de Janeiro: Jorge Zahar, 2008.

______. *O Seminário, Livro 18, De Um Discurso que Não Fosse do Semblante*. Rio de Janeiro: Jorge Zahar Editor, 2009.

______. *O Seminário, Livro 19, ... ou Pior*. Rio de Janeiro: Jorge Zahar Editor, 2012.

______. *O Seminário, Livro 20, Mais Ainda*. Rio de Janeiro: Jorge Zahar Editor, 1985.

______. *O Seminário, Livro 23, O Sinthoma*. Rio de Janeiro: Jorge Zahar Editor, 2007.

______. *O Simbólico, o Imaginário e o Real*. (Publicação não comercial). Porto Alegre: APOA, s/d.

______. *O Tempo Lógico e a Asserção de Certeza Antecipada, um Novo Sofisma*, in *Escritos*. Rio de Janeiro: Jorge Zahar Editor, 1998.

______. *O Triunfo da Religião*. Rio de Janeiro: Jorge Zahar Editor, 2005.

______. *Os Não-Tolos Erram/ Os Nomes do Pai, Seminário entre 1973 e 1974*. Porto Alegre: Editora Fi, 2018.

______. *Pequeno Discurso na ORTF*, in *Outros Escritos*. Rio de Janeiro: Jorge Zahar Editor, 2003.

______. *Posfácio ao Seminário 11*, in *Outros Escritos*. Rio de Janeiro: Jorge Zahar Editor, 2003.

______. *Posição do Inconsciente no Congreso de Bonneval*, in *Escritos*. Rio de Janeiro: Jorge Zahar Editor, 1998.

______. *Escritos*. Rio de Janeiro: Jorge Zahar Editor, 2003.

______. *Prefácio a O Despertar da Primavera*, in *Outros Escritos*. Rio de Janeiro: Jorge Zahar Editor, 2003.

______. *Problemas Cruciais para a Psicanálise*, Seminário 1964-1965. Recife: CEF, 2006.

______. *Propos sur L'Hysterie, Intervention de Jacques Lacan à Bruxelles*, 26/02/1977, in http://ecole-lacanienne.net/wp-content/uploads/2016/04/1977-02-26.pdf

______. *Proposição de 9 de Outubro de 1967 sobre o Psicanalista da Escola*, in *Outros Escritos*. Rio de Janeiro: Jorge Zahar Editor, 2003.

______. *Radiofonia*, in *Outros Escritos*. Rio de Janeiro: Jorge Zahar Editor, 2003.

______. *Séminaire R.S.I, 1974-1975*, in http://staferla.free.fr/S22/S22%20R.S.I..pdf *(minha tradução)*.

______. *Seminário sobre o "Homem dos Lobos"*, in http://www.campopsicanalitico.com.br/media/1173/seminario-sobre-o-homem-dos-lobos.pdf

______. *Situação da Psicanálise e Formação do Psicanalista em 1956*, in *Escritos*. Rio de Janeiro: Jorge Zahar Editor, 1998.

______. *Subversão do Sujeito e Dialética do Desejo no Inconsciente Freudiano*, in *Escritos*. Rio de Janeiro: Jorge Zahar, 1998.

______. *Televisão*. Rio de Janeiro: Jorge Zahar Editor, 1993.

______. *Televisão,* in *Outros Escritos*. Rio de Janeiro: Jorge Zahar Editor, 2003.

______. *2ª Conferência na Yale University , em 25 de Novembro de 1976, (Law School Auditorium)*, in *Lacan in North Armorica*. Porto Alegre: Editora Fi, 2016.

LASNIK-PENOT, Marie-Christine. *Rumo à Palavra – Três Crianças Autistas em Psicanálise*. São Paulo: Escuta, 1997.

LAURENT, Éric. *Versões da Clínica Psicanalítica*. Rio de Janeiro: Jorge Zahar Editor, 1955.

LECLAIRE, Serge. *Psicanalisar*. São Paulo: Perspectiva, 1977.

LEMINSKI, Paulo. *Catatau*. Curitiba: Travessa dos Editores, 2004.

______. *Joyce Finnegans Wake*, in *Scientia Traductionis*, n.8, 2010.
LEVIN, Harry. *James Joyce*. Norfolk: New Directions, 1941.

LÉVI-STRAUSS, Claude. *Antropologia Estrutural*. São Paulo: Cosac Naify, 2012.

LIDDELL, Henry George; SCOTT, Robert. *Greek-English Lexicon*. La Vergne: Lightning Source, 2007.

LISPECTOR, Clarice. *A Paixão Segundo G. H*. Rio de Janeiro: Rocco, 1998.

LOPES, Marques Lopes. *Saramago, Biografia*. São Paulo: Leya, 2010.

LOWE-EVANS, Mary. Joyce & Irish History, in https://muse.jhu.edu/article/367895/summary

LUKÁCS, George. *A Teoria do Romance*. São Paulo: Duas Cidades/Editora 34, 2000.

LYOTARD, Jean-François. *O Pós Moderno*. Rio de Janeiro: José Olympio, 1982.

MADDOX, Brenda. *Nora: Uma Biografia de Nora Joyce*. São Paulo: Martins Fontes, 1991.

MAGNO, M. D. *Revirão 1 – Revista da Prática Freudiana*. Rio de Janeiro: AOUTRA, s/d.

MALLARMÉ, Stephanie. *Divagações*. Florianópolis: UFSC, 2010.

______. *Um Lance de Dados, in Mallarmé*. São Paulo: Perspectiva, 1974.

MARCUSE, Herbert. *Eros e Civilização*. Rio de Janeiro: Zahar, 1972.

MARTY, Éric. *Roland Barthes, O Ofício de Escrever*. Rio de Janeiro: Difel, 2009.

McLUHAN, Eric. *The Role Of Thunder In Finnegans Wake*. Toronto: University of Toronto Press, 1997.

MEDEIROS, Sérgio. *A Voz de James Joyce*, in *Scientia Traductionis*, No 12, vol. 26.

MELCHIORI, Giorgio. *Introduzione a James Joyce: Finnegans Wake – HCE*. Milano: Arnoldo Mondadore Editore, 1982.

MELMAN, Charles. *Estrutura Lacaniana das Psicoses*. Porto Alegre: Artes Médicas, 1991.

______. *Novos Estudos Sobre a Histeria*. Porto Alegre: Artes Médicas, 1985.

______. *Novos Estudos sobre o Inconsciente*. Porto Alegre: Artes Médicas, 1994.

MENNINGER, Karl. *Number Words and Number Symbols: A Cultural History of Numbers*. New York: Dover Publications, 2013.

MIANO, Léonora. *Contornos do Dia que Vem Vindo*. Rio de Janeiro: Palas, 2009.

MICHAUD, Ginette. *Aschenglorie, de Paul Celan: "ponto de intraductibilidade", as questões de uma tradução "relevante" de Jacques Derrida a partir do poema Aschenglorie de Paul Celan*, in Revista Cerrados, 2012 - periódicos.unb.br.

MILAN, Betty. *A Dublin de Joyce*, in *Folha de S. Paulo*, 15/06/2002.

MILLER, Jacques-Alain. *Perspectivas do Seminário 23 de Lacan, O Sinthoma*. Rio de Janeiro: Jorge Zahar Editor, 2009.

______. *Perspectivas dos Escritos e Outros Escritos, Entre Desejo e Gozo*. Rio de Janeiro: Jorge Zahar Editor, 2011.

______. *Silet*. Rio de Janeiro: Jorge Zahar, 2005.

MILLOT, Catherine. *Freud Antipedagogo*. Rio de Janeiro: Jorge Zahar Editor, 1987.

MILLS, Billy. *Finnegans Wake – The Book the Web was Invented For*, in
https://www.theguardian.com/books/booksblog/2015/apr/28/finnegans-wake-james-joyce-modern-interpretations

MIRAGLIA, Francisco. *Teoria dos Conjuntos: um Mínimo*. São Paulo: EDUSP, 1992.

MIRANDA, Sérgio R. N. *O artigo "Sobre o sentido e a referência" de Frege*, in
http://www.repositorio.ufop.br/bitstream/123456789/5385/1/ARTIGO_ArtigoSobreSentido.pdf

MONTERO, Luis Gárcia. *Confesiones poéticas*. Granada: Diputación Provincial, 1993.

MORAES, Marcia. *Considerações Sobre o Gestaltismo: Entre a Ciência e a Filosofia*, in *A Pluralidade do Campo Psicológico*. Rio de Janeiro: UERJ, 2010.

MORAES, Eliane Robert. *O Efeito Obsceno*, in <u>Cadernos Pagu</u>, No. 20, Campinas, 2003.

MORAES, Reinaldo. *Pornopopéia*. Rio de Janeiro: Objetiva, 2009.

MOTTA, Nelson. *A Primavera do Dragão – A Juventude de Glauber Rocha*. Rio de Janeiro: Objetiva, 2011.

MUMPRECHT, Walter Rudolf. *River Run*, Serigraphy (99.5 x 69.3 cm. (39.2 x 27.3 in.).

NAGEL, Ernest; NEWMAN, James R. *Prova de Godel*. São Paulo: Perspectiva, 1973.

NASIO, Juan David. *A Histeria, Teoria e Clínica Psicanalítica*. Rio de Janeiro: Jorge Zahar Editor, 1991.

______. *Introdução às obras de Freud, Ferenczi, Groddeck, Klein, Winnicott, Dolto, Lacan*. Rio de Janeiro: Jorge Zahar Editor, 1998.

NETO, Alípio de Franca. *Introdução, Música de Câmara*. São Paulo: Iluminuras, 1998.

NESTROVSKI, Arthur. *Mercius (De Seu Mesmo): Notas Sobre uma Tradução Brasileira de Finnegans Wake*, in Scientia Traductionis, n.8, 2010.

NIETZSCHE, Friedrich. *A Gaia Ciência*. São Paulo: Companhia das Letras, 2012.

______. *A Genealogia da Moral*. Petrópolis: Vozes, 2013.

______. *Além do Bem e do Mal*. São Paulo: Companhia das Letras, 2005.

______. *O Nascimento da Tragédia*. São Paulo: Companhia das Letras, 2007.

NORRIS, Margot. *A Estrutura Narrativa, in Riverrun, Ensaios sobre James Joyce*. Rio de Janeiro: Imago, 1992.

______. *The Decentered Universe of Finnegans Wake : a Structuralist Analysis, in* http://digicoll.library.wisc.edu/cgi-bin/JoyceColl/JoyceColl-idx?type=turn&entity=JoyceColl.NorrisDecenter.p0015&id=JoyceColl.NorrisDecenter&isize=text

O'BRIEN, Edna. *James Joyce*. Rio de Janeiro: Objetiva, 1999.

O'NEIL, Patrick. *Introdução a James Joyce, Finnegans Wake (Por um Fio)*. São Paulo: Iluminuras, 2018.

OBHOLZER, Karin. *Conversa com o Homem dos Lobos*. Rio de Janeiro: Jorge Zahar Editor, 1993.

OBIOMA, Chigozie. *Os Pescadores*. São Paulo: Globo, 2016.

OLIVEIRA, Albéris Eron Flávio de; SILVA, Joanna Angélica Borges da. *Words, Worlds, Warlds: A Força das Palavras em Finnegans Wake, O Último Romance de James Joyce,* in Revista dEsEnrEdoS, ano VII - número 24 - Teresina - Piauí - outubro de 2015.

OLOIXARAC, Pola. *As Teorias Selvagens*. São Paulo: Benvirá, 2011.

ORWELL, George. *A Revolução dos Bichos*. São Paulo: Globo, 2001.

______. *Um Pouco de Ar, por Favor!, na Sombra de 1984*. São Paulo: Hemus, 1978.

OTERO, Ana Flávia Ribeiro. *Escre(ver) Ulysses: a escritura de Joyce atravessada pela visão,* in http://repositorio.unb.br/handle/10482/21202

OZ, Amós. *Como Curar um Fanático*. São Paulo: Companhia das Letras, 2016.

PALAHNIUK, Chuck. *Clube da Luta*. São Paulo: Leya, 2012.

PESSOA, Fernando. *Livro do Desassossego: Composto por Bernardo Soares, Ajudante de Guada-Livros na Cidade de Lisboa*. São Paulo: Companhia das Letras, 1999.

PIGLIA, Ricardo. *Formas Breves*. São Paulo: Companhia das letras, 2004.

PIGNATARI, Décio. *Informação. Linguagem. Comunicação*. São Paulo: Perspectiva, 2003.
PINHEIRO, Bernardina da Silveira. *Notas, in Ulisses*. Rio de Janeiro: Objetiva, 2007.

______. *Introdução*, in *Ulisses*. Rio de Janeiro: Objetiva, 2007.

PLATÃO. *Apologia de Sócrates*, in *Os Pensadores*. São Paulo: Nova Cultural, 1999.

______. *O Banquete*. São Paulo: Atena Editôra, 1955.

POMMIER, Gérard. *A Neurose Infantil da Psicanálise*. Rio de Janeiro: Jorge Zahar Editor, 1992.

______. *Da Passagem Literal do Objeto ao Moedor do Significante*, in *O Significante, a Letra e o Objeto*. Rio de Janeiro: Companhia de Freud, 2004.

______. *O Amor ao Avesso, Ensaio sobre a Transferência em Psicanálise*. Rio de Janeiro: Companhia de Freud, 1998.

______. *O Incosnciente e o Isso*. Niterói: Escola de Psicanálise de Niterói, s/d.

POE, Edgar Allan. *O Corvo – seguido de A Entrevista*. Liboa: INH - In House, n/d.

______. *The Raven – Illustrated*. Canadá: Top Five Books, 2013.

PORGE, Erik. *Psicanálise e Tempo: O tempo Lógico de Lacan*. Rio de Janeiro: Cia de Freud, 1989.

POUND, Ezra. *Abc da Literatura*. São Paulo: Cultrix, 2014.

PRADO, Célia Luiza Andrade. *A Criatividade Lexical em Finnegans Wake*, in São Paulo: TRADTERM, 15, 2009.

PRIORE, Mary Del. *Histórias Íntimas - Sexualidade e Erotismo na História do Brasil*. São Paulo: Planeta, 2011.

PROUST, Marcel. *À Sombra das Raparigas em Flor*, in *Marcel Proust, Em Busca do Tempo Perdido*, vol. I. Rio de Janeiro: Ediouro, 2004.
______. O *Tempo Recuperado, in Marcel Proust, em Busca do Tempo Perdido*, vol. III. Rio de Janeiro: Ediouro, 2004, p. 553.

______. *O Tempo Redescoberto*. São Paulo: Globo, 1995.

PROZOR, Conde. *Prefácio a Solness, O Construtor*, in IBSEN, Henrik. *Solness, O Construtor*. Rio de Janeiro: Globo, 1984.

QUEIROZ, Victor Martins Pinto de. *A utopia do isomorfismo intersemiótico como motor da criação: breve análise do Motet em Ré menor de Gilberto Mendes*, in http://www.anppom.com.br/congressos/index.php/27anppom/cps2017/paper/viewFile/4697/1750.

QUINET, Antonio. *As 4+1 Condições da Análise*. Rio de Janeiro: Jorge Zahar Editor, 1981.

QUINTANA, Mario. *Poeminho do Contra, in Caderno H. São Paulo: Globo, 2006.*

RAMOS, Graciliano. *Sobre o Cangaço*, in *Linhas Tortas*. São Paulo: Record, 1983.

RANK, Otto. *El Trauna Del Nacimiento*. Buenos Aires: Paidos, 1972.

REZENDE, Antonio Martinez de; BIANCHET, Sandra Braga. *Dicionáio do Latim Essencial*. Belo Horizonte: Autêntica, 2014.

RIBEIRO, Vera. *Nota à O Seminário, Livro 5, As Formações do Inconsciente*. Rio de Janeiro: Jorge Zahar Editor, 1999.

RICKES, Simone Moschen. *Uma Clínica que se Estende: Novos Desafios aos Analistas*, in *Falando Nisso*, Unijui 21, http://www.unijui.edu.br/arquivos/clinicapsicologia/informativos/faland onisso21/artigo2.pdf

RICOEUR, Paul. *Freud: una Interpretación de la Cultura*. San Ángel: Siglo XXI Editores, 2004.

RIMBAUD, Arthur. *Uma Estadia no Inferno*, in *Prosa poética*. Rio de Janeiro: Topbooks, 1998.
RINPOCHE, Chagdud Tulku. *Portões da Prática Budista – Ensinamentos Essenciais de um Lama Tibetano*. Três Coroas: Makara, 2013.

RIQUELME, John Paul. *Stephen Hero, Dublinenses e Retrato do Artista Quando Jovem: Estilos de Realismo e Fantasia, in Riverrun: Ensaios sobre James Joyce*. Rio de Janeiro: Imago, 1992.

RIQUER, Martín de; VALVERDE, José María. *Historia de la Literatura Universal* - (tomo IX). Barcelona: Planeta, 1994.

RITVO, Juan Bautista. *O Conceito de Letra na Obra de Lacan*, in *A prática da letra*. Rio de Janeiro, RJ: Escola da Letra Freudiana, 2000.
ROAZEN, Paul. *Como Freud Trabalhava – Relatos Inéditos de Pacientes*. São Paulo: Companhia das Letras, 1999.

ROCHA, Glauber. *Riverão Sussuarana*. Florianópolis: UFSC, 2012.
RODRIGUÉ, Emilio. *Sigmund Freud, O Século da Psicanálise, 1895-1995*, vol. 1. São Paulo: Escuta, 1995.

______. *Sigmund Freud, O Século da Psicanálise, 1895-1995*, vol. 2. São Paulo: Escuta, 1995.

______. *Sigmund Freud, O Século da Psicanálise, 1895-1995*, vol. 3. São Paulo: Escuta, 1995.

ROSA, Alexandre dos Santos. *O Discurso de Odisseu: Um Diálogo entre Homero e Sófocles, em Filoctetes*. Rio de Janeiro: UFRJ / Faculdade de Letras, 2009.

ROSA, João Guimarães. *A Simples e Exata História do Burrinho do Comandante*, in *Estas Estórias*. Rio de Janeiro: José Olympio Editôra, 1969.

______. *A Terceira Margem do Rio*, in *Primeiras Estórias*. Rio de Janeiro: Nova Fronteira, 2001.

______. *Ave, Palavra*. Rio de Janeiro: Nova Fronteira, 1985.

______. *Campo Geral*, in *Manuelzão e Miguilim*. Rio de Janeiro: José Olympio, 1977.
______. *Famigerado*, in *Primeiras Estórias*. Rio de Janeiro: Nova Fornteira, 1988.

______. *Grande Sertão: Veredas*. Rio de Janeiro: Nova Fronteira, 1985.

______. *Os Chapéus Transeuntes*, in *Estas Estórias*. Rio de Janeiro: José Olympio Editôra, 1969.

______. *Sagarana*. Rio de Janeiro: Nova Fronteira, 1984.

______. *Tutaméia (Terceiras Estórias)*. Rio de Janeiro: José Olympio, 1979.

ROSA, Maria Carlota. *É Morfologia?*, in *Revista de Estudos Linguísticos da Universidade do Porto*. Porto: Universidade do Porto, 2009.

ROTTERDAM, Erasmo. *Elogio da Loucura*. São Paulo: Martins Fontes, 1990.

ROUDINESCO, Elisabeth. *Lacan, Esboço de uma Vida, História de um Sistema de Pensamento*. São Paulo: Companhia das Letras, 1994.

______. *História da Psicanálise na França – A Batalha dos Cem Anos, Volume 2: 1925-1985*. Rio de Janeiro: Jorge Zahar Editor, 1988.

RUSSELL, Bertrand. *O ABC da Relatividade*. Rio de Janeiro: Zahar Editores, 1974.

______. *Introdução à Filosofia Matemática*. Rio de Janeiro: Zahar Editores, 1974.

SABATO, Ernesto. *O Escritor e seus Fantasmas*. São Paulo: Companhia das Letras, 2003.

______. *Meus Fantasmas, Entrevistas com Carlos Catania*. Rio de Janeiro: Francisco Alves, 1991.

SADE, Marques de. *A Filosofia na Alcova*. São Paulo: Iluminuras, 2000.
______. *Os 120 Dias em Sodoma ou A Escola da Libertinagem*. São Paulo: Iluminuras, 2006.

SAFOUAN, Moustapha. *O Inconsciente e seu Escriba*. São Paulo: Papirus, 1987.

SAILER, Susan Shaw. *On the Void of to Be: Incoherence and Trope in Finnegans Wake*. Ann Arbor: University of Michigan, 1993.

SANTANA, Ivan Justen e TECAM, William Crusoé. VELANDO TIM (*Finnegan's Wake*, em versão brasileira dos Dublês de Dublin), in http://ossurtado.blogspot.com.br/2010/06/revelando-as-fenix.html, acesso em 21/12/2017.

SARLO, Beatriz. *Jorge Luis Borges: Um Escritor na Periferia*. São Paulo: Iluminuras, 2008.

SARTRE, Jean-Paul. *O Ser e o Nada*. Petrópolis: Vozes, 2005.

SAUSSURE, Ferdinand de. *Curso de Linguística Geral*. São Paulo: Cultrix, 1972.

SCANDOLARA, Adriano. *O Finnegans Wake de James Joyce: Incompreensibilidadem Pluralidade de Sentidos e Proximidade com a Poesia*. Revista Signo Revista do Departamento de Letras e do Programa de Pós-Graduação em Letras - Mestrado e Doutorado da Universidade de Santa Cruz do Sul. v. 37, n. 62 (2012).

SCHREBER, Daniel Paul. *Memórias de um Doente dos Nervos*. São Paulo: Paz e Terra, 1995.

SHAKESPEARE, William. *Hamlet*. São Paulo: Abril Cultural, 1976.

______. *Measure for Measure*. New York: Arden Shakespeare; 1967.

SILVA, Luiz-Olyntho Telles da. *A Palavra Não é o Bastante (The Word is Not Enough) Uma Apresentação de Finnicius Revém/ Finnegans Wake de Donaldo Schuler*, in http://www.tellesdasilva.com/Finnicius.html, s/d, s/p.

SCORSKE, Carl. *Viena Fin-de-Siécle: Cultura e Política*. São Paulo.: Cia das Letras, 1988.

SCHOPENHAUER, Arthur. *A Metafísica do Amor*. São Paulo: Coisas de Ler, 2006.

SCHÜLLER, Donaldo. *Finnegans Wake/Finnicius Revém, Livro I, Capítulos 1*. Cotia: Ateliê Editorial, 2000.

______. *Finnegans Wake/Finnicius Revém, Livro I, Capítulos 2, 3 e 4*. Cotia: Ateliê Editorial, 2004.

______. *5, 6, 7 e 8*. Ateliê Editorial, 2001.

______. *Finnegans Wake/Finnicius Revém, Livro II, Capítulos 9, 10, 11 e 12*. Cotia: Ateliê Editorial, 2002.

______. *Finnegans Wake/Finnicius Revém, Livro III e IV, Capítulos 13, 14, 15 16 e 17*. Cotia: Ateliê Editorial, 2003.

______. *Finnício Riovém*. Rio de Janeiro: Lamparina, 2004.

______. *Joyce era Louco?* Cotia: Ateliê Editorial, 2017.

SILVA, Maria Aparecida Leite Holthausen da. *O des-curso Cínico: A poética de Glauco Mattoso,* in https://repositorio.ufsc.br/bitstream/handle/123456789/92919/275609.pdf?sequence=1&isAllowed=y

SKRIABINE, Pierre. *Nosso Sujeito Suposto Saber, Lado Nó Bo,* in @Gente, Revista de Psicanálise, Vol 1, Nº 1, 2007.

SLEPON, Raphael. *Finnegans Wake Extensible Elucidation Tresury,* in http://www.fweet.org/

SOARES, Ana Claudia; BARROS, Angélica. *A Errância: para além de um sintoma Patológico,* in Rev. Latinoam. Psicopat. Fund., São Paulo, 19(3), set.2016.

SOBOTTKA, Marcelo and L.P.L. de Oliveira. *Periodicity and Predictability in Chaotic Systems.* Amer. Math. Monthly (2006). 113, 5. SOLER, Colette. *Interpretação: as respostas do analista.* In: *Opção Lacaniana.* São Paulo: Eolia, 1995, v.13.

______. *O que Lacan dizia das Mulheres.* Rio de Janeiro: Zahar, 2005.

SÓFOCLES. *A Trilogia Tebana.* Rio de Janeiro: Jorge Zahar Editor, 1998.

SOUZA, Alduísio Moreira de. *Transferência e Interpretação.* Porto Alegre: Artes Médicas, 1988.

SOUZA, Paulo César. *As Palavras de Freud. O Vocabulário Freudiano e suas Versões.* São Paulo: Companhia das Letras, 2010.

STERN, David H. *Bíblia Judaica Completa: O tanakh [AT] e a B'rit Hadashah [NT].* São Paulo: Vida, 2010.

STEVENSON, Robert Louis. *O Estranho Caso do Dr. Jekyll e Sr. Hide.* Curitiba: Arte & Letra, 2010.

STRACHEY, James; STRACHEY, Alix. *Comentário sobre Construções em Análise*, in *Edição Standard Brasileira das Obras Psicológicas Completas de Sigmund Freud*, Volume XVIII. Rio de Janeiro: Imago, 1987.

STRUGÁTSKI, Arkádi; STRUGÁTSKI , Boris. *Piquenique na Estrada*. São Paulo: Aleph, 2017.

SVEVO, Italo. *A Consciência de Zeno*. São Paulo: Abril Cultural, 1984.

SZASZ, Thomas S. *O Mito da Doença Mental*. Rio de Janeiro: Jorge Zahar Editor, 1982.

TARDIEU, Jean. *Oeuvres*. Paris: Galimard, 2003.

TAVARES, Pedro Heliodoro de Moraes Branco. *A língua alemã em Freud E Eu com Isso?*, in *Mal-estar na Cultura* / Abril-Novembro de 2010.

THOUARD, Denis. *Kant*. São Paulo: Estação Liberdade, 2004.
TILLMAN, Olivia. *Mahesh Bhatt Handbook – Everything you Need*. Canada: Emereo Publishing, 2016.

TIRONI, Angélica Cantarella. *O Caso Paradigmático de O Homem dos Lobos*, in Revista aSEPHallus de Orientação Lacaniana, Núcleo Sephora de Pesquisa sobre o Moderno e o Contemporâneo 9(17), 43-66. Rio de Janeiro, nov. 2013 a abr. 2014.

TORTOSA, Francisco Garcia. *Anna Livia Plurabelle*. Madri: Cátedra Letras Universales, 1992.

______. *Finnegans Wake in Retrospective*, in *Papers on Joyce* 17/18 (2011-2012).

TORRES, Mónica. *Semblante e Sinthoma, VII Congresso da Associação Mundial de Psicanálise*, in http://2010.congresoamp.com/pt/template.php?file=textos/noche_01/torr es_semblants.html

VALÉRY, Paul. *Estudios Literarios*. Madrid: Visor, 1995.

VEGH, Isidoro. *A Clínica Freudiana*. São Paulo: Escuta, 1989.

VICO, Giambattista. *Ciência Nova*. São Paulo: Icone Editora, 2008.

VILLARI, Rafael Andrés. *Literatura e Psicanálise: Ernesto Sábato e a Melancolia*. Florianópolis: Editora da UFSC, 2002.

VIZIOLI, Paulo. *James Joyce e sua Obra Literária*. São Paulo: EPU, 1991.

WALLACE, David Foster. *Graça Infinita*. São Paulo: Companhia das Letras, 2014.

WATT, Ian. *A Ascenção do Romance*. São Paulo: Companhia das Letras, 2007.

WILSON, Edmund. *Thougts on Being Bibliographed*, 1943, *Classics & Comercials*, in PIZA, Daniel. *Jornalismo Cultural*. São Paulo: Contexto, 2013.
WHITMAN, Walt. *Song of Myself*, in Leaves of Grass. USA: Penguim, 1986.Your Irish Culure. *Fionn Mac Cumhaill and the Salmon of Knowledge*, in https://www.yourirish.com/folklore/salmon-of-wisdom

ZIZEK, Slavoj. *Suversions du Sujet: Psychanalyse, Philosophie, Politique*. Rennes: Presses Universitaires de Rennes, 1999.

ZOLA, Emilio. *A Bêsta Humana*. Lisboa: Guimarães e Cia, 1968.

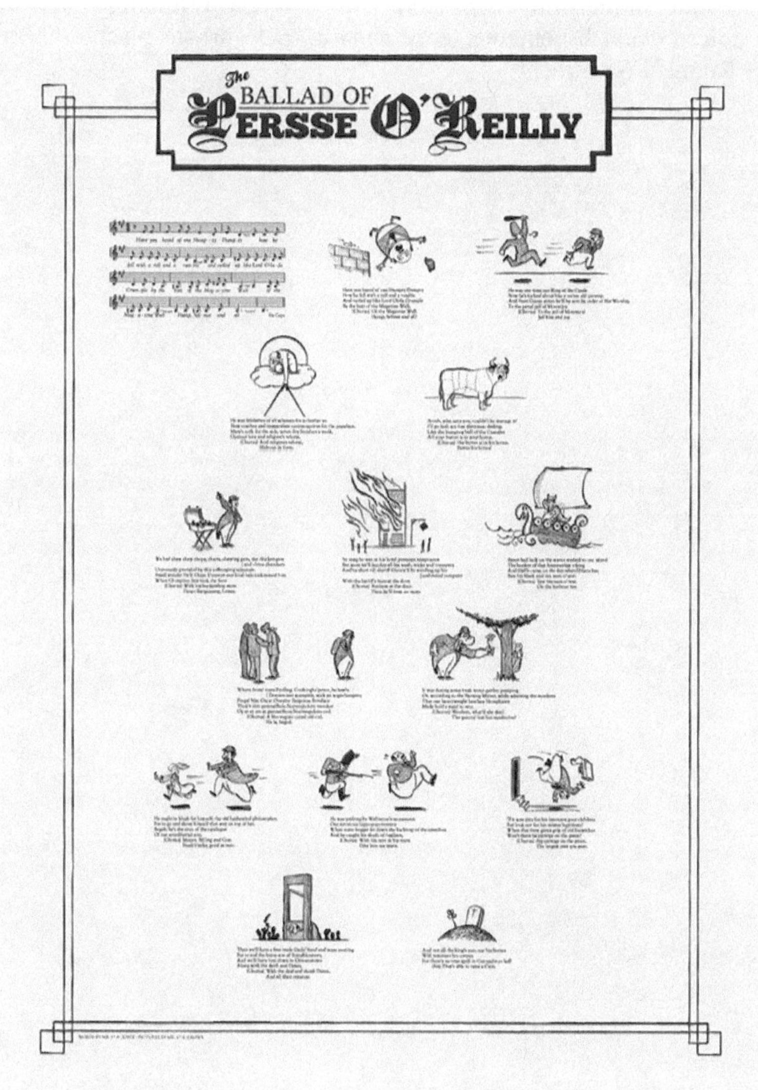

CROWE, Stephen. *The Ballad of Perse Oreilly*, in http://www.wakeinprogress.com/2013/02/the-ballad-of-persse-oreilly.html

E aqui vai mais uma imagem interessante, das primeiras linhas do *Wake,* interpretada livremente, em serigafia, pelo artista plástico suíço Walter Rudolf Mumprecht:

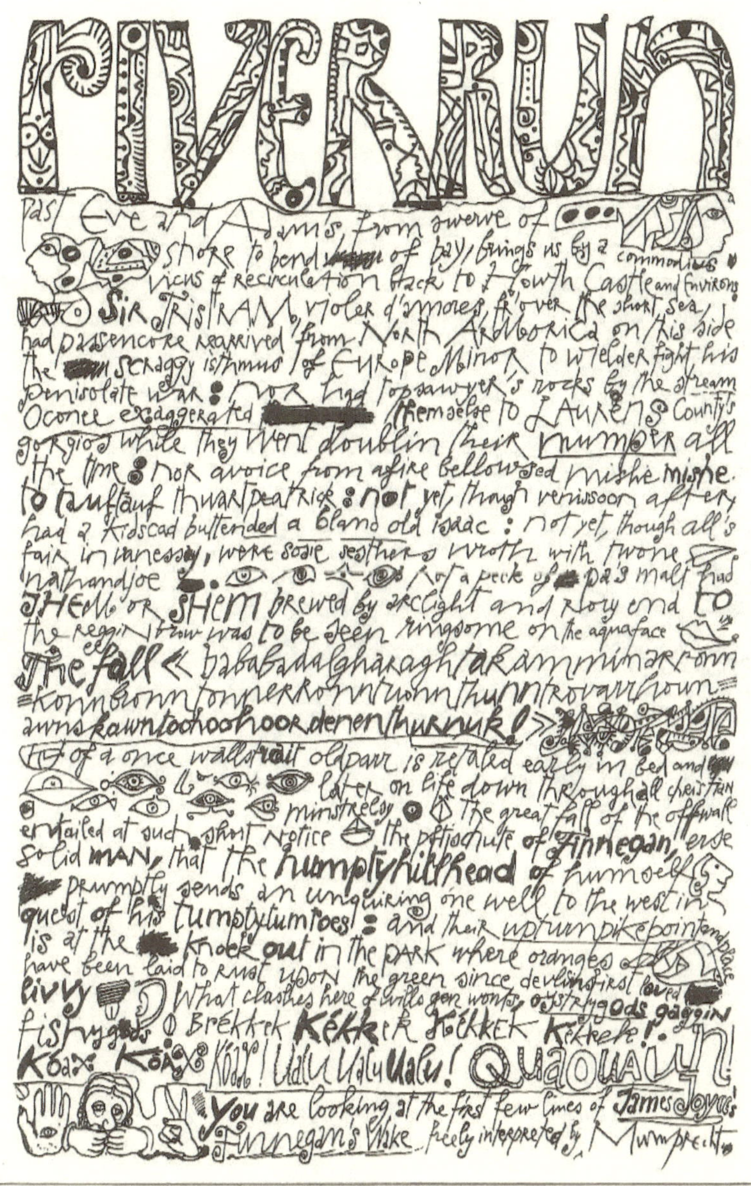

E mais outra, espécie de mapa estrutural garatujado pelo designer, fotógrafo, pintor e professor húngaro László Moholy-Nagy.

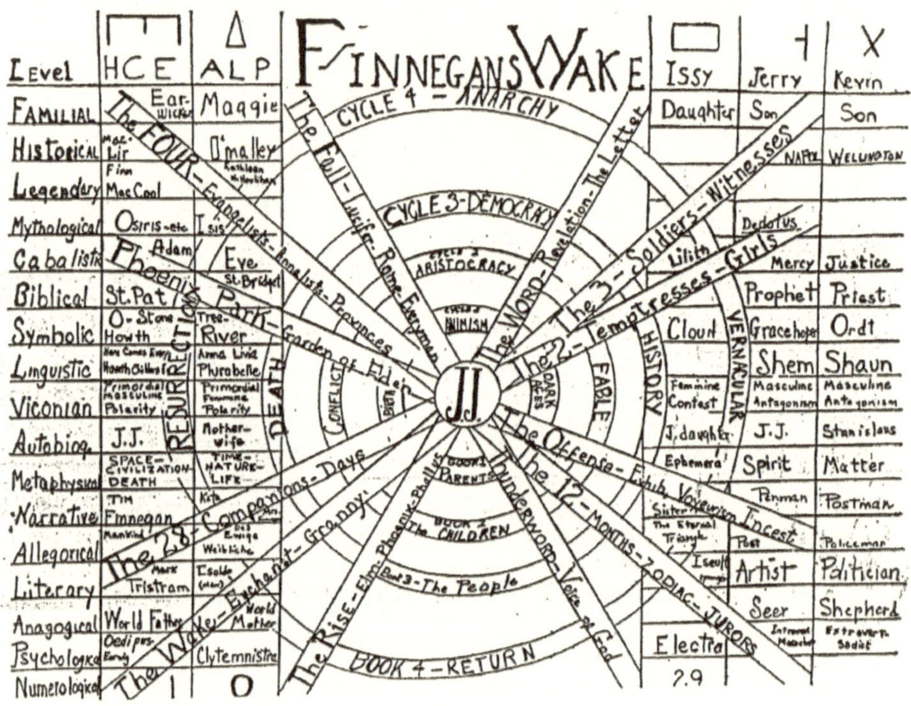

Finnegans Wake
Level | HCE | ALP | Issy | Jerry | Kevin
Familial | Earwicker | Maggie | Daughter | Son | Son
Historical | Mac Lir / Finn | O'Malley / Kathleen ni Houlihan | | Napol | Wellington
Legendary | MacCool | | | Witnesses | Soldiers
Mythological | Osiris-etc | Isis | | Dedalus | The Word - Revelation - The Letter
Cabalistic | Adam | Eve / St. Bridget | Lilith | Mercy | Justice
Biblical | St. Pat | | Prophet | Priest
Symbolic | O-Stone / Howth | Tree-River | Cloud | Gracehoper | Ordt
Linguistic | Here Comes Everybody / Howth Castle etc | Anna Livia Plurabelle | Feminine Contest | Shem | Shaun
Viconian | Primordial Masculine Polarity | Primordial Feminine Polarity | | Masculine Antagonism | Masculine Antagonism
Autobiog. | J.J. | | J. daughter | J.J. | Stanislaus
Metaphysical | Space-Civilization Death | Time-Nature-Life | Ephemera | Spirit | Matter
Narrative | Tim Finnegan / Mankind | Kate | | Penman | Postman
Allegorical | The 28 | Weibliche | Sister / The Eternal Triangle | Post | Policeman
Literary | Mark / Tristram | Isolde | Iseult | Artist | Politician
Anagogical | World Father / Oedipus | World Mother / Clytemnestra | Electra | Seer | Shepherd
Psychological | Oedipus Rex | Clytemnestra | | Introvert Masochist | Extrovert Sadist
Numerological | 1 | 0 | 2.9

CYCLE 4 - ANARCHY
CYCLE 3 - DEMOCRACY
CYCLE 2 - ARISTOCRACY
CYCLE 1 - HMINISM
JJ
The FOUR - Evangelists - Annalists - Pepupepes
The Fall - Lucifer - Raine - Everyman
Phoenix Park - Garden of Eden
The Word - Revelation - The Letter
The 3 - Soldiers - Witnesses
The 2 - Temptresses - Girls
Resurrection
Death
Conflict
History
Fable
Vernacular
Dark Ages
The Rise - Elm - Phoenix - Phallic - Granny
The Wake - Encharet - Granny
The 28 - Companions - Days
The Offense - Exhib. Voyeurism - Incest
The 12 - Months - Zodiac - Jurors
The Underworld - Voice of God
Book 1 - Parents
Book 2 - The Children
Book 3 - The People
Book 4 - RETURN

www.ingramcontent.com/pod-product-compliance
Lightning Source LLC
Chambersburg PA
CBHW031048250726
48655CB00004B/1343